Delhi Sanskrit Series ; No. 1

देहली संस्कृत ग्रन्थमाला;

General Editor
ANJANA SARMA BHARADWAJ

The Svacchandatantra

with Uddyota of Kṣemarāja

श्रीस्वच्छन्दतन्त्रम् ।

श्रीमहामाहेश्वराचार्यवर्य-श्रीक्षेमराजकृतोद्द्योताख्यटीकोपेतम् ।

The Svacchandatantra
with Uddyota of Kṣemarāja

श्रीस्वच्छन्दतन्त्रम् ।

महामाहेश्वराचार्यवर्य-श्रीक्षेमराजकृतोद्द्योताख्यटीकोपेतम्

MADHUSŪDAN KAUL SASTRI

VOLUME I

GIAN

GIAN PUBLISHING HOUSE
New Delhi-110002

The Svacchandatantra with Uddyota of Ksemar

ISBN: 9788121204088 (Set)

MADHUSUDAN KAUL SASTRI

Reprinted 2016 in India by
Gyan Publishing House
5, Main Ansari Road, Daryaganj,
New Delhi - 110002
Phones : 9811692060

E-mail : books@gyanbooks.com
gyanbook@vsnl.com
Website: gyanbooks.com

Printed at: G. Print Process, Delhi

SRI-SWACCHANDA-TANTRAM.

PREFACE.

The present edition of the Swacchanda-Tantram[1] with the "Uddyota" is based on collation of the following manuscripts:

A.—Belongs to Pandita Râjâ Râm S'âstrî, late Principal of the Râjakîya Pâṭhas'âlâ, Srinagar. The Ms. is an old one and written out on old Kashmirî paper in S'âradâ character. It is generally correct. A copy of the same by Pandita Srîdhara Gâḍaroo, who formerly worked in this office, lies in the Library of this Department.

B.—This was written out by Râjânaka Ratnakaṇṭha in 1608 Anno S'âka as is manifest from the colophon[2] of the first Paṭala. It is very old and belongs to Paṇḍita Kanṭha Kaula Sahib of Purushayâr, Srinagar, Kashmir. Character, old S'âradâ. Paper,

1. The Honourable Sir John Woodroffe of the Calcutta High Court was found by my predecessor to use the edition of this book prepared by this Department, and Pandita Hara Bhatta, a Pandita of this Department, was suspected to have given him assistance by way of supplying him with the edited text of this Department. But the Home Minister, Jammu and Kashmir State, after instituting full enquiries in the matter, dropped it for reasons on record in this office.

2. The colophon runs thus— (लिखितो मया रत्नकण्ठेन । वस्वभ्राष्टमिते शाके (१६०८) लौकिक संवत् ६२, *i. e*; 4762) *i. e.* "Has been copied by me Ratna Kaṇṭha in 1608 S'âka year, corresponding to the Laukika year 4762."

Kashmiri. "Leaves, worm-eaten and repaired here and there. The Ms. is bound in leather and carefully preserved. Slips of pen are occasionally met with herein.

C.—This Ms. belongs to Paṇḍita Lasa Dutta of Srinagar. It is written out on Kashmiri paper in S'âradâ character. It does not seem to be very old and there are some mistakes sparsely found in the book.

In preparing this Tantram for the Press the Paṇḍits of this Department have, as usual, contributed their mite to make the edition really useful and interesting by their learned labour and scholarly help for the Sanskrit knowing public, especially for those who are keenly interested in the Tantrik lore. For this they deserve my heartfelt thanks. The English staff too has similarly won my thanks as it has in every way facilitated the preparation of the book for the Press.

Srinagar, Kmr.
3rd Nov. 1920.

MADHUSUDAN KAUL.

SRI-SWACCHANDA-TANTRAM.

INTRODUCTION.

Introductory.

The Swacchanda-Tantram is one of the leading Tantras of the Dakshinâ-châra as it panegyrises and initiates into the secret worship of *Aghora*, the Right mouth of the *Swacchanda-Bhairava.*[1] Unlike *Mrgendra & Matanga*, Tantras of the *Dakshinâchâra* where the doctrines discussed are understood to represent the dualistic school of philosophy, the *Swacchanda-Tantra* adheres to the purely monistic side or the *Adwaita System* of the *Saiva* Philosophy and is considered to be one of the best authorities on the Saivaistic Initiation or *Siva Dîkshâ*, its cheif theme being meditation (*Upâsanâ*) and ritual (*Kriyâ*). The very name[2] of the book indicates its inborn tendency towards the pure monism which, to distinguish it from other systems of philosophy, may safely be designated as the *Trika* system of Kashmir.

---

1 *Swacchanda-Bhairava* is represented as having the five faces *Is'âna, Tatpurusha, Sadyojâta, Vâmadeva, & Aghora*, (respectively representing, in name, *U'rdhva Vaktra, Pûrva Vaktra, Pas'chima Vaktra, Dakshina Vaktra, & Vâma Vaktra*) which are the symbols of His fivefold glory i. e. *Chit, A'nanda, Icchâ, Jñâna & Kriyâ.* The same divine faces are said to be the five respective sources of *Ûrdhvâmnâya, Pûrvâmnâya, Pas'chimâmnâya, Dakshinâmnâya & Vâmâmnâya.*

2 *Swacchanda* is synonymous with *Swatantra* or one possessed of *Swâtantrya* or *Free Will*, the keynote of the Kashmir S'aivaism.

Trika System.

The Trika System of Kashmir seems to be very old and only a few vestiges reminiscent of its predominant influence in the past are found lingering in some of the families in Kashmir. (Cf. The family of the Tikkoos. The term Tikkoo is an Apabhrams'a of *Trika*). This system has been peculiarised by its native tendency to discuss doctrines and practices in the light of pure monism and consequently to emphasise the difference in its outlook from those of other philosophical systems which teach the eternal Saiva faith in the aspects of *Bheda* (diversity) and *Bhedâbheda* (diversity-in-unity).

Divine Authorship of the Tantra.

Just like other Tantras, *Swacchanda Tantra* is regarded as an *Âgama S'âstra* and, hence, of superhuman authorship. It takes the form of a dialogue between *Devî & Bhairava.* Perusal of a few introductory verses leads us to understand that the present Tantra is an abstract of the original *Swacchanda Tantra* which is said to have been a very voluminous Tantra[1] consisting of a hundred crore of verses and consequently baffling the power of study by men particularly in the Iron Age wherein shortlivedness, penury, and mental and moral lassitude prevail.

Commentary.

The only commentary now available on the *Swacchand-Tantram* is known by the name of

---

1. यत्त्वया कथितं मह्यं स्वच्छन्दं परमेश्वर ।
शतकोटिप्रविस्तीर्णं भेदानन्त्यविसर्पितम् ।
न शक्नुवन्ति मनुजाः स्वल्पवीर्यपराक्रमाः ।
अल्पायुषोऽल्पवित्ताश्च अल्पसत्त्वाश्च शंकर ।
तदर्थं संग्रहं तस्य स्वल्पशास्त्रार्थविस्तरम् ।
भुक्तिमुक्तिप्रदातारं कथय त्वं प्रसादतः ॥

"*Uddyota*". That there were several commentaries on the Tantram in question before is evidenced by a few allusions confronted with here and there in the volume of the book. The first reference that we come across on page 4, Patala II of the *Swacchanda Tantra*, *viz.*, (यत्तु तिसृभिर्मात्राभिर्मूर्ध्नागै: etc. etc.), clearly convinces us about the existence of another commentary on the Tantra without any mention either of its name or the author. Further on, we find the second reference (यत्तु बृहट्टीकाकारभुल्लकराजानकेन, etc., leaf 119, Ms. B, Pat. H., which, in plain terms, gives us the name of one of the commentaries anterior to the "*Uddyota*" as *Vṛhat Ṭikâ*, at the same time making us acquainted with the author's own name, *viz.*, *Bhullaka Râjânaka*. No definite information can be had about this author of Vṛhaṭṭîkâ. The same uncertainty is felt about his compositions also. The method of interpretation is far different from that of the *Uddyota*. Several indications induce us to believe that profane meanings were given to the hallowed sentences by the followers of the dualistic systems of *S'aiva* Philosophy, (Cf. the references on pages 75 and 72 of the II Patala). Other commentaries, to all intents and purposes, seem to have run on the dualistic lines though there is no explicit confession made by Kshemarâja thereabout. The commentaries most probably did exist during his time, but neither of them is to be had at present.

The Author of the Uddyota.

The author of the commentary, the *Uddyota*, is Kshemarâja as is evident from the fifth verse in the beginning of the commentary, which is " क्षेमराजो विवृणुते श्रीस्वच्छन्दनयं मनाक् ". The commentary explains the moot points in the Tantra in the light of pure monism, which endeavour on the part of the author is, it is believed, first of its kind and is indicative of the fact that some of the pre-S'iva-Sûtra-Tantras were commented upon on the lines of dualism—nay pluralism, the corroboration whereof is made by a triad of verses at the end of the commentary (*Uddyota*), which runs as under:—

I. नाम्नैव भेददृष्टिर्विधुता येनाऽस्वतन्त्रतातत्त्वा ।
श्रीमत्स्वतन्त्रतन्त्रं भेदव्याख्यां न तत् सहते ॥

II. भेददर्शनसंस्काररससन्ततिमादितः ।
स्वच्छस्वच्छन्दचित्स्वात्मसत्तत्त्वं नेक्षते जनः ॥

III. गतानुगतिकप्रोक्तभेदव्याख्यातमोऽपनुत् ।
तेनाद्वैतामृतस्फीतः स्वच्छन्दोद्द्योत उद्भवः ॥

I. "The venerable *Swacchand-Tantra* does not brook the dualistic interpretation. Its very name has shattered to pieces such a notion, *viz.*, the theory of dualism; for any such theory is opposed to the doctrine of "*Free-Will*".

II. People, under the inebriation due to constant imbibing of the dualistic view, do fail to perceive the Reality in the nature of the free and pure *Chit*.

III. It is, therefore, that the commentary called *Uddyota* (*lit.* blaze of light), surcharged, as it is, with the ambrosia of pure monism, is here undertaken to remove the dark notions that hang about as a result of the dualistic interpretations handed down to us.

Kshemâraja's Parentage.

A veil of mystery hangs over the parentage of *Kshemarâja*. From the verses[1] at the end of the

---

1. गुणादित्याज्जातो गुणगणगरिष्ठः शिवगुणैः,
कृतामोदो बाल्यात्प्रभृति गतसंगो जगति यः ।
स शूरादित्यो मां बहु बहुलभक्त्यार्थयत यत्
स्तुतौ तेनाकार्षं विवृतिमिह नारायणकृतौ ॥
श्रीरामेण कृतात्र सद्विवृतिरित्येषा किमर्थेति सा,
सन्तश्चेतसि कुप्यतास्ति विवृतौ कोपि प्रकर्षोऽत्र यत् ॥
तेनार्थिप्रणयाद्दिनैस्त्रिचतुरैर्या क्षेमराजो व्यधात् ।
क्षेत्रे श्रीविजयेश्वरस्य विमले सैषा शिवाराधनी ॥ (Stav. ch P. 130 Series X.)

Vivṛti on *Stawachintâmaṇi* (No. X of the series of this Department), it is manifest that he lived at the *Vijayes'wara*, the modern *Bijbihâra* (in Kashmiri *Vyajibror*), a town about thirty miles off Srinagar on the eastern side, where he, being once requested, or rather encouraged by one *S'ûrâditya*, son of one *Guṇâditya*, commented upon *Nârâyaṇa Bhatta's Stawachintâmaṇi*. No mention of *Sûrâditya* alluded to above has been made in the Kashmir *Râjataraṅginî*, which fact suggests that he had, presumably, done little or nothing to attend the notice of the historian *Kalhana* and to place himself far above the masses.

Date of Kshemarâja.

One has not to exercise his brain very much in grappling with the problem of the time of *Kshemarâja*, as it will be at once got at by catching hold of the fact that he feels proud to share the honour of pupilage to Mahâmâheswarâchârya *Abhinava Gupta*, who, as admitted on all hands, lived either in the latter half of the Xth or in the early part of the XIth century A. D.

Kshemarâja's Style of Commenting.

Kshemarâja's style of commenting is modelled upon that of *Abhinava Gupta*, the voluminous writer on the *Adwaita S'aiua* Philosophy. It is philological, vigorous, generally pithy but to the point. Occasionally, the author does full justice to the text with due attention to the economy of words pregnant enough to express his deep erudition in the field of *Adwaita* S'aivaïsm of Kashmir.

Works by the Author.

The chief existing works of Kshemarâja are:—

(1) Vimars'inî on the S'iva Sûtras.
(2) Vivṛti on Stavachintâmaṇi.
(3) Utpalastotrâvali Tikâ.

(4) Parâprâves'ikâ.
(5) Swacchandoddyota.
(6) Vijñânabhairavoddyota.
(7) Netra-Uddyota.
(8) Pratyabhijñâ Hṛdaya.
(9) Spanda Nirṇaya.
(10) Spanda Sandoha.
(11) Dwanyâloka-lochanoddyota.
(12) Tikâ on Sâmba-pañchâs'ikâ.

Another work namely Tattwa sandoha *viz.*, (Shaṭ-Trimsattattwa sandoha) has been ascribed to [illegible] by Mr. J. C. Chatterji (see his Kashmir 'Saivaism-page 35) which seems to be open to objection, as several quotations from the Dîpikâ (Comm. on Yoginî Hṛdaya by Amṛtânanda Nâtha, pupil to Puṇyâ-nanda Nâtha) on Yoginî Hṛdaya, clearly entitle Amṛtânanda Nâtha to the authorship of the book in question.

Arrangement Observed in the Swachhandatantram.

The Tantram consists of fifteen Paṭalas or chapters. No sense of harmony seems to have adequately been used in the arrangement of the chapters as some of them are unproportionally lengthy while the others are very small. The names of the Paṭalas are given below, each one of them indicating the subject it deals with:—

(1) मन्त्रोद्धारः ।
(2) अर्चाधिकारः।
(3) अधिवासः ।
(4) दीक्षाभिषेकप्रकाशनम् ।
(5) तत्त्वादिदीक्षाप्रकाशनम्।
(6) पञ्चप्रणवाधिकारः ।
(7) आभ्यन्तरकालाधिकारः ।
(8) अंशकनिर्णयः...संबन्धषट्कनिरूपणम्।
(9) अभीष्टसिद्धिसाधनम् ।
(10) भुवनादिदीक्षानिरूपणम्।

(11) तत्त्वाध्वसृष्ट्यादिनिरूपणम्...मतान्तरवादिनां तत्तत्त्वस्थितिनिरूपणम् ।
(12) धारणादिक्रमेण तत्त्वानां साक्षात्कारनिरूपणम्-३२ अनुष्ठानभेदाः ।
(13) यागाराधनम् ।
(14) मुद्रालक्षणम् ।
(15) छुम्मानिरूपणम् ।

Conclusion.

In fine, the Swacchanda-Tantram is one of the best Mantra S'âstras. The dogmatic formulas discussed therein and be apprehended only with the aid of the best S'aiva Teachers of the Valley. What with its fascinating treatment of the Ritual or S'aivaistic Initiation, what with its description of charms and the Mantra S'akti, and lastly, what with its dealings with the occult and wondrous powers of the *Yoga*, Swacchanda-Tantra ranks high among other Tantras as it chiefly aims at the realization of the *Adwaita Tattwa* or the height of spirituality which is but an unalloyed bliss.

Srinagar,
3rd Nov. 1920.

MADHUSUDAN KAUL.

ओं नमः स्वातन्त्र्योल्लासितविश्वमूर्तये स्वतन्त्रभट्टारकाय ।

अथ

श्रीस्वच्छन्दतन्त्रम् ।

श्रीमन्महामाहेश्वराचार्यक्षेमराजकृतोद्योताख्य-
विवरणोपेतम् ।

(प्रथमः पटलः)

विश्वैकरूपविश्वात्मविश्वसर्गादिकारणम् ।
परप्रकाशवपुषं स्तुमः स्वच्छन्दभैरवम् ॥ १ ॥
प्रसरच्छक्तिकल्लोलजगल्लहरिकेलये ।
सर्वसंपन्निधानाय भैरवाम्भोधये नमः ॥ २ ॥
एकैव बोधजलधेः शक्तिशुक्तिर्जयत्यसौ ।
यदन्तर्निखिलं भाति मुक्तामयमिदं जगत् ॥ ३ ॥
स्मृतिमात्रविनिर्धूतनिःशेषाज्ञानकिल्बिषाः ।
गुरुसूक्तवरस्फारा विजयन्ते जगत्त्रये ॥ ४ ॥
तत्सेवाविमलव्यक्तमहामाहेशदर्शनः ।
क्षेमराजो विवृणुते श्रीस्वच्छन्दनयं मनाक् ॥ ५ ॥

अभिनवबोधादित्य-
द्युतिविकसितहृत्सरोजान्मे ।
रसयत सरसाः परिमल-
मसारसंसारवासनाशान्त्यै ॥ ६ ॥

इहानुजिघृक्षारससरसहृदयपरसंवित्संमुखीकृतो ग्रन्थमवतारयितुं कश्चिद्देवीशिष्य आह

कैलासशिखरासीनं
भैरवं विगतामयम् ।
चण्डनन्दिमहाकाल-
गणेशवृषभृङ्गिभिः ॥ १ ॥
कुमारेन्द्रयमादित्य-
ब्रह्मविष्णुपुरःसरैः ।
स्तूयमानं महेशानं
गणमातृनिषेवितम् ॥ २ ॥
सृष्टिसंहारकर्तारं
विलयस्थितिकारकम् ।
अनुग्रहकरं देवं
प्रणतार्तिविनाशनम् ॥ ३ ॥
मुदितं भैरवं दृष्ट्वा
देवी वचनमब्रवीत् ।

इह परमेश्वरस्य चिदानन्दघनस्य ब्रह्मदर्शनोक्ततत्त्वातिशायिनः स्वच्छन्दभैरवस्फुरत्तात्मा परमार्थः, इति—भगवतः शास्त्रस्य चास्य तदेवाभिधानम्। तस्य स्वात्मैकरूपपञ्चकृत्यकारित्वमित्याशयेन 'सृष्ट्यादिपञ्चकृत्यकरं देवं मुदितं भैरवं दृष्ट्वा देवी वचनमब्रवीत्' इत्युक्तम्। तत्र देवः—शिवादिक्षित्यन्ताशेषसृष्ट्यादिक्रीडापरः तावदशेषोत्कर्षतया विजिगीषुः, तदभिन्नत्वात् विश्वस्य जगद्व्यवहाररूपतयापि द्योतमानः शिवमन्त्रमहेश्वरादिभिः स्तूयमानः, सर्वेषामगतीनां गतिः प्राप्योऽभिन्नबोधसारश्च, यथोक्तं 'दिवु क्रीडादौ' इति। भैरवो—विश्वभरणरवणवमनरूपः, भीरूणामभयमिति व्युत्पत्त्या संसारिणामभयदः, भयं भीः संसारत्रासः तया जनितो रवः आक्रन्दः भीरवः ततो जातः तदाक्रन्दवतां स्फुरितः, अस्यैव भीरवस्य संसारभयविमर्शनस्यायं शक्तिपातवशेनोत्थापकः, भानि नक्षत्राणि ईरयति इति भेरः कालः तं वायन्तीति भेरवाः—कालग्राससमाधिरसिकाः योगिनः तेषामयमिति आन्तरः स्वभावः,

भिये पशुजनत्रासाय रवः—शब्दराशिसमुत्थाकारादिकलाविमर्शो यासां खेचरी-गोचरी-दिक्चरी-भूचरीचक्ररूपाणां संविद्देवीनां ताः भीरवाः तासामयं स्वामी भैरवः, तथा भैरवो भीषणः संसारविघटनेश्वरः, एवमागमेषु निरुक्तत्वात्, श्रीबृहस्पतिपादैः शिवतनावन्वर्थत्वख्यातस्वरूपत्वाच्च । अत एवायं मुदितो—नित्यानन्दघनस्वातन्त्र्यशक्तियुक्तो यः तं भैरवाभिधानमेव न तु ब्रह्मविष्णवीशसदाशिवशिवरूपं—तेषामेकादशपटलनिरूपितनीत्या एतत्स्वभावाभावादेतदुल्लास्यविलाप्यत्वाद्वा । अत एव महान्तमीशानं—सर्वेषामेषां स्वामिनम् । अत एव के—मूर्धन्ये ब्रह्मबिले एला स्फुरन्ती शक्तिः तस्यामासः आसनमुपरिस्थितिर्यस्य, व्यापिनी-समनात्मनः शिखरस्य सर्वोर्ध्वोपरिवर्तिनः पदस्य, तत् 'कैलासशिखरं' तत्रासीनं—तदुत्तीर्णप्रकाशैकघनं तदशेषव्याप्त्या च विश्वरूपम् । ततो विगतामयम्—आ समन्तात् मिमीते इत्यामयः

'शक्तिरूपा स्मृता माया यदधः शक्तिकुण्डली ।'

इति वक्ष्यमाणाख्यातिरूपा महामाया तद्वि-
रहितं, विगतश्चामयो यतो भजमानानाम् ।
भगवतः शक्तिप्रपञ्चव्याप्तिरूपैः तदनुगृहीतै-
रेव चण्डादिभिः कुमारान्तैः, तत्प्रपञ्चसार-
व्याप्तिरूपस्य भगवत उमापतेः व्याख्यातभै-
रवस्फारसमावेशात् भैरवरूपस्य तत्राप्यस्य
भुवनाध्ववक्ष्यमाणकैलासाख्यहिमवच्छृङ्गासी-
नस्य अन्तरङ्गपरिवाररूपैरिन्द्रादिभिः लोक-
पालैः, यमोपलक्षितैः सर्वैः संहर्तृभी रुद्रा-
दिभिः, आदित्योपलक्षितैः सर्वैस्तेजोमयैः, ब्र-
ह्मविष्णूपलक्षितैः सृष्टिसंहारस्थितिकारिभिः
सर्वैः अनन्तभट्टारकादिभिः, तत्पुरःसरैरन्यैरपि
च निरपेक्षशक्तिपातपात्रीकृतैः स्तूयमानं — क-
ल्पितप्रमातृतानिमज्जनात् सर्वोत्कृष्टत्वेन परा-
मृश्यमानम्, गणेन — कपालीशादिभैरवाष्टकेन
वक्ष्यमाणपरिवाररूपेण, मातृभिः — ब्राह्म्यादि-
देवीभिः, गणानां मात्रा — प्रपञ्चव्याप्त्या उमा-
देव्या उक्तान्तरङ्गपरिवारमध्यप्रधानभूतया नि-
षेव्यमानं — तच्छक्तिपातादेव अख्यातिप्रशमन-
तया समाविश्यमानं, सृष्टिसंहारौ ताच्छील्येन

कुर्वाणम्, सृष्टिसंहारप्रपञ्चात्मानं च विशिष्टप्रत्यवायफलं विलयं स्थितिं च विदधतम्, अनुग्रहं च ताच्छील्यताच्छक्त्यादिस्वभावतया कुर्वन्तं—सदा पञ्चकृत्यकारिणम्, प्रणतानां—साधकादीनां यथाभिलषितसंपादनेन आर्तिविनाशनम्। एवंभूतं देवं भैरवं मुदितं यथोक्तदेवरूपैव 'देवी'—स्वातन्त्र्यशक्तिः, दृष्ट्वा—साक्षात्कृत्य, 'वचनमब्रवीत्'—पूर्णाहन्तात्मना परामृशत्, तत्परामर्श एव हि अकारहकारप्रत्याहारात्मा गर्भीकृताशेषविश्वसमग्रशास्त्रप्रसरप्रथमाङ्कुररूपो भगवान् शब्दराशिः, यद्वक्ष्यति

'अरूपविग्रहाच्छान्ताच्छिवात्परमकारणात् ।
ध्वनिरूपं विनिष्क्रान्तं शास्त्रं परमदुर्लभम् ॥'

इत्यादि । चिदात्मैव च भगवान् भैरवः सदाशिवादिमूर्तिग्रहणपूर्वं स्वाधारप्रपञ्चव्याप्तिप्रधानभूतमुमापतिरूपं स्वसत्तानुप्रवेशात् भैरवात्मकमेव मुदितमास्थाय तथाभूतामेव च उमाभट्टारिकामूर्तिं गुरुशिष्यभूमिकाग्रहणेन, शास्त्रं—वचनप्रतिवचनरूपं लोकानुग्रहार्थं प्रथयति, यद्वक्ष्यति

'गुरुशिष्यपदे स्थित्वा स्वयं देवः सदाशिवः ।
पूर्वोत्तरपदैर्वाक्यैस्तन्त्रमाचारभेदतः ॥'

इति । एवमान्तरबाह्यक्रमाभ्यां शास्त्रार्थसूत्रणात् सूत्रभूतं सार्धश्लोकत्रयात्मकं तन्त्रावतारकवाक्यमेतद्बोद्धव्यम्, अत्र च एकवाक्यमेतत् बोद्धव्यम्, देवभैरवपदाभ्यां यथाव्याख्यातं गर्भीकृतमर्थं स्फुटीकर्तुं कैलासेत्यादिविशेषणान्तराण्युपात्तानि, तथाहि— दिवः क्रीडाव्यवहारलक्षणार्थौ 'सृष्टीत्यादिना, अनुग्रहकरम्' इत्यन्तेन प्रकटीकृतौ। तत्राद्यैः पञ्चभिः पटलैः मुद्रापटलेन च एतदङ्गभूतेन चतुर्दशेनानुग्रहः प्रतिपादितः, एकादशेन सृष्ट्यादिस्वरूपमुक्तं, विजिगीषात्मार्थः कैलासेति पदेनान्तरार्थपरेण महेशानपदेन चाभिव्यक्तो दशमपटलेन निर्णीतः, द्योतनार्थोऽनामयमुदितपदाभ्यां प्रकाशितः, स मध्ये मध्ये

'तत्रस्थं व्यञ्जयेत्तेजः परं परमकारणम् ।'

इत्यादौ ग्रन्थे प्रथितः, स्तुत्यर्थः 'चण्डेत्यादिना, निषेवितम्' इत्यन्तेन स्फुटीकृतः

'सुरासुराणां सिद्ध्यर्थं यजनोपायहेतुना ।
देवदेवेन निर्दिष्टः......................................॥'

इत्याद्युद्देशेषु निर्वाहितः, अगतीनां गतिरित्येवंरूपो योऽर्थः सोऽपि 'प्रणतार्तिविनाशनम्' इत्यन्तेन व्यक्तः षष्ठसप्तमाष्टम्नवमद्वादशत्रयोदशपञ्चदशपटलैर्निर्णीतः, एवं भैरवपदार्थोऽपि योजितव्यः, तत्र हि यथा रवणार्थः 'अब्रवीत्' इत्यन्तेन व्यञ्जितस्तत्रावतारपटलेन प्रदर्शितः, तथान्येऽपि अर्थाः यथायोगं देवपदतुल्यार्थतया योज्याः । अपि च कैलासेति पदेन द्वितीयार्थेन स्थानपूर्वकं देवभैरवादिपदैः सृष्टीत्यादिना च अवस्थापूर्वकं स्तूयमानम् इत्यन्तेन च स्तुतिपूर्वकमस्य शास्त्रस्यावतरणम् —इत्यनेनैव अवतारकवाक्येन प्रकाशितं, मुदितमित्यनेन प्रश्नयोग्यावसरज्ञत्वं शिष्यस्य प्रकाशितं, भैरवपदेन च दक्षिणस्रोतःसमुद्भूतत्वम् अस्य शास्त्रस्य सूचितं, स्रोतोभेदं च नवमपटले दर्शयिष्यामः ॥ ३ ॥

किमब्रवीत्? इत्याकाङ्क्षायामाह

श्रीदेव्युवाच

यत्त्वया कथितं मह्यं
स्वच्छन्दं परमेश्वर ॥ ४ ॥
शतकोटिप्रविस्तीर्णं
भेदानन्त्यविसर्पितम् ।
चतुष्पीठं महातन्त्रं
चतुष्टयफलोदयम् ॥ ५ ॥

न शक्नुवन्ति मनुजा
अल्पवीर्यपराक्रमाः ।
अल्पायुषोऽल्पवित्ताश्च
अल्पसत्त्वाश्च शंकर ॥ ६ ॥

तदर्थं संग्रहं तस्य
स्वल्पशास्त्रार्थविस्तरम् ।
भुक्तिमुक्तिप्रदातारं
कथय स्व प्रसादतः ॥ ७ ॥

हे शंकर! अनुग्रहैकपरतया श्रेयस्कर, स्व–आत्मरूप परमेश्वर, यत् त्वया मह्यं स्व एव च्छन्द इच्छा यस्य तादृगनर्गलभैरवरूपाभि-

धायित्वात् स्वच्छन्दं, तन्त्रावतारपटलनिरूपयिष्यमाणदृशा कोटिशतादिविस्तीर्णं–कोटंराक्षव्याधिभक्षाघोरेश्वर-स्वच्छन्दादिना भेदानन्त्येन प्रसारितं, चतुर्णां–विद्यामन्त्रमण्डलमुद्राणां, पीठम्–आश्रयं संभवमात्रेण

'मुद्रा मण्डलपीठं तु मन्त्रपीठं तथैव च ।
विद्यापीठं तथैवेह चतुष्पीठा तु संहिता ॥'

इति, तथा

'स्वच्छन्दभैरवश्चण्डः क्रोध उन्मत्तभैरवः ।
ग्रन्थान्तराणि चत्वारि मन्त्रपीठं वरानने ॥'

इति श्रीसर्ववीरेऽभिहितत्वात् । तत्र विद्या–स्वच्छन्दशिवरूपा स्फुरत्ता परमार्थमातृका, मन्त्राः–चतुष्कलाद्याः, मण्डलं–नवनाभादि, मुद्राः–कपालाद्यनुकाराः । समयि-पुत्रक-साधकाचार्यरूपस्य चतुष्टयस्य वक्ष्यमाणभेदभिन्नस्य यत्फलं–भोगमोक्षवितरणादिरूपं तस्योदयो यस्मात् तादृशं कथितं तत् । मरणजन्मधर्मका मनुष्याः, अल्पेन वीर्येणोत्साहेन पराक्रमेण सामर्थ्येन च युक्ताः अत एव च वीरसिद्धिषु अशक्ताः, अल्पजीवितत्वेन अल्पवित्तत्वेन च

महानुष्ठानेषु चासमर्थाः, अल्पसत्त्वतया च महार्थज्ञानोपदेशाश्वासरहिताः, न शक्नुवन्ति श्रोतुमध्येतुं किं पुनरनुष्ठातुं, तदर्थं तस्य शास्त्रस्य संग्रहं—संक्षेपम्, अल्पः शास्त्रार्थविस्तरो यस्य तादृशं, भुक्तिं मुक्तिं च तच्छीलत्वेन ददतं, प्रसादेन—अन्तर्नैर्मल्यप्रथनात्मना अनुग्रहेण, कथय ॥ ७ ॥

अथ प्रश्ननिर्णेयानि वस्तूनि उद्दिशति

कीदृशं वै गुरुं विद्या-
त्साधकं च महेश्वर ।
भयाभयप्रदातारं
शिष्यं भूमिं च कीदृशीम् ॥८॥
मन्त्रांश्चैव समासेन
कालं चैव समासतः ।
यजनं हवनं चैव
अधिवासं रजांसि च ॥ ९ ॥
पञ्चगव्यं चरुं चैव
दन्तकाष्ठं च मण्डलम् ।

दीक्षा चाध्वाभिषेकौ च
समयान्साधनानि च ॥ १० ॥
कलिमासाद्य सिद्ध्यन्ति
तथा ब्रूहि महेश्वर ।

गुर्वादि भूम्यन्तं कीदृशं विद्यात्—उपादातुं हातुं च जानीयात् । मन्त्रादिसाधनान्तानि पञ्चदश वस्तूनि च यथा कलौ सिद्ध्यन्ति तथा ब्रूहि । तत्र समयिना श्रुतशास्त्रेण पुत्रकादिपदजिघृक्षया गुरुः परीक्ष्यो गुरुणैव वा परीक्ष्यः, गुर्वादयः 'कार्याः, गुर्वादयोऽत्र यथाप्राधान्यं क्रमेण निर्दिष्टाः, शिष्यः—पुत्रकः समयी च वक्ष्यमाणस्वरूपः, सद्गुरुः गुर्वादिचतुष्टयरूपस्य शिष्यवर्गस्याभयप्रदः, असद्गुरुस्तु भयप्रदः, सच्छिष्यवर्गः असच्छिष्यवर्गश्च स्वात्मन एव अभयं भयं च प्रददाति, भयं सिद्धिमुक्तिप्रत्यूहात्, तदभावादभयं, भयाभयप्रदातारमित्येतल्लिङ्गादिपरिणामेन, भूमिमन्त्रदन्तकाष्ठादीनामपि वक्ष्यमाणनीत्या यथायोगं योज्यम्, भूमिः—मन्त्रयागप्रस्तारस्थानं, मन्त्राः—आस-

न्नमूर्तिसकलनिष्कलाद्याः, कालः—सौरः आभ्यन्तरश्च विचित्रः, समासतो यजनहवने सर्वदीक्षितसाधारणे, दीक्षोपयोगिसर्ववस्तूनां योग्यतापादनात्मा संस्कारः—अधिवासः, रजांसि—शालिचूर्णादीनि वक्ष्यमाणानि नवनाभादिमण्डलोपयोगीनि, पाशक्षपणशिवपददानरूपा दीक्षा, बहुभेदोऽध्वा—वर्णमन्त्रपदकलातत्त्वभुवनरूपः षड्विधः, अभिषेकः—आचार्यादीनां यागान्ते मन्त्रकलशाम्भसा सेचनम्, दीक्षितानां शेषवत्त्वेन नियतविधिनिषेधाः समयाः, साधनानि—साधकानां सिद्ध्युपायाः, न्यासजपाज्यसंस्कारादि अन्यत् सर्वमत्रैव अन्तर्भूतत्वात् पृथक् नोद्दिष्टम् ॥ १० ॥

अथ प्रश्ननिर्णयमुपक्रममाणः प्रोत्साहनाप्रमुखं शिष्यप्रवर्तनाय प्रयोजनाभिधायि आदिवाक्यं—श्रीभैरव उवाच

साधु साधु महाभागे
यत्त्वया परिचोदितम् ॥११॥

अनुग्रहाय मर्त्यानां
सांप्रतं कथयामि ते ।

साधु साधु इति वीप्सया अवसरप्रसूतां जनानुकम्पां च श्लाघमानः उपदेशग्रहणयोग्यतापादनाय शिष्यधियमुत्तेजयति देवः, महाभागे इत्यनेन अनुग्रहोन्मुखत्वं श्लाघितम्, त्वया मर्त्यानां—मृतिधर्माणां सामान्येन सर्वेषां न तु नियतानां केषांचिदधिकारिणाम्, अनुग्रहाय—भोगमोक्षसंपत्तये, यत्प्रमेयजातं परिपाट्या चोदितं पृष्टं तत्तेषामनुग्रहायैव, अहं सांप्रतं—परभैरवसत्तानुप्रवेशोन्मिषितमहाविकासावसरे, बालबालिशविद्वज्जनानुग्राहितदीक्षाप्रदर्शनादिक्रमेण उपपन्नं च कृत्वा, ते कथयामि । अत्र च यच्छब्दपरामृष्टपूर्वोद्दिष्टप्रमेयपरिपाटीज्ञानमभिधेयम्, तत्प्रयोजनं—भोगमोक्षात्मा अनुग्रहः, तत्र चोपायोपेयभावात्मा संबन्धः, मर्त्यानामधिकारित्वं, परानुजिघृक्षोन्मुखतया निवृत्तभोगाभिलाषत्वं शिष्यस्य योग्यत्वोत्तेजनं, परभैरवस्फारावमर्शो-

न्मिषत्प्रतिभागावसरत्वेन आत्मन आततां, परसंबन्धसारतां च नवमपटले निर्णेष्यमाणां संबन्धषट्कस्य निरूपितवान् परमेश्वरो मुख्यभूतप्रयोजनप्रतिपादनपरोऽपि आदिवाक्ये ॥ ११ ॥

अथ यथोद्देशं निर्णेतुमाह

आदौ तावत्परीक्षेत
आचार्यं शुभलक्षणम् ॥ १२ ॥

शुभम्

'शिवेन सहचारित्वादाचार्यस्तेन कीर्तितः ।'

इति इहैव वक्ष्यमाणं शिवाभिन्नस्वरूपप्रतीतिरूपं लक्षणं यस्य तमाचार्यं साधकादिभिश्च आभिमुख्येन चरणीयं सेव्यम्, आदाविति—शक्तिपातवशसंप्राप्तप्रबुद्धगुरुवाक्यावेदितसत्तत्वः शिष्यः पुत्रकादिदीक्षां जिघृक्षुः श्रुतसंहिताशास्त्रः समयी, यद्वा गुरुरेव शिष्यमाचार्यीकर्तुं पूर्वं परीक्षेत, यत्रवक्ष्यति

'श्रुतशीलसमाचारान्देशिकत्वे नियोजयेत् ॥'

इति । तावच्छब्देनेदं ध्वनति

पं० १ ख० पु० प्रतिभावसरप्रसरत्वेनेति पाठः ।

'सर्वलक्षणहीनोऽपि ज्ञानवान्गुरुरुत्तमः ।'

इति नीत्या उक्तप्रतीतिरूपतैव अस्य शुभलक्षणम्,

'अहमेव परो हंसः शिवः............ ।'

इति वक्ष्यमाणनीत्या तस्या एव मोचकत्वात् दीक्षाक्रियाया अपि शिवाभेदव्याप्तिसारत्वस्य दर्शयिष्यमाणत्वात् ॥ १२ ॥

आर्यदेशजत्वादि उपचयहेतुः शिष्याणां सिद्ध्यङ्गम्, अत एवैतत् पश्चान्निर्दिशति

आर्यदेशसमुत्पन्नं
सर्वावयवभूषितम् ।
शिवशास्त्रविधानज्ञं
ज्ञानज्ञेयविशारदम् ॥ १३ ॥
देवकर्मरतं शान्तं
सत्यवादिदृढव्रतम् ।
सत्त्ववद्वीर्यसंपन्नं
दयादाक्षिण्यसंयुतम् ॥ १४ ॥
त्यागिनं दम्भनिर्मुक्तं
शिवशास्त्रेषु भावितम् ।

ईदृशं तु गुरुं प्राप्य
सिद्धिमुक्ती न दूरतः ॥ १५ ॥

प्रविभक्तचातुर्वर्ण्यः आर्यदेशः, यदाह विष्णुः

'चातुर्वर्ण्यव्यवस्थानं यस्मिन्देशे न विद्यते ।
स म्लेच्छदेशो विज्ञेय आर्यावर्तस्त्वतः परः ॥'

इति, विधानं – दीक्षादि, ज्ञाने – शिवशास्त्रे, ज्ञेये च – परमशिवतत्त्वे, तत्तदध्वव्याप्त्यादौ विशारदं निर्मलं, शान्तं – जितेन्द्रियं, सत्यवादी चासौ दृढव्रतः अभ्युपगतनिर्वाहकः, सत्त्ववान् – निष्कम्पश्च असौ वीर्येण – परमुद्रापरमार्थेन संपन्नः पूर्णः, दया – संसारिणः प्रति अनुजिघृक्षा, दाक्षिण्यम् – अमात्सर्यमानुकूल्यं, त्यागिनं – तृणवद्वित्तं मन्यमानं, दम्भनिर्मुक्तम् – अवक्रव्यवहारं, शिवशास्त्रेषु भावितम् – अशेषविद्याभिज्ञत्वेऽपि शिवशास्त्रेष्वेव विश्रान्ताश्वासम्, ईदृशमिति – समनन्तरोक्तशिवाभिन्नस्वप्रतीतिसारं, गुरुम् – उपदेष्टारं, प्राप्य – कारणभूतमासाद्य, सिद्धिमुक्ती कर्त्र्यौ न दूरतः – झटित्येव भवत

इत्यर्थः । व्याख्यातरूपं शुभलक्षणत्वं मुक्तेरार्यदेशोद्भूतत्वादि च सिद्धिहेतुः शिष्यस्य, इत्युक्तप्रायम् ॥ १५ ॥

एवमभयप्रदं गुरुसतत्त्वमुक्त्वा विपर्ययमाह

क्रोधनश्चपलः क्षुद्रो
दयादाक्षिण्यवर्जितः ।
केकरो दन्तुरः काणः
खल्वाटः शास्त्रवर्जितः ॥ १६ ॥
अतिदीर्घस्तथा ह्रस्वः
कृशः स्थूलः क्षयान्वितः ।
तार्किको दम्भसंयुक्तः
सत्यशौचविवर्जितः ॥ १७ ॥
अन्यशास्त्ररतो यस्तु
नासौ मुक्तिफलप्रदः ।

क्रोधनः – क्रोधमयः, चपलो – दुःशीलः कार्येष्वरूढश्च, क्षुद्रः – क्षुद्रसिद्धिसाधनपरः, केकरो – लोलतारकदृष्टिः, क्षयान्वितो – यक्ष्मा-

क्रान्तः, तार्किकः— कुतर्कशास्त्रैकनिष्ठः, ऊहात्मकस्तु तर्कः श्रीपूर्वशास्त्रे शस्त एव, यथोक्तम्

'.................तर्को योगाङ्गमुत्तमम् ।'

इति, शौचवर्जितः — अर्थशुद्ध्यादिशून्यः, स्पष्टमन्यत् । एवमीदृशो गुरुः साधकाय फलं सिद्धिलक्षणं न ददाति, प्रत्युत वक्ष्यमाणदिशा भयमेव वितरति। यस्तु अन्यत्र वैष्णवादौ शास्त्रे रतः अथ च चुम्बकादिवृत्त्या शिक्षितपरमेश्वरशास्त्रः तत्र असमाश्वस्तः, तदुक्तं 'दीक्षादि कुर्वन्नपि पापिष्ठो न मुक्तिप्रदः, शिवशास्त्ररतस्तु तत्तदंशकनिष्ठेभ्यः सर्वेभ्यो मुक्तिफलप्रद एव तस्य सर्वोर्ध्ववर्तित्वात्' यद्वक्ष्यति

'सर्वाध्वनो विनिष्क्रान्तं शैवानां परमं पदम् ।'

इति, मुक्तिं फलं च सिद्धिरूपं प्रददाति, इत्येवं योजयित्वा यथोक्तं व्याकर्तव्यम्, एवं हि

'संतापं क्रोधनं विन्द्यात्.................. ।'

इत्यादि

'मन्त्रास्तस्य न सिद्ध्यन्ति यः भक्त्यादिविवर्जितः ।'

इत्यन्तं वक्ष्यमाणविरुद्धफलप्रदत्वं क्रोधनादेः

संगच्छते, अत एव अन्यशास्त्ररतस्य यद्विपरीतफलप्रदत्वम् उत्तरत्र नोक्तं, तदपि युक्तमेव

'संतापं क्रोधने विन्द्यात्.................।'

इत्यादि इह क्रमप्राप्तमपि अपठित्वा शिष्यनिर्णयादनन्तरं पठन् शिष्यस्यैव भूयसा ईदृशो गुरुर्भयदः—इति ध्वनयति ॥ १७ ॥

अथात्मनि अभयप्रदस्य शिष्यस्य स्वरूपं निर्दिशति

शिष्यो दयान्वितो धीरो
　　दम्भमायाविवर्जितः ॥ १८ ॥
देवाग्निगुरुभक्तश्च
　　शास्त्रभक्तो दृढव्रतः ।
गुरुशुश्रूषणपरः
　　सुशान्तेन्द्रियसंयुतः ॥ १९ ॥
ईदृशो वै भवेच्छिष्यः
　　सोऽत्रानुग्रहभाजनम् ।

दया—दीनार्तविषयानुकम्पा, धैर्यं—सर्वत्रोत्साहः, दम्भः—अस्पष्टहृदयता, माया—

वञ्चकत्वं, दृढव्रतो — निश्चितमतिः, एतत्साधक-
विषयं 'तस्यैव क्रोधनादिवर्जिताचार्यशिष्यस्य
निश्चितधीत्वेनैव साधनाधिकारिणः शिवधर्मि-
लोकधर्मिभिदा स्वावसरे निर्णेष्यमाणत्वात् दे-
वादिचतुष्टयभक्तिः शिष्यस्य मुख्यं रूपं, भक्तिः
दूरस्थे गुरौ भवति शुश्रूषा तु सततं तदनुच-
रत्वं, 'सोऽत्रानुग्रहभाजनम्' इत्यनेन अस्य
स्वात्मन्येव अभयप्रदत्वमुक्तम्, द्वितीयः शि-
ष्यशब्दोऽर्हंप्रत्ययान्तः । स्पष्टमन्यत् ॥ १९ ॥

एतद्विपरीतमाह

मायान्वितः शठः क्रूरो
निःसत्यः कलहप्रियः ॥ २० ॥
कामी च लोभसंपन्नः
शिवभक्तिविवर्जितः ।
दूषको गुरुशास्त्राणां
दीक्षितोऽपि न मुक्तिभाक् ॥ २१ ॥

शठः — अस्वच्छहृदयः, क्रूरो — रौद्रप्रकृतिः, कलहप्रियो — वितण्डावान्, लोभसंपन्नः — सं-

भवसत्तायामपि पूजादिषु वित्तशाठ्यवान्, शिवभक्तीत्यादिना विलयशक्त्या घातत्वमस्योक्तम्, न मुक्तिभागित्यनेन स्वात्मन्येव अस्य भयप्रदत्वमुक्तम् । एतच्च साधकपुत्रसमयित्रिषयत्वमुक्तं–सर्वेषां शिष्यत्वात् ॥ २१ ॥

अथ शिष्याणां यथा भयप्रदो गुरुस्तथा निरूपयति

संतापं क्रोधने विन्द्या-
च्चपले चपलाः श्रियः ।
मन्त्रसिद्धिं हरेत्क्षुद्र
आचार्यस्तु वरानने ॥ २२ ॥
दयाहीनेन दौर्भाग्य-
मदक्षे दस्युपीडनम् ।
केकरेण भवेद्व्याधि-
र्दन्तुरः कलिकारकः ॥ २३ ॥
काणो विद्वेषजननः
खल्वाटश्चार्थनाशनः ।

शास्त्रहीने न सिद्धिः स्याद्-
दीक्षादौ वीरवन्दिते ॥ २४ ॥
दीर्घे राजभयं ज्ञेयं
ह्रस्वः पुत्रविनाशनः ।
कृशः क्षयकरो ज्ञेयः
स्थूल उत्पातकारकः ॥ २५ ॥
क्षयान्वितेन मृत्युः स्यात्
तार्किके वधबन्धनम् ।
दाम्भिकः पापजनको
वेदितव्यो वरानने ॥ २६ ॥
मन्त्रास्तस्य न सिद्ध्यन्ति
यः सत्यादिविवर्जितः ।
सर्वे ते न शुभा देवि
इह लोके परत्र च ॥ २७ ॥

विन्द्यात्—लभते, न सिद्ध्यन्ति—नानुग्रहादिकार्यं कुर्वन्ति, एतच्च कर्मप्रधानाचार्याशयेन उच्यते, ज्ञानयोगनिष्ठस्तु आचार्यः

काणत्वादियोगेऽपि न दोषकृत्, यथोक्तम्

'सर्वलक्षणहीनोऽपि ज्ञानवान्गुरुरुत्तमः।'

इति, स्पष्टमन्यत्। अत्र च ईश्वरोक्त्येकप्रमाणके उपपत्तयः आलजालप्राया लिखिताः, ता उपहास्या एव ॥ २७ ॥

अथ संप्रति मातृकाप्रस्तारे उत्तरत्र च यागादावुचितां भूमिं निर्दिशति

सितरक्तपीतकृष्णां
भूमिं प्लवविशोधिताम्।
विशल्यां लक्षणैर्युक्तां
सर्वकामार्थसाधिकाम् ॥ २८ ॥

श्रित्वेति शेषः, दीक्षायां जात्युद्धारस्य भैरवीयजात्यापादनस्य च वक्ष्यमाणत्वात्।

'वर्णानां ब्राह्मणादीनां श्वेता मृत्काञ्चना सिता।'

इति भेददर्शनवन्नात्र विभाग उक्तः, संकीर्णवर्णा तु भूर्व्यवच्छिन्ना, प्लवेन—उपरि जलप्रक्षेपेण शोधितां परीक्षितेशानपूर्वोत्तरदिङ्नतिं समनिम्नां वा, यथोक्तम्

'उदगादिप्लवा श्रेष्ठा.................. ।'

इतिं, विशल्याम्—अस्थ्यङ्गारादिशून्यां, लक्षणैः—स्निग्धत्वमनोहरत्वादिभिर्युक्ताम्, अनुवादपरमपि एतदेव वाक्यं विधायकं—विधिवाक्यान्तरस्याभावात् ॥ २८ ॥

एवं-विधां भूमिं श्रित्वा

सुगन्धिगन्धसंयुक्तां
पुष्पप्रकरलालिताम् ।
सुधूपामोदबहलां
वितानोपरिशोभिताम् ॥ २९ ॥

कृत्वेति शेषः,—भुवं पारमेश्वरीं धर्तृशक्तिमादौ पूजयेदित्यर्थः ॥ २९ ॥

अथ समुचिताचार्यप्रदर्शनपूर्वं मन्त्रोद्धारे इतिकर्तव्यतामाह

आचार्यस्तु शुचिर्भूत्वा
चन्दनागुरुचर्चितः ।
सुधूपितः प्रसन्नात्मा
खटिकाकरसंयुतः ॥ ३० ॥

प्राङ्मुखोदङ्मुखो वापि
एकचित्तः समाहितः ।
मातृकां प्रस्तरेत्तत्र
आदिक्षान्तामनुक्रमात् ॥ ३१ ॥

शुचिः—कृतयथेष्टस्नानः, चन्दनेत्यादिना विहितनित्यानुष्ठानः, अत एव प्रसन्नः—देहादिनिमज्जनादुन्मग्नशिवभाव आत्मा यस्य, तत्पुरुषसद्योजातवक्त्रयोः सिद्धिमुक्तिहेतुत्वात् आचार्यो यथाभिप्रायं 'प्राङ्मुख उदङ्मुखो वा' इत्युक्तम्,एकचित्तो—मन्त्रोदयनिभालनप्रवणः अत एव समाहितो, लब्धमन्त्रवीर्यः मातृकां—पशूनामज्ञानां विश्वमातरं सर्वमन्त्रतन्त्रजननीम्, आदिक्षान्तामिति—अनुत्तराकुलव्याप्तिसारकलाप्रमुखानन्देच्छादिशक्तिक्रमेण प्रसृत्य कादिसान्तप्रत्याहारस्वीकृताशेषविश्वक्षकारात्मकपिण्डमन्त्रप्रदर्शितपर्यन्तव्याप्तिसारां,प्रस्तरेदिति—स्वप्रमाणशक्त्यवस्थितस्वाभाविकपञ्चाशद्रुद्रतच्छक्त्यामर्शप्रसरसंचेतनानुस्वारश्रीसर्ववीरभर्गशिखोक्तशक्तिचतुष्टयात्मकलिपिव्याप्त्यनुसं-

धिपूर्वं च प्रस्तृणीयात् 'प्रस्तरेदिति' आर्षः पाठः । एवमन्यदपि परमेश्वरवचः साध्वेव—भगवदुक्तीनां मितदृष्टिभिरविकल्प्यत्वात् ॥३१॥

एवमस्य शास्त्रस्योद्दिष्टविद्यापीठत्वचिकीर्षया पूर्वंभित्तिभूतां मातृकां प्रदर्श्य, अस्याः शिवशक्तिरूपतां निरूपयति

आदिः षोडशभेदेन
साक्षाद्वै भैरवः स्मृतः ।
कवर्गश्चटवर्गौ च
तपयाः शस्तथैव च ॥ ३२ ॥
संहारेण समोपेतौ
योनिर्वै भैरवी स्मृता ।

आदिः प्रथमो वर्गः—अनुत्तरादेर्विसर्गान्तस्य विश्वाप्यायिनः षोडशकस्य स्वयं राजमानतया शब्दनस्वाभाव्येन भेदोपतापकारितया विश्वाक्षेपेण च स्वरशब्दवाच्यस्य गर्भीकृताशेषवाच्यवाचकादियोनिवर्णतत्त्वप्रसरसमाश्रयत्वात् तदुल्लासकत्वाच्च बीजव्यपदेशस्य

परसंवित्स्फारसतत्त्वस्य भेदेन वैचित्र्येण साक्षाद्भैरवः अशेषविश्वमयत्वात् वाच्यवाचकयोरभेदाच्च, कादीनां तु बीजदृश्यानीभावरूपत्वेन घनत्वात् बीजव्यञ्जकत्वेन व्यञ्जनशब्दव्यपदेश्यानामुक्तबीजसंसर्गेण जगत्कारणत्वात् योनिता, तथैव चेति—वर्गरूपतया संहारेण क्षकारेण, भैरवी ॥ ३२ ॥

प्रोक्तभैरवशक्तिरूपमातृकायाः प्रस्तारं प्रदर्श्य, सर्वमन्त्रदेवतास्फारसाराया अस्या मन्त्रोद्धाराङ्गत्वेन पूजां दर्शयन्, अनुष्ठानविशेषतामपि सूचयति

मातृकाभैरवं देव-
मवर्गेण प्रपूजयेत् ॥ ३३ ॥
भैरवी कादिना पूज्या
मातृवर्गैः प्रपूजयेत् ।

मातृकाधिष्ठातारं भैरवं—तत्स्फाररूपतयैव भरणरवणवमनपरमार्थं निष्कलभट्टारकस्वरूपम्, अवर्गेण—व्यावर्णितस्वरूपेण षोडशकेन

प्रपूजयेत्, भैरव्यपि—निष्कलभट्टारकाभिन्न-
स्वरूपैव कादिना क्षान्तेन योनिवर्गग्रामेणा-
विभक्तेन तदधिष्ठात्री उमा योगीश्वरीरूपा
पूज्या ॥ ३३ ॥

अवर्गे तु महालक्ष्मीः
कवर्गे कमलोद्भवा ॥ ३४ ॥
चवर्गे तु महेशानी
टवर्गे तु कुमारिका ।
नारायणी तवर्गे तु
वाराही तु पवर्गिका ॥ ३५ ॥
ऐन्द्री चैव यवर्गस्था
चामुण्डा तु शवर्गिका ।
एताः सप्त महामातृः
सप्त लोकव्यवस्थिताः ॥ ३६ ॥

मातृः—ब्राह्मी माहेश्वरी कौमारी वैष्णवी
वाराही ऐन्द्री चामुण्डा इति सप्त—भैरव्या
मरीचिरूपाः अग्नीशानसोमयमवरुणेन्द्रनिर्ऋ-
तिदिक्षु

'अष्टवर्गविभिन्ना तु विद्या सा मातृका तु वै ।'

इति वक्ष्यमाणत्वादष्टवर्गस्य चोपयुक्तत्वात् सप्तभिरेव कादिवर्गैः प्रविभज्य पूजयेत्, एवं चेदमनुष्ठानान्तरमपि युक्तमेव, तथा च भुवनाध्वनि बुद्धिभुवनेषु मध्ये योगाष्टकादनन्तरम् औमं भुवनं प्रतिपाद्य, स्वचारुनामनि भुवने परभैरवप्रपञ्चव्याप्तिरूपस्य उमापतेः मातृसप्तकपरिवारस्य ध्यानादिस्वरूपमस्त्येव, तद्यथा—

'उमापतिर्जगन्नाथः सर्वानुग्रहकृत्परः ।'

इत्युपक्रम्य तद्ध्यानमुक्त्वा

'मातरः सप्त रूपिण्य.......................... ।'

इत्यादिना ब्राह्म्यादिमातॄणां ध्यानसंनिवेशादि प्रतिपाद्य

'स्वच्छन्दं पर्युपासीनाः परापरविभागशः ।'

इत्युक्त्वा

'उमा वै सप्तधा भूत्वा नानारूपविपर्ययैः ।'

इत्यादिना अनुष्ठानभेदस्तत्रैव निर्वाहिता, तत्र तु भगवतोऽपरं रूपमुक्तम्, इह तु परं रूपमिति विशेषः, यद्वक्ष्यन्ति

'स्वच्छन्दास्तु पराश्चान्याः परे व्योम्नि व्यवस्थिताः ।
स्वच्छन्दं पर्युपासीनाः परापरविभागशः ॥'

इति । तस्मात् मन्त्रोद्धारादङ्गभूतमातृकाभैरवपूजनस्यानुष्ठानान्तररूपत्वेऽपि न काचिदुपपत्तिः ॥ ३६ ॥

युक्तं चैतत्, यदाह

सर्वान्कामानवाप्नोति
देव्येवं भैरवोऽब्रवीत् ।

मन्त्रोद्धाराङ्गत्वे तु 'फलवत्संनिधावफलमङ्गम्' इति नीत्या मातृकाभैरवपूजनस्येयमुक्तिरतथ्या स्यात्—कर्मणोऽपरिसमाप्तस्य फलनिर्देशायोगात् ॥

एवं च कृत्वा

अन्तेऽस्या उद्धरेन्मन्त्रा-
न्यथाक्रमनियोगतः ॥ ३७ ॥

अस्या—मातृकापूजायाः, यथाक्रमम्—आसनमन्त्रमूर्तिमन्त्रादिक्रमेण यो नियोगः—तत्तन्मन्त्रवाच्यदेवतानुसंधानपरत्वं तेन, स च क्रमयोगो द्वितीयादिपटलभाविन्यासावसरोपयोगि, इति ॥ ३७ ॥

इह मन्त्रोद्धारोऽपि भाविन्यासक्रमानुसारमुच्यते, तत्र

त्रयोदशं बिन्दुयुत-
मनन्तासनमुत्तमम् ।
अनेन योजयेत्सर्वं
सोमसूर्याग्निमध्यगम् ॥ ३८ ॥
ब्रह्मविष्णुमहेशानं
शवान्तं परिकल्पयेत् ।

त्रयोदशम् – ओकारं. बिन्दुना युतं – प्रणवाकारम्. अनन्तासनमिति – परतत्त्ववाचकमपि एतत् संप्रतीश्वरेणासनवाचित्वेन नियुक्तत्वात् – अधःस्थानन्तमूलविद्येशान्तमध्यव्यापिनीपदस्थानन्तपर्यन्तासनमनुरूपमित्यर्थः. सर्वाध्वोर्ध्ववर्तिनोऽनन्तभट्टारकस्यैव धराधरानन्तरूपा प्रपञ्चव्याप्तिः, इति भविष्यति, तत् व्यापिनीपदस्थानन्तपर्यन्ता इहैवासनव्याप्तिः. अत आह 'उत्तममिति' – अतिशयेनोद्गतं सर्वाध्वमूर्धस्थमित्यर्थः, एतदेव व्य-

नक्ति 'अनेन' — आसनमन्त्रेण, सर्वमधरवर्ति योजयेत् — एकाधारशक्तितया अनुसंदध्यात्, एवं सोमसूर्याग्निमध्यगं ब्रह्मविष्णुमहेशानं कृत्वा । अयमर्थः — शाक्तपद्मव्याप्तिसतत्त्वे विद्यापद्मे दलकेसरकर्णिकाभागेषु सोमसूर्यवह्निमण्डलानां सर्वप्रमेयप्रमाणप्रमातृव्याप्तिसाराणां मध्यगतमन्तर्गतं ब्रह्मादिसमग्रकारणग्रामं कृत्वा — भेदव्याप्त्यानुसंधाय, तदुपरिवर्त्यनाश्रितभट्टारको द्वितीयपटलप्रदर्शयिष्यमाणशवव्याप्तिकोऽन्ते यस्य तत् तादृगासनं, प्रणवेन गुरुमुखप्रसिद्धविशेषणानुसंधानव्याप्त्या व्याप्यमानं परामृशेत् ॥ ३८ ॥

एवमनेन न्यासेनैव भेदो विलायते, अणुत्वलयायाह

मूर्तिं हंसाक्षरेणैव
बिन्दुभिन्नेन कल्पयेत् ॥ ३९ ॥
अर्धचन्द्रकृताटोपां
स्वस्वनां तुहिनप्रभाम् ।

'आत्मा वै हंस..।'

इति वक्ष्यमाणात्मपरामर्शिना हंसपथसततसंचारिणा, अक्षरेण – विचलद्रूपेण हकारेण, अशेषमन्त्रारणिरूपेणापि समस्तविद्याविभागवेदनात्मकबिन्दुयुक्तेन भेदितबिन्दुना अतश्च पञ्चप्रणवाधिकारनिरूपयिष्यमाणदिशा लब्धमन्त्रत्वात् उच्चार्येण, मूर्तिमिति – मुण्डान्तभेदव्याप्तिमोहात् शुद्धात्मदशासमुच्छ्रयाच्च मूर्तिव्यपदेश्याम् आत्मस्थितिं कल्पयेत् – विमृशेत्, कीदृशीम् ? अर्धचन्द्रे – बिन्दुमूर्तिवर्तिनि कृत आटोपो यया – ललाटग्रन्थिभेदाय आस्थितोत्साहामित्यर्थः, तद्भेदादेव ध्वनिमातृरूपतया स्वस्वनाम् – अहंविमर्शरूपां, तथा तुहिनप्रभां – कदम्बगोलकाकारचैतन्यप्रकाशरूपाम्, तदुक्तं श्रीत्रिकहृदये

'अनन्ते भैरवोच्छ्राये मूर्तिरेषा परापरा ।
यस्यास्तु न्यासमात्रेण अणुत्वं प्रविलीयते ॥'

इति ॥ ३९ ॥

ततोऽपि

तदूर्ध्वे सकलं देवं
स्वच्छन्दं परिकल्पयेत् ॥ ४० ॥

तदिति – चिन्मूर्तेरूर्ध्वे तत्संकोचं निमज्ज्य, अशेषवाच्यवाचकशरीरं सकलं प्राग्व्याख्यात-तत्त्वं, देवं स्वच्छन्दमिति – अनुग्राह्यानुग्रहाय चिन्मूर्तिभित्तिं भित्त्वेव निर्यातं, परिकल्पयेत् – भावयेत् ॥ ४० ॥

परिकल्पनामात्रकृत एव मूर्तिभैरवनिष्कलानां भेदः, तमाह

ओंकारमुच्चरेत्पूर्व-
मघोरेभ्यो अनन्तरम् ।
थ घोरेभ्यो समालिख्य
ततोऽन्यत्तु समालिखेत् ॥४१॥
घोर घोरतरेभ्यश्च
सर्वतः शर्व उच्चरेत् ।
सर्वेभ्यः पदमन्यच्च
नमस्ते रुद्र एव च ॥ ४२ ॥
रूपेभ्यश्च समालिख्य
नमस्कारावसानकम् ।

मन्त्रराजः समाख्यातः

अघोरः सुरपूजितः ॥ ४३ ॥

अत्र मन्त्रपदानां स्वरूपरक्षार्थं संहिताकार्यं न दर्शितम्, आद्यन्तस्थितप्रणवनमस्कारवर्जं द्वात्रिंशदक्षरोऽयं श्लोकनिर्दिष्टो महामन्त्रः । अस्यायं रहस्योऽर्थः—हे परमेश्वर रुद्र—परचैतन्यस्फारानुप्रवेशान्मनो रोधनस्य अशेषपाशद्रावणस्य च हेतो !, घोर—भेदाभेदात्मकसदाशिवेशादिपदोल्लासक !, शर्व—भेदमयमायीयस्वरूपप्रकटनात् सृष्टिस्थितिप्रलयसंहारमात्रतापादनेन शरणवरणरूप !, इत्यामन्त्रणत्रयेण व्याख्यास्यमानरूपत्रयौचित्यप्रयुक्तेन, सर्वदशाप्रदर्शनपरम् अशेषविग्रहं भगवन्तं परभैरवं संमुखीकृत्याह 'ते'—तव, संबन्धिभ्यः—रौद्रीज्येष्ठावामाख्यशक्तित्रयविभवरूपनानारुद्रतच्छक्तिचक्रात्मकेभ्यः संहितान्तरेऽपरापरापरा-नामनिर्दिष्टेभ्यो यथाक्रममविद्यमानं भेदमसं भेदाभेदमयं च पाशात्मकं घोरस्वरूपं येषां तेभ्यः—परचैतन्यानन्दघनाद्वयमहाभैरवात्मकस्वस्वरूप-

प्रत्यभिज्ञापकेभ्यः 'अघोरेभ्यः', तथा अनाश्रित-सदाशिवेश्वरादिरूपभेदात्मपदप्रदेभ्यः 'अथेति'—उक्तरूपभित्तिप्रथमानत्वात् अनन्तरभाविभ्यः, अत एवाहन्ताच्छादितेदन्तोन्मज्जनेन आद्यरूपापेक्षया भीषणत्वात् 'घोरेभ्यः'—परचित्प्रथाभित्त्याभासिताहन्तेदन्ताभासकात्मकस्वशक्तिदर्पणोट्टङ्कितमायादिक्षित्यन्तभेदप्रथाप्रदेभ्यः, अतिभीषणत्वात् 'घोरतरेभ्यश्च' 'रूपेभ्यः'—स्वभावेभ्यः, एकैकस्य रूपस्य परभैरवरूपभित्तिमयत्वेन पूर्णत्वात्, 'सर्वतः'—सर्वेण रूपेण 'सर्वेभ्यः' सर्वदा—सर्वत्र सर्वसर्वात्मतया स्फुरद्भ्यः महामन्त्रवीर्यात्मकपूर्णाहन्तापरामर्शमयेभ्यो 'नमः'—आमन्त्रणपदपरामर्शाभिमुखीभूतमहारुद्रशक्तित्रयस्फारविवशीभवत्पाशराशिशरीरादिकल्पितप्रमातृपदप्रह्वीभावेन समाविशामीत्यर्थः, उक्तं च श्रीमालिनीविजये

'विषयेष्वेव संलीनानधोधः पातयन्त्यणून् ।
रुद्राणून्याः समालिङ्ग्य घोरतर्योऽपराः स्मृताः ॥
मिश्रकर्मफलासक्तिं पूर्ववज्जनयन्ति याः ।
मुक्तिमार्गनिरोधिन्यस्ताः स्युः घोराः परापराः ॥

पूर्ववज्जन्तुजातस्य शिवधामफलप्रदाः ।
पराः प्रकाशितास्तज्ज्ञैरघोराः शिवशक्तयः ॥'

इति । श्रीपञ्चार्थप्रमाणे तु

'घोरेति पाशजालाख्यं पापयुक्तं भयानकम् ।
तद्येषां तु न विद्येत ह्यघोराः परिकीर्तिताः ॥
वामेश्वरादयो रुद्रा जालमूलोपरिस्थिताः ।
ते ह्यघोराः समाख्याताः शृणु घोरान्समासतः ॥
प्रोक्ता गोपतिपूर्वा ये रुद्रास्तु गहनान्तगाः ।
ते तु घोराः समाख्याता नानाभुवनवासिनः ॥
विद्येश्वराद्यनन्तान्ता महामाहेश्वराश्च ये ।
घोरघोरतरास्त्वन्ये विज्ञेयास्त्वध आश्रिताः ॥
एते अघोरा घोराश्च घोरघोरतरास्तथा ।
एतेष्ववस्थिता नित्यं शक्तयः पारमेश्वराः ॥
स्थितिप्रलयसर्गेषु बन्धमोक्षक्रियासु च ।
सर्वार्थप्रेरकत्वेन रूपेष्वेतेषु शक्तयः ॥
रूपेभ्य एभ्यः सर्वेभ्यो नमस्कारं करोत्यणुः ।
नमस्कारः परित्यागः कार्यकारणलक्षणः ॥'

इति ॥ ४३ ॥

एवमस्य सर्वसर्वात्मकपारमेश्वरसतत्त्वमयस्य दुर्लभस्यापि भक्तिशालिभिः सततलब्धस्य महामन्त्रस्य स्वरूपमभिधाय, माहात्म्यं प्रकटयति

सकृदुच्चारितो देवि
नाशयेत्सर्वकिल्विषम् ।
जन्मकोटीसहस्रैस्तु
भ्रमद्भिः समुपार्जितम् ॥ ४४ ॥

शिष्याणां दीक्षासमये गुरुणा प्रयुज्यमान इति शेषः ॥ ४४ ॥

तथा

स्मरणान्नाशयेद्देवि
तमः सूर्योदयो यथा ।

तम इति—आणवं मायीयं च मलं, तमः—अन्धकारमिव सूर्योदयो नाशयति, एवं दीक्षया तमश्च—देहाद्यभिमानरूपमज्ञानं, स्मरणान्नाशयत्येव स्ववाच्यभैरवदेवतासमावेशनेन शिष्याणामेव च प्रामादिकसमयाननुष्ठानकिल्विषरूपं, साधकानां च विघ्नरूपं तमोऽपि व्याख्यातपरमार्थवीर्यानुसंधानात्मकस्मरणमात्रादेव नाशयत्येव—इत्यस्मिन् सकलभोगाप-

वर्गप्रदे महामन्त्रे नार्थवादाशङ्कया भ्रमितव्यं, तथा च श्रीमतङ्गशास्त्रे

'प्रमाणमेकं तद्वाक्यं तथ्यमीश्वरभाषितम् ।'

इत्युक्तम्, परभैरवस्फारमयैरस्मद्गुरुभिरपि तत्रालोकेऽभिहितम्

'विधिवाक्यमिदं चैव नार्थवादः कदाचन ।
नार्थवादाभिरूपत्वं वाक्ये माहेश्वरे भवेत् ॥'

इति ॥ ४४ ॥

अस्य परमेश्वरस्यानुग्रहार्थं भक्तिभाजां चिन्मूर्तावेव प्रदर्शयिष्यमाणव्याप्तिकमाकारमुट्टङ्कयितुं नक्रमन्त्रानाह

यकारादिवकारान्ताः
संहारेण समायुताः ॥ ४५ ॥
बिन्दुमस्तकसंभिन्ना
भैरवस्य मुखानि च ।

मातृकापर्यन्तवर्तित्वात् संहारेण — क्षकारेण सम्यगिति — आदौ, आयुताः— संबद्धाः, वेदनात्मकबिन्दुव्याप्तिसाराः — ऊर्ध्वपूर्वदक्षिणपश्चिमवामुखानां परमव्योमवायुतेजोवारिधराश-

क्तिसाराणां वाचकत्वात् भैरवीयस्वरूपप्रवेशोपायत्वाच्च भैरवस्य मुखानि एते मन्त्राः ॥

एतानि च

ब्रह्मभङ्ग्या नियोज्यानि
मूर्धादिचरणावधि ॥ ४६ ॥

ब्रह्मणो बृहत्त्वात् बृंहकत्वात् विश्वात्मनः शक्तिमूर्तेः, भङ्ग्या—दण्डाकारतया, ब्रह्मणां च ईशानादीनां पञ्चानां, भङ्ग्या—विभागेन तेन प्रणवपूर्वं 'क्षं' ईशानमूर्ध्ने 'यं' तत्पुरुषवक्त्राय 'रं' अघोरहृदयाय 'वं' वामदेवगुह्याय 'लं' सद्योजातमूर्तये, इति—मूर्तिरेकत्वादेकेन मन्त्रेण दण्डाकारा अनुद्भिन्नावयवा भगवन्मूर्तिः कल्प्या ॥ ४६ ॥

अस्या त्रिभागदर्शनार्थं वक्रक्षेत्रे भाविस्फुटवक्रविभागभित्तिभूतां कवाटभाङ्गिं दर्शयति

पुनश्चोर्ध्वं मुखं कल्प्यं
प्राग्दक्षिणमथोत्तरम् ।
अपरं.....................
.... ॥

मुखानीति पदविभक्तिविपरिणामात् तृतीयाबहुवचनान्तमिह योज्यं, तेन मुखैः—'क्षंयं रंवंलं' इत्येतैः मुखमन्त्रैः पुनरिति—ब्रह्मभङ्गया न्यासोपरि, मुखमिति—मुखावकाशदानार्थमूर्ध्वप्रागादिकवाटे न्यसेदित्यर्थः । अत्रच 'ओंक्षं' ईशानवक्त्रायनमः इति पृथक्पृथग्न्यासः कार्यो—वक्त्राणां भिन्नत्वात् ॥

किं च

........कल्पयित्वा तु
कलाभेदेन विन्यसेत् ॥ ४७ ॥
पूर्वं च दक्षिणं चैव
उत्तरं पश्चिमं तथा ।
ऊर्ध्वमूर्ध्ना तु संयुक्तं
क्षकारं त्वीशरूपिणम् ॥ ४८ ॥

इह

'शिवस्यैका महाशक्तिः शिवश्चैको ह्यनादिमान् ।
सा शक्तिर्भिद्यते भूयोभेदैः................ ॥'

इति वक्ष्यमाणनीत्या भगवतः स्वातन्त्र्यशक्ति-

सारस्य यथा मूर्तिग्रहणं तथा तदनुरूपं तत्तच्छक्तिस्फारमयत्वं न तु शान्तरूपत्वम्, इति दर्शनसतत्त्वमुन्मीलयितुं कवाटादिभङ्गिषु कलापर्यायाणां शक्तीनां न्यास उच्यते, तत्र 'पाठक्रमादार्थः क्रमो बलीयान्' इति स्थित्या ऊर्ध्वमूर्ध्वरूपं पूर्वं दक्षिणमुत्तरं पश्चिममिति क्रमेण संसारतारकत्वादन्वर्थनामा

'तारा सुतारा तरणी तारयन्ती सुतारिणी ।
ईशानस्य कलाः पञ्च........................ ॥'

इति वक्ष्यमाणो यः कलाभेदः तेन 'क्षकारं मन्त्रमीशरूपिणम्' ईशानभट्टारकाख्यवाच्यदेवतास्फारमयमूर्ध्वं–पूर्वादिकं वक्त्रं विन्यसेत्, क्षकारश्च पूर्वमित्यादि सामानाधिकरण्येनोक्तिं योज्यं, कलाभेदश्च प्रातिलोम्येनानुसंधेय इति गुरुक्रमः । एवं 'क्षं' सुतारिण्यै नमः इत्यूर्ध्वकवाटे, क्षं तारयन्त्यै नमः इति पूर्वस्मिन्, यावत् 'क्षं' तारायै नमः इति पश्चिमकवाटे, ईशानव्याप्तिदर्शनाय कलान्यासः कार्यः, इति पिण्डार्थः ॥ ४८ ॥

अथ वक्त्राणि स्फुटयितुमाह

एवं वक्त्रं चतुर्धा तु
वक्त्रेष्वेव नियोजयेत् ।

कलाभेदेनेत्यनुवर्तते, एवमिति च ईशानकलाभेदन्यायेनैव पूर्ववक्त्रमन्त्रं 'यकारं' वक्त्रेषु चतुर्धा पूर्वादिवक्त्रनिमित्ततत्स्फुटीकरणाय चतुर्धैव कलाभेदेन योजयेत्, कलाश्चात्र

'निवृत्तिश्च प्रतिष्ठा च विद्या शान्ता तथैव च ।
पुरुषस्य कला एताश्चतस्रः...................... ॥'

इति वक्ष्यमाणाः, अत्रापि प्रातिलोम्येन सृष्टिक्रमेण न्यासः, तेन 'यं' शान्तायै तत्पुरुषवक्त्राय नमः, इत्यादि 'यं' निवृत्तये सद्योजातवक्त्राय नम इत्यनुसंधेयं, वक्त्रचतुष्टयस्य च स्फुटता भावनीया ॥

पुरुषादिकलानां स्फुटभेदोल्लासकत्वात्; ऊर्ध्ववक्त्रे तु अनुद्भिन्नाकारभेदेऽवधिमाह .

पञ्चमं यद्भवेद्वक्त्रं
क्षकारेणैव निर्दिशेत् ॥ ४९ ॥

परस्वरूपस्य व्यञ्जकत्वात् संसारत्राणाच्च

वक्त्रम्, एवकारेण अत्र स्फुटाकारतानुसंधेया, इति ध्वनति ॥ ४९ ॥

एवमूर्ध्ववक्त्रक्षेत्रयोः कवाटकलावक्त्रभङ्गिन्यासमुक्त्वा हृत्क्षेत्रादावघोरकलान्यासमाह

हृदि ग्रीवांसपृष्ठे तु
नाभौ च जठरे तथा ।
पृष्ठे चोरसि विन्यस्ये-
दघोरेण यथाक्रमम् ॥ ५० ॥

'तमा मोहा क्षुधा निद्रा मृत्युर्माया भया जरा ।
अघोरस्य कला ह्येता अष्टौ वै वरवर्णिनि ॥'

इति वक्ष्यमाणकलाभेदात्, अघोरेण—अघोरवक्त्रमन्त्रेण यथाक्रमं विन्यसेत्, तेन 'ओं रं' तमायै हृदयाय नमः इत्यादि, 'ओं रं' जरायै नमः उदरे, इत्यन्तो न्यासः कार्यः, अघोरभट्टारकस्य संहारप्रधानत्वात् कलास्तथोचितनाम्न्यः ॥ ५० ॥

गुह्यादिक्षेत्रे श्रीवामदेवकलान्यासमाह

गुह्ये तथा गुदे चैव
तथोर्वोर्जानुनोरपि ।

जङ्घयोश्च स्फिजोः कट्यां
पार्श्वयोरुभयोरपि ॥ ५१ ॥
विन्यसेच्चैव वामेन
शरीरे तु यथाक्रमम् ।

'रजा रक्षा रतिः पाल्या काम्या तृष्णा मतिः क्रिया ।
ऋद्धिर्माया च रात्रिश्च भ्रामणी मोहनी तथा ॥
मनोन्मनी कला ह्येता वामदेवे त्रयोदश ॥'

इति वक्ष्यमाणं सृष्टिप्रधानस्य श्रीवामदेवस्य कलाभेदं सृष्टिप्रधानोचिताभिधानं गुह्यादिस्थानत्रयोदशप्रकटनपरं यथाक्रमं वामेनेति श्रीवामदेववक्त्रेण न्यसेत्, तेन 'वं रजायै' नमः गुह्ये इत्यनुसंधेयम् ॥ ५१ ॥

भगवतः पादादिक्षेत्रस्थश्रीसद्योजातकलान्यासमाह

पादौ हस्तौ तथा नासां
शिरश्चैव भुजावथ ॥ ५२ ॥
सद्येन कल्पयेद्देवि
सर्वमेतद्यथाक्रमम् ।

सद्येन्त्र – श्रीसद्योजातमन्त्रेण, पादादीन् यथाक्रमं कल्पयेत् अर्थात् सद्योजातकलाभिरेव, ताश्च वक्ष्यन्ते—

'सिद्धिर्ऋद्धिर्द्युतिर्लक्ष्मीर्मेधा कान्तिः सुधा स्थितिः।
सद्योजातकलास्त्वेवमष्टौ संपरिकीर्तिताः॥'

इति श्रीमत्सद्योजातस्य स्थितिपदाप्यायकत्वात् सिद्ध्यादयः कलाः, तेन 'ओं लं' सिद्ध्यै नमः दक्षिणपादे इत्यनुसंधेयम्, यद्यपि पूर्ववक्त्रमन्त्रेण वक्त्राणामुन्मीलनं कृतं तथापि शिरःक्षेत्रनासाक्षेत्रयोः कल्पना पुनरनेन विधिना कर्तव्या – प्रतिपदोक्तत्वात्, एवं पादस्थसद्योजातकलानामपि नासाशिरःक्षेत्रपर्यन्तां व्याप्तिमभिदधत् 'सर्वत्र सर्वमस्ति' इति भङ्ग्या शिक्षयति – हस्तौ कल्पयेदिति, गृहं संमार्ष्टि इतिवत् प्रधानविधेरस्य संख्याया अविवक्षितत्वात् अष्टादशभुजत्वस्य च वक्ष्यमाणत्वात् 'प्राजापत्या नव ग्रहा भवन्ति' इतिवत् अनागतावेक्षणरूपतन्त्रयुक्त्या दक्षवामपार्श्वगतभुजनवकद्वयकल्पनं द्युतिलक्ष्मीभ्याम्, इति मन्तव्यम् ॥ ५२ ॥

कला निर्देष्टुमाह

तासां नामानि वक्ष्यामि
यथावदनुपूर्वशः ॥ ५३ ॥
तारा सुतारा तरणी
तारयन्ती सुतारणी ।
ईशानस्य कलाः पञ्च
निरञ्जनपदानुगाः ॥ ५४ ॥
निवृत्तिश्च प्रतिष्ठा च
विद्या शान्तिस्तथैव च ।
पुरुषस्य कला ह्येता-
श्चतस्रः परिकीर्तिताः ॥ ५५ ॥
तमा मोहा क्षुधा निद्रा
मृत्युर्माया भया जरा ।
अघोरस्य कला ह्येता
अष्टौ वै वरवर्णिनि ॥ ५६ ॥
रजा रक्षा रतिः पाल्या
काम्या तृष्णा मतिः क्रिया ।

ऋद्धिर्माया च रात्रिश्च
भ्रामिणी मोहनी तथा ॥ ५७॥
मनोन्मनी कला ह्येता
वामदेवे त्रयोदश ।
सिद्धिर्ऋद्धिर्द्युतिर्लक्ष्मी-
र्मेधा कान्तिः सुधा स्थितिः ५८
सद्योजातकलास्त्वेव-
मष्टौ संपरिकीर्तिताः ।

यथावदिति—यथाव्याप्त्यनुसारम्, अनुपूर्वश इति—ऊर्ध्वपूर्वदक्षवामपश्चिमवक्त्रक्रमेण, अत्र च

'अपरा सा तनुः स्थूला षट्त्रिंशत्तत्त्वकल्पिता ।'

इति वक्ष्यमाणनीत्या षट्त्रिंशत्तमस्य तत्त्वस्य 'शुद्धात्मा उन्मना परम्' इति त्रिभेदत्वात् तत्त्वव्याप्त्यैव भैरवदेहन्यासः कार्यः, षोडशद्वादशदशसंख्यसोमसूर्याग्निकलाव्याप्त्या त्रिधाममयत्वापत्त्यर्थम्, इत्यन्ये ॥ ५८ ॥

अथात्र षट्त्रिंशत्तत्त्वमये देहे सूक्ष्मव्याप्त्या परव्याप्त्या च मूर्तिन्यासं दर्शयति

पुनश्च साधको देवि
सर्वाङ्गेषु यथाक्रमम् ॥ ५९ ॥
नवतत्त्वं त्रितत्त्वं च
ध्रुवेण परिकल्पयेत् ।

पुनरिति – कलारूपपूर्णदेहन्यासानन्तरं यथाविभागमुक्तेषु सर्वाङ्गेषु

'प्रकृतिः पुरुषश्चैव नियतिः काल एव च ।
माया विद्या तथेशश्च सदाशिवशिवौ तथा ॥'

इति वक्ष्यमाणं नवतत्त्वं वामादिशक्तिव्याप्त्या कपालेशादिस्वच्छन्दान्तभैरवव्याप्त्या च, आत्मविद्याशिवाख्यं त्रितत्त्वं शुद्धात्मोन्मनापरतत्त्वव्याप्त्या, ध्रुवेणेति सर्वमन्त्रेषु अविचलद्व्याप्तिकेन प्रणवेन 'ओं शिवादिप्रकृत्यन्तनवतत्त्वात्मने नमः' इति प्रयोगेण

'मूर्ध्नि वक्त्रे च कण्ठे च हृदये.......................।'

इति वक्ष्यमाणस्थानानुसंधानेन कल्पयेत् 'ओं शिवतत्त्वाय नमः' इत्यादिक्रमेण, शिखान्तभ्रूमध्यहृदयेषु सृष्टिक्रमेण कल्पयेत् ॥

एवमियदन्तेन न्यासेन भगवतो भैरवभट्टारकस्य स्फुटीभावे जाते

विद्याङ्गानि पुनर्न्यस्य
तेषां मन्त्राञ्शृणु प्रिये ॥ ६० ॥

परिपूर्णवेदनात्मतया विद्यारूपस्य भगवतो बहुरूपस्याङ्गानि ॥ १६० ॥

तन्मन्त्रानाह

अघोरेभ्यो समालिख्य
थ घोरेभ्यो द्वितीयकम् ।
घोर घोरतरेभ्यश्च
तृतीयं परिकल्पयेत् ॥ ६१ ॥
सर्वतः शर्व सर्वेभ्यो
चतुर्थं परिकल्पयेत् ।
नमस्ते रुद्ररूपेभ्यः
पञ्चमं च विधानतः ॥ ६२ ॥
ओंकारमुच्चरेत्पूर्वं
जुं- सश्च तदनन्तरम् ।

नेत्रत्रयं प्रकल्पेत
विद्यादेहस्य भामिनि ॥ ६३ ॥
विद्याङ्गानि विजानीयात्
.... ।

द्वात्रिंशदक्षरविद्यादेहस्य भगवतोऽवयवरूपाः—हृत् शिरः शिखा कवचम् अस्त्रं च, इति पञ्चानां पञ्च मन्त्राः, त्र्यक्षरस्तु ऊर्ध्वदक्षिणवामनेत्रत्रयस्य, अत्र च पदानां प्राग्वत् संहिताकार्यं न कृतम् ॥

अथैषाम्

....

नामानि च निबोध मे ।
सर्वात्मा तु ब्रह्मशिरो
ज्वालिनी पिङ्गलं तथा ॥ ६४ ॥
दुर्भेद्यं पाशुपत्यं च
ज्योतीरूपं तथैव च ।

अत्र अनागतावेक्षणतन्त्रयुक्त्या अन्ते—नमःस्वाहादिजातिर्देया, तेन 'अघोरेभ्यो सर्वा-

त्मने हृदयाय नमः' इत्यादिप्रयोगः कार्यः, 'दुर्भेद्यं पाशुपत्यम्' इति पदद्वयमस्त्रे योज्यम्, अत्र च 'सर्वज्ञता तृप्तिः अनादिबोधः स्वतन्त्रता अविलुप्तशक्तिः अनन्तशक्तिः' इति भगवद्गुणा एते हृदादिनेत्राङ्गतया प्रसृता इत्याम्नायः, कवचन्यासादनन्तरं नेत्रन्यासः, ततोऽस्त्रन्यासः कार्यः अस्त्रस्य बहिरङ्गत्वात्, नेत्रमन्त्रस्य तु विद्यादेहावयवत्वाभावात् पश्चादुद्देशः कृतः, एवमासनचिन्मूर्तिब्रह्मकवाटवक्त्रवक्त्रभङ्गीन्यासानन्तरं पञ्चादिकलात्मकषट्त्रिंशत्तत्त्वव्याप्त्या पञ्चभिः प्रघट्टकैरष्टात्रिंशत्कलान्यासमुक्त्वा भैरवनवकव्याप्त्या नवतत्त्वन्यासं शुद्धात्मोन्मनापरतत्त्वव्याप्त्या च त्रितत्त्वन्यासमभिधाय सर्वज्ञतादिधर्मव्याप्त्याङ्गन्यासः उक्तः, एवमधिष्ठात्रधिष्ठेयाशेषविश्वशरीरत्वं भगवतो बहुरूपस्य दर्शितम् ॥

एवं चैतत्सर्वं त्रितयविश्रान्तमपि शक्तित्रयस्फारमयमेव, इति दर्शयितुमेतदुपरि शक्तिमन्त्रन्यासार्थमाह

क्रिया ज्ञानं तथैवेच्छा
तासां मन्त्रान्निबोध मे ॥ ६५ ॥

विश्वप्रसरस्य शक्तिषूपसंहारेणैव विश्रान्ति-रिति क्रिया ज्ञानं चेच्छा चेति प्रक्रमः ॥६५॥

आसां क्रमेण मन्त्रमाह

चतुर्थस्वरसंयुक्तं
हान्तं बिन्दुविभूषितम्।
क्रियाशक्तिः समाख्याता
सर्वसृष्टिप्रकाशिका ॥ ६६ ॥

चतुर्थस्वर ईकारः, हान्तं क्षवर्णम् ॥ ६६ ॥

शकारस्य तृतीयं तु
षष्ठयुक्तं सबिन्दुकम्।
ज्ञानशक्तिः स्मृता ह्येषा
प्रबोधजननी शुभा ॥ ६७ ॥

शकारस्य तृतीयं सकारं, षष्ठेन ऊकारेण संयुक्तम् ॥ ६७ ॥

क्षादिं द्विस्वरसंभिन्नं
त्रिपञ्चेन तु मूर्छितम्।

इच्छाशक्तिः समाख्याता
भैरवस्यामितात्मिका ॥ ६८ ॥

क्षकारस्य आदिवर्णं 'ह' द्विस्वरः 'आकारः' त्रिपञ्चः पञ्चदशः स्वरः 'अंकारः' ॥ ६८ ॥

अथासामशेषविश्वस्वीकारिणीनां शक्तीनां यत्र विश्रान्तिः, तस्य भगवतः सर्वात्मतायामपि निष्प्रपञ्चस्य स्वच्छन्दभट्टारकस्य प्रोक्ताशेषमन्त्रोपरि न्यासाय मन्त्रमाह

हंसाख्यो बिन्दुसंयुक्तः
षष्ठस्वरविभेदितः ।
बालेन्दुनादशक्त्यन्तः
स्वच्छन्दो निष्कलः स्मृतः ॥६९॥

हंसाख्य इति – सर्वसृष्टिसंहारकारित्वेन हानसमादानधर्मा

'प्रकृतिर्विकृतिश्चैव उभे षष्ठेन संयुतः ।'

इति वक्ष्यमाणस्थित्या आदिक्षान्तस्य विश्वस्य प्रकृतिभूतः

'नादाख्यं यत्परं बीजं………………… ।'

इत्यादिना, परं—शास्त्रेषु अभिहितानाहतध्वं-निरूपः

'नास्योच्चारयिता कश्चित् प्रतिहन्ता न विद्यते ।
स्वयमुच्चरते देवः .... ॥'

इति वक्ष्यमाणस्फारः सततोदितानस्तमितस्फुरत्तैकसारः अनच्कहकारः षष्ठस्वरेण ऊकारेणोन्मेषात्मकज्ञानशक्तिप्रसरात्मरूपेण अन्तर्विश्वमूर्ध्वाधोरूपतया बिभ्रता संवित्स्फारस्य किंचिदूनताभासनेन क्रियाशक्त्यासूत्रणात्मना लिपिक्रमेणापि ऊर्ध्वाधःप्रस्तृतशक्तिद्वयकोटिप्रकटनोट्टङ्कितशुद्धाशुद्धाशेषविश्वसर्गसंहारात्मसततप्रसरेण

'षष्ठं च पञ्चमं चैव तस्य देवि गुणाः स्मृताः ।'

इति वक्ष्यमाणनीत्या नादभट्टारकशक्तिरूपतया गुणभूतेन ऊर्ध्वाधःसंचारितया च चरणरूपेण विभेदितः संयोजितः ।

अथ च पराभेदभूमेः किंचिच्चलितोऽनुग्राह्यानुग्रहाय उच्चार्यमन्त्ररूपतापादनेन उन्मुखीभूतः, बिन्दुना अशेषविश्वसामरस्यवेदनात्मना, सम्यगिति अभेदापत्त्या युक्तः, वक्ष्यमा-

णव्याप्तिसतत्त्वा बालेन्दुनादशक्तयो गर्भीकृतनिरोधिकानादनादान्तव्यापिनीसमनोन्मनाप्रमेयसतत्त्वस्फारा अन्ते विश्रान्तौ यस्य, स एव परमेश्वरः स्वच्छन्दो निष्कलः अनाहतध्वनिपरमार्थमहामन्त्रवीर्यरूपोऽपि शिरोरूपाकारकलया षष्ठेन सकारेण च घोरतरशक्तिचक्ररूपेण ब्रह्मविष्णुरुद्रान् ब्रह्मप्रकृतिमायाण्डानि जाग्रत्स्वप्नसुषुप्तानि प्रमेयप्रमाणप्रमातॄंश्चेति सृष्टिस्थितिसंहारविलयमात्रं भेदमयं जगत् दर्शयति, व्याख्यास्यमानसतत्त्वतया बिन्द्वादिप्रमेयपरिपाट्या च घोररूपतया भेदाभेदमयेश्वरसदाशिवानाश्रितादीन् शक्त्यण्डवर्तिनः तुर्यपदावस्थितान् क्रमात्क्रमं सातिशयान् सर्गस्थितिसंहारशक्त्याक्रान्तानाभासयति, उन्मनाशक्त्या तु अघोररूपशक्तिचक्रपरमार्थतयाशेषतुर्यातीतपदारोहितया स्वात्ममयीकुर्वन् मोचयति, इति भगवतो बहुरूपस्य पदार्थद्वारेण यावान् स्फारो व्याख्यातः सोऽस्य भगवतः सर्व एव अभेदेनैवान्तः स्थितः, इत्ययं भगवान् सदा पञ्चविधकृत्यकारी अशे-

षशक्तिचक्रात्मकस्वातन्त्र्यशक्त्यवियुक्तः श्रीस्वच्छन्दो निष्कलः इति—निष्क्रान्ताः अशेषाः कलाः शक्तयो यस्मात्, कलनारूपात् यश्च निष्क्रान्तोऽप्रमेय इत्यर्थः, अथ च अकारोकारमकारबिन्द्वादिकलायोगाच्चतुष्कलशब्दवाच्योऽपि वस्तुतो निष्कलानाहतध्वनिपरमार्थत्वात् निष्कलः, यद्वक्ष्यति

'सगुणः सकलो ज्ञेयो निर्गुणो निष्कलः शिवः ।'

इत्यलं—मन्त्ररहस्यप्रकटनेन, संप्रदायस्तु मा परिच्छेदीति किंचिदुन्मीलितम् । स्मृत इति भगवता श्रीकण्ठेनेश्वरेण सदाशिवेनापि पारंपर्येण स्वस्वरूपः परमेश्वरानुग्रहादेव उपलब्धः प्रणवः चतुष्कलः 'स्वच्छन्दभैरवाय नमः' इति च प्रयोगः ॥ ६९ ॥

पूर्वपदस्य च माहात्म्यं प्रकटयति

अस्योच्चारणमात्रेण
ये युक्ताः सर्वपातकैः ।
शुद्धस्फटिकसंकाशाः
पदं गच्छन्त्यनामयम् ॥ ७० ॥

एतत्पूर्वव्याख्यानेनैव गतार्थम् ॥ ७० ॥

अस्यानाहतात्मकस्वस्वरूपस्फाराणि सर्वज्ञतादिरूपाण्यङ्गान्याह

सान्तं दीर्घस्वरैः षड्भि-
भिन्नजातिविभेदितम् ।
हृच्छिरश्च शिखा वर्म
लोचनास्त्रं प्रकल्पयेत् ॥ ७१ ॥

सान्तं – हवर्णं, दीर्घस्वराः षट् – आईऊऐऔअः, एते च विसर्गमृते बिन्दुयुक्ता इत्यर्थात् जातयः – 'नमः स्वाहा' इत्यादिर्वक्ष्यमाणाः, षडेते क्रमेण हृदयादीनां मन्त्राः ॥ ७१ ॥

प्रयोगे इतिकर्तव्यतामाह

ओंकारो दीपनस्तेषा-
मन्ते जातिं प्रकल्पयेत् ।
नमः स्वाहा तथा वौषट्
हुं वषट् फट् क्रमेण तु ॥ ७२ ॥

तेन 'ओं हाँ हृदयाय नमः' इत्यादिक्रमेणैषां प्रयोगः ॥ ७२ ॥

अस्य साङ्गस्य न्यासे फलमाह

एष भैरवराजस्तु
सर्वकामार्थसाधकः ।

अशेषभोगमोक्षद इत्यर्थः । एवं चाभिदधत् श्रीसकलभट्टारकपरमीकरणरूपस्यापि अस्य भाजनं जनं प्रति पृथगनुष्ठानत्वमपि भवति, इति सूचयति, अतश्च त्रयोदशे पटले भविष्यति, अत्र च वक्रमन्त्राः पूर्वोक्ता एव, इति तेषां सकलभट्टारकतदङ्गत्वपदवाच्यत्वाभावात् बीजाक्षररूपत्वमेवास्ति, इति निष्कलभट्टारकतदङ्गवत् न पुनर्वक्रमन्त्रान्तरैर्निष्कलीकरणं कृतं–शाक्तस्फारत्वादस्य नयस्य ॥

भगवत्या मन्त्रमाह

हरईम अकारश्च
ङादिरोस्वरसंयुतः ॥ ७३ ॥

यान्त एकारसंयुक्तः
षादिर्लान्तविभेदितः ।

लादिस्त्रिस्वरसंभिन्नो
हंसो बिन्दुसमायुतः ॥ ७४ ॥
षष्ठस्वरसमोपेतः
फट्कारान्तविकल्पितः ।
अघोरेश्वरीति विख्याता
स्वच्छन्दोत्सङ्गगामिनी ॥ ७५ ॥

हकाररेफावंनच्कौ — अकारस्योच्चारणत्वात्, तेन हश्च रश्च ईश्च मश्च तेन 'हरईमो' मिलिताः एकं बीजम्, अकारः अ, ङादिः ङकारस्यादिः घः ओस्वरेण युक्तः घो, यान्तः रेफः एकारेण युक्तः रे, षादिः शकारः लान्तेन वकारेण विभेदितः मिश्रितः श्व, लस्यादिः रेफः त्रिस्वरेण इकारेण मिश्रितः रि, हंस इत्यादिना चतुष्कलस्वरूपं योजयन् सकलनिष्कलैक्यस्फारसारैषा देवीति प्रथयति, हंसः हकारः अनच् बिन्दुसमायुतः षष्ठस्वरेण ऊकारेण समोपेतः हूं, फट्कारेण अन्ते विशेषेण कल्पितः — नित्यमेव क्रूरजातियुक्तः, अत एव अशेषभेददाहारमानुग्रहैकप्रवणः अत एव व्याख्यातस्वरूपा-

घोराख्यशक्तिचक्रस्वामिनी विशेषेण, ख्याता-स्फुरत्तासारतया द्योतमाना, श्रीमतः स्वच्छन्द-भैरवस्योत्सङ्गगामिनी—नित्यावियुता उन्मनान्तकोर्ध्वसङ्गप्रसरसारा तत्प्रकाशप्रवणा च, इत्यर्थः ॥ ७५ ॥

अथ च आकृतिमतो भगवतोऽङ्कगताया देव्या अङ्गवक्त्राणि योजयितुमाह

भैरवाङ्गसमोपेता
वक्त्रपञ्चकसंयुता ।

भैरवशब्देन समनन्तरप्रतिपादितो मुख्यो निष्कल एवात्र विवक्षितः, तेन निष्कलाङ्गान्येव तदविभेदसाराया देव्याः अङ्गानि 'वक्त्रपञ्चकसंयुता' इति सामान्योक्त्या सकलनिष्कलमय्यैकरूपायाः श्रीदेव्याः पूर्वोक्तबीजकल्प्यानि सकलनिष्कलभट्टारकवदविभक्तान्येव वक्त्राणि ॥

अथ श्रीस्वच्छन्दभैरवरश्मिपुञ्जात्मनो भैरवाष्टकस्य मन्त्रानाह

हान्तो यादिर्यकारान्तो
राादिः षष्ठकलान्वितः ॥ ७६ ॥
बिन्दुनादसमायोगात्
कपालेशः प्रकीर्तितः ।

हस्यान्तः क्षकारः अनच् क्ष्, यस्यादिः म्, यकारस्यान्तः र्, रस्यादिः य्, तेन 'क्ष्म्र्य्' इति क्रमेण मिश्रीकृत्य षष्ठकलया ऊकारेणान्वितः बिन्दुनादाभ्यामर्धचन्द्रादेरपि स्वीकारात् बिन्द्वर्धचन्द्रादिपरिपाट्या, सम्यगिति वक्ष्यमाणव्याख्यानुसारम्, आ–समन्तात् परतत्त्वैक्यापत्तिरूपात् योगात्, अयं कपालेश उक्तः–मन्त्राणां मन्त्रदेवतैकात्मत्वात्, एवमन्यत्र ॥

सान्तो बिन्दुरधो ह्यग्निः
षष्ठयुक्तस्तु कीर्तितः ॥ ७७ ॥
शिखिवाहनसंज्ञस्तु
ज्ञातव्योऽसौ वरानने ।

सान्तः ह्, तस्याधोऽग्निः र्, षष्ठः ऊकारः, बिन्दुनाद्युपलक्षणपरः ॥ ७७ ॥

संहारः षष्ठसंयुक्तः
षडन्तेन समन्वितः ॥ ७८ ॥
क्रोधराजः समाख्यातः
.... ।

संहारः क्ष्, षष्ठेन स्वरेण —ऊकारेण संयुक्तः, तथा षण्णां वर्गाणां — अ कचटतपवर्गाणामन्तेन मकारेण अनुस्वारोच्चारणात्मना युक्तः, अर्थात् बिन्द्वादियुक्तोऽपि ॥

....

तथान्यं कथयामि ते ।
ञादिः षष्ठस्वरोपेत-
स्त्रिपदेन समायुतः ॥ ७९ ॥
बिन्दुमस्तकसंभिन्नो
विकरालो वरानने ।

ञादिः झ्, त्रिपदेन इच्छाज्ञानक्रियाव्याप्तिसारेण, अन्यत्र त्रिशूलशब्दाभिहितेन — औकारेण समायुक्तः, षष्ठेन च ऊकारेणोपेतः, औकारानुसरणन्यायेनोच्चारतायुक्तः ॥ ७९ ॥

सान्तः शाद्येन संयुक्तः
षष्ठस्वरयुतोऽप्यधः ॥ ८० ॥
चतुर्दशस्वराक्रान्तो
बिन्दुनादान्तभूषितः ।
मन्मथः कथितो ह्येष
सुरसिद्धनमस्कृतः ॥ ८१ ॥
येनेदं तु जितं सर्वं
जगत्स्थावरजङ्गमम् ।

सान्तः ह्, शकारस्य तालव्यस्य आद्यः व्, षष्ठः ऊ, चतुर्दशस्वरः औ, एतदक्षरसंघातात्मायं मन्त्रः बिन्द्वादियुक्तः ॥ ८१ ॥

हरराद्सिमायुक्तः
ऊकाराधः सबिन्दुकः ॥ ८२ ॥
मेघनादेश्वरो ह्येष
भैरवः संप्रकीर्तितः ।

अकारस्य उच्चारणार्थत्वात् ह्-र्, रस्यादिना अनच्केन यकारेण युक्तः सबिन्दुकः ॥ ८२ ॥

क्षसान्तर्बिन्दुसंयुक्तः
पञ्चमेन विभेदितः ॥ ८३ ॥
सोमेश्वरः समाख्यातो
जन्ममृत्युविनाशनः ।

क्षसयोः—क्षकारसकारयोः, अन्तर्मध्ये 'ह्' पञ्चमेन उकारेण विभेदितः—उच्चार्यमन्त्ररूपतामापादितः ॥

क्षादिर्यान्तसमोपेतो
हान्तेनाधोनियोजितः ॥ ८४ ॥
भान्तो वादिर्लकारान्तो
राद्योऽधो रुद्रयोजितः ।
बिन्द्वर्धेन्दुसमायुक्तो
नादशक्तिसमन्वितः ॥ ८५ ॥
विद्याराजः समाख्यातो
महापातकनाशनः ।

क्षादिः ह्, यस्यान्तः र्, हस्यान्तः क्ष्, भस्यान्तः म्, वस्यादिः ल्, लकारस्यान्तः व्,

रस्यादिभूतं बीजं यू, अधो रुद्रः ऊकारः, एव-
मूकारान्ता अष्टौ वर्णाः, गृहीतनादादिव्या-
प्तिको बिन्दुर्नवम इत्ययं — नवात्मा, महापातक-
नाशनः इति पूर्ववत्, एते च नवमे पटले
वक्ष्यमाणतत्तत्सिद्धिसाधकत्वादेवमभिधाना
उक्ताः ॥ ८५ ॥

एवं च

भैरवाष्टकमेतद्धि
परिवारः प्रकीर्तितः ॥ ८६ ॥

संसार्यनुग्रहाय गृहीताकारस्य परभैरवस्य
रश्मिपुञ्जस्थानीयमेतद्भैरवाष्टकं — द्वितीयपटले
प्रदर्शयिष्यमाणध्यानस्वरूपम् ॥ ८६ ॥

जगदधिष्ठातॄणां लोकपालानां भगवच्छ-
क्तिरूपकपालेशाद्यधिष्ठितानां तद्व्याप्त्यैव लोको-
त्तरया पूज्यानां मन्त्रान् वक्तुमाह

लोकपालांस्तथोद्धृत्य
स्वनामप्रणवादिकान् ।
नमस्कारावसानांश्च
साक्षात्संपरिकल्पयेत् ॥ ८७ ॥

स्वनाम्ना प्रणव आदिर्येषामिति विग्रहः, साक्षानित्यनेन—अस्त्राणि न पृथगावरणतया कल्पयेत्, अपि तु 'ओं इन्द्राय वज्रहस्ताय नमः' इत्यादि क्रमेण अग्नियमनिर्ऋतिवरुणवायुकुबेरईशानान् शक्तिदण्डखड्गपाशध्वजगदात्रिशूलहस्तांश्चतुर्थ्यन्तान् प्रणवादिनमस्कारान्तान् एकावरणतया कल्पयेत्, इति शिक्षयति

'भैरवाष्टकरूपेण ध्यातव्या.......... ।'

इति वक्ष्यमाणत्वादिह लोकपालाष्टकमेव, नं त्वन्यत्रेव तद्दशकम्, अस्मिन् मन्त्रपटले श्मशानाधिपमन्त्रा भाविनोऽपि नोद्धृताः—तेषां यद्येकविषयत्वात् 'उद्धृत्य परिकल्पयेत्' इति वाचोयुक्त्या समनन्तरपटलभाविनो न्यासपूजाविधेः प्रकारमुपक्षिपन् पाटलिकीं संगतिं दर्शयति भगवान् ॥ ८७ ॥

'अध्वानं सकलं निमज्ज्य सुसितां चिन्मूर्तिमुन्मज्ज्य तां
कृत्वा भैरवरूपिणीं तदखिलं रूपं त्रितत्त्वात्मकम् ।
शक्तित्रैघमयं विलाप्य परमे स्वच्छन्दधाम्नि स्फुर-
त्तच्छक्तिप्रथितं तदात्म निखिलं लोकेश्वरान्तं नुमः ॥'

'गतानुगतिकप्रोक्तव्याख्याभेदतमोऽपनुत् ।
पराभेदरसोल्लासी स्वच्छन्दोद्योत उत्थितः ॥'

इति श्रीस्वच्छन्दतन्त्रे
श्रीमहामाहेश्वराचार्यवर्यश्रीक्षेमराजविरचितोद्द्योताख्य-
व्याख्योपेते मन्त्रोद्धारप्रकाशनं नाम
प्रथमः पटलः ॥ १ ॥

सोऽयं कश्मीरभूपालसंश्रितेन प्रकाशितः ।
सता मुकुन्दरामेण संस्कृत्यास्तु मुदे सताम् ॥

श्रीसोमशिवार्पणं भूयात् ॥

अथ

श्रीस्वच्छन्दतन्त्रस्य

श्रीमन्महामाहेश्वराचार्यश्रीक्षेमराजकृतोद्द्योताख्य-
विवरणोपेतस्य ।

(द्वितीयः पटलः)

विगलति भवदौर्गत्यं
मोक्षश्रीः श्रयति हृत्कजं कचति ।
प्रसरति परमानन्दो
यत्र तदीशार्चनं जयति ॥

प्रश्नोद्देशक्रमेण प्राप्तावसरं कालस्वरूपं काम्यवन्नित्यविधौ प्रायेण अनुपयोगात् बहुवक्तव्यत्वाच्च अनभिधाय,—यत्रैषां मन्त्राणां साधकतमत्वं येन च मन्त्राः फलदा भवन्ति तमर्थसंगत्या प्राप्तप्रतिपादनावकाशम् अर्चाजपहोमादिविधिं प्रकाशयितुं द्वितीयपटलारम्भः । तत्र 'नित्यपूर्वं नैमित्तिकम्' इति नित्यमेव तावद्विधिं प्रदर्शयितुं 'श्रीभैरव उवाच'

अथार्चनं प्रवक्ष्यामि ।
यथावदनुपूर्वशः ।

अथेति—मन्त्रप्रकाशानन्तरं, स्नानन्यासावाहनादेः जपहोमादेश्च अर्चनाङ्गभूतत्वादङ्गिभूतमर्चनमेव, प्रकर्षेण इति—वैतत्येन वक्ष्यामि, यथावदिति—गर्भीकृतव्याप्तिसतत्त्वतया, अनुपूर्वश इति—स्नानशौचादिक्रमेण, यत इयमर्चनक्रिया पाकक्रियावत् अनेकावयवक्रियारम्भपूर्तिः अतः स्नानाद्यवयवक्रियाभिधानपुरःसरं तत्प्रतिपादनम्, न च अकृतशुद्धेः स्नानाधिकारः, इति शौचपुरःसरमेव स्नानं दर्शयति

शौचं कृत्वा ततः स्नानं
कर्तव्यं तु मृदम्भसा ॥ १ ॥

शुचिस्थानान्मृदं पूर्वं
गृहीत्वास्त्रेण शोधिताम् ।
प्रक्षाल्य जलतीरं तु
स्थापयेत्तां वरानने ॥ २ ॥

अस्त्रेणेति—'स्थूले कर्मणि निष्कलस्य अनधिकारात्' सकलेन तृणकेशपर्णकाष्ठादि, अस्त्रमन्त्रेण चोद्धरेत् ॥ २ ॥

भागद्वयं ततोऽस्त्रेण
कर्तव्यं तु कृशोदरि ।

तत इति—शोधितायाः मृदः ॥

भागार्धेन कटिं चोरू
जङ्घे पादौ तथैव च ॥ ३ ॥
क्षालयेत यथान्यायं
त्रिरन्तरितयोगतः ।

भागार्धेनेति—एकभागस्य संबन्धिना अर्धेन श्रीपूर्वाद्युक्तनीत्या संहारक्रमेण आदौ पादौ प्रक्षाल्य जङ्घोरुकटि क्षालयेत् इति यथान्यायशब्दार्थः, त्रीन्वारांस्त्रिः मध्येभवता हस्तक्षालनेन अन्तरितो यो योगः क्षालनसंबन्धस्ततः पादौ प्रक्षाल्य हस्तौ क्षालयेत् ततो जङ्घे ततो हस्तौ तत ऊरू ततो हस्तौ ततः कटिं ततोऽपि हस्तौ इति मध्ये त्रिरेव हस्तक्षालनम्

इति 'त्रिरन्तरितयोगतः' शब्दस्यार्थः, उक्तं च श्रीमृत्युजिति

'पादौ जङ्घे करौ चोरू मृत्स्नाभिस्तिसृभिः क्रमात् ।
त्रिरन्तरितयोगेन सप्तभिः शोधयेत्पुनः ॥'

इति । पुनः पश्चात् सप्तभिर्हस्तौ क्षालये-दित्यर्थः न तु तिसृभिर्हस्ताविति व्याख्येयं—द्रव्याभ्यावृत्तौ सुजभावात् । यत्तु तिसृभिर्मात्राभिर्मृद्भागैरन्तरितो यतो योग इति केनचित्पठित्वा व्याख्यातं तदत्यन्तासमन्वितत्वादुपेक्ष्यम् ॥ ३ ॥

अवशिष्टं तु भागार्धं
गृहीत्वास्त्राभिमन्त्रितम् ॥ ४ ॥
सप्तवारान्वरारोहे
अर्कदीप्तं तु कारयेत् ।

अवशिष्टमिति—एकस्माद्भागात्, अर्कदीप्तमिति—कराभ्यां मृदित्वा, सूर्यस्पृष्टं तददर्शने प्राणस्पृष्टं वा कृत्वा ॥ ४ ॥

तेनैव

शिरःप्रभृति पादान्त-
मागुण्ठ्य स्नानमाचरेत् ॥ ५ ॥

शुक्लतरवस्त्राष्टिव्याख्यैतत्, तदाशुणव्येति-लिख्वा ॥ ५ ॥

उत्तीर्योदकमध्यात्तु
उपस्पृश्य यथाक्रमम् ।
संध्याया वन्दनं कुर्या-
च्छास्त्रदृष्टेन कर्मणा ॥ ६ ॥

उपस्पर्शनमाचमनं, तत्र चान्तः सूक्ष्मदेह-शुद्ध्यर्थं प्रणवेन त्रिरपां पानं, द्विः स्त्रक्किमार्जनं, चक्षुरादिद्वारस्पर्शनं च इति यथाक्रमशब्दार्थः, शास्त्रदृष्टेन—वेदादिसिद्धेन ॥ ६ ॥

मलस्नानं भवेदेवं
विधिस्नानं प्रचक्ष्महे ।
भागार्धे यत्स्थितं पूर्वं
ततो भागत्रयं कुरु ॥ ७ ॥

वामहस्तस्य पूर्वे च
दक्षिणे चोत्तरे क्रमात् ।

मलस्नानं—चित्तदेहाशुद्धिः, भागार्धमिति,

एकस्य भागस्य समस्तस्य उपयुक्तत्वाद्द्वितीय-
भागः सकलः—मृदपेक्षया त्वर्धम् ॥ ७ ॥

पूर्वभागं ततोऽस्त्रेण
सप्तवारांस्तु मन्त्रयेत् ॥ ८ ॥
दक्षिणस्थं तथा वक्त्रै-
रभिमन्त्र्य वरानने ।
उत्तरं चाभिमन्त्र्यैवं
देवेनाङ्गयुतेन च ॥ ९ ॥
पूर्वभागं गृहीत्वा तु
दशदिक्षु विनिक्षिपेत् ।
उत्तरेण तु भागेन
जलं चैवाभिमन्त्रयेत् ॥ १० ॥
बाहुमात्रप्रमाणेन
भैरवेशमनुस्मरन् ।
आत्मानं गुण्ठयित्वा तु
दक्षभागेन सुव्रते ॥ ११ ॥

।स्नायाद्राजोपचारेण
सुगन्धामलकादिभिः ।

अत्रैव भैरवभट्टारको यथादर्शनं सकलो निष्कलो वा, एवमेव अङ्गाद्यपि ज्ञेयं, बाहुमात्रप्रमाणेनेति—स्वाभिमुखं शिवतीर्थं हस्तमात्रं प्रकल्पयेदित्यर्थः, राजोपचारेणेति—गृहस्थानां सति संभवे सुगन्धामलकाद्यभ्यङ्गस्नानं विहितमेव, न तु नैष्ठिकवन्निषिद्धमित्यर्थः ॥ ११ ॥

प्राणायामाभिषेकौ तु
कर्तव्यौ भैरवेण च ॥ १२ ॥

प्राणायामं—कुम्भकवृत्त्यावस्थानम्, अभिषेकः—उन्मज्जनादनन्तरं कलशमुद्रया शिरसि जलपातः ॥ १२ ॥

उत्तीर्योदकमध्यात्तु
तद्वासः परिवर्तयेत् ।
उपस्पृश्य कृतन्यासो
मूलमन्त्रमनुस्मरन् ॥ १३ ॥

तीर्थं संगृह्य देवेशि
आत्मनोऽग्रे निधापयेत् ।

न्यासकरणं संक्षेपेण मन्त्रैकादशिकया, तीर्थं संगृह्येति—अङ्कुशमुद्रया आकृष्य ॥१३॥

तत्रस्थो वन्दयेत्संध्यां
मार्जनादिरनुक्रमात् ॥ १४ ॥

अघमर्षः प्रकर्तव्य
उपस्थानं दिवाकरे ।

जपं कृत्वा निवेद्यैवं
प्रणम्य च वरानने ॥ १५ ॥

मन्त्राणां तर्पणं कृत्वा
देवानामृषिभिः सह ।

सर्वेषां भूतसंघानां
ततस्तीर्थं तु संहरेत् ॥ १६ ॥

मूलमन्त्रमनुस्मृत्य
.... ।

हृत्तालुद्वादशान्तविश्रान्तिपरतया मूलम-

अपरामर्शात् संध्यावन्दनमिदं परमेश्वरमन्त्रक्रमेण, पूर्वं तु वैदिकैर्मन्त्रैः, तच्चापि अनिवृत्तप्राग्जातिवासनैः कार्यम्, इतरैस्तु विधिस्नानानन्तरमेव शैवैर्मन्त्रैः, यथोक्तं

'ब्राह्मीं कुर्यान्न वा कुर्याच्छैवीमेव नियोगतः।'

इति। एवं भस्मस्नानेऽपि द्विः संध्यावन्दनं योज्यं, वामकरविप्रुषां दक्षकरशाखाभिरस्त्रेणाधःक्षेपः, वक्त्राङ्गमन्त्रैस्तु उपरि, इति मार्जनम्, आदिशब्दान्मन्त्रसंहिताजप्तदक्षकरवारिणः शिरसि क्षेपः, तच्चैतदनुक्रमात्, अनुक्रमश्च अघमर्षणादनन्तरं मार्जनादि, तत उपस्थानमिति, ईदृशस्तत्राघमर्षो—दक्षिणपाणिस्थं जलं सितरूपं प्रणवतेजसोद्दीपितं दक्षनासापुटेनैव अन्तरनुप्रविष्टं वाङ्मनःकायमलक्षालनात्कृष्णरूपं वामनासापुटात् बहिर्निःसृतं ध्यात्वाधः क्षिपेत् इति, ईदृशमुपस्थानमिति—परमेश्वरशक्त्यात्मसूर्यसंमुखं मन्त्रसंहितया अञ्जलिक्षेपः, ततो यथाशक्ति जपं कृत्वा हृत्स्थाय श्रीभगवते पूरकेण निवेद्य शरीरादिप्रह्वीभा-

वोन्मग्नपरस्वरूपानुप्रवेशरूपं प्रणामं, स्वकल्पमन्त्राणां जलेन तर्पणं कृत्वा—'देवेभ्यो नमः' इत्यादिक्रमेण देवर्षिभूतसंघानां तर्पणं कृत्वा, मूलमन्त्रमनुस्मृत्य, संहारमुद्रया शिवतीर्थं संहरेत्—स्वात्मनि अनुप्रविष्टं ध्यायेत् ॥ १६ ॥

एवं जलस्नानमुक्त्वा भस्मस्नानं नैष्ठिकस्यावश्यकं, गृहस्थस्य कामचाराद्वक्तुमाह

....

भस्मस्नानमतः परम् ।

उच्यते इति शेषः, तन्त्रान्तरोक्तविधिसाधितम् अस्त्राभिमन्त्रितं भस्म कृत्वा, आ कण्ठ्हृदयावधि, आ पादाच्छिरोन्तं हृदन्तं वा संहारक्रमेण भस्म कृत्वा इति—समुद्धूल्य ॥

मलस्नानं प्रकर्तव्यं
भावितेनान्तरात्मना ॥ १७ ॥

प्रसन्नेन चित्तेन ॥ १७ ॥

परिवृत्त्य ततो वासः
संध्यां प्रागिव वन्दयेत् ।

जलेनैव ॥

विधिस्नानं ततः कुर्या-
द्भैरवेशमनुस्मरन् ॥ १८ ॥

भैरवव्याप्तिमात्मनो विभावयन् ॥ १८ ॥

शिरो वक्त्रं च हृद्गुह्यं
पादान्तं च विभागशः ।
भैरवेणाङ्गयुक्तेन
समुद्धूल्यं यथाक्रमम् ॥ १९ ॥

साङ्गेन मूलेन भस्म अभिमन्त्र्य शुद्धतत्त्वस्पृष्ट्यर्थं मूर्धादिपादान्तमुद्धूलयेत् ॥ १९ ॥

ततोऽपि

अभिषेकं प्रकुर्वीत
परं तत्त्वमनुस्मरन् ।

निष्कलवीर्यमाविशन् ॥

संध्याया वन्दनं कुर्या-
द्यथापूर्वं वरानने ॥ २० ॥

यथापूर्वमिति – जलेनैव अघमर्षणादिकं

कार्यमित्यर्थः, अभिषेको — मूलमन्त्रेण कलशमुद्रया भस्ममुष्टेः शिरसि क्षेपः, एवं भस्मस्नानं गृहस्थेनापि कामतः कार्यं, तन्त्रान्तरनिर्दिष्टनीत्या त्रिपुण्ड्रकमात्रमेव वा गृहस्थेन कार्यम् ॥ २० ॥

एवं स्नानं विधाय अर्चाविधिं कर्तुमुपक्रमेत

ततो यागगृहं गत्वा
हस्तौ पादौ च क्षालयेत् ।

रथ्याधूलिलिप्तौ पादौ तत्स्पर्शाद्धस्तावपि क्षालयेत् ॥

शिखां बद्ध्वा शिखां स्मृत्वा
उपस्पृश्य विधानतः ॥ २१ ॥

उपस्पृश्य — आचम्य, विधानतः — एकाग्रचित्ततया, शिखां — शिखामन्त्रं स्मृत्वा, शिखां — मध्यशक्तिं, बद्ध्वा — अवष्टभ्य ॥ २१ ॥

बाह्यपूजाधिकृतत्वमात्मनि जनयितुं संक्षेपेण मन्त्रैकादशिकास्मरणेन

सकलीकृतदेहस्तु
पुष्पमादाय सुव्रते ।
दिङ्मातृभ्यो नमस्कृत्य
द्वारं संप्रोक्ष्य यत्नतः ॥ २२ ॥
शिवाम्भसास्त्रमन्त्रेण
विघ्नप्रोच्चाटनं भवेत् ।

शिवाम्भसा इति वदन्—सामान्यार्घपात्रमादौ बाह्यपूजार्थं कुर्वीतेति सूचयति ॥ २२ ॥

ततः

द्वारशाखोर्ध्वतो देवं
गणेशं च श्रियं तथा ॥ २३ ॥
संपूज्य गन्धपुष्पाद्यै-
र्धूपादिभिरनुक्रमात् ।
अर्घ्यपाद्योपहारैश्च
....

'ओं दिङ्मातृभ्यो नमः' इति कुसुमं क्षिप्त्वा, आयतने यागगृहे बाह्ये वा व्योम्नि

प्रभामण्डलवृषभत्रिशूलसूर्यान् बाह्यपरिवार-निष्ठोर्ध्वडम्भरे द्वारस्य दक्षिणाद्वामान्तं गणेशं तथाशब्दसमुच्चितां वागीशीं श्रियं च प्रणवादिनमः-शब्दान्तेन मन्त्रेण पूजयेदिति क्रमः ॥ २३ ॥

....

ततो द्वारस्य चोत्तरे ॥ २४ ॥
नन्दिगङ्गे समभ्यर्च्य
महाकालं च दक्षिणे ।
कालिन्दीं चैव संपूज्य
यथानुक्रमयोगतः ॥ २५ ॥

कालिन्दीं – यमुनां, दक्षिणस्रोतसः संहारप्राधान्यान्महाकाल-यमुने द्वारस्य दक्षिणे एव पूज्ये, वामे तु नन्दि-गङ्गे, शाक्तस्फारसारत्वाच्चास्य नयस्य गुप्ते स्वगृहादौ द्वारवामात्प्रभृति वामकरेण पूजयेदिति गुरवः, एष च द्वारदेवताक्रमः श्रीत्रिशिरोभैरवस्रोतसि दृश्यते, केवलं तत्र द्वारवामदक्षिणयोर्दिण्डि-महोदग-

वधिकौ पूज्यावुक्तौ, वामस्रोतोभेदे पुनः सृष्टिप्रधाने द्वारस्य दक्षिणे नन्दि-गङ्गा-मेषास्याः, वामे तु महाकाल-यमुना-च्छागलास्या इति क्रमः, सिद्धान्तेषु तु द्वारस्य दक्षिणे नन्दि-गङ्गे वामे तु महाकाल-यमुने, प्रायश्च सिद्धान्तप्रियो लोकः सिद्धान्तक्रममाश्रितः, इतीह लोकोत्तरे भैरवस्रोतसि भगवदुक्त एव क्रमः आश्रयितव्यो न त्वन्यथा भ्रमितव्यम्, अतो ये सिद्धान्तदर्शनभ्रान्ता भगवदुक्तं पूर्वपश्चिमद्वारापेक्षया विपर्यासयन्ति ते विपर्यस्ता एव ॥ २५ ॥

ततः

भैरवास्त्रं समुच्चार्य
पुष्पं संगृह्य भावितः ।
सप्ताभिमन्त्रितं कृत्वा
ज्वलदग्निशिखाकुलम् ॥ २६ ॥
नाराचास्त्रप्रयोगेण
प्रविशेद्गृहमध्यतः ।

अत्रादौ देहल्यर्चां कुर्यात्, भैरवास्त्रमति-दीप्तं निष्कलास्त्रमेव, ज्वलदित्यादि ध्यानं, नाराचास्त्रप्रयोगस्तर्जनीमध्यमाङ्गुष्ठप्रेरणात्, गृहमध्यत इति—प्रक्षिपन्निति शेषः ॥ २६ ॥

निवारितं तेन सर्वं
विघ्नजालमनन्तकम् ॥ २७ ॥

भावयेदिति शेषः ॥ २७ ॥

ततो रक्षार्थमस्त्रं च
दशदिक्षु विनिक्षिपेत् ।

विघ्नानां प्रवेशावकाशनाशाय ॥

अथ

मध्ये संपूज्य ब्रह्माणं
गन्धैः पुष्पैरनुक्रमात् ॥ २८ ॥
दक्षिणायां ततो मूर्तौ
प्रणवासनसंस्थितः ।
उपविश्यासनं बद्ध्वा
स्वभ्यस्तं वै पुरःस्थितम् ॥२९॥

'ब्रह्माणं' वास्त्वधिष्ठातारं। 'दक्षिणायाम्' इति दक्षिणस्रोतोऽनुष्ठानप्रवृत्तौ, समस्तभेदप्लोषकाघोरवक्त्रसंमुखत्वस्यानुरूप्यात्; मन्त्रोद्धारप्रारम्भे त्वनुष्ठानस्याप्रवृत्तेः 'प्राङ्मुखोदङ्मुखो वा' इत्युक्तम्। 'प्रणवासने' वर्णितव्याप्तिके सम्यग्भैरवाभेदाभिमाने स्थितः ॥ २९ ॥

करन्यासमाह

गन्धदिग्धौ करौ कृत्वा
अस्त्रेण परिशोधयेत्।
कवचेनावगुण्ठ्यैतौ
प्लावयेदमृतेन तु ॥ ३० ॥
परां शक्तिं तु संक्षोभ्य

गन्धेन [१]कुलकादिना, दिग्धौ लिप्तौ, 'परिशोधयेत्' क्रियाशक्तित्वं प्रापयेत्। परां द्वादशान्तस्थशिवचन्द्रचन्द्रिकारूपां शक्तिं संक्षोभ्यानङ्गधेनवीयुक्त्या प्रसरोन्मुखीं कृत्वा, 'अमृतेन' परानन्दरसेन 'प्लावयेत्' आच्छुरयेत्।

---

१ क० पु० अलक्तकादिनेति पाठः।

पश्चात् तथारूपतारक्षार्थं कवचमन्त्रेणावगुं-ण्ठ्य ॥ ३० ॥

ततोऽनन्तं प्रकल्पयेत् ।

कर[1]शुद्धिविधाने तत्तन्मन्त्रैर्न्यास उचित एव कार्यः । तेनोपबाहुदण्डाग्रगग्रन्थिप्रान्तवर्तिविद्यापदोर्ध्वावस्थितानाश्रितप्रेतान्तमनन्तासनं प्राङ्निर्णीततत्त्वं प्रणवेन कल्पयेत् ॥

मूर्तिं न्यस्यानुवक्त्राणि
स्वच्छन्दं परिकल्पयेत् ॥ ३१ ॥

मूर्तिब्रह्मकवाटकलावक्त्रन्यासादि प्रागेव निर्णीतम् । अतो यत्र यत्रायाति तत्र तत्र प्रथमपटलनिर्णीतव्याप्तिरनुसर्तव्या । 'स्वच्छन्दम्' इति सकलम् ॥ ३१ ॥

अनन्तरम्

अङ्गुष्ठादिकनिष्ठान्तं
विन्यसेदङ्गपञ्चकम् ।

---

१ क० ख० पु० शुद्धितत्तन्मन्त्रन्यास इति पाठः ।

उभयोरपि करयोः पद्ममुद्रामाविष्टयोः । 'अस्त्रं नखेषु' इति गुरवः ॥

ततः

भैरवानपि संकल्प्य
परं तत्त्वमनुस्मरेत् ॥ ३२ ॥

'भैरवान्' कपालीशादीनष्टौ वामतर्जनीतो दक्षिणतर्जन्यन्तं 'परं तत्त्वं' निष्कलनाथं साङ्गं सदेवीकम्, अर्थात् स्फारिताङ्गुष्ठयोः 'अनुस्मरेत्' विश्वानुगामित्वेनानुसंदध्यात् । यद्यपि करयोः पिण्डावयवत्वात् भाविपिण्डन्यासेनैव न्यासः संपद्यते, तथापि सर्वकर्मप्रवृत्तिप्रथमाङ्कुरकल्पयोर्भगवत्क्रियाशक्तिमयत्वप्रत्यभिज्ञानाय तयोर्देहन्यासात्पूर्वं सर्वागमेषु न्यास उच्यमान उपपन्न एव । शिवहस्तस्त्वन्यादृगेव विशिष्टविधिविषयः ॥ ३२ ॥

एवं करन्यासमुक्त्वा देहन्यासे इतिकर्तव्यतामाह

प्राणायामत्रयं कार्यं
देहसंशुद्धिकारणम् ।

इह चैतन्यविश्लेषपूर्विकां देहदाहोत्प्लावनाप्यायनादिमयीं शुद्धिमाधाय भैरवात्मतापत्तिः कार्या। चैतन्यस्य च

'प्राक्संवित्प्राणे परिणता।'

इति नीत्या प्राणेनैव विशोधनं कार्यम्। न चाशुद्धेन तेन तत्कर्तुं शक्यम्,—इति प्रथमं तच्छुद्धिः। देहस्याशुद्धस्य पुर्यष्टकरूपस्य संशुद्धिकारणम्॥

तत्प्रदर्शयंश्चैतन्यविश्लेषं वक्तुमाह

अशुद्धः स्वमरुद्रेच्यः
शुद्धेनापूरयेत्तनुम्॥ ३३॥
कुम्भकं रेचकं कृत्वा
व्योम्न्यात्मानं निधापयेत्।

'अशुद्ध' इति बहिःप्रसरे हेवाकचाञ्चल्यप्राबल्योल्लासितविकल्पतया जीवस्य पाशत्वेन स्थितः। 'रेच्य' इति स्वरसवाहप्रशमनेन भोगद्वादशान्ते निवेश्यः। 'शुद्धेन' इति द्वादशान्तविश्रान्तिलब्धशाक्तबलेन, आ समन्तात् स्वर-

१ ख० पु० प्रणवेनेति पाठः।
२ ग० पु० प्रसरहेवाकेति पाठः।

सर्वांहनिरोधेन 'पूरयेत्' तच्छाक्तस्पर्शेनाच्छुरयेत् । आपूर्यैवं कंचित्कालं प्रवेशनिरोधेन बललाभाय हृदयान्मूलपीठान्तं पूर्णकुम्भवद्चलस्थित्या स्थापयेत् । ततः कुम्भकप्रकर्षलब्धशाक्तबलेन तेन वक्ष्यमाणदिव्यकरणानुसरणयुक्त्योर्ध्वरेचकं कृत्वा प्राणाश्रयमात्मानं 'व्योम्नि' मुण्डान्ते विश्रामयेत् । एष च प्रणवोच्चारसगर्भः प्राणायामः कार्यः । अत्र च रेचनादौ व्योमविश्रान्त्यन्ते पञ्चके धारणापञ्चकं मनसा सूक्ष्मभुजयानुसंधायाविकल्पविश्रान्त्या मनोहङ्कारबुद्धीः परतत्त्वे विलाप्य विश्राम्येत् । एवं सूक्ष्मशरीरशुद्धिर्भवति, —इति गुरवः ॥ ३३ ॥

किंरूपमात्मानमित्याह

खद्योतकनिभं सूक्ष्मं
करणैस्तु विवर्जितम् ॥ ३४ ॥
कार्येणैव विहीनं च
मायाप्रध्वस्तगोचरम् ।

'खद्योतकनिभं' प्रकाशमात्रतत्त्वं, 'सूक्ष्मम्'

---

१ क० ख० पु० अविचलिततयेति पाठः ।

अवेद्यं, 'करणैः' त्रयोदशभिरिन्द्रियैः 'कार्येण' स्थूलसूक्ष्मात्मना दशविधेन, प्रध्वस्तो 'मायागोचरः' कालनियत्यादिर्यस्य, — इति व्यत्ययः पूर्वनिपातस्य ॥ ३४ ॥

एवं शुद्धतामोपादितोऽपि
शिवीकार्यस्तथात्मैव
यथा भवति तच्छृणु ॥ ३५ ॥

'शिवो भूत्वा शिवं यजेत् ।'

इति न्यायात् । 'शृणु' अन्तः परामृश ॥ ३५ ॥

परं भावं तु संगृह्य

'अहमेव परो हंसः शिवः परमकारणम् ।'

इत्यादौ वक्ष्यमाणं परं स्वभावं सम्यगिति अविकल्पावष्टम्भेन, गृहीत्वा स्वीकृत्य ॥

अत एव सृष्टिसंहारकारिपरमेशस्वरूपसमावेशात्

ततः शोष्या तनुः प्रिये ।

सूक्ष्मायाः शुद्धत्वात् स्थूला ॥

१ ख० पु० शुद्धात्मतामिति पाठः ।

२ ख० पु० अयमेवेति पाठः ।

३ क० ख० पु० स्वीकार्येति पाठः ।

कथम्

संहारेण यभिन्नेन
रुद्रबीजयुतेन च ॥ ३६ ॥

संहारः क्ष् ईशानस्फाररूपो यभिन्नो य इत्यनेन युक्तः, रुद्रबीजम् ऊकारः, बिन्दुरत्राक्षिप्तः[1]। एवमन्यत्र । अत्र देहे पार्थिवीं धारणां कृत्वा तच्छोषणे वायवी धारणा स्मर्तव्या । तनोः शोषोऽहन्ताभिमानरसतनूभावः ॥ ३६ ॥

तेनैव दहनं कार्य-
मूर्ध्वाधोऽग्नियुतेन च ।

तेनैवेदानीं निर्णीततत्त्वेन संहारेण, ऊर्ध्वाधोऽग्निना रेफेण युक्तेन तेन र् क्ष् र् य् ऊँ इति पिण्डीकृतबीजाक्षरेणाग्नेय्या धारणया कालाग्निना आ पादान्मुण्डान्तं दहनम्,—इति अहन्ताभिमानपाशस्य प्लोषणं कार्यम् ॥

अधो विष्णुसमायुक्तो
वायुवर्णः सबिन्दुकः ॥ ३७ ॥

---

१ ख० पु० अर्थाक्षिप्त इति पाठः ।

उत्पूयनकरो ह्येष

विष्णुरुकारः, वायुवर्णो य्, उत्पूयनमुत्प्लवनं क्लिष्टस्यापि देहाभिमानस्य संस्कारशेषस्य वायव्या धारणयैव निर्धूननम् ॥ ३७ ॥

प्लावने वारुणः स्मृतः ।

बिन्दुमस्तकसंभिन्नः

वारुणो वकारः सबिन्दुको वारुणधारणया ऊर्ध्वद्वादशान्तादधोमुखं प्रवृत्तैः[1] पूर्णचन्द्राकारबिन्दुप्रसरत्सितप्रकाशवारिपूरैरशेषप्लावकः स्मृतः; स प्लावने[2] भाविशुद्धसर्गभित्तिविरचने प्रभवतीत्यर्थः । सर्वाणि चैतानि बीजानि परस्वस्वभावप्रभावप्रभाभूतानि विचिन्त्यानि । अत्र च विषस्येव मारकत्वं मन्त्रयुक्त्या देहस्याहमभिमानात्मकपाशरूपत्वं दह्यते, प्रतिदिनं तदभ्यासप्रकर्षेण च शिवाहन्तोज्जृम्भते, न तु साक्षाद्देहो दह्यते प्रत्यक्षबाधात् । अत एवानादिदेहाहङ्कारस्यापसार्यत्वात् प्रत्यहं शु-

१ क० पु० प्रवृत्तैरिति पाठः ।

२ क० ख० संप्लावन इति पाठः ।

द्धात्मस्थितिग्रहणतदानयनामृतप्लावनभैरवतापादनादि क्रियमाणं युक्तमेव ॥

एवमशुद्धदेहसंहारयुक्तिमुक्त्वा शुद्धदेहसृष्टिं वक्तुमाह

शक्तिन्यासस्ततो भवेत् ॥३८॥

ततो देहदाहाद्यनन्तरं विश्ववैचित्र्यं बिभ्रत्याः पारमेश्वर्या[1] मनोन्मनिकायाः शक्तेर्भाविमर्शमयशुद्धदेहनिर्माणभित्तिभूताया न्यासो भवेत् ॥ ३८ ॥

तदनु

आनयेत्तं यथानीतं
प्लावयेदमृतेन तु ।

यथेति मध्यमार्गोर्ध्वरेचकेण नीतं 'तम्' आत्मानमूर्ध्वरेचकेणैव[2] 'आनयेत्' शक्तिदेहस्य मध्यं हृदयं कल्पनया प्रापयेत्, 'अमृतेन' परभावसमावेशावष्टम्भरसेन 'प्लावयेत्' भैरवाभेदपरामर्शमयं कुर्यादित्यर्थः । यथाभूत-

---

१ ख० पु० पारमेश्वर्या इच्छात्मन इति पाठः ।

२ ख० पु० ऊर्ध्वपूरकेणेति पाठः ।

श्वासौ पूर्वं हृत्पादावस्थितोऽभूत् तथाभूतमेव नीतं तमानयेत् ॥

कीदृशं च

मलप्रध्वस्तचैतन्यं
कलाविद्यासमाश्रितम् ॥ ३९ ॥
रागेण रञ्जितात्मान
कालेन कलितं तथा ।
नियत्या यमितं भूयः
पुंभावेनोपबृंहितम् ॥ ४० ॥
प्रधानाशयसंपन्नं
गुणत्रयसमन्वितम् ।
बुद्धितत्त्वसमासीन-
महङ्कारसमावृतम् ॥ ४१ ॥
मनसा बुद्धिकर्माक्षै-
स्तन्मात्रैः स्थूलभूतकैः ।

युक्तमिति शेषः । नयनानयनपात्रत्वादेव संकोचाभासरूपेण 'मलेन प्रध्वस्तं' गुणीभूतं

---

१ ग० पु० क्षममापन्नमिति पाठः ।

'चैतन्यं' यस्य, अत एव किंचित्कर्तृत्वज्ञातृत्वरूपाभ्यां 'कलाविद्याभ्यां समाश्रितम्' । एवमन्यत् । अन्येषां च कलादीनां स्वरूपमुत्तरत्र स्वावसरे निर्णेष्यामः ॥ ४१ ॥

यदेतन्मायादिक्षित्यन्तं तत्त्वजातं

प्रणवेन तु सर्वं त-
च्छरीरोत्पत्तिकारणम् ॥ ४२ ॥
न्यसेत्क्रमेण देवेशि
त्रिंशदेकं च संख्यया ।

'शरीरोत्पत्तेः कारणं' मायादिक्षित्यन्तं तत्त्वानि एकत्रिंशतं 'प्रणवेन' श्रीमन्निष्कल[1]तुल्यव्याप्तिकेन शुद्धदेहोत्पत्त्यर्थं 'न्यसेत्' । प्रणवन्यासाच्चैतानि प्राग्दशातोऽन्यादृंश्येव । तथाहि—अख्यातिरूपा माया भेदप्रागल्भ्याविमोहिनी अस्य, कला पूजाध्यानादिकिंचित्कर्तृत्वोन्मीलिका, विद्या तात्त्विकविवेकप्रदा, रागो भक्त्यभिष्वङ्गप्रदः, कालः उपदेशादिविषयकलनाप्रदः, नियतिः भगवदाराधनादौ

---

१ ख० पु० निष्कलभट्टारक इति पाठः ।

नियामिका, पुंभावः 'अहं शिव एव' इति प्रथाप्ररोहकः । एवमन्यत् ॥ ४२ ॥

अस्यास्तत्त्वैकत्रिंशतो मध्यात्

षट्तत्त्वी त्वात्मसंबद्धा
ज्ञातव्यात्र वरानने ॥ ४३ ॥

मायादिनियत्यन्ता कञ्चुकरूपा 'षट्तत्त्वी' 'आत्मनः' पुंस्तत्त्वस्य तण्डुलकम्बुकवत् सम्यगालक्ष्य पृथक्तया बद्धा ज्ञातव्या न त्वस्यामात्माभेदो ग्राह्यः । एवमात्मनः परो देहः ॥ ४३ ॥

स्थूलसूक्ष्मौ युगपदाह

प्रधानावनिपर्यन्तं
शरीरं च विनिर्मितम् ।

ज्ञातव्यमिति लिङ्गविपरिणामात् । 'विनिर्मितं' कृत्रिमं न तु तात्त्विकमित्यर्थः ॥

अत्र च

चतुर्विंशतितत्त्वानि
चैतन्यरहितानि तु ॥ ४४ ॥

द्रष्टव्यानि वरारोहे

'द्रष्टव्यानि' वेद्यतयैव निश्चेयानि ॥ ४४ ॥

यद्येतान्यचेतनानि कथमेतानि दृश्यन्ते? इत्याह

पुरुषाधिष्ठितानि तु ।

सचेतनानि सर्वाणि

ज्ञातव्यानि सदैव हि ॥ ४५ ॥

अधिष्ठितता [1]कलोद्दलितस्वकर्तृताच्छुरणं, 'ज्ञातव्यानि' अहन्तापहस्तनेन वेद्यरूपाणि बोद्धव्यानि, बुद्धेरपि वृत्तिद्वारेण वेद्यत्वात् । वेद्यत्वादेवैतानि तण्डुलतुषवद्बहिरङ्गानि । षट्तत्त्वी तु आत्मनोऽन्तरङ्गप्रधानस्य संवे-द्य[2]परत्वमिति(?) ॥ ४५ ॥

तेन सह

पञ्चविंशकमेतच्च

प्राकृतं समुदाहृतम् ।

प्रकृतिरेव प्राकृतं, प्रकृतेरायातं च 'प्रा-

---

१ क० पु० कालोद्दलितेति पाठः ।

२ ख० घ० पु० पर्बलमिति पाठः ।

कृतं' गुणादिक्षित्यन्तमेव । 'ओं शुद्धदेहाय नमः' इति मन्त्रेण युगपत्षट्तत्त्वीरूपं परं, तन्मात्रान्तःकरणरूपं सूक्ष्मं, पृथिव्यादिरूपं च स्थूलं परामृतप्लावितस्यात्मनो देहं न्यसेत् ॥

तामेव शुद्धरूपतां स्फुटयितुमाह

ततो मूर्तिं न्यसेद्देवि
मूलमन्त्रसुलक्षितम् ॥ ४६ ॥
सकलं भैरवं न्यस्य
द्वात्रिंशार्णं सुलोचने ।
मुखानि कल्पयेत्पश्चा-
न्मूर्धादिचरणावधि ॥ ४७ ॥
वक्त्राणि कल्पयेत्पश्चा-
दूर्ध्वं पूर्वं च दक्षिणम् ।
उत्तरं पश्चिमं चैव
यथावत्प्रविभागशः ॥ ४८ ॥
कलाभेदं यथापूर्वं
शोध्याध्वानं प्रकल्पयेत् ।

मवतत्त्वं त्रितत्त्वं च
 विद्याङ्गा लोचनत्रयम् ॥ ४९ ॥
वर्गातीतेन क्षुरिका-
 मूर्ध्वाधोऽग्निप्रदीपिताम् ।
षोडशान्तर्हता सा तु
 रक्षिका विघ्ननाशिका ॥ ५० ॥
नवकं कल्पयेत्पूर्वं[1]
 मूर्ध्नि वक्त्रे च कण्ठके ।
हृदये नाभिदेशे च
 गुह्य ऊर्वोश्च जानुतः ॥ ५१ ॥
पादान्तं चैव विन्यस्य
 स्वध्यानगुणसंयुतम् ।
क्रियाज्ञाने तथेच्छा च
 दक्षे वामे च मध्यतः ॥ ५२ ॥
विद्याराजः स्मृतो ह्येष
 भैरवो मन्त्रनायकः ।

---

१ ख० पु० पश्चादिति पाठः ।

सर्वमेतत्प्रथमपटल एव यथा निर्णीतसतत्त्वं तथेहोत्तरत्रापि चानुसंधेयं, विषममतिरिक्तं च व्याक्रियते। मुखानीति क्षादीनि, मूर्धादीति दण्डभङ्ग्या सहायमेव क्रमो युक्तो भैरवन्यासान्तं सृष्टिक्रमस्य स्थितत्वादित्युक्तत्वात्; अतो न नैष्ठिकाभिप्रायेणान्यथा व्याख्येयम् । 'यथावत्प्रविभागशः' इति कवाटवक्रभङ्गिभ्याम्। 'शोध्याध्वानम्' इति सकलन्यासान्ते कलाद्येकतममध्वानं भावियुक्त्या गर्भीकृतेतराध्वपञ्चकन्यासादिवशेन शोधनीयं दीक्षायामेव कल्पयेत्। यद्वक्ष्यति

'दीक्षाकाले तु देवेशि शोध्याध्वानं प्रकल्पयेत्।'

इति। 'विद्याङ्गा' इति शसोऽत्र आ-आदेशः, विद्याङ्गानीत्यर्थः। क्षुरिकामन्त्रः कट्यां न्यस्यः, स पूर्वमनुक्तत्वादिहोक्तः । 'वर्गातीतः' क्ष्, 'अग्निः' र्, 'षोडशान्तः' षोडशस्वराणामन्तः अः, 'नवकम्' इति श्रीस्वच्छन्देशकपालीशाद्यष्टकोपेतम्। अस्य 'मूर्ध्नि' इत्यादिना निर्देशः। स्वस्था[ध्या]नादि समनन्तरं भविष्यति । क्रियेत्यादि पाठक्रमादर्थक्रमस्य बलीयस्त्वात्

'ज्येष्ठाज्ञाने तथा दक्षे क्रिया वामा तथोत्तरे।'

इति भाविग्रन्थेनैकार्थत्वात् प्राधान्याच्च दक्षिणे ज्ञानशक्तेर्वामे क्रियाशक्तेर्न्यासः ॥ ५२ ॥

परन्यासमाह

निष्कलं तु तथावाह्य
अङ्गान्येवं यथाक्रमम् ॥ ५३ ॥

न्यसेदित्येव। आ समन्तात् द्वादशान्ताद्वाहयित्वा अवतार्येत्यर्थः। एवमित्यावाह्य, अङ्गानि च सर्वज्ञत्वादिगुणषट्करूपाणीति पूर्वमेवोक्तम्। तेनात्राङ्ग[1]त्राणरूपाण्यङ्गानीति तन्त्रान्तरयोजनमसत्। अङ्गन्यासावसरे मुद्राषट्कबन्धः कार्यः,–इति गुरवः। तत्र हृदि निलीनाङ्गुष्ठा मुष्टिः, सैवोच्छ्रिताङ्गुष्ठा शिरसि, उच्छ्रिततर्जनीका शिखायां, परस्परान्तरिताङ्गुलि पाणिद्वयं कवचे, मध्यमातर्जन्यनामिकाभिर्नेत्रत्रयस्पर्शो नेत्रे, तर्जन्यङ्गुष्ठच्छोटिकादर्शनमस्त्रे ॥ ५३ ॥

---

१ ख० पु० अङ्गेति पदं नास्ति।

आवाहनानन्तरम्

गन्धैर्धूपैस्तथा पुष्पै-
विविधैर्भक्ष्यभोजनैः ।
पूजयेद्देवदेवेशं
मनसैव प्रकल्पितैः ॥ ५४ ॥

एवं च

आत्मानं भैरवं ध्यात्वा
ततो हृद्यागमाचरेत् ।

पुर्यष्टकशरीरमपि भैरवीकर्तुमयं प्रक्रम आरब्धः ॥ ५४ ॥

तत्र याज्यस्य भैरवरूपस्यात्मन आसनन्यासं तावद्वितत्य निरूपयति

नाभौ कन्दं समारोप्य
नालं तु द्वादशाङ्गुलम् ॥ ५५ ॥
हृदन्तं कल्पयेद्याव-
त्तत्र पद्मं विचिन्तयेत् ।

अष्टपत्रं महादीप्तं
केसरालं सकर्णिकम् ॥ ५६ ॥

'कन्दं' पद्मोत्पत्तिमूलं 'समारोप्य' परिकल्प्य, मत्तगन्धपीडनयुक्त्या च कन्दं 'नाभौ' नाभिविषये समारोप्य उल्लास्य 'नालं' प्राणशक्तिरूपं नाभिहृदयान्तरालस्य द्वादशाङ्गुलत्वात् द्वादशाङ्गुलमित्युक्तम् ॥ ५५ ॥

अत्र व्याप्तिमाह

कन्दं शक्तिमयं तत्र
नाले वै कण्टकास्तु ये।
भुवनानि च तान्येव
रुद्राणां वरवर्णिनि ॥ ५७ ॥
मायात्मको भवेद्ग्रन्थि-
रशुद्धाध्वव्यवस्थितः।
विद्यापद्मं महादीप्तं
कर्णिकाबीजराजितम् ॥ ५८ ॥

१ ख० पु० सकेसरमिति पाठः।

पुष्कराणि च देवेशि
तत्र विद्येश्वराः स्मृताः ।
एवं ध्यात्वा महापद्मं
सर्वदेवमयं शुभम् ॥ ५९ ॥

कल्पयेदित्यनुवर्तते । शक्तिरिच्छात्मा पारमेश्वरी आधारभूता यस्यां विश्वमिदमाध्रियते सा 'व्योमाकाराम्' इति वक्ष्यमाणत्वात् गर्भीकृतधरादितत्त्वचतुष्टया । यथोक्तं श्रीपूर्वशास्त्रे

'आदावाधारशक्तिं तु नाभ्यधश्चतुरङ्गुलाम् ।
धरां सुरोदं पोतं च कन्दश्चेति चतुष्टयम् ॥'

इति । तत्र अप्तत्त्वव्याप्त्या सुरार्णवं, तेजोव्याप्त्या ख्यातं [पोतं], प्राणप्रसूतिहेतुं व्यूहात्मकं वायुव्याप्त्या कन्दमित्येवंव्यक्तिका शक्तिः प्रकृतं रूपं यस्य तत्सारमित्यर्थः । अत एव अङ्कुरनालरूपाशेषाध्वव्यक्तेः 'तत्र' गन्धतन्मात्रादिकलातत्त्वान्तनालव्याप्तिः । रुद्राणामिति तत्तत्तत्त्वाधिष्ठातॄणाम् । महादीप्तमिति

---

१ क० ख० ग० पु० आधार्याधारेति पाठः ।

शुद्धाध्ववर्त्यशेषमन्त्रतेजोमयत्वात्। 'पुष्कराणि' बीजानि। 'विद्येश्वराः' अनन्तभट्टारकाद्याः शिखण्ड्यन्ताः। एवं कन्दनालग्रन्थिदलकर्णिकाबीजरूपं षड्उत्थमासनं प्रसिद्धम् ॥ ५९ ॥

आसनन्यासे[1] क्रममाह

शक्तिन्यासो भवेत्पूर्वं
कन्दं तु तदनन्तरम्।
अङ्कुरं नालविन्यास-
मनन्तं परिकल्पयेत् ॥ ६० ॥

तेजोमयं महाशुभ्रं
स्फुरत्किरणभास्वरम्।

विश्वोल्लेखभित्तिभूतामिच्छाशक्तिमाविश्य तदवष्टम्भरूपं कन्दमाक्रम्य तदुन्मेषतत्प्रसररूपाङ्कुरनालात्मकमशेषं मायान्तमध्वानमासूत्र्य तदुपरि 'अनन्तं' विद्येशं तेजोमयं स्मरणमात्रेण कल्पयेदित्यर्थः ॥ ६० ॥

नालं विन्यस्य यदुक्तं 'अनन्तं परिकल्प-

---

१ ख० पु० नादिन्यासे इति पाठः।

येत्' इति तन्मध्ये ग्रन्थिस्थाने सिंहासनं तदुपरि च पद्मं क्रमेण कल्पयितुमाह

धर्मं ज्ञानं च वैराग्य-
मैश्वर्यं च क्रमान्न्यसेत् ॥ ६१ ॥

एते च

सितरक्तपीतकृष्णा
आग्नेय्यादीशदिग्गताः ।
पादकाः सिंहरूपास्ते
त्रिनेत्रा भीमविक्रमाः ॥ ६२ ॥

पादका इति एतद्वासनानुविद्धा हि संसरन्ति संसारे,—इत्यशेषसंसारिणः अज्ञाताः पादाः पादकाः, एते 'सिंहरूपा' इति पराक्रममहिम्ना, अशेषविश्वाक्रमणात् । ईश्वरशक्त्यधिष्ठाने एवैतदेषां घटते, न तु सांख्यनये जडबुद्धिधर्मरूपतायाम्,—इतीश्वरशक्त्यधिष्ठानादेते त्रिनेत्राः, घोरसंसारघातहेतुत्वाच्च भीमविक्रमाः ॥ ६२ ॥

---

१ क० पु० एतदिति पाठः ।

एते च मुमुक्षुणा

शिवशक्तिमया मन्त्रा
न्यस्तव्या वीरवन्दिते ।

वस्तुतः परमेश्वरशक्तिमया एव, तथा त्वपरिज्ञाता अधरपदसंचारिणः । यदा तु तथा प्रत्यभिज्ञायन्ते तदा मननत्राणधर्मकाः प्रत्यभिज्ञातुः शिवस्य इच्छया मन्त्ररूपतां प्रकटयन्तः शुद्धप्रसरणिसंसारिणो भवन्ति भक्तिभाज इति परमार्थः, न त्वन्यथैषां मन्त्ररूपता काचित् अशुद्धाध्वव्यवस्थितेः ॥

सिंहासनेऽवयवान्तराण्याह

अधर्माज्ञानावैराग्य-
मनैश्वर्यं च प्राग्दिशः ॥ ६३ ॥
उत्तरान्तं निवेश्यं तु

एते हि

गात्रकाः सितवर्णकाः ।

सिंहासनपट्टिकारूपाः । प्रायश्च सर्वेऽख्यातिमयमायाच्छादितत्वादधर्मादिमयाः, अत

एव धर्मादीन्प्रति स्पृहयालवः,—इत्यधर्मादय एषां मायापदे अज्ञातानि गात्रकाणि ॥ ६३ ॥

अत्रैव

संधानकीलकाश्चैव

अतसीपुष्पसंनिभाः ॥ ६४ ॥

वेदा युगाश्च ते चैव

ज्ञातव्याः क्रमशः प्रिये ।

आग्नेय्यादिक्रमेण प्रतिकोणं पादकेन सह गात्रकद्वयस्य बन्धनार्थं कीलकद्वयमिति । ऋगादयो वेदाः, कृतादयश्च युगास्तत्तद्भोगवासनाः पुष्णन्तः संसारबन्धनहेतवो विचित्रशङ्काशङ्कुरूपाः संधानकीलका इत्युक्ताः । बन्धकत्वादेव च कृष्णवर्णा ज्ञातव्याः पूर्वोक्तपारमेश्वरशक्तिरूपतया यथाज्ञाता बन्धका भवन्ति । ननु एते बुद्धिधर्माः कथमियतीं भूमिं प्राप्ताः? उच्यते—सर्वेषां बुद्ध्यादिधर्माणां मायोत्पत्तिभूः, बुद्ध्यादयस्तु विभवस्थानम्, उच्छेद्यास्तु मूलभूमित उच्छिन्ना न पुनः प्ररोहन्तीत्युत्पत्तिपदादुच्छेत्तुमेतानीदृक्क्रमो दर्शितः ॥ ६४ ॥

अत एव सत्त्वरजस्तमांसि मूलत एवोच्छेत्तुं सिंहासनोपरि गुणमयमेव मायामसूरकं न्यसितुमाह[1]

अधश्छादनमूर्ध्वं च
रक्तं शुक्लं विचिन्तयेत् ॥ ६५ ॥
मध्ये तमो विजानीया-
द्गुणास्त्वेते व्यवस्थिताः ।

ऊर्ध्वं शुद्धविद्यानिकटवर्तित्वात् सितं सत्त्वरूपम् । अधस्तु संसरणानुगुणत्वाद्रक्तं रजोमयम् । मध्ये तु ख्यात्याच्छादनप्रकर्षात् तमोमयं कृष्णम् । प्राधानिकः प्रपञ्चो मायायामसन्नित्यादि त्वसत्, अशेषमायाकार्यस्य मायायां सूक्ष्मरूपतया भुवनाध्ववर्णयिष्यमाणस्थित्यावस्थितत्वात् । शक्तिपातपवित्रैस्तु सर्वमेतच्छिवशक्तिरूपं मन्त्रतयैव भावनीयम् । यद्वक्ष्यति

'यत्र यत्र...................................... ।

इत्युपक्रम्य

1 ख० पु० दर्शयितुमाहेति पाठः ।

'...............................सर्वं शिवमयं यतः ॥'(४।३१०)

इति ॥

अथ सिंहासनमसूरकोपरि विद्यापद्मं न्यसितुमाह

सितं पद्मं विजानीया-
त्केसराणि विचिन्तयेत् ॥६६॥
सितरक्तप्रपीतानि
मूलमध्याग्रदेशतः ।
कर्णिका हेमसंकाशा
बीजानि हरितानि तु ॥ ६७ ॥

ईदृग्वर्णमेव सितपद्मं भवति । सितत्वं चास्य शुद्धविद्यामयत्वात् ॥ ६७ ॥

अस्य दलेषु देवतान्यासमाह

वामां पूर्वदले न्यस्य
ज्येष्ठां वह्निदलाश्रिताम् ।
रौद्रीं दक्षिणपत्रे तु
कालीं नैर्ऋतगोचरे ॥ ६८ ॥

कलविकरणीं देवीं
विन्यस्येद्वारुणे दले ।
बलविकरणीं देवीं
वायव्यदलमाश्रिताम् ॥६९॥
बलप्रमथनीं देवी-
मुत्तरे विनियोजयेत् ।
सर्वभूतदमनीं च
ऐशान्यां विनियोजयेत् ॥७०॥
मध्ये मनोन्मनीं देवीं
कर्णिकायां निवेशयेत् ।

स्पष्टमेतत् ॥ ७० ॥

एतच्च

शक्रचापनिभं देवि
ध्यातव्यं शक्तिमण्डलम् ॥७१॥

ततोऽपि

मध्ये सूर्यसहस्राभां
चिन्तयेत्तु मनोन्मनीम् ।

एता देव्यो भुवनाध्वनीत्या परेण रूपेण शक्तितत्त्वे स्थिताः, मध्ये तु पदे परापरेण, इह तु विद्यायामपरेण रूपेणेति विभागः । तत्रैव चासां नामानुसारि स्वरूपं दर्शयिष्यामः—सर्वं प्रागुक्तशक्तित्रयमयमिति ॥ ७१॥

विद्यातत्त्वे मानमेयमातृरूपं ज्ञानक्रियेच्छाव्याप्तिसतत्त्वं मण्डलत्रयं न्यसितुमाह

सूर्याध्वमण्डलं पत्रे
सोमं संयोज्य केसरे ॥ ७२ ॥

वह्निमण्डलकं देवि
कर्णिकायां निवेशयेत् ।

अत्र हि मेयरूपस्य सोमस्य वह्निसूर्यात्मकमातृमानमध्यवर्तित्वं, न हि मातृप्रकाशभित्तिं विना मानप्रकाशाच्छुरणं विना वा मेयप्रकाशः कश्चित् । प्रमातैव हि चिद्रसाश्यानीभावात्म मेयमाभास्यते, आभास्यमानं च प्रमाणप्रकाशाच्छुरितमेव भवतीत्यलमधिकेन; भविष्यत्येतत् सृष्टिसंहारपटले ॥ ७२ ॥

एतद्धामत्रयाधिष्ठातृदेवतात्रयं निरूपयति तदधिष्ठातृविश्रान्तर्भावमत्र प्रकटयितुं

ब्रह्मा विष्णुर्हरश्चैव
मण्डलेष्वधिपाः स्मृताः ॥७३॥

परापरया व्याप्त्या एषां ध्यानमाह

ब्रह्मा चतुर्मुखो रक्त-
श्चतुर्बाहुविभूषितः ।
कृष्णाजिनोत्तरीयश्च
राजीवासनसंस्थितः ॥ ७४ ॥

कमण्डलुधरो देवि
दण्डहस्तस्तथैव च ।
अक्षमालाधरो देवः
पद्महस्तः सुलोचनः ॥ ७५ ॥

ध्यात्वा पत्रेषु तं न्यस्येत्
सर्वकिल्विषनाशनम् ।
अतसीपुष्पसंकाशं
शङ्खचक्रगदाधरम् ॥ ७६ ॥

पीताम्बरधरं देवं
वनमालाविभूषितम् ।
स्फुरन्मुकुटमाणिक्यं
किङ्किणीजालमण्डितम् ॥७७॥

दिव्यकुण्डलधर्तारं
गरुडासनसंस्थितम् ।
ध्यात्वा विष्णुं महात्मानं
केसरेषु निवेशयेत् ॥ ७८ ॥

शङ्खेन पद्ममुपलक्ष्यते। मानमेययोर्लोलीभावान्मेयात्मनि सोममण्डले सृष्टिप्रधानेऽपि स्थितिकारी विष्णुः, स्थित्यात्मनि च प्रमाणरूपे सूर्यमण्डले सृष्टिकर्ता ब्रह्माधिष्ठाता,—इति युज्यते एवैतत् ॥ ७७ ॥

शङ्खकुन्देन्दुधवलं
शूलहस्तं त्रिलोचनम् ।
दशबाहुं विशालाक्षं
नागयज्ञोपवीतिनम् ॥ ७९ ॥

'सिंहचर्मपरीधानं
　　शशाङ्ककृतभूषणम् ।
नीलकण्ठं वृषारूढं
　　रुद्रं ध्यात्वा वरानने ॥ ८० ॥

निवेशयेत्कर्णिकायां
　　महापातकनाशनम् ।

तदुपरि
महाप्रेतं न्यसेत्पश्चा-
　　त्प्रहसन्तं सचेतनम् ॥ ८१ ॥

रक्तवर्णं सुतेजस्कं
　　नेत्रत्रयविभूषितम् ।

प्रकर्षेण इतः स्फुटेदन्तानिमज्जनेन अहन्ताप्रधानां स्थितिमनुप्रविष्टः; प्रकर्षेण च इतं गतं संबद्धं विश्वं यस्य इति व्युत्पत्त्या प्रेत इह सदाशिवः, स च महदिति पदेन अनाश्रितशिवरूपः। परमशिव एव च भगवानेकश्चिद्रूपस्तदधररूपवर्ती,—इत्यनाश्रितादिस्त-

देकजीवितः, स्वयं तु प्रेत इव प्रेतः, अधराध्वनोऽत्र स्तिमितत्वेनावस्थानाच्च प्रेतः, स च अपरया व्याप्त्या स्थूलः सदाशिवः, मध्यमया स एव नादरूपः, परया तु अनाश्रितः,—इति तदनुसारेण सिंहासनं पद्मं च योज्यम् । स च प्रेतः परमशिवोऽहन्तानुप्रवेशादेव प्रहसन् नादामर्शरूपो महाविकासमयश्च, तेनैव परमशिवेन नादात्मना सचेतनः । एवमपि तावन्मात्रेदन्तोन्मेषात्मकोपाधिरूपत्वात् विश्वानुरञ्जकत्वाच्च रक्तवर्णः, बोधप्राधान्यात् सुतेजस्कः । वक्ष्यति च

'.......................सूर्यकोटिसमप्रभम् ।'

इति भौवने पटले । इच्छाज्ञानक्रियाशक्त्यात्मना च एषणीयज्ञेयकार्यात्म विश्वं नयता नेत्रत्रितयेन ऊर्ध्वदृशा विशेषेण भूषितं राजमानम् । यथोक्तं

'तिस्रो देव्यो यदा चैनं नित्यमेवाभ्युपासते ।
त्र्यम्बकस्तु तदा ज्ञेयः............................ ॥'

इति ॥ ८१ ॥

एवमियत्पर्यन्तम्

प्रणवेन न्यसेत्सर्व-
मासनं भैरवस्य तु ॥ ८२ ॥

'ओं आसनाय नमः' इति मन्त्रेण। एतत्सर्वमासनं चिद्भैरवाभेदेन व्याप्तं 'सर्वं शिवमयम्' इति वक्ष्यमाणत्वात् शक्तिरूपं, न तु व्यतिरिक्तापररूपं प्रणवान्तर्गर्भीकारेण न्यसेत्।

अत्र च

'आसनं विभजेन्मन्त्री क्रमशः पद्ममुद्रया।'

इति श्रीरौरव उक्तत्वात् करद्वयं मुकुलीकृत्य पद्ममुद्रास्फालनीया स्थापनीया ॥ ८२ ॥

गन्धैः पुष्पैः समभ्यर्च्य

प्रणवेनैव।

ततो मूर्तिं प्रकल्पयेत्।
कदम्बकुसुमाकारां
तुषारकिरणत्विषम् ॥ ८३ ॥

प्रकाशाह्लादमयीमित्यर्थः ॥ ८३ ॥

अथ

मूर्त्यूर्ध्वे भैरवं देवं
सकलं परिकल्पयेत् ।
द्वात्रिंशद्वर्णकचितं
स्फुरत्तडिदिवोज्ज्वलम् ॥ ८४ ॥

हृत्तो द्वादशान्तं मन्त्रोच्चारं कृत्वा, तत्र क्षणं विश्रम्य हृद्येव मन्त्रराजं पुर्यष्टकं भैरवीकर्तुं न्यसेदिति गुरवः । अत्र च वक्ष्यमाणब्रह्मकवाटकलावक्रभङ्ग्यादि सर्वमासूत्रितमात्रं प्रभापुञ्जन्यायेन चिन्तयेत्,—इत्याशयेन 'स्फुरत्तडिदिवोज्ज्वलम्' इत्युक्तम् ॥ ८४ ॥

अथ

वक्त्राणि कल्पयेद्देवि
स्वध्यानेन महेश्वरि ।
मूर्धादिचरणं याव-
त्प्रणवादिनमोन्ततः ॥ ८५ ॥
अष्टात्रिंशत्कलाभेदं
शोध्याध्वानं प्रकल्पयेत् ।

नवतत्त्वं त्रितत्त्वं च
नवकं भैरवाभिधम् ॥ ८६ ॥
विद्याङ्गा लोचनं चैव
क्षुरिकां च प्रकल्पयेत् ।
शक्तित्रयं ततो न्यस्ये-
द्दक्षदिग्वामगोचरे ॥ ८७ ॥
मध्यप्रदेशे देवेशि

एतदविस्मरणार्थं पुनरपि पठितं; तत्त्वन्यासेन परमेश्वरस्रष्टानि तच्छक्तिमयानि, भगवति तु प्रकाशानन्दघनानि; अत एव आसनासीनात्मं (?) विश्वं शिवमयमित्युक्तम् ॥८७॥

ध्यानमाह

ततो रूपमनुस्मरेत् ।
त्रिपञ्चनयनं देवं
जटामुकुटमण्डितम् ॥ ८८ ॥
चन्द्रकोटिप्रतीकाशं
चन्द्रार्धकृतशेखरम् ।

---

१ 'आसनासीनम्' इति समुचितः पाठः ।

पञ्चवक्त्रं विशालाक्षं
सर्पगोनासमण्डितम् ॥ ८९ ॥

वृश्चिकैरग्निवर्णाभै-
र्हारेण तु विराजितम् ।
कपालमालाभरणं
खड्गखेटकधारिणम् ॥ ९० ॥

पाशाङ्कुशधरं देवं
शरहस्तं पिनाकिनम् ।
वरदाभयहस्तं च
मुण्डखट्वाङ्गधारिणम् ॥ ९१ ॥

वीणाडमरुहस्तं च
घण्टाहस्तं त्रिशूलिनम् ।
वज्रदण्डकृताटोपं
परश्वायुधहस्तकम् ॥ ९२ ॥

मुद्गरेण विचित्रेण
वर्तुलेन विराजितम् ।

सिंहचर्मपरीधानं
गजचर्मोत्तरीयकम् ॥ १३ ॥
अष्टादशभुजं देवं
नीलकण्ठं सुतेजसम् ।

आरुरुक्षून् निष्कलधाम्नि प्रवेशयितुं भगवता स्वस्वातन्त्र्यात् ईदृगाकार उन्मनाशक्तिभूमौ दर्शितः । नहि भौवने क्वापि ईदृग्देवोऽस्ति । शाक्तस्फारमयत्वादेव चायमष्टादशभुजो दुर्गादेव्यास्तथात्वात् । अस्मिंश्च प्रतिमुद्रास्थानीयाकृतिग्रन्थे चिह्नैरवव्यार्तिरखण्डितैवास्ति । तथाहि—तिसृभिः परादिशक्तिभिः स्थूलसूक्ष्मपरभेदान्मायान्तं व्याप्य स्थितानां पञ्चानां नयनं येन तं त्रिपञ्चनयनं; जटाभिरूर्ध्वपदावस्थिताभिर्वामेश्वर्यादिशक्तिभिः, मुकुटेन च स्वातन्त्र्यास्फारेण मण्डितम्; 'चन्द्रकोटिप्रतीकाशम्' इति प्रकाशानन्दघनम् । तदुक्तं श्रीलक्ष्मीकौलार्णवे

'अद्वैतत्वात्सुरेशानि भैरवो गीयते भुवि ।
न तु दंष्ट्राकरालत्वात्तस्मात्सौम्यं विचिन्तयेत् ॥'

इति । 'चन्द्रार्धकृतशेखरम्' इति विश्वाप्यायकृदमाख्यामृतकलासंबद्धम्; पञ्चवक्त्रम्' इति चिदानन्देच्छाज्ञानक्रियाख्यानि पञ्च परस्वरूपाभिव्यञ्जकानि संसारत्राणरूपाणि वक्त्राणि यस्य स तं; 'विशालाक्षम्' इति

'अन्तर्लक्ष्यो बहिर्दृष्टिर्निमेषोन्मेषवर्जितः ।'

इत्याम्नातपरभैरवस्फारावस्थितम्; 'सर्पैत्यादिना हारेण तु विराजितम्' इत्यन्तेज बहिष्कृतमायीयकार्माणवाख्यपाशत्रयसंयोजनवियोजनक्रीडापरत्वमुक्तम्; 'कपालमालाभरणम्' इति अशेषविश्वशरीरं, विश्वं कपालमालात्मनावयवप्रपञ्चरूपमाभरणं नतु आवरणं यस्य; चिदानन्दघनस्य भगवतस्तिस्र इच्छाज्ञानक्रियाः करणरूपाः, एकैकस्याश्च शक्तेस्त्रैरूप्यान्नवत्वं, तत्रापि परापरभेदेन द्वैविध्याद्ष्टादशभुजत्वम् । तत्र 'खङ्गेन' ज्ञानशक्त्यात्मना पाशच्छेदनं, 'खेटकेन' क्रियाशक्तिरूपेण भक्तानां संसारत्रासपरिहरणं, 'पाशेन' विश्वबन्धनेन स्वातन्त्र्यम्, 'अङ्कुशेन' तदाकर्षणं, 'शरपिनाकाभ्यां' कारणग्रन्थिमालाभेदनम्,

वरदाभयहस्तत्वेन भोगमोक्षप्रदत्वम्, मुण्डधारणेन अख्यात्यात्मकमायामुण्डापहर्तृत्वम्, अनाश्रितान्तस्य विश्वस्य अस्थिकरङ्कस्थानीयस्य स्वचिद्भित्तिलग्नत्वं खट्वाङ्गधारणेन, वीणाडमरुघण्टाभिर्मन्द्रतारमध्यध्वनिवैचित्र्याश्रयनादावमर्शनिभालनावहितशक्तित्वम्, इच्छाज्ञानक्रियायोगिस्वातन्त्र्यशक्तिदण्डेन त्रिशूलेन पाशत्रयशातनं, वज्रेण ऊर्ध्वस्थितेच्छादिशक्तित्रयेण अधःस्थितैषणीयादित्रयेण च अशेषविश्वात्मकनिजशक्तित्वम्, 'दण्डेन' नियतिशक्त्यात्मना विश्वनियमनम्, 'परशुना' हलाकृतिना नादशक्त्यात्मना, 'मुद्गरेण' बिन्दुशक्तिरूपेण अशेषभेदविदारणचूर्णीकरणम्, इति ध्वन्यते। 'सिंहो' विद्येश्वरसदाशिवशक्तिशिवात्मकपञ्चाननश्चित्स्फारः, तस्य 'चर्म' चरितं, 'गजस्य' च विततविततस्य मायात्मन उक्तस्वरूपसिंहनिर्भेद्यस्य 'चर्म' चरितं विलसितं स्वस्वरूपसंलग्नत्वात्परीधानं बोधाभेदात्मकस्वस्वरूपोपरि परिवर्तमानं यस्य, 'देवं' क्रीडादिशीलं, 'नीलकण्ठम्' अख्यात्यात्मकमहाविषहरं,

'सुतेजसं' चिदानन्दघनम्। एवमादि च भैरवानुकरणस्तोत्रे अस्माभिर्वितत्य दर्शितम् ॥ ९३ ॥

अस्य भगवतो वक्त्रध्यानमाह

ऊर्ध्ववक्त्रं महेशानि
स्फटिकाभं विचिन्तयेत् ॥९४॥
आपीतं पूर्ववक्त्रं तु
नीलोत्पलदलप्रभम् ।
दक्षिणं तु विजानीया-
द्वामं चैव विचिन्तयेत् ॥ ९५ ॥
दाडिमीकुसुमप्रख्यं
कुङ्कुमोदकसंनिभम् ।
चन्द्रार्बुदप्रतीकाशं
पश्चिमं तु विचिन्तयेत् ॥ ९६ ॥

वक्त्राणां दिग्रूपवैचित्र्यं तत्तदनुग्रहादिकृत्यवैचित्र्यात् ॥ ९६ ॥

एवमीदृशम्

स्वच्छन्दभैरवं देवं
सर्वकामफलप्रदम् ।

ध्यायते यस्तु युक्तात्मा
क्षिप्रं सिध्यति मानवः ॥ १७ ॥

'युक्तात्मा' एकचित्तः 'सिद्ध्यति' भुक्तिमुक्ती लभते। यथा पूर्वं वाचकस्य सकृदुच्चारात्सर्वकिल्विषनाशित्वमुक्तं तथा वाच्यस्यापि ध्यानमात्रात्सर्वसिद्धिप्रदर्शित्वमुक्तम्,—इति महाप्रभावतास्योच्यते ॥ १७ ॥

परं न्यासमाह

ततः परमबीजेन
परं परमकारणम्।
सुशान्तं निष्कलं देवं
सर्वव्यापिनिरञ्जनम् ॥ १८ ॥
आवाहयेत्सुहृष्टात्मा
तव देवि वदाम्यहम्।

'परं' निरतिशयं, सुहृष्टात्मा' इति 'शाम्भवपदसमावेशं प्रति उत्कण्ठातिशयात्, 'आवाहयेत्' द्वादशान्तादवतारयेत् परशक्त्यवष्टम्भेन

तत्स्वरूपमुन्मज्ज्य हृत्पर्यन्तं तच्चमत्कारसारं कुर्वीतेत्यर्थः ॥ ९९ ॥

कीदृशं

हृत्कण्ठतालुभ्रूमध्य-
नादान्तान्तसमाश्रितम् ॥९९॥
निष्कम्पं कारणातीतम्

'नादान्तः' शक्त्यन्तः, तस्यान्तः पर्यन्तो द्वादशान्तः, तेन हृदादिद्वादशान्तं युगपद्व्याप्नुवन्तं निष्कम्पं स्वरूपादचलितम् ॥

एवम्

आवाह्य परमेश्वरम् ।
संस्थाप्य विधिवद्देव-
मङ्गषट्कं ततो न्यसेत् ॥ १०० ॥

'उत्तानौ तु करौ कृत्वा अङ्गुष्ठौ तलमध्यगौ ।
आवाहनी त्वियम्.......................... ॥'

इति आवाहनमुद्रया आवाहनम् ।

'बद्धाङ्गुष्ठौ स्थितौ मुष्टी उन्मुखौ स्थापनी भवेत् ।'

इति मुद्रया स्थापनम् ॥

अथ

पाद्यमाचमनं चार्घं
स्वागतं तदनन्तरम् ।
संनिधानं च देवेशि

कल्पयेदिति शेषः । पादार्थमुदकं पाद्यम् । सु शोभनम् अस्मदनुग्रहपरमागमनमस्त्विति स्वागतं, योनिमुद्रया संनिधानम् ।

एवं कृत्वा

निष्ठुरया निरोधयेत् ॥ १०१ ॥

निष्ठुरा मुद्रा तया निरोधयेत् अविचलं स्थापयेत् । सा तु

'अङ्गुष्ठगर्भगौ मुष्टी............... ।'

इति ।

'...............निष्ठुरा तन्निरोधने ।'

इत्युक्ता ॥ १०१ ॥

ततः

गन्धैः पुष्पैस्तथा धूपै-
र्धूपयित्वा तमर्चयेत् ।

सर्वमेतन्मानसं कुर्यात् ॥

अथ सन्निधानार्थं

मुद्रां प्रदर्शयेत्पश्चा-
त्रिधा त्रैकाल्यकर्मणि ॥ १०२ ॥

मुदं हर्षं राति ददाति; परभैरवचैतन्यद्रविणं मुद्रयति; परावेशेन मोदयति भक्तान्; द्रावयति पाशान् इति वा निरुक्तां परस्वरूपप्रतिबिम्बरूपां मुद्रां वक्ष्यमाणाम् अष्टादशविधाम्

'एता मुद्रा महादेवि भैरवस्य प्रदर्शयेत् ।
आवाहने निरोधे च तथैव च विसर्जने ॥'(१४।१९)

इति वक्ष्यमाणत्रैकाल्यकर्मणि । त्रिधेति

'मनोजा गुरुवक्त्रस्था वाग्भवा मन्त्रसंभवा ।
देहोद्भवाङ्गविक्षेपैर्मुद्रेयं त्रिविधा स्मृता ॥'

इत्याम्नायनिर्दिष्टा ॥ १०२ ॥

विस्तरेणान्तर्यागं वक्तुमाह

ततः स्नानादिकं कर्म
कृत्वा चैव वरानने ।
परिधाप्य सुवस्त्राणि
नेत्रपट्टोद्भवानि च ॥ १०३ ॥

विलिप्यागुरुकर्पूरै-
मुकुटाद्यैर्विभूषयेत् ।

विलिप्य परिधाप्य भूषयेदिति क्रमः ॥

पुष्पैर्नानाविधैः शुभ्रै-
रर्चयेद्धूपयेत्पुनः ॥ १०४ ॥

अर्घं दत्त्वा महेशानि
पुनर्मुद्रां प्रदर्शयेत् ।
प्रणम्य भैरवं देवं
स्वच्छन्दं विश्वनायकम् ॥ १०५ ॥

'अर्घं' विशेषार्घम्। 'प्रणम्य' इति समावेशेन तन्मयीभावमाश्रित्य ॥ १०५ ॥

ततो ह्याभरणं बाह्ये
विनिवेश्यं वरानने ।

परमेश्वरशक्तिरूपं तदभेदेन न्यस्तमपि वक्त्राङ्गादि पुनस्तदिच्छयैव तदाभासितत्वात् प्रभापुञ्जवत् पृथगिव आवरणतया स्थितं विनिवेश्यम्। एवं चाभिदधदेवं शिक्षयति—

यद्विश्वं ग्राह्यग्राहकाभिमतं शिवरूपमपि शिवेन तथाभासितत्वात् पृथगिव लक्ष्यते नतु वास्तवमस्य पृथक्त्वं कदाचित् ॥

आवरणन्यासे विभागमाह

ऐशान्यां पूर्वतो याम्यां
उत्तराप्यावसानकम् ॥ १०६ ॥
विन्यसेत्पञ्च वक्त्राणि
पञ्चवक्त्रयुतानि च ।
बाहुभिर्दशभिश्चैव
शशाङ्कमुकुटैः सह ॥ १०७ ॥
ध्यातव्यानि स्वरूपाणि
वराभयकराणि तु ।

एकैकस्याः शक्तेः पञ्चशक्तिरूपत्वात् पञ्चवक्त्ररूपत्वमेकैकस्य च शाक्तस्फारात्मकस्वरूपतो भेदेनाभासितत्वात्, तथापि च मन्त्रनाडीसंधानाभ्यां तदभेदसारत्वात् पृथगपि एषां पूजनमुक्तम्। स्वं स्फटिकाभत्वादि पूर्वोक्तं रूपं येषां तानि स्वरूपाणि । वराभयकरत्वं खड्गखे-

टकपाशाङ्कुशशरपिनाकमुण्डखट्वाङ्गोपलक्षण-परम्। मन्त्राणां परपरापरापररूपत्वात् परादीनां च प्रत्येकं त्रैविध्यान्महासामान्यरूपव्यासत्वाच्च दशरूपता,—इति तद्व्याप्तत्वाच्च दशबाहुत्वम् ॥ १०७ ॥

वक्त्रावरणानुषक्तान्यङ्गान्याह

अग्नीशरक्षोवायव्य-
चतुर्दिक्षु च तं न्यसेत्॥१०८॥
हृच्छिरश्च शिखा वर्म
अस्त्रं च प्रविभागशः।

अग्नीशरक्षोवायव्यदिक्षु यथासंख्यं हृच्छिरःशिखावर्माणि अस्त्रं च चतुर्दिक्कम्, इति विभागः। सकलाङ्गान्येव पृथगावरणतया पूज्यानि नतु निष्कलाङ्गानि, तेषां सर्वज्ञताद्येकरूपाणां निष्कलैकरूपत्वात् ॥ १०८ ॥

एषां रूपमाह

हृदयं रक्तवर्णाभं
शिरो गोरोचनप्रभम्॥१०९॥

तडिद्वलयसंकाशां
शिखां देवीं विचिन्तयेत् ।
आधूम्रं कवचं विद्या-
त्कपिशं चास्त्रमेव च ॥ ११० ॥

नेत्ररूपस्थाननिर्देशं वक्तुमाह

ज्योतीरूपप्रतीकाशं
नेत्रं मध्ये च संस्थितम् ।

विन्यसेदित्येव । 'मध्ये' इति कर्णिकायाम् । वक्ष्यति हि

'नेत्रं तु कर्णिकायां वै.................... ।' (२।१७१)

इति ॥

एते च

पञ्चवक्त्राः स्मृताः सर्वे
दशबाह्विन्दुभूषिताः ॥ १११ ॥
नानाभरणसंयुक्ता
नानास्रग्गन्धलेपनाः ।
नानावस्त्रपरीधाना
मुकुटैरुज्ज्वलैः शुभैः ॥ ११२ ॥

रत्नमालावनद्धाश्च
हारकेयूरभूषिताः ।

एते च

द्विरष्टवर्षकाकाराः
सुरूपाः स्थिरयौवनाः ॥११३॥
भैरवाद्याः स्मृता मन्त्राः
पीठेशाः पीठमर्दकाः ।

भैरवाद्या अङ्कान्ता मन्त्राः 'पीठस्य' विद्यामन्त्रमण्डलमुद्रारूपस्य चतुर्विधस्य 'ईशाः' स्वामिनः स्वात्मसात्[1]करणेन मर्दकाश्च । ये तु पीठक्षेत्रसंदोहादिपल्लीपरमेतद्व्याचक्षते तेऽस्मिं[2]न्नन्तर्यागे देवतान्यासस्य मध्येऽप्येवं कल्पयन्त उपहास्या एव ॥ ११३ ॥

अथ

या सा पूर्वं मया ख्याता
अघोरी शक्तिरुत्तमा ॥ ११४ ॥

---

१ क० ख० पु० साक्षात्करणेनेति पाठः ।

२ क० पु० तस्मिन् इति पाठः ।

भैरवं पूजयित्वा तु
तस्योत्सङ्गे तु तां न्यसेत् ।

तस्या ध्यानमाह

यादृशं भैरवं रूपं
भैरव्यास्तादृगेव हि ॥ ११५ ॥

तथा च

ईषत्करालवदनां
गम्भीरविपुलस्वनाम् ।
प्रसन्नास्यां सदा ध्याये-
द्भैरवीं विस्मितेक्षणाम् ॥११६॥

करालत्वं भैरवानुकारतः पाशभक्षणात्, गम्भीरविपुलस्वनत्वं विमर्शप्राधान्यात्, प्रसन्नास्यत्वं परभैरवानुरूप्येण अनुग्रहप्रवणत्वात्, अत एव भैरवमुद्रानुप्रवेशादेव विस्मितेक्षणत्वम् ॥ ११६ ॥

ततः

द्वितीयावरणे देवि
विन्यसेद्भैरवाष्टकम् ।

द्वितीयशब्देन अङ्गवक्त्राणि एकमेवावरणं समव्याप्तिकत्वात् भगवद्देहारम्भकत्वाच्च,—इति दर्शयति ॥

कथं न्यसेदित्याह

कपालीशं तु पूर्वाया-
माग्नेय्यां शिखिवाहनम् ॥ ११७ ॥

दक्षिणे क्रोधराजं तु
विकरालं तु नैर्ऋते ।
मन्मथं पश्चिमे भागे
मेघनादेश्वरं तथा ॥ ११८ ॥

वायव्ये देवि विन्यस्य
सोमराजं तथोत्तरे ।
विद्याराजं तथैशान्यां
विन्यसेत्तु सुभावितः ॥ ११९ ॥

अष्टावपि

पञ्चवक्त्रास्त्रिनेत्राश्च
दशबाह्विन्दुशेखराः ।

कपालमालाभरणाः
स्फुरन्माणिक्यमण्डिताः १२०॥

एषां दिक्क्रमेण ध्यानमाह

पूर्वे पीतं स्मृतं देवि
रक्तमाग्नेयगोचरे ।
दक्षिणे नीलमेघाभं
नैर्ऋत्यां ज्वलनप्रभम् ॥१२१॥
श्यामं चापरदिग्भागे
धूम्रं वायव्यगोचरे ।
चन्द्रबिम्बप्रभं सौम्ये
ईशाने स्फटिकप्रभम् ॥१२२॥

अथ

तृतीये चैव लोकेशान्
सास्त्रान्संपरिकल्पयेत् ।
नामानि तेषां वक्ष्यामि
यथावदनुपूर्वशः ॥ १२३ ॥
इन्द्राग्नियमनिर्ऋति-
वरुणाश्च समीरणः ।

सोमराजः कुबेरश्च
ईशानः परमेश्वरः ॥ १२४ ॥

'साक्षात्' इति वदन्नस्त्रावरणं न पृथङ्न्यास्यम्,—इति निरूपयति 'तृतीये' इत्यभिधानाच्च ॥ १२४ ॥

ते च

भैरवांष्टकरूपेण
ध्यातव्यास्तु वरानने ।

परभैरवशक्तिपुञ्जात्मकभैरवाष्टकप्रसररूपत्वात् 'पूर्वं पीतम्' इत्याद्युक्तभैरवाष्टकरूपेणैव चिन्त्याः ॥

एवमेतदस्त्राण्यपि भैरवास्त्रव्याप्तिसाराणि यागरक्षापराणि नामत उद्दिशति

वज्रं शक्तिस्तथा दण्डः
खड्गः पाशस्तथैव च ॥ १२५ ॥
ध्वजो गदा त्रिशूलं च
लोकपालायुधानि वै ।

ध्यानमाह

वज्रं चानेकवर्णाढ्यं
शक्तिं हेमसमप्रभाम् ॥ १२६॥
दण्डं भिन्नाञ्जनाभं च
खड्गं नीलोत्पलप्रभम् ।
किंशुकाभं तथा पाशं
ध्वजं शुक्लं विचिन्तयेत्॥१२७॥
गदां तु विद्रुमाभां वै
शूलं विद्युत्समप्रभम् ।

एतानि चैषां करस्थानि ध्येयानि ॥ १२७ ॥

अथ

संपूज्यावरणं सर्वं
संधानं मन्त्रनायके ॥ १२८ ॥

कर्तव्यमित्यनुषज्यते ॥ १२८ ॥

कथमित्याकाङ्क्षायाम्

अस्त्राणि लोकपालाश्च
भैरवाष्टकमेव च ।

पञ्च ब्रह्मान्यथाङ्गानि
एतान्यावरणानि तु ॥ १२९ ॥
क्रमेणोच्चारयेत्सर्वं
यावत्तद्गर्भमैश्वरम् ।

अस्त्राणीत्यादिस्तृतीयपटलोक्तः प्रकारोऽनुसंधेयः । इदं चात्र पूजासतत्त्वम्

'उल्लङ्घ्याखिलमध्वजालममलां चिन्मूर्तिमाश्रित्य ता-
मुन्मज्जद्बहुरूपमूर्तिमभितः श्रित्वा धिया वाथ ताम् ।
उद्योगादिचतुष्कलद्युतिमहातत्त्वात्मिकां तन्मयी-
भाव्याशेषमिहार्पयेत मनसा विश्वं परार्चापरः ॥'

इति ॥ १२९ ॥

अनन्तरं

मूलमन्त्रेण कर्तव्यं
नाडीसंधानमेव च ॥ १३० ॥

अत्रापि

'आत्मनो निष्कलोच्चारं कृत्वा कुम्भे निवेशयेत् ।
कलशस्थस्य वामेन रेचयेत्पूरयेत्ततः ॥
मण्डलस्थस्य सव्येन पुनर्वामेन रेचयेत् ।' (४।९७)

इति चतुर्थपटलनिरूपयिष्यमाणस्थित्या निष्कलनाथमुच्चारयेत्, स्ववामेन निर्गत्य भैरवद-

क्षिणेन विशेत्, ततः क्रमेण वक्राङ्गभैरवलोकपालान्तमेवमेव च कुर्वीत,—इति मूलमन्त्रेण नाडीसंधानम्। एवं ह्युपसंहारप्रसरक्रमाभ्यां सर्वं देवताचक्रं भगवत्परभैरवमयमेव जायते। ये तु तृतीयचतुर्थपटलग्रन्थमतं परामृश्य मन्त्रसंधाननाडीसंधाने अन्यथा चान्यथा च व्याचक्षते ते भ्रान्ता एव; 'अनागतावेक्षणं तन्त्रयुक्तिः' इति हि वाक्यविदां निश्चयः ॥ १३० ॥

अथ

परान्तं यावदाभाव्य
नैवेद्यानि निवेदयेत्।

'परान्तं यावदाभाव्य' इति अनेन परमीकरणं कृत्वा नैवेद्यानि निवेदयेत्,—इत्यादिशति। वक्ष्यति हि तृतीये पटले

'मन्त्रसंधानमेतद्धि............................।'

इत्युक्त्वा

'..............................परमीकरणं शृणु।
उच्चारयेत्ततो देवं ह्रस्वदीर्घप्लुतान्वितम् ॥
तावदुच्चारयेन्मन्त्रं यावन्निर्वाणगोचरम्।' (३।१९)

---

१ क० ख० पु० ग्रन्थमेतमिति पाठः।

इत्यादि यावत्

'सर्वेष्वावरणेष्वेव देवि तद्व्यापकं न्यसेत् ।
तेन [1]चाधिष्ठिताः सर्वे सर्वकामफलप्रदाः ॥' (३।२४)

इत्येवमीदृशेषु स्थानेषु पूर्वापरं विमृश्य अनुसंधेयम् । अथ च 'परान्तं यावदाभाव्य' षट्त्रिंशत्तत्त्वमयत्वेन ध्यात्वा 'नैवेद्यानि निवेदयेत्' ब्रह्मार्पणदृष्ट्या भगवति अर्पयेत्, निवेदयेत् शिवमयानि जानीयात्,–इत्यर्थः ॥

मानसानि नैवेद्यानि उद्दिशति

घारिका वटकांश्चैव
शष्कुलीर्मोदकांस्तथा ॥१३१॥
खण्डलड्डुशरावाणि
भक्ष्याणि विविधानि च ।
शाल्योदनं मुद्गसूप-
माज्याक्तं संप्रकल्पयेत् ॥१३२॥
कौशल्यां मण्डकापूपां-
स्तथा क्षौद्रशिरांसि च ।

---

१ क० ख० पु० तेऽधिष्ठिता इति पाठः ।

घृताक्तांश्चिल्लकांश्चैव
लवणान्परिकल्पयेत् ॥ १३३ ॥
अवदंशान्यनेकानि
कटूनि मधुराणि च ।
रसालां च दधि क्षीर-
मासवं विविधं तथा ॥ १३४ ॥
मत्स्यमांसान्यनेकानि
लेह्यपेयानि यानि च ।
अग्रमापूरयेच्छंभो-
र्वित्तशाठ्यविवर्जितः ॥ १३५ ॥

'यद्यत्किंचिन्मानसाह्लादि सर्वं
तत्तद्युक्त्यैवानुसन्धाय पूर्वम् ।
विश्वाभेदाह्लैरवैकात्म तस्मिन्
स्वस्मिन्सर्वं धाम्नि लीनं विदध्यात् ॥'

इति नैवेद्यरहस्यम्। 'वित्तशाठ्यविवर्जित' इति बाह्ययागे योज्यं; नहि मानसे यागे कृपणत्वं भवति कस्यचित् ॥ १३५ ॥

एवं कृत्वा भगवद्रूपस्य स्वात्मनः परमानन्दनिर्भरत्वमनुसन्धातुम्

पश्चादर्घः प्रदातव्यः

सुरया सुसुगन्धया ।

सुराया आनन्दहेतुत्वादेवमुक्तम् । ये तु जात्युद्धारपरभैरवरूपत्वोन्मीलकेऽप्यस्मिन् भैरवनये सुराशब्दं जलवाचिनमपि व्याचक्षते ते जातिग्रहग्रस्ताः

'मद्यं मांसं तथा मत्स्यानन्यानि च वरानने ।
साचारांश्च निराचारांल्लिङ्गिनो न जुगुप्सयेत् ॥' (५।४५)

इति भाविसमयोल्लङ्घिनः पशव एव ॥

एवं च कृत्वा

मुद्रां प्रदर्शयेत्पश्चा-
त्रिधा त्रैकाल्यकर्मणि ॥ १३६ ॥

'त्रैकाल्यकर्मणि' इत्यनुवादः । व्याकृतं चैतत्प्राक् ॥ १३६ ॥

प्रणिपातं ततः कृत्वा

जपं पश्चात्समाचरेत् ।

वासनामात्रशेषस्यापि देहादेश्चिदात्मनि परभैरवे समावेशनं 'प्रणिपातः,' अन्यथा अन्तर्बहिश्च भैरवीभावे कृते कः कुत्र प्रणिपतेत् । जपोऽत्र भूयोभूयः परभैरवस्वरूपे विमर्शः ॥

कथमित्याह

अक्षमालां तु संगृह्य
गन्धैः पुष्पैः समर्चिताम् १३७
वाङ्निरुद्धः सुचित्तात्मा
राजीवासनसंस्थितः ।
मूलमन्त्रं समुच्चार्य
नादे लीनं विचिन्तयेत् १३८
उन्मील्याक्षाणि संचिन्त्य
ततस्तु जपमारभेत् ।

'समर्चिताम्' इति 'ओं अक्षमालायै नमः' इति प्रयोगेण । 'राजीवासनसंस्थित' इत्यनेन वक्ष्यमाणदिव्यकरणाधिरूढत्वं लक्ष्यते । अत एव पश्यन्त्यादिरूपा 'वाक् निरुद्धा' मन्त्रामर्शमयीकृता येन, अत एव शोभनमविचालि

चित्तं यस्य तादृगात्मा यस्य, 'मूलमन्त्रम्' इति सकलं निष्कलं वा, सम्यगिति 'अक्षराक्षरसन्तानम्' इति क्रमेण 'उच्चार्य' ऊर्ध्वं चारयित्वा 'नाद' इति

'नास्योच्चारयिता कश्चित्................ ।'

इति वक्ष्यमाणनित्योदितस्फुरत्तात्मनि 'लीनं' तन्मयीभूतं विशेषेण तदनुप्रवेशात्मना चिन्तयेत् । कथम्? 'अक्षाणि' इन्द्रियाणि 'उन्मील्य' ऊर्ध्वं मीलितानि कृत्वा 'संचिन्त्य' मन्त्रदेवतां सम्यगात्मैक्येन चिन्तयित्वा, चिन्तयन्नेव 'जपमारभेत' भूयोभूयो मन्त्रं विमृशेत् । उक्तं च

'भूयोभूयः परे भावे भावना भाव्यते हि या ।
जपः सोऽत्र स्वयं नादो मन्त्रात्मा जप्य ईदृशः ॥'

इति श्रीविज्ञानभैरवे (१४५ श्लो०) ॥ १३८ ॥

अत्र च

अक्षराक्षरसन्तानं
न द्रुतं न विलम्बितम् ॥१३९॥
जपः प्राणसमः कार्यः

अक्षरादक्षरं 'सन्तानः' प्रसरणं यत्र । तेन बीजाक्षराणां ह्रस्वदीर्घादिमात्राः, मालामन्त्राणामक्षराणि चिच्छक्त्यात्ममन्त्रदेवतास्रगुम्भितानि विमृशेत् । यथोक्तम्

'मन्त्रं मणिवदालम्ब्य प्रभावन्मन्त्रदेवताम् ।
जपध्यानादिकं कुर्यान्न ताटस्थ्येन कुत्रचित् ॥'

इति । न 'द्रुतम्' इति ग्रस्तक्रमविधिं परिहृत्येत्यर्थः । 'न विलम्बितम्' इति मध्ये मध्येऽत्यनुसन्धिशून्यमिति यावत् । 'प्राणसम' इति मध्यवाहिना प्राणेनोल्लास[1]सप्रवेशात्मना समो मध्यवाही प्राणो यथान्तर्मान्त्रं परामर्शं सहत इत्यर्थः । तेन मालामन्त्रान् प्राणशक्तावंशांशिकात्वात्मक्रमेण क्रमात्क्रममधिकं नियोजयंस्तावदभ्यसेत् यावत् समस्तमालामन्त्रपरामर्शं प्राणशक्तिरन्तः क्षमते। तथा सति हि कलाग्रासात्मकसंवित्सतत्त्वासादनं भवति । चतुष्कलप्रणवादीनि तु पिण्डाक्षराणि पञ्चप्रणवाधिकारवक्ष्यमाणव्याप्त्यनुसन्धानेनैव मध्यमप्राणसाम्येन उच्चारयन् जपेत् । उक्तं च

१ क० ख० पु० उल्लालितांशप्रवेशेति पाठः ।

'न पुंसि न परे तत्त्वे शक्तौ मन्त्रं नियोजयेत् ।'

इति ॥ १३९ ॥

एवमितिकर्तव्यतामुक्त्वा फल[1]भेदं निरूपयति

दिनस्थो मुक्तिकाङ्क्षिभिः ।

हृदयाद्द्वादशान्तं प्राणवाहः दिनं, तत्र तिष्ठति,—इति निर्गर्भमपानवृत्त्या प्रविश्य मन्त्रगर्भमूर्ध्वप्राणान्ते विश्रान्तिपरो जपेदिति यावत् ॥

संहारः स तु विज्ञेयः

समस्ताशेषसंहारात् ॥

अत एव

शिवधामफलप्रदः ॥ १४० ॥

साधकाभिप्रायेण तु

व्योम्नि प्राप्तो यदा नादः

पुनरेव निवर्तते ।

शर्वरी सा तु विज्ञेया

हृदब्जं यावदागतः ॥ १४१ ॥

---

१ क० पु० फलदानमिति पाठः ।

सृष्टिरेषा समाख्याता
सर्वसिद्धिफलोदया ।

'व्योम्नि' द्वादशान्ते 'नाद' इति तच्छेषीभूतो मन्त्रो 'निवर्तते' इति द्वादशान्तावस्थितिलब्धोन्मेषवशादपानक्रमेणान्तर्विशेत्। 'सृष्टिः' इति आप्यायकरत्वात्, सर्वेषामुत्तमादिसिद्धिफलानामुदयो यस्याम्। तेनैवं साधकैर्निर्गर्भमेव प्राणवृत्त्या मुक्तिप्रत्यूहपरिहाराय मुण्डान्तमाश्रित्य, तत उन्मिषदपानशक्त्याश्रयेण हृत्प्राप्तिपर्यन्तं जपः कार्यः, उभयार्थिना तु उभयथापि,—इत्यर्थोन्मन्तव्यम्। इत्थं चास्य मन्त्रस्य अशुद्धतत्त्वसंहारशुद्धतत्त्वसृष्टिकारितया मुक्तिभुक्तिप्रदमेकमेव पूर्णं वीर्यम्, आराधकाशयभेदात्तु पृथग्विभज्य उपदिष्टम्॥ १४१ ॥

एवं च कुर्वता

आत्मनो भैरवं रूपं
सदा भाव्यं वरानने ॥ १४२ ॥

तस्य विघ्ना विनश्यन्ति
जपश्च सफलो भवेत् ।

सर्वदशासु परभैरवचैतन्यरूपमात्मानं 'भावयतो' विमृशतो विशेषेण घ्नन्ति मुक्तिसिद्धिप्राप्तीः,—इति 'विघ्नाः' पाशाः प्रतिबन्धकाश्च नश्यन्ति; अत एव जपो भुक्तिमुक्तिभ्यां सफलो भवेद्धेषां यथाभिप्रायम् ॥ १४२ ॥

जप्त्वा निवेदयेद्देवि
भैरवाय वरानने ॥ १४३ ॥

पूरकेण प्रयोगेण

हृदि स्थिताय भैरवाय द्वादशान्तात् प्रवेशरूपेण पूरकप्रयोगेण मुमुक्षुस्तु फलानभिसंधिसंबन्धिना 'भगवन् जपमेवंसंख्याकं गृहाण' इति निवेदयेत् ॥ १४३ ॥

कीदृशं

त्रिस्थं च त्रितयान्वितम् ।
त्रिसिद्धिसिद्धिदं देवि

१ कृ० पु० विघ्नाः प्रनश्यन्तीति पाठः ।

'त्रिषु' उल्लासप्रवेशोभयात्मकेषु पदेषु तिष्ठति,—इति यः, तथा वाङ्मनःप्राणात्मकेन 'त्रितयेनान्वितं' युक्तम्, उत्तममध्यमाधमभेदात्त्रिरूपा या सिद्धिः साधकेभ्यः, तथा सिद्धिरेतद्विलक्षणा मुमुक्षोर्मुक्तिरूपा, तामुक्तवक्ष्यमाणयुक्त्या ददाति यः । त्रिसिद्धिरिति सिद्धिश्चेति योजयित्वा व्याख्येयम् ॥

किं च

सरहस्यमुदाहृतम् ॥ १४४ ॥

योजनिकायां पञ्चप्रणवाधिकारे च वक्ष्यमाणनीत्या मुमुक्षुबुभुक्षूणामूर्ध्वं द्वादशान्तमाहृतं प्रापितम्, ऊर्ध्वाच्चाहृतं हृदयान्तं प्रापितं सरहस्यं कैश्चिदेव विकसितमध्यमार्गैर्लभ्यमित्यर्थः ॥ १४४ ॥

सिद्धिवैशिष्ट्येनास्य साधकं प्रति विशेषं वक्तुमाह

शान्तिके मानसो जप्य
उपांशुः पौष्टिके स्मृतः ।

सशब्दश्चाभिचारेऽसौ
प्रागुदग्दक्षिणामुखः ॥ १४५ ॥

एतद्याचष्टे

आत्मा न शृणुते यं तु
मानसोऽसौ प्रकीर्तितः ।
आत्मना[1] श्रूयते यस्तु
तमुपांशुं विजानते ॥ १४६ ॥
परे शृण्वन्ति यं देवि
सशब्दः स उदाहृतः ।

मानसो मध्यमायां वाचि । उपांशुसशब्दौ तु सूक्ष्मस्थूलप्रयत्नायां वैखर्याम् । त्रयस्यास्य भोगहेतुत्वमन्यत्राप्युक्तम्

'मध्यमो भोगमोक्षाख्य उपांशुः सिद्धिदायकः ।
वाचिको भूतविषजित्सशब्दश्चाभिचारिकः ॥'

इति । एवं वदन् पश्यन्तीपरावाग्भ्यां मुक्तौ जीवन्मुक्तौ च जपः कार्यः,—इति सूचयति । उक्तं च

'जीवन्मुक्तौ परो ज्ञेयो मुक्तौ मुद्रितभेदकः ।'

इति ॥ १४६ ॥

---

१ क० ख० पु० आत्मना शृणुते इति पाठः ।

जपोपयोगिनीमक्षमालां निदर्शयति

अष्टोत्तरशतेनैव
अक्षमाला समेरुका ॥ १४७ ॥
रुद्राक्षशङ्खपद्माक्ष-
पुत्रजीवकमौक्तिकैः ।
स्फाटिकी मणिरत्नोत्था
सौवर्णी वैद्रुमी तथा ॥ १४८ ॥

एताश्च

दशाक्षमाला देवेशि
गृहस्थानां प्रकीर्तिताः ।

अष्टाभिरुत्कृष्टेन अधिकेन शतेन । एवकारेण अधिकसंख्याया व्युदासः, सप्तविंशतिचतुष्पञ्चाशत्संख्याया अपि भावात् ॥

यथाक्रमम्

सूत्रं ध्यात्वा परां शक्ति-
मध्वभागांस्ततो मणीन् ॥ १४९ ॥
व्यक्तिस्थानं शिवस्याध्वा
ततस्तद्धर्मिणीं स्मरेत् ।

सप्तविंशतिभिः कुर्या-
द्विगुणैर्वा चतुर्गुणैः ॥ १५० ॥
समैस्तु संहतैरेकं
शिवतत्त्वात्मकं मुखे ।
न तं विलङ्घयेद्विद्वान्
सृष्टिसंहारकारणम् ॥ १५१ ॥

अत्र च नवानाम् अष्टादशानां वा षट्त्रिंशतो वा तत्त्वानां तत्त्वदीक्षायामिह मृत्युञ्जयादौ गणितानां परशक्तिशिवात्मकस्थूलसूक्ष्मपरभेदत्रैविध्यादेवंसंख्याकत्वमेवं भवति,—इति तत्र व्याप्तिरस्ति ॥ १५१ ॥

नैष्ठिकानामाह

वीरस्थानरतानां हि
वीराणां वरवर्णिनि ।
महाशङ्खाक्षसूत्रं तु
सर्वकामफलप्रदम् ॥ १५२ ॥

'वीरस्थानं' श्मशानादि, 'महाशङ्खं' नरास्थि, 'वीरा' निष्कम्पाः ॥ १५२ ॥

एतत्तु

गृहस्थेन न कर्तव्य-
मुद्वेगजननं परम् ।

यत एवं

तस्मात्तु स्फाटिकी माला
जप्तव्या साधकोत्तमैः ॥१५३॥

साधकोत्तमैर्गृहस्थैः ॥ १५३ ॥

सा हि

साधयेद्विविधान्कामा-
नधमान्मध्यमोत्तमान् ।

विविधसिद्धिखगतिविद्यातत्त्वाद्याप्तिरूपान् । मुमुक्षोस्तु दशविधाक्षमाला उक्तैव ॥

उपसंहरति

एवं हृदम्बुजावस्थो
यष्टव्यो भैरवो विभुः ॥१५४॥
सबाह्याभ्यन्तरं कृत्वा
पश्चाद्यजनमारभेत् ।

सह 'बाह्याभ्यन्तराभ्यां' देहपुर्यष्टकभैरव-

त्वापादनाभ्यां वर्तते यो, याग एक एव न तु करयोर्देहे अन्तश्च अन्यान्यरूपो भैरवैक्यस्यैव प्राप्यत्वेन उपदेक्ष्यमाणत्वादिति। 'सबाह्याभ्यन्तरम्' इत्यैक्येन य उपसंहृतो यागश्चिद्भैरवेऽशेषविश्वार्पणात्मा, तं कृत्वा हृद्यागप्रतिबिम्बकरूपं च बाह्ययागम् अभिसंधाय,—इत्यपि च 'सबाह्याभ्यन्तरं कृत्वा' इत्यस्यार्थः । पश्चादिति जपानन्तरं

'महाशून्यालये वह्नौ भूताक्षविषयादिकम् ।
हूयते मनसा सार्धं स होमः स्रुक् चेतना ॥' (१४५ श्लो०)

इति श्रीविज्ञानभैरवोक्तनीत्या द्वादशान्ते मन्त्रस्मरणपूर्वकं विश्वभावार्पणरूपं होमं विधाय अन्तर्यागप्रतिबिम्बरूपं यजनमारभेत बाह्यमित्यर्थः ॥ १५४ ॥

आत्ममन्त्रार्घपात्रमण्डलभैरवकुसुमादिद्रव्याणां कर्तृकरणापादानाधिकरणसंप्रदानकर्मकारकरूपाणां ब्रह्मार्पणदृष्ट्या परमाद्वैतापादनरूपबाह्यपूजनाभ्यासपरिनिष्ठया सर्वव्यवहारेषु सर्वकारकाणां चिद्भैरवैक्यं प्रत्यभिज्ञाप्यते,—इति यद्बहिर्यागसतत्त्वं तत्प्रस्तावनाय

कर्तृकरणसंस्कारात्मकान्तर्यागानन्तरं कर्मादिसंस्काराधायकापादनादिसंस्कारार्थमर्घपात्रविधिं तावदाह

तत्रार्घपात्रमादौ वै
सौवर्णं राजतं तथा ॥ १५५ ॥
शाङ्खं शाम्बूकं शौक्तं वा
ताम्रं मृण्मयमेव वा ।
पद्मपत्रपलाशोत्थं
गृहीत्वा क्षाल्य वारिणा ॥ १५६ ॥
अस्त्रजप्तेन देवेशि
प्रलिप्यागुरुचन्दनैः ।
मृष्टधूपेन संधूप्य
वारिणापूरयेत्ततः ॥ १५७ ॥
वस्त्रपूतेन शुद्धेन

'अर्घपात्रं' रक्षाधाम । 'तत्र' इत्यन्तर्यागाद्भैरवीभावे जाते सति, आदाविति कुसुमादिसंस्कारार्थम् । सौवर्णादि मुमुक्षोर्यथासंभवम् । 'शम्बूकः' सामुद्रः प्राणिविशेषः ।

'पलाशो' यज्ञियस्तरुः । 'आक्षालनं' भेद-शल्यापनयनम् । 'आपूरणम्' अशेषविश्वमयी-भावनम् ॥ १५७ ॥

ततः

ताडयेदस्त्रमुच्चरन् ।
वर्मावगुण्ठितं कृत्वा

अत्रानुक्तमपि अनेन मन्त्रेणाप्यायनममृत-मुद्रया कार्यम् ॥

अनन्तरं

याग तत्रैव विन्यसेत् ॥ १५८ ॥

इज्यते इति 'यागः' मन्त्रगणः । अनेनैव चात्र पूजनमपि सूचितम् ॥ १५८ ॥

कथं

पूर्वोक्तेन विधानेन

अन्तर्यागोक्तासनादिपूर्वं स्फुरत्तेजोरूपस-कलमन्त्रैकादशिकानिष्कलतदङ्गन्यासयुक्त्ये-त्यर्थः ॥

ततोऽपि

प्रोक्ष्यस्तेन समासतः ।
याागार्थो द्रव्यसंघातः

पराङ्वृत्त्यवष्टम्भेन अवलोक्येति शेषः । 'प्रोक्षणम्' अत्र तेजोमयत्वापादनम् ॥

ततः पुष्पादिभिः शिरसि चिह्नैरवं पूजयित्वा

ततो यजनमारभेत् ॥ १५९ ॥

अत्र भूमिकां रचयति

शक्तिं न्यस्य ततश्चादौ
व्योमाकारां सुजाज्वलाम् ।
सकलव्यापिकां सूक्ष्मां
शिवाधारां तु सर्वगाम् ॥ १६० ॥
ओंकारदीपितां देवीं
नमस्कारावसानिकाम् ।

शिव 'आधारः' आश्रयो यस्यास्तां प्रथमोन्मेषरूपां विन्यसनीयाशेषासनादिभित्तिभूतां, चिन्मात्रमूर्तित्वेन 'व्योमाकाराम्' अनुपाधि-

ज्ञत्वरूपस्फुरत्तया 'सुजाज्वलां' गर्भीकृताशेषविश्वतया 'सकलव्यापिकां' सर्वैरलक्ष्यत्वात् 'सूक्ष्माम्,' आधारमासनपक्षम् आधेयं च शिवं प्राप्यावस्थितत्वात् 'सर्वगां, देवीं' विश्वक्रीडादिप्रदर्शिनीं पारमेश्वरीं शक्तिमाधाररूपां परिकल्पनीयस्य अशेषस्य तदुत्थत्वेन शिवमयत्वमनुसंधातुम् उक्तवक्ष्यमाणव्याप्तिकेन 'ओंकारेण' परभैरवरूपेणोत्तेजितां 'ओं आधारशक्त्यै नमः' इति प्रयोगेण न्यस्य उत्तरं विधिमारभेतेत्यर्थः। एष च शक्तिन्यासः पूर्वत्र अन्तर्यागादावपि स्मर्तव्यः ॥ १६० ॥

अनन्तं चैव विन्यस्य
धर्मं ज्ञानं तथैव च ॥ १६१ ॥
वैराग्यं च तथैश्वर्य-
माग्नेय्यादिक्रमेण तु।
अधर्मं च तथाज्ञान-
मवैराग्यमनैश्वरम् ॥ १६२ ॥
संधानकीलकांश्चैव
अधश्छादनमूर्ध्वगम्।

पद्मं सकेसरं देवि
कर्णिकां पुष्कराणि च ॥१६३॥
मण्डलत्रितयं देवा-
ञ्शक्तीश्चापि शिवान्तकम् ।
मूर्तिं ब्रह्मकलाजालं
नवतत्त्वं त्रितत्त्वकम् ॥ १६४ ॥
भैरवाष्टकविद्याङ्ग-
लोचनं क्षुरिकां तथा ।
शक्तित्रयं परं देव-
मङ्गषट्कसमन्वितम् ॥ १६५ ॥
विन्यस्य भावयेद्देवि
सततं विधिपूर्वकम् ।

विधिपूर्वकमिति, पूर्वोक्तध्यानादियुक्त्येत्यर्थः । यदिहानुक्तं तत्पूर्वतोऽनुसंधेयं, यच्च पूर्वत्र नोक्तं तदितोऽनुसंधेयमधिकारभेदेनान्तर्बहिर्यागयोः पर्यायेण प्रकृतिविकृतिरूपत्वात्; सर्वं चैतत्पूर्वं निर्णीतम् ॥ १६५ ॥

---

१ क० पु० अधिकभेदेनेति पाठः ।

निर्वर्त्य तु यथान्यायं
प्रहृष्टेनान्तरात्मना ॥ १६६ ॥
स्वागतं चार्घ्यपाद्यं च
सन्निधानं तथैव च ।
रोधं निष्ठुरया कुर्या-
न्मूलमन्त्रमनुस्मरन् ॥ १६७ ॥
पूजा सुविपुला[1] कार्या
गन्धधूपस्रगादिभिः ।
मुद्रां प्रदर्शयेत्पश्चा-
त्त्रिधा त्रैकाल्यकर्मणि ॥ १६८ ॥
तत आवरणं बाह्ये
विनिवेश्यं वरानने ।
ईशपूर्वयाम्यसौम्य-
वरुणान्तं प्रकल्पयेत् ॥ १६९ ॥
वक्त्राणां पञ्चकं देवि
स्वध्यानगुणसंयुतम् ।

---

१ ख० पु० सुविमलेति पाठः ।

आग्नेयैशानरक्षःसु
सामीरैन्द्रदिशोरपि ॥ १७० ॥
उत्तरान्तं निवेश्यं तु
अङ्गानां पञ्चकं तथा ।
नेत्रं तु कर्णिकायां वै
पूर्वस्यां दिशि संस्थितम् १७१

एतदपि पूर्वमेव व्याख्यातम् । 'प्रहृष्टेनान्तरात्मना' इति भैरवाशेष(वेश)मयेनेत्यर्थः । अत्र पूर्वं श्रीमदघोरेश्वरीन्यासः स्मर्तव्यः । 'सामीरैन्द्रादिशोरपि उत्तरान्तम्' इत्यत्रेन्द्रदिशं उत्तरान्तं चतुर्दिक्क्रमस्त्रं कल्पयेदिति योज्यम् । यथोक्तं पूर्वम्

'अग्नीशरक्षोवायव्यचतुर्दिक्षु च तं न्यसेत् ।' (२।१०८)

इत्यादि ॥ १७१ ॥

सर्वत्र व्यापकं विधिमाह

स्वमन्त्रेण तु सर्वेषा-
मर्घ्यं पाद्यं समाहितः ।

दद्यादिति शेषः ॥

---

१ क० ख० ग० पु० दिशीति पाठः ।

समाहितत्वं स्फुटयति

मन्त्रसंकरपुष्पाणि
न कुर्यात्साधकः सदा ॥१७२॥
न बाह्यं पृष्ठतो वापि
मन्त्राणां परिकल्पयेत् ।
परिपाट्या तु दातव्यं
न मन्त्रांल्लङ्घयेत्क्वचित् ॥ १७३

मन्त्राणां संकरो यत्र तादृशि पुष्पाणि न कुर्यात्, नान्यमन्त्रेणान्यमर्चयेदित्यर्थः । तदित्येवं कृते सति साधकः परसिद्धिपात्रं भवतीत्यर्थः ॥ १७३ ॥

एवं च

स्वमुद्रामन्त्रसंयुक्ता-
न्युगपत्परिकल्पयेत् ।

ध्यानपूजादौ स्वमुद्राभिश्च मन्त्रैश्च संयुक्तान्देवान् परिकल्पयेत् । येषां विशिष्टमुद्रा नोक्तास्तेषां

'कपालं चैव खट्वाङ्गमनुक्तेषु प्रदर्शयेत् ।' (स्व० १४।२०)

इति भाविनं विधिं स्मरेत् ॥

'पूजा सुविपुला कार्या' इत्युक्तमसंभवद्वि-त्तस्तु किं कुर्यादित्याह

अर्घ्यं पाद्यं च धूपं च
नित्यं तावत्समाचरेत् ॥१७४॥
सर्वेषामेव मन्त्राणां
विधिरेष प्रकीर्तितः ।

वित्तशाठ्यवर्जं नित्यं पूजयेत्, सर्वथा वि-त्ताभावे तूकशाम्बूकादिनापि वा मनसैवापि पूजयेदित्यर्थः ॥ १७४ ॥

एवमसंभवद्वित्तविषयामर्घ्यपाद्यपूजादिसं-पाद्यां पूजां प्रसङ्गादुक्त्वा प्रकृतमनुबध्नाति

भैरवाष्टकलोकेशा-
न्साम्रान्संपरिकल्पयेत् ॥१७५॥

अथ

बाह्ये श्मशानविन्यासं
प्रणवादिनमोन्तगम् ।

---

१ ख० पु० सुविमलेति पाठः ।

पूर्वादीशानपर्यन्तं
  कल्पयेत विधानतः ॥ १७६ ॥
आमर्दकं च पूर्वे वै
  श्मशानाधिपतिं विभुम् ।
श्मशानैः सकबन्धैश्च
  सशूलोद्धन्धभीषणैः ॥ १७७ ॥
चितिभिः प्रज्वलन्तीभिः
  शिवारावैः सुभीषणैः ।
अग्निकं दक्षिणे भागे
  कालाख्यं पश्चिमे तथा १७८
एकपादं तथा सौम्ये
  आग्नेय्यां त्रिपुरान्तकम् ।
नैर्ऋत्यामग्निजिह्वं तु
  वायव्यां तु करालिनम् ॥१७९॥
ऐशान्यां भीमवक्त्रं तु
  श्मशानेशाः प्रकीर्तिताः ।

---

१ ख० पुं० उद्धद्धेति पाठः ।

एते च श्रीकामरूपोज्जयिनीकाश्मीरकाञ्ची-करवीरदेवीकोट्टोड्डियानहिरण्यपुरवासिनः, —इत्याम्नायादेतदाधारपीठादिपूजापि अर्थसिद्धैव । अत्र 'श्मशानैः सकबन्धैः' इत्यादि सर्व-श्मशानसाधारणम् । इत्थंभूतलक्षणे चैतास्तृतीयाः ॥ १७९ ॥

एतांश्च

तर्पयेन्मत्स्यमांसाद्यै-
रासवैर्विविधैस्तथा ॥ १८० ॥
गन्धं पुष्पं तथा धूपं
सर्वेषां तु प्रदापयेत् ।

श्मशानानि ह्यागे नोक्तानि मा भूद्देहशोष,—इति, एवमुग्रत्वादादौ मत्स्यादिभिस्तर्पणं ततः पूजा, एतानि यतिविषयाण्येव । अत्र च पक्षे लोकपालास्त्रावरणे पृथक्कार्ये, तथा च पञ्चावरणा पूजा भवति ॥ १८० ॥

अत्र च

प्रणिपातं ततः कृत्वा
जप्त्वा मन्त्रं सुभावितः ॥१८१॥

रेचकेन प्रयोगेन
निवेद्य विधिपूर्वकम् ।
हुड्डुक्कारनमस्कारा-
न्कृत्वा चैव ततो व्रजेत् १८२
अग्निकुण्डसमीपं तु
अर्घहस्तः सुभावितः ।

मन्त्रमिति मूलमन्त्रसहितं, रेचकेन 'विधिपूर्वकम्' इति द्वादशान्तारोहतद्विश्रान्तितदवरोहपूर्वं नासाग्रेण जप्तं मन्त्रं सपुष्पं 'भगवञ्जपं गृहाण' इति प्रयोगेणार्पयेत् । भक्तिवैवश्योन्मिषन्नादामर्शमयो ध्वनिर्मुखवाद्यापरपर्यायो हुड्डुंकारः ॥ १८२ ॥

कुण्डसंस्कारानाह

कुण्डं तु लक्षणोपेतं
प्रोक्षयेदस्त्रवारिणा ॥ १८३ ॥
कवचेनावगुण्ठ्यैत-
दस्त्रदर्भेण चोल्लिखेत् ।

उद्धृत्य प्रोक्षयेत्पश्चा-
दस्त्रमन्त्रेण भामिनि ॥ १८४ ॥

पूरणं तेन कर्तव्यं
समीकरणमेव च ।
सेचनं कुट्टनं चैव
लेपनं तेन कारयेत् ॥ १८५ ॥

प्रोक्षणं शोषणं चैव
तथास्त्रेणैव कारयेत् ।

'लक्षणोपेतं' प्रतिष्ठाशास्त्रादिनिरूपितमान-स्वरूपम्। परदृगवलोकनानन्तरं प्रोक्षणं शुद्ध्य-र्थमवगुण्ठनं रक्षार्थम्,–इति सर्वत्रानुमन्तव्यं, प्रोक्षणविशेषात्संताडनं तेनैव संगृहीतम् । एते च प्रोक्षणादयः शोषणान्तास्त्रयोदश कुण्डनि-ष्पत्त्यवसरे निष्पन्नेऽपि वा तत्र क्रियाशक्त्या-त्मपरमेश्वररूपसंपत्तये भावनया कर्तव्याः । 'उल्लिखेत्' खनेत् । 'उद्धरणम्' अशुद्धमृदपासनं 'संमार्जनं' रजोनिवारणम् ॥ १८५ ॥

[1]अनन्तरं

पूजनं गन्धपुष्पाद्यैः

'ओं क्रियाशक्त्यात्मने कुण्डाय नमः' इति प्रयोगेण ॥

अथात्र वागीश्वर्यवतारयोग्यतां कर्तुमस्त्रेणाभिमन्त्रणवज्रीकरणगृहीकरणानि वक्तुमाह

असिना चाभिमन्त्रणम् १८६

वज्रीकरणमस्त्रेण

तदेव व्याचष्टे

रेखाः पूर्वापरास्त्रयः ।
याम्यसौम्यमुखी चैका
वज्रमेतत्प्रकीर्तितम् ॥ १८७ ॥

त्रेय इति लिङ्गव्यत्ययात्, उल्लेखनव्यापारेणैतत्कार्यम् । यद्वा पूर्वापरायतदर्भत्रयमध्ये दक्षिणोत्तरायतं दर्भकाण्डमेकं क्षि[2]त्वा वज्रसंस्थानेन कुण्डस्य दार्ढ्यं जनयेत् ॥ १८७ ॥

---

१ ख० पु० तिस्र इति वक्तव्ये त्रय इति पाठः ।

२ क० ख० पु० दण्डकाण्डमेकं गृहीत्वेति पाठः ।

किं च

असिनैवाग्निकुण्डं त-
दर्भैः पूर्वाग्रसंस्तरैः ।
सबाह्याभ्यन्तरं छाद्यं
गृहहेत्वर्थमीश्वरि ॥ १८८ ॥

निर्विघ्नं गृहं संपादयितुम् ॥ १८८ ॥

अथ वागीश्या महत्तरकस्यासनं निरूपयति[1]

कुण्डस्य दक्षिणे भागे
शुष्कगोमयमासनम् ।
दर्भेण विष्टरं पुष्पं
प्रणवेन प्रकल्पयेत् ॥ १८९ ॥

कुण्डान्तर्दक्षिणे गोमयासनोपरि दार्भं विष्टरं तदुपरि पुष्पं 'ओं ब्रह्मासनाय नमः' इति दद्यात् ॥ १८९ ॥

एतदुपरि महत्तरमाह

स्वनामपदसंयुक्तं
स्वध्यानेन नमोन्तगम् ।

---

1 महत्तरः स्वामी तस्यासनमिति ।

आमन्त्रणपदेनैव
ब्रह्माणं स्थाप्य पूजयेत् ॥ १९० ॥
पुष्पादिभिः सुधूपाद्यै-
र्ध्रुवेण तु यथाक्रमम् ।

अत्र च 'ओं ब्रह्मन्संनिहितो भव नमस्ते' इति प्रयोगः ॥ १९० ॥

अत्र गृहमध्यलाभार्थमाह

चतुष्पथं कुण्डमध्ये
दर्भाभ्यां प्रणवेन तु ॥ १९१ ॥
पूर्वसौम्याग्रभागाभ्यां
विष्टरं तस्य चोपरि ।
पुष्पं तस्योपरिष्टात्तु
हृदयेनैव पूजयेत् ॥ १९२ ॥
वागीशीं च समाहूय
प्रणवादिनमोन्तगाम् ।

'हृदयेन' नैष्कलेन वागीशस्येयं 'वागीशी' पराशक्तिः । आह्वानामन्त्रणविभक्त्या पश्चात् 'नमस्ते' इति सर्वत्र प्रयोगः ॥ १९२ ॥

अस्या ध्यानपूर्वां पूजामाह

नीलोत्पलदलश्यामा-
मृतुमच्चारुलोचनाम् ॥ १९३ ॥
सर्वलक्षणसंपूर्णां
सर्वावयवभूषिताम् ।
ध्यात्वा चैवंविधां देवीं
स्थापयेत्कुण्डमध्यतः ॥ १९४ ॥
ऋतुकाल इवोत्तानां
शिरसैशानसंस्थिताम् ।
पूजयेद्गंधपुष्पाद्यै-
र्भवमन्त्रमनुस्मरन् ॥ १९५ ॥

'देवीं' द्योतमानां वाक्शक्तिं 'कुण्डस्य' क्रियाशक्त्यात्मनो मध्ये 'स्थापयेत्' अवस्थितिं बन्धयेत् । 'उत्तानाम्' ऊर्ध्वधाम्नि प्रसरात्मकतननरूपाम्, अत एव चारु 'लोचनं' प्रकाशो यस्याः । नीलोत्पलश्यामलत्वं तु मायीयरूपापेक्षमस्याः । 'ऋतुकालः' शुद्धविद्यात्मवह्न्यादिजननौन्मुख्यं 'शिरसा' परा-

रूपेण 'ऐशाने' स्वातन्त्र्यभट्टारके 'संस्थितां' नित्यसंबद्धामीशानदिशि निष्ठशिरसं च । किं कुर्वन् भवति तेन तेन सकलब्रह्मभट्टादिरूपेण 'भवो' निष्कलभट्टारकस्तस्य 'मन्त्रमनुस्मरन्' तत्सत्तासमाविष्टः ॥ १९५ ॥

किं च

ततो मुद्रां दर्शयेत
संनिधानाय मन्त्रवित् ।

'मुद्रां' योन्याख्याम् ॥

ततोऽग्निपात्रमादाय
शिवाम्भोऽस्त्रेण प्रोक्षयेत् १९६

कवचेनावगुण्ठ्यापि
प्रणवेनैव पूजयेत् ।
अरण्यादिसमुद्भूतं
लोकाभ्यन्तं विधानतः ॥१९७॥

अग्निमित्युत्तरस्थं काकाक्षिवदिहापि संबन्ध्यम् ॥ १९७ ॥

अथ

अग्निं तु शुक्रवद्ध्यात्वा
चैतन्यं प्रणवेन तु ।

कल्पयेदस्येति शेषः । नासापथेनाग्निं प्रवेश्य स्वचैतन्यैकीकारं नीत्वा रेचयेदिति गुरवः ।

ततोऽपि

षडङ्गेनैव संपूज्य
अमृतत्वं ध्रुवेण तु ॥ १९८ ॥

'ध्रुवेण' इति परचैतन्यमन्त्रेण श्रीनिष्कलेन षडङ्गेनैव परामृतापादनरूपं पूजनमस्य कुर्यादित्यर्थः ॥ १९८ ॥

अथ

आत्मानं भैरवं ध्यात्वा
अग्निं ध्यात्वा तु बीजवत् ।
ध्रुवेण कुण्डबाह्ये तु
त्रिधाभ्राम्यावतारयेत् ॥ १९९ ॥

योनौ तु बीजवत्क्षिप्त्वा
भैरवेण शिवाम्भसा ।
अस्त्रमुच्चार्य संप्रोक्ष्य
योनिं प्रच्छादयेद्बुधः ॥ २०० ॥
दर्भेण ध्रुवमन्त्रेण

'त्रिधाभ्राम्य' इति योन्याकारसंपुटगृहीतं पात्रं सव्यापसव्यक्रमेण त्रिधा योनिक्षोभार्थमाभ्राम्य 'अवतारयेत्' योनिं प्रापयेत् । 'भैरवेण' तु श्रीनिष्कलेन । 'ध्रुवमन्त्रेण' इति प्रणवेन तदुच्चमेखलासंस्थैः प्रागग्रैरुदगग्रैर्हुतभुग्वेश्मनो दर्भैरक्षवाटं प्रकल्पयेत् । श्रीमन्त्रराजे[1] 'इत्थमूर्ध्वमुखैः' इति चोपकल्पितमुपेक्ष्यम् । 'बुधः' शिवसमावेशैकशाली । आत्मनो हेतुकर्तृत्वं शिवस्य तु मुख्यकर्तृत्वम्,—इत्यादिव्याख्यानमसत्, शिवीभूतस्यैव शिवयागेऽधिकृतत्वात् कैवात्र पशुभावशङ्का पशुत्वे वा कथं मोचकता,

---

1 ख० पु० तन्त्रराज इति पाठः ।

'मन्त्राः करणभूतास्तु पशुकार्यस्य साधने ।
आचार्यः करणं प्रोक्तः शिवरूपो यतः स्मृतः ॥'
(स्व० ३।१६०)

इत्यादिना च वक्ष्यमाणेन का संगतिरित्यास्तामेतत् । अयं त्वत्र रहस्यार्थोऽव्याप्यनुन्मुद्रितोऽस्मद्गुरुवक्त्रपारम्पर्यायातः प्रकाश्यते

'परावाङ्माहेशी जगदजनयत्स्वाप्रथनतो
विशुद्धान्तर्धामा विकृतिकलनाग्रस्तविभवम् ।
श्रितज्येष्ठास्फारात्तनिततनुरेषा तदुचितं
शिशुं दृष्ट्या रौद्र्या प्रथयति शिवाभेदसरसम् ॥'
अतः पूर्णाहन्तामृतरससमास्वादसुहितः
शिवावेशाद्वाचं शिवरसपरौन्मुख्यसुभगाम् ।
स्ववीर्येणाक्रम्य प्रवरगुरुरभ्यादि निखिलं
शिवैकात्मस्वात्मद्युतिमयमयं संजनयति ॥'

इति ॥ २०० ॥

किं च

अक्षवाटं ततो न्यसेत् ।
अस्त्रेणैव चतुर्दिक्षु
दर्भैरेव प्रकल्पयेत् ॥ २०१ ॥

---

१ क० ग० पु० रूपे व्यवस्थित इति पाठः ।
२ ख० पु० स्पृष्ट्वेति पाठः ।

देव्या गुप्त्यर्थमक्षवाटं जवनिकास्थानीयं रक्षार्थमूर्ध्वमुखैर्दर्भैर्न्यसेत् ॥ २०१ ॥

अथान्तर्वत्न्या देव्याः

सप्तवारास्त्रमन्त्रेण
दर्भेणैव तु कङ्कणम् ।
दक्षहस्ते तु बध्नीया-
दस्त्रमन्त्रमनुस्मरन् ॥ २०२ ॥
रक्षार्थमग्निगर्भस्य

'ओं कङ्कणं बध्नामि नमः' इत्यूहमन्त्रोऽत्र । एवं सर्वत्र कर्मौचित्येनोहमन्त्राः कर्तव्याः । दक्षहस्ते पुंगर्भार्थं कङ्कणबन्धः ॥ २०२ ॥

एवं प्रोक्षणावगुण्ठनोल्लेखनोद्धरणप्रोक्षणादिशोषणान्तैस्त्रयोदशभिः संस्कारैः कुण्डं संस्कृत्य संपूज्य, अस्त्राभिमन्त्रणवज्रीकरणकुण्डाच्छादनात्मसंस्कारत्रयं गृहहेत्वर्थं कृत्वा, ब्रह्मण आसनावाहनपूजनानि विधाय, गृहमध्यलाभाय चतुष्पथं कृत्वा वागीश्यावाहनासनपूजनशुक्रध्यानचैतन्यापादन (अमृती) करण-

विशेषध्यानत्रिराक्रमणयोनिप्रक्षेपान् नव संस्कारान् प्रकल्प्य, पुनर्वागीश्याः प्रोक्षणयोनिप्रच्छादनाक्षवाटकल्पनकङ्कणबन्धांश्चतुःसंस्कारान्विधाय, अग्नेर्दीक्षादिकर्मसंपत्तिसमर्थं मान्त्रं देहं संपादयितुं वक्त्राङ्गक्रमाद्गर्भाधानादिसंस्कारानाह

गर्भाधानमतो भवेत् ।
अपरास्यत्रिराहुत्या
पूजनं हृदयेन तु ॥ २०३ ॥
हृदा त्रिराहुतिं दत्त्वा
गर्भाधानं कृतं भवेत् ।

प्रणवपूर्वं पश्चिमवक्त्रबीजं लकारमुच्चार्य 'गर्भाधानं करोमि स्वाहा' इति त्रिः कृत्वा 'हृदयेन' नैष्कलेन 'गर्भाधानं संपद्यतां स्वाहा' इति त्रिर्जुहुयात् । एवमुत्तरत्रानुसंधेयम् । अत्र 'पूजनं हृदयेन तु' इति मध्यग्रन्थः पूर्वं योज्यः; तेनादावङ्गमन्त्रेण 'अग्निगर्भाय नमः' इत्यर्चनं ततो वक्त्रमन्त्रेणाहुतित्रयं ततस्तेनैवा-

क्रमत्रेणाहुतित्रयम्, उत्तरत्र ईदृश एव क्रमस्य भावात् ॥ २०३ ॥

पुंसवनमाह

हृदा वै जलबिन्दुं तु
दर्भाग्रेणात्र पातयेत् ॥ २०४ ॥
गन्धपुष्पादिभिः पूजां
शिखया कारयेत्ततः ।
त्रिराहुतिं चोत्तरेण
शिखया च त्रिराहुतिम् ॥ २०५ ॥
पुंसः कल्पनमेवं हि
न स्त्री गर्भे तु जन्यते ।

'जलबिन्दुं' पुर्यष्टकरूपं जीवमभिसंधातुं 'पुमान्भव नमः' इत्यन्तेन प्रयोगेण अत्रेत्याहिते गर्भे क्षिपेत् । शिखया नैष्कल्या, उत्तरेणेति वकारेण। पुंस्त्वमुपचयः कार्ये शक्तत्वम्, अपचयः स्त्रीत्वम् ॥ २०५ ॥

अथ

सीमन्तं दक्षिणास्येन
दर्भाग्रेण प्रकल्पयेत् ॥२०६॥
ग्रीवामंसौ कटिं चैव
बाहू जङ्घे प्रकल्पयेत् ।
प्रत्यङ्गानि च संकल्प्य
सीमन्तोन्नयनं भवेत् ॥ २०७॥

पुर्यष्टकोपरि स्थूलदेहप्रविभागमात्रमिह सीमन्तः। 'दक्षिणास्यम्' अघोरवक्त्रमन्त्रः 'प्रत्यङ्गानि' करोदरचरणाङ्गुल्यादीनि॥ २०७ ॥

अत्र च

गन्धपुष्पादिभिः पूजा
शिरसा चाहुतित्रयात् ।
पूर्वमध्यापरान्वह्नौ
त्रीन्भागान्परिकल्पयेत् ॥ २०८
मुखहृत्पाददेशांस्तु
होमात्तच्च त्रितत्त्वकम् ।

पूजेति कार्या, शिरसेति काकाक्षिवत् । आहुतित्रयाद्धोमादित्येकवाक्यता । तच्चैतन्द्भागत्रयं शिवविद्यानराख्यतत्त्वत्रयरूपम् । मुखेन मूर्धा पादाभ्यां गुह्यमाक्षिप्तमित्येषैवात्र दण्डभङ्गिः ॥ २०८ ॥

'प्रत्यङ्गानि' इति यदुक्तं तद्विभक्तुं कवाटवक्त्रादि न्यसितुं कवाटन्यासं तावदाह

शिरांसि पञ्चाहुत्यैव
ऊर्ध्वास्येन त्रिभिस्त्रिभिः ॥२०९

कल्पयेदिति शेषः । 'शिरांसि' कवाटानि 'ऊर्ध्वास्येन' क्षकारेण । अत्र च सुतारिण्याद्याः प्राग्वत्कला अनुसंधेयाः ॥ २०९ ॥

अथैतदनूद्य वक्त्रकलाभिर्वक्त्रकल्पनामाह

पञ्चवक्त्रं तु संकल्प्य
मध्यप्राग्याम्यसौम्यकम् ।
अपरं चाप्याहुतिभिः
पूर्वास्येन त्रिसंख्यया ॥२१०॥

वक्त्राणां निष्कृतिं तद्व-
दाहुतीनां त्रिसंख्यया ।

'पञ्चमं मन्त्रवेद्वक्त्रं क्षकार ।' (स्व० १।४९)

इति पूर्वमुक्तत्वात् आदौ मध्यममूर्ध्ववक्त्रं क्षकारेण शान्त्यतीतानुसंधानेन प्रकल्प्य, पश्चात् 'पूर्वास्येन' यकारेण वक्त्रचतुष्टयं शान्त्यादिकलानुसंधिना प्रत्येकं तिसृभिराहुतिभिः कल्प्यं, मध्येत्यादावुक्तत्वात् आदौ मध्यमवक्त्रन्यासः । एतच्च पू(स)र्वत्रानुसंधेयम् ॥ २१० ॥

किं च

नेत्रं नेत्रेण संकल्प्य
मुखेष्वेवं त्रयं त्रयम् ॥ २११ ॥
आहुतित्रितयेनैव

'नेत्रेण' सकलनेत्रमन्त्रेण ॥ २११ ॥

एतच्च

तिलैः सर्वं तु कारयेत् ।

सर्वमित्यग्निसंस्कारजातम्, आज्यं तु निष्पन्नस्य शिवाग्नेस्तर्पणाय, निष्पत्तिश्चास्य भैरवरूपस्यैवेति ॥

ततः कलासमूहं च
पञ्च चाथ चतुष्टयम् ॥ २१२ ॥

सीमन्तोन्नयनमध्य एव तद्वक्त्रकलादिन्यासस्तत्रान्तरवैलक्षण्येनेहोक्तः ॥ २१२ ॥

एवमीशानपुरुषकलाभिः प्रत्यङ्गन्यासमुक्त्वा अघोरकलाभिराह

अष्टाङ्गानि तथा त्रीणि
दश चाष्टावनुक्रमात् ।
शेषास्यैः संप्रकल्प्यैवं
कलामूर्तिस्ततो भवेत् ॥२१३॥

अङ्गानि 'हृदि ग्रीवा' (१।५०) इत्यादिप्रागुक्तानि । एवमिति प्रत्यङ्गं तत्तत्कलानुसंधिनाहुतित्रयेण । कला मूर्तिर्यस्येति बहुव्रीहिः ॥ २१३ ॥

अथात्रैव

अङ्गानि विन्यसेत्पश्चात्
हृदाद्यानि यथाक्रमम् ।

नेत्रस्योक्तत्वात् तद्वर्जितानि सकलाङ्गानि

तन्मन्त्रैर्न्यसेत् । एवं 'प्रत्यङ्गानि संकल्प्य' इति यदुक्तं तदेव पूर्वमध्येत्यादिना श्लोकषट्केन विभक्तम् ॥

एवमेतत्सर्वं कृत्वा

त्रिराहुतिं दक्षिणेन

दक्षिणवक्त्रमन्त्रेण 'सीमन्तोन्नयनं करोमि' इत्यन्तेन दद्यात् ॥

अथ

शिरसा चाहुतित्रयम् ॥ २१४ ॥

चकारोऽनेनैवादौ पूजां कुर्यात्,-इति प्रस्ताव[1]पूरणं ध्वनति । यत्तु

'गन्धपुष्पादिभिः पूजा शिरसा चाहुतित्रयात् ।'(२।२०८)

इति पूर्वोक्तं तद्भागत्रयकल्पनया त्रितत्त्वकल्पनार्थम् ॥ २१४ ॥

उपसंहरति

सीमन्तोन्नयनं ह्येवं

एवं विभक्तावयवस्याग्नेः

जातकर्म त्वथोच्यते ।

---

१ ख० पु० प्रस्तावापूरणं, ग० पु० प्रस्तारेति पाठः ।

अस्त्रेण वीजयेदग्नि-
मस्त्रेणैव तु पूजयेत् ॥ २१५ ॥
त्रिराहुतिं तु पूर्वेण
अस्त्रेणैवाहुतित्रयम् ।
एवं मन्त्रद्वयेनैव
जातकर्म कृतं भवेत् ॥ २१६ ॥

वीजनं प्रसवाभिमुखीकरणं पूर्वेण यकारेण ॥ २१६ ॥

एवं गर्भाधानसीमन्तोन्नयनजातकर्माणि कृत्वा

अस्त्रेण प्रोक्षयेत्कुण्डं
सद्यः सूतकशुद्धये ।

आपादितशिवभावोऽपि दीक्षादिसंपत्त्यर्थं यतोऽग्निः शरीरं ग्राहितस्ततश्चिदात्मनो देहग्रहः सूतकरूपः सर्वाशुद्धिप्रथमाङ्कुरः शोध्य एव ॥

जातस्याग्नेः

वक्त्राण्युद्घाटयेत्पश्चा-
द्धृदकेणैवाहुतित्रयात् ।

'उद्घाटनं' विकासः ।

यथा

वक्त्राणि शोध्यान्यसिना
आहुतित्रययोगतः ॥ २१७ ॥

प्रतिवक्त्रं स्वमन्त्रेण परामृश्य 'शोधयामि' इत्यूहान्तेऽस्त्रमुच्चार्य त्रिर्जुहुयात् ॥ २१७ ॥

तथा

वक्त्राभिघारो वक्त्रैस्तु
वक्त्रे वक्त्रे त्रयं त्रयम् ।

वक्त्रेष्वभिघारो दीप्तिः । त्रयं त्रयमिति आहुतीनां दद्यादिति शेषः ॥

वह्नेः संरक्षणार्थं दिक्षु देवतान्यासं प्रस्तोतुमाह

प्रोक्षयेत्कुण्डपार्श्वानि
सास्त्रेणैव शिवाम्भसा ॥२१८॥

दर्भानास्तीर्य पूर्वाग्रा-
न्दक्षिणोत्तरसंस्थितान् ।
सौम्याग्रान्पूर्ववारुण्योः
परिधीन्विष्टरांस्तथा ॥ २१९ ॥

हस्तमात्राः शाखाः परिधयः । समध्यग्रन्थि दार्भमासनं विष्टरः ॥ २१९ ॥

एवं क्रमात्क्रममन्तर्दर्भपरिधिविष्टराः

अस्त्रमन्त्रेण ते सर्वे

न्यसनीयाः ।

तत्र

ब्रह्माणं पूर्वविष्टरे ।
रुद्रं च दक्षिणे स्थाप्य
विष्णुं पश्चिमविष्टरे ॥ २२० ॥

सदाशिवं चोत्तरेऽथ
स्वनामपदचिह्नितम् ।
आदौ ध्रुवं स्मरेद्देवि
नमश्चान्ते प्रकल्पयेत् ॥ २२१ ॥

गन्धपुष्पादिभिः पूज्याः
स्वरूपं तेष्वनुस्मरेत् ।

स्पष्टम् ॥ २२१ ॥

ततोऽप्यन्तः

मेखलोपरि लोकेशा-
न्पूजयेत्प्रणवेन तु ॥ २२२ ॥

एवं च

रक्षार्थं जातबालस्य
ब्रह्माद्याः पूजितास्तु ये ।
ततः कङ्कणकं मुक्त्वा
दक्षहस्तव्यवस्थितम् ॥ २२३ ॥
पुष्पं संगृह्य देवेन
शिवाग्नेर्नाम कल्पयेत् ।

गर्भस्य जातत्वाद्रक्षान्तरस्य च विहितत्वात् गर्भरक्षाया अधिकारो निवृत्तः,—इति कङ्कण-मोक्षः । 'देवेन' मूलमन्त्रेण सप्रणवेन[1] 'शिवाग्निर्भव नमः' इति नामकल्पनम् ॥ २२३ ॥

---

1 क० ख० पु० सप्रणामेनेति पाठः ।

अथं

कवचेनोपचारं तु
गन्धपुष्पादिधूपकैः ॥ २२४ ॥

कवचेन नैष्कलेन शिवाग्नये नम इत्यन्तेन 'उपचारं' पूजां कुर्यात् ॥ २२४ ॥

अथ

ऊर्ध्वास्येनाहुतीस्तिस्रः
कवचेन त्रयं पुनः ।

प्राग्वदूहमन्त्रेण दद्यात् । एवं सूतकशुद्धि-वक्रोद्घाटनवक्रशुद्धिवक्राभिघारविष्टरादिन्यासदेवतास्थापनतदर्चनकङ्कणमोक्षणान्यष्टौ अवान्तरसंस्कारान् कृत्वा नामकरणाख्यः पश्चिमः संस्कारः कृतः ॥

अथ

शिवनामाङ्कितं वह्निं
जनयित्वा सुरांस्ततः ॥२२५॥
विसर्जयेत्तु स्वस्थानं
सावित्रीं प्रणवेन तु ।

पुष्पादिभिः समभ्यर्च्य
होमैरेव त्रिभिस्त्रिभिः ॥२२६॥

तुश्चार्थे भिन्नक्रमः । तेन सुरान् ब्रह्मादीन् सरस्वतीं च प्रणवादिस्वनामभिरभ्यर्च्य प्रत्येकमाहुतित्रयेण संतर्प्य 'क्षम्यताम्' इत्युक्त्वा विसर्जयेत् ॥ २२६ ॥

अथ

धाम्नैवेध्मास्तु होतव्या
हस्तमात्रप्रमाणतः ।
चतुर्विंशतिसंख्याताः
शिवाग्नेस्तर्पणाय तु ॥ २२७ ॥

'धाम्ना' निष्कलेन । 'इध्माः' अस्फुटिता ऋज्व्यः सत्वचः शाखाः ॥ २२७ ॥

एवं तिलैः संस्कारानुक्त्वा आज्यकार्यान्संस्कारान् प्रस्तोतुमाज्यप्रक्षेपकरणस्रुक्स्रुवसंस्कारार्थमाह

स्रुक्स्रुवौ संप्रताप्याग्नौ
शिवाम्भोऽस्त्रेण प्रोक्षयेत् ।

कवचेनावगुण्ठ्यैतौ
शिवाग्नौ भ्रामयेत्त्रिधा ॥२२८॥
अस्त्रेण मार्जयेदद्भि-
र्दर्भाग्रेणाथ संस्पृशेत् ।
पुनरग्नौ परिभ्राम्य
प्रोक्षयेत्तौ शिवाम्भसा ॥२२९॥
दर्भमध्येन संस्पृश्य
भूयोऽग्नौ भ्राम्य तापयेत् ।
शिवाम्भसा मार्जयित्वा
दर्भमूलेन संस्पृशेत् ॥ २३० ॥
स्रुक्स्रुवाभ्यां ततो मूलं
स्थापयेत्तावधोमुखौ ।
दर्भाणां पृष्ठतः पूज्यौ
दक्षिणेऽग्नेः सदा बुधैः ॥२३१॥

मार्जनं प्रोक्षणमेव, तापनं काष्ठादिभाव-निवारणाय । यथोक्तम्

'.................. तापयेत्तेजसि त्रिधा ।
संजातौ तेन संतप्तौ काष्ठभावपराङ्मुखौ ॥'

इति । सृष्टिक्रमेणात्र दर्भस्याग्रमध्यमूलै-स्तदग्रमध्यमूलस्पर्शेन त्रिर्भ्रमणेन च इच्छा-दिशक्तित्रयमयत्वमनयोर्जायते। स्रुक्स्रुवाभ्या-मिति स्रुक्स्रुवयोरित्यर्थः । संस्कारद्वादशका-नन्तरं पूज्यावधोमुखाविति सृष्ट्युन्मुखत्वाभि-प्रायेण । अग्नेर्दक्षिणे होतुर्वामे,—इति दीप्त्या-प्यायनाभ्यामनयोर्युगपत्संबन्धेनाग्नीषोममय-त्वापत्तिः ॥ २३१ ॥

अथ

आज्यसंस्करणं कुर्या-
दाज्याधिश्रयणादिकम् ।

'अधिश्रयणं' संप्रोक्षिते पात्रे प्रस्तुतस्य स्था-पनम्[1] । क्वचिदधिस्रवणमिति पाठः । तत्राधि-करणभाण्डे तापनमित्ययमर्थः ॥

आदिशब्दसूचितान् संस्कारानाह

आज्यं संप्रोक्ष्य चास्त्रेण
कवचेनावगुण्ठयेत् ॥ २३२ ॥

---

१ क० पु० स्थापनमिति पाठः ।

शिवाग्नौ ताप्यमस्त्रेण
उद्वास्यं कवचेन तु ।
कुण्डस्य परितो देवि
त्रिधा भ्राम्य तु स्थापयेत् ॥२३३॥
योनिसंस्थं चाज्यपात्रं

तापनं दीप्त्यर्थमाग्नेय्यां दिशि । उद्वासनमग्नेरूर्ध्वधारणं दीप्तेः स्फुटतार्थम् ॥ २३३ ॥

किं च

उत्प्लवं संप्लवं ततः ।

तस्याज्यस्योत्प्लवं च कुर्यादिति शेषः ॥

केनेत्याह

दर्भाग्रद्वयमादाय
प्रादेशं मध्यग्रन्थितम् ॥२३४॥
पवित्रमेतद्विहित-
मुत्प्लवं तेन संप्लवम् ।

प्रसारिताङ्गुष्ठतर्जनीमानं प्रादेशः ॥ २३४ ॥

१ क० ग० पु० तापयेदिति पाठः ।

कथमित्याह

अङ्गुष्ठानामिकाभ्यां तु
गृहीत्वैतत्पवित्रकम् ॥ २३५ ॥
पराङ्मुखं तु त्रीन्वारा-
न्संमुखं त्रींस्तथैव च ।
अस्त्रेणैव तु मन्त्रेण

असारभागापनयनायोत्प्लवं, साराहरणाय संप्लवम् ॥

किं च

अवद्योतः शिवाग्निना॥२३६॥

अस्त्रेणेत्येव कार्यं इति शेषः ॥ २३६ ॥

तं व्याचष्टे

दर्भोल्मुकं तु संगृह्य
आज्यपात्रं निरीक्षयेत् ।

तेन प्रकाशयेत्। अत्र चावसरे स्वनेत्रतेजोनिरीक्षणेन परतेजोमयं चाज्यं कुर्यादित्यर्थः ॥

नीराजनं ततः कुर्यात्

निःशेषेण राजनं च ज्वलितेन दर्भेण सर्वतो भ्रामितेन दीपनमन्त्रेणैव ।

पर्यग्निकरणं ततः ॥ २३७ ॥

कथं

धाम्नास्त्रमन्त्रमुच्चार्य

तमग्नावुल्मुकं क्षिपेत् ।

'धाम्ना' मूलेन सह परितः समन्तादग्निकरणं तेजोमयत्वापत्तिः ॥

ततः

धाम्नैव विधिना मन्त्री

प्रोक्षयेदस्त्रवारिणा ॥ २३८ ॥

'विधिः' शिवाभेदाभिसंधिः ॥ २३८ ॥

किं च

अभिमन्त्र्य षडङ्गेन

अमृतत्वं शिवेन तु ।

निष्कलेन साङ्गेनाभिमन्त्रणमेवममृतत्वममृतमुद्रया ॥

एवमाज्यप्रोक्षणावगुण्ठनतापनोद्वासनभ्रा-

मणोत्प्लवसंप्लवावद्योतननीराजनपर्यग्निकरण-
प्रोक्षणामृताख्यसंस्कारान् द्वादश कृत्वा

सकृदुच्चारयोगेन
पूजयेद्भैरवेण तु ॥ २३९ ॥

निष्कलेन ॥ २३९ ॥

एवं कर्त्रपादानकरणाधिकरणकर्मणां य-
ष्ट्र्घपात्रस्रुगादिस्थण्डिलाग्न्याज्यादीनां संस्का-
रैः संप्रदानात्मकभैरवदेवतैक्यापादनं कृत्वा
तदेव द्रढयितुमग्निवक्त्राणां भैरववक्त्रमन्त्रैर-
भिसंधिमाह

वक्त्रसंधानकं वक्त्रै-
राहुतित्रितयेन तु ।

एतद्व्याचष्टे

अपरास्येन तद्वक्त्र-
संधानं तु समाचरेत् ॥२४०॥
एवं सौम्यस्य वक्त्रस्य
संधानं तु कृतं भवेत् ।

त्रिराहुतिप्रयोगेण
दक्षिणस्याप्ययं विधिः ॥ २४१ ॥

पूर्ववक्त्रेऽप्यथैवं स्या-
दूर्ध्ववक्त्रं शिवान्वितम् ।
त्रिराहुतिप्रयोगेणं
वक्त्रसंधिः प्रकीर्तितः ॥२४२॥

अपरास्येनेति तन्मन्त्रेण, तद्वक्त्रसंधानमिति तेनैवापरवक्त्रेण संधानमित्यर्थादुत्तरवक्त्रबीजनामभ्यां विस्पष्टस्य उत्तरस्य । यदाह "एवं सौम्यस्य वक्त्रस्य संधानं तु कृतं भवेत् ।' इत्यतश्च 'ओं लं सद्योजातवक्त्रेण ओं वं वामदेववक्त्रमनुसंदधे स्वाहा' इति प्रयोगः । एवम् 'ओं वं वामदेववक्त्रेण ओं रं अघोरवक्त्रमनुसंदधे स्वाहा' इति प्रयोगः। एवमन्यत्। शिवान्वितमिति ईशानविश्रान्तिसारम्। अत्र प्रतिवक्त्रानुसंधिं त्रिस्तिलैर्जुहुयात् न तु आज्येन तत्संस्काराणामसमाप्तत्वात्। पश्चिमप्रमुखमूर्ध्वे विश्रान्तिः कार्या, ॥ २४२ ॥

मुमुक्षून्प्रति अस्यैव प्राधान्यादित्याह

मुख्यमूर्ध्वं स्मृतं वक्त्रं
गुणत्वमितरेषु तु ।

अथ कर्मौचित्यानुगुण्येन यन्मुख्यं वक्त्रं तदूर्ध्वं स्मर्तव्यम्,—इत्यत्राप्यर्थेऽनुसंधिमुक्त्वा प्रसङ्गाद्वक्त्रभेदेन होममाह

मुक्तिकामस्य दीक्षाया-
मूर्ध्ववक्त्रस्य मुख्यता ॥२४३॥

एतन्नैमित्तिकविषये ॥ २४३ ॥

काम्ये तु विभागेनाह

पादलेपाञ्जनाद्या वै
सिद्धीस्तु विविधाश्च याः ।
सदाशिवान्तगाः सर्वाः
पूर्ववक्त्रे तु होमयेत् ॥ २४४ ॥

'विविधा' इति उत्तममध्यमाधमाः । होमयेदिति होमेन साधयेत् ॥ २४४ ॥

मारणोच्चाटनादौ तु
विद्वेषे स्तम्भने तथा ।

दक्षिणे चैव वक्त्रे तु
होमात्सिद्धिः परा भवेत्॥२४५॥
शान्तिकं पौष्टिकं चैव
सौभाग्याकर्षणानि च।
सौभाग्यारोहसिद्धिं तु
उत्तरे होमयेत्सदा ॥ २४६ ॥

आकर्षणं परचित्तादेः ॥ २४६ ॥

नित्यविषयमप्याह

पश्चिमे नित्यकर्माणि

सर्वैः कार्याणि तस्य विधिपूर्वकत्वात् ॥

स एष

विनियोगः प्रकीर्तितः ।

एवं च यो यत्र वक्त्रे कर्म कर्तुं वाञ्छति स तदूर्ध्वे न्यसेत् ऊर्ध्वं तु तत्स्थाने । यद्वक्ष्यति

'..................येन यत्कर्म वाञ्छितम् ।
तन्मुख्यवक्त्रं संकल्प्य········ ॥' (स्व० २।२६४)

इति ॥

एवं प्रस्तुते नित्यकर्मणि

आज्यभागो हि होतव्य

ऊर्ध्ववक्त्रे तु पश्चिमे ॥ २४७ ॥

पश्चिमे सद्योजाते 'ऊर्ध्ववक्त्रे' ऊर्ध्ववक्त्रस्थाने प्रापित इत्यर्थः ॥ २४७ ॥

एवमस्य भैरवापत्तिपर्यन्तान् संस्कारान् कृत्वा वह्नेर्भैरववक्त्रानुसंधिना भैरवेणैकतां संपूर्य, इदानीमाज्यवह्न्योः क्रमेण त्रिधामत्वापादनार्थमाह

आज्यपात्रस्य मध्ये तु

दर्भौ वै भैरवेण तु ।

न्यसितव्यो वरारोहे

ततो वै वर्त्मकल्पना ॥२४८॥

'तत' इति मध्यस्थदर्भद्वयदानाद्वर्त्मनां त्रयाणां मार्गाणां कल्पना कार्या । दर्भ इति जातावेकवचनम् ॥ २४८ ॥

कथमित्याह

उच्चार्य भैरवं पात्रे

संपातं पात्य वर्त्मना ।

नाडीत्रयेण युगप-
त्पात्रे भागत्रयं न्यसेत् ॥२४९॥

नाडीत्रयरूपेण वर्त्मना मार्गत्रयेण भैरवं निष्कलमुच्चार्य आज्यगतभागत्रये त्रिष्ठया प्राणशक्त्या इच्छाज्ञानक्रियात्मना समं पातं विश्रान्तिं कृत्वा वह्निसोमसूर्यात्मकधामत्रयमयं भागत्रयं 'न्यसेत्' अनुसंदधीत ॥ २४९ ॥

अत्र विभागः

सुषुम्नां मध्यमार्गस्थां
दक्षे पिङ्गां प्रकल्पयेत् ।
इडाभागे तु यत्तेजो
वामे सौम्यं प्रकल्पयेत् ॥२५०॥

एवमाज्यं त्रिधाममयीकृत्य तद्धोमाद्वह्निमपि तन्मयीकर्तुमाह

एवं त्रिभागं संकल्प्य
स्रुवमापूर्य होमयेत् ।
भैरवेणैव मन्त्रेणा-
ग्नये स्वाहान्तमेव च ॥ २५१ ॥

अग्निभागात्तु संगृह्य

मध्यनाडिस्थं प्रकाशानन्दसारमग्नीषोमात्मकं धाम पृथक्त्वमाभासयत् वामे सोमतां श्रयति दक्षिणे तु वह्नितां, तत्र सोमात्मनो हविषोऽन्तर्वर्तिनः प्रज्वालकस्याभावात् न मध्यवक्त्रेदाहकात्मत्वम्,—इति तत्प्रकाशकत्वमात्रात् सूर्यरूपताप्युच्यते, उपादानौचित्यात्तु अग्नितापीत्यग्निभागोऽत्र दक्षिणः, अत एवेह पिङ्गलेत्यग्निनाम्ना दक्षनाडी व्यवहिता। तृतीयपटले तु

'पिङ्गलामध्यमार्गेण वर्णोच्चारक्रमेण तु ।' (स्व० ३।२२)

इति,

'पिङ्गला मध्यमा नाडी' (स्व० ३।१४९)

इति च मध्यनाड्युक्तेति युज्यते एव,—इति न कश्चित्पूर्वापरव्याघातोऽस्ति। ततो विभागोऽत्र दक्षिणकृतनाडीसंपातानुसारं स्वदक्षिणस्ततो होमोऽग्नेर्दक्षिणे भागे। एवं वामेऽपि ज्ञेयम् ॥ २५१ ॥

१ ग० पु० व्यवस्थितेति पाठः ।

२ क० पु० वर्क्रोच्चारेति पाठः ख० पु० वर्गोच्चारेति पाठः ।

अथ

स्रुवेणाज्याहुतिं क्षिपेत् ।
सोमभागस्तु सोमाय
स्वाहेत्यन्ते समुच्चरन् ॥ २५२ ॥

सप्रणवं निष्कलपूर्वोऽत्रं मन्त्रः,—इत्यादिकमादिशन् पूर्वोक्तमनुवदति

धामादिप्रणवाद्यं च
स्रुवेणाज्याहुतिं क्षिपेत् ।

क्रियाविशेषणमेतत् ॥

ततोऽपि

अग्नीषोमेति संज्ञे द्वे
स्वाहान्ते धाम चादितः २५३
प्रणवाद्याज्यमध्यात्तु
स्रुवमापूर्य होमयेत् ।
शुक्लपक्षे विधिर्ह्येष

अग्नीषोमेत्यत्र अग्नीषोमाभ्यामिति प्रयोगः । अयं शुक्लपक्षे विधिः ।

अन्यत्र तु

कृष्णपक्षेऽन्यथा भवेत् ॥ २५४ ॥

तमाह

सोमभागे भवेत्सूर्यो
ह्यग्निसंज्ञा तु पूर्ववत् ।
अग्नेः सूर्यस्य मध्याह्ने
आहुतिं प्रतिपादयेत् ॥ २५५॥
यतः सूर्यस्य मध्ये वै
अमावस्यां विशेच्छशी ।

शुक्लपक्षे सोमस्य पूर्णत्वात् सोमायेत्याहुतिः । कृष्णपक्षे तु क्षीणस्येन्दोः सूर्यमण्डलाक्रमणात् सूर्यायेत्याहुतिः । मध्ये तु अग्निसूर्याभ्यामिति । अन्यत्तु पूर्ववत् ॥ २५५ ॥

एवमग्नेरपि त्रिधाममयत्वं संपाद्य

प्राशनार्थमतो होमो
वक्त्राणां भैरवेण तु ॥ २५६ ॥

कार्य इति शेषः । अत एव त्रिधाममयीकारादनन्तरं तेन प्रणवं निष्कलं वक्त्रमन्त्रं चोच्चार्य 'अग्नेः प्राशनं करोमि स्वाहा' इत्यन्तोऽत्र प्रयोगः । प्राशनं च भाविपाशभक्षणायौचित्याधानम् ॥

अन्यानपि संस्कारानेकप्रघट्टकेन शिवाग्नेः पुष्कलतासंपत्तिसतत्त्वानाह

चूडाद्या ये तु संस्कारा
अग्नेर्बालान्तसंस्थिताः ।
प्रापणार्थाय सर्वेषां
पूर्णामेकां प्रदापयेत् ॥ २५७ ॥
भैरवं तु समुच्चार्य

आदिशब्दादुपनयनादयो बालस्य ब्रह्मचारिणोऽन्ते ये संस्थिता उद्वाहादयः । अत्र च 'अग्नेः चूडाद्याः सर्वे संस्काराः सन्तु स्वाहा' इत्यन्तः प्रयोगः । पूर्णायामितिकर्तव्यता भविष्यति ॥ २५७ ॥

एवं कृते सति प्रबुद्धः

शिवाग्निः सर्वसिद्धिदः ।

सर्वेषां समय्यादीनां सर्वाः सिद्धीर्ददातीति तन्त्रेणेत्यर्थः । एवं संस्कृताच्छिवाग्नेश्च सर्वार्थं पुनःसंस्कारं विना नित्यकर्मार्थं च

'आप्याश्चरुपुरोडाशाः पञ्चसंस्कारसंस्कृते ।
अनाहूते शिवे वह्नौ........................ ॥'

इत्यन्यत्र उक्तत्वादनाहूतपरमेश्वर एव ॥

अग्निं तु प्रोद्धरेत्पश्चा-
त्पात्रे संस्थाप्य रक्षयेत् ॥ २५८

कवचावगुण्ठितं रक्षितं कुर्यात् ॥ २५८ ॥

अथ

कुण्डस्य चोत्तरे भागे
विष्टरस्य च बाह्यतः ।
प्रणीतं कल्पयेत्तत्र

विष्टरस्येति रुद्राश्रयस्य ॥

प्रणीतं व्याचष्टे

चमसं वारिपूरितम् ॥ २५९ ॥

'चमसं' दारुपात्रम् ॥ २५९ ॥

तत्र च यज्ञध्वंसनाशिनो विष्णोरासनार्थम्

पुष्पाक्षततिलैर्युक्तं
पवित्रं तत्र विन्यसेत् ।

तस्मिंश्च

प्रणवादि समावाह्य
विष्णुनाम ततो नमः ॥२६०॥
आमन्त्रणपदेनैव
विष्णुं संस्थाप्य पूजयेत् ।

स्वागतासनपाद्यार्घैः

अत्र प्राग्वत्प्रयोगतः

ततो विज्ञापयेत्तु तम् ॥२६१॥

पश्वर्थे यज्ञ आरब्ध

आत्मार्थे वाथ साधकैः ।

भगवंस्त्वत्प्रसादेन

यागे निश्छिद्रतास्तु नः ॥२६२॥

पश्वर्थं नैमित्तिके, दीक्षाविधानार्थं नित्ये, भगवन् काम्ये इति योज्यम् ॥

एवमितिकर्तव्यतां कृत्वा

ततोऽग्नौ यजनं कृत्वा

भैरवं तु प्रपूजयेत् ।

कथमित्याह

स्थण्डिलोक्तविधानेन

अनन्तादीन्प्रकल्पयेत् ॥२६३॥

अत्र विभागं तावदुक्त्वा कर्मौचित्येनाग्निवक्त्रजिह्वाकल्पनं कर्तुमाह

ध्यात्वा वक्त्राणि पञ्चादौ

येन यत्कर्म वाञ्छितम् ।

तन्मुख्यवक्त्रं संकल्प्य
मुखं कुण्डप्रमाणतः ॥ २६४ ॥
भावयेन्नव जिह्वास्तु
वक्त्रेवक्त्रे प्रतिष्ठिताः ।

वक्त्राणां गुणमुख्यताकल्पनं पूर्वमेव सुविभक्तम् । मुखमित्यास्यम् ॥ २६४ ॥

जिह्वानां दिग्विभागमाह

प्रागाद्यष्टौ मध्य एका

प्रागादि कृत्वा च ऐशान्तमष्टौ ॥

तासां च

काम्यार्थे दिग्गतास्तु याः२६५

याः प्रागादिदिगष्टस्थास्ताः काम्ये कर्मणि इत्यर्थः ॥ २६५ ॥

ताः कर्मचोदितैर्नामभिरुद्दिशति

राज्यार्था दाहजननी
मृत्युदा शत्रुकारिका ।
वशीकर्त्र्युच्चाटनी स्या-
दर्थदा मुक्तिदायिका ॥ २६६ ॥

नवम्याः कर्मोचितं नामाह

सर्वसिद्धिप्रदा मध्ये

यत एवं

तस्मान्मध्ये तु होमयेत् ।

एवमुद्दिष्टानां

पूर्णा तु भैरवेणैव

जिह्वानां कल्पनाय च ॥२६७

पुनः पूर्णाहुतिं चैव

भैरवेण प्रदापयेत् ।

एकत्र मूलमन्त्रपूर्वम् 'अग्निजिह्वाः कल्पयामि' इति प्रयोगः । अन्यत्र 'जिह्वासंनिधिरस्तु स्वाहा' इति ॥ २६७ ॥

अथ वह्नेः परमसंस्कारकरणपूर्वमनन्तादीन्नकल्पयेदिति यदुपक्षिप्तं तन्निर्वाहयति

ज्वालाग्रं तु हृदागृह्य

वह्निचैतन्यकल्पितम् ॥२६८॥

आत्महस्तस्थं तु संकल्प्य

योगपीठं तु कल्पयेत् ।

मध्यजिह्वानुसारेण
अग्निनाभौ तु कन्दकम् ॥ २६९
नालं हृदवधि ध्यात्वा
पद्मं तत्र विचिन्तयेत् ।

वह्निचैतन्यरूपतया 'कल्पितं' भावितं ज्वालाग्रं 'हृदा' हृन्मन्त्रेण 'आगृह्य' नासापथेन[1] स्वीकृत्य हृद्गतचैतन्यानलैकीभावेन भैरवीकृत्य बाह्यवह्नेः सूक्ष्मदेहस्यापि भैरवतां कर्तुं
'योगोऽस्य शक्तयः स्वाख्या विस्फूर्जन्ति समन्ततः' । (१।५।५)
इति मतङ्गोक्तनीत्या 'योगपीठम्' अनन्तादिसदाशिवान्तं शक्तिरूपमासनमस्य कल्पयेत् ॥ २६९ ॥

पत्राष्टकसमोपेतं
सितवर्णं सुतेजसम् ॥ २७० ॥
अनन्तं कल्पयेत्तत्र
धर्मादिचरणान्तिकम् ।
ओंकारेण शिवान्तं च

गतार्थमेतत् ॥ २७० ॥

---

१ ख० पु० नासापार्श्वेनेति पाठः ।

ततः

अग्निमूर्तिं प्रकल्पयेत् ॥२७१॥

प्राग्वत् हंसाक्षरेणैव ॥ २७१ ॥

ततोऽपि

शिखा हृदि स्थिता या तु
ध्रुवेणोत्कीलयेत्पुनः ।
रेचकेण क्षिपेद्वह्नौ
सा मूर्तिर्भैरवात्मिका ॥२७२॥

'ध्रुवेण' निष्कलेन 'उत्कीलयेत्' स्वचैतन्यभैरवेणैकीकृतामुद्धरेत्, ततो दक्षनासापथेन बाह्यवह्निमूर्तौ क्षिपेत्; एवमेषा मूर्तिर्भैरवात्मिका भवति ॥ २७२ ॥

अथ

मूर्तिभूतं प्रकल्प्यैव-
मष्टात्रिंशत्कलायुतम्[1] ।
शोध्याध्वानं तु विन्यस्ये-
द्दीक्षाकाले वरानने ॥ २७३ ॥

अष्टात्रिंशत्कलाः पूर्वोक्ता वक्रभङ्गयाद्युप-

1 क० पु० मूर्तिभेदेनेति, ख० पु० मूर्तिभूतेन कल्प्येति पाठः ।

लक्षणपराः । शोध्याध्वानमिति येनाध्वना गुरुर्दीक्षां चिकीर्षति ॥ २७३ ॥

एवं कृत्वा

भैरवं पूजयित्वा तु
शास्त्रदृष्टेन कर्मणा ।
वक्त्रसंधिश्च वक्त्राभ्यां
शिववक्त्राग्निवक्त्रयोः ॥ २७४ ॥

शास्त्रदृष्टेनेति यथोक्तावरणान्तं मानसेनार्घादिक्रमेण । वक्त्राभ्यामिति बह्वर्थं द्विवचनं, तेन वक्त्रमन्त्रैरित्यर्थः । शिववक्त्रे भैरववक्त्रम्; अत्र च 'ओं लं सद्योजाताख्यभैरववक्त्रं शिवाग्निवक्त्रेऽनुसंदधे स्वाहा' इत्यादिक्रमेण वक्त्रसंधिश्च पूर्वोक्तवक्त्रसंधिविलक्षणः कर्तव्यः ॥ २७४ ॥

किं च

संधाय चैवं जिह्वाभ्यां

अन्तर्बहिर्वह्निवक्त्राणां परमेशवक्त्रैर्मन्त्रपूर्वं जिह्वानुसंधानं[2] कृत्वा

---

१ ख० पु० प्रयोगेणेति पाठः ।

२ ख० ग० पु० संधानमिति पाठः ।

नाडीसंधिरतो भवेत् ।

तदाह

मूलमन्त्रं समुच्चार्य
अग्निनासाविनिर्गतम् ॥२७५॥
स्थण्डिलस्थशिवालीन-
मेकार्थं चैव संधयेत् ।

अग्निहृदयाद्भावनया मूलमन्त्रमुच्चार्य तद्दक्षिणेन निर्गत्य स्थण्डिलेशस्य वामेन प्रविश्य दक्षिणेन निर्यायात्,—इति क्रमेण सर्वावरणमन्त्रेष्वनुसंधाय अग्नेर्वामेन विशेत् । एकार्थमित्यभिन्नं स्वच्छन्दभैरवात्मकं वाच्यदेवतारूपमित्यर्थः ॥ २७५ ॥

एवमनुसंधाय

शुद्धाज्येनाहुतिशत-
मष्टोत्कृष्टं वरानने ॥ २७६ ॥
भैरवस्य तु होतव्यं
वक्राङ्गानां दशांशकम् ।

भैरवाष्टकलोकेशा-
न्दशमांशेन होमयेत् ॥२७७॥

षट्त्रिंशत्तत्त्वानि स्थूलसूक्ष्मपरभेदादष्टोत्तरशतमिति(व्याख्या) वनयव(अधिश्रयणादि)-संस्कारैरापादिताशेषविश्वमयत्वेन आज्येन अष्टोत्तरशतस्रुवहोमाद्भैरवमन्त्रदेवतां तर्पयेत् अनुग्रहाभिमुखीकुर्यादित्यर्थः । वक्त्रादीनां दशांशस्वेऽभिप्रायो जपप्रकरणे निर्णीतोऽङ्गव-ह्रेव्या देववदित्यन्ये ॥ २७७ ॥

अथ

मूलमन्त्रं समुच्चार्य
पूर्णामेकां प्रपातयेत्[1] ।

सर्वमन्त्रचक्रतर्पणाय ॥

ततोऽपि प्रधानभूतमूलमन्त्रतृप्त्यर्थं द्वितीयां पूर्णां दद्यादित्याह

भैरवाप्यायनार्थाय
तथा पूर्णां प्रपातयेत् ॥२७८॥

---

१ ख० पु० प्रदापयेदिति पाठः ।

ततोऽपि

पुनर्न्यूनातिरिक्तार्थं
निश्छिद्रकरणाय च ।

मूलेन पूर्णां पातयेदिति शेषः । न्यूनातिरिक्तनिवृत्त्यर्थमेव निश्छिद्रकरणम् ॥

एवं नित्यहोमविधिं निर्वर्त्य

पश्चाद्धोमः प्रकर्तव्यो
यथेच्छं तु वरानने ॥ २७९ ॥

यथेच्छमिति नैमित्तिकः काम्यो वा ॥२७९

अथैवं होमद्रव्यविभागं तत्तत्साधनाभिप्रायतो निर्दिशति

सर्वकामप्रदो होम-
स्तिलैः शस्तो घृतान्वितैः ।

पृथक्तु

धान्यैर्धनार्थसिद्ध्यर्थं

आज्याक्तैरिति सर्वत्रानुषङ्गः । धनमजाविकम्, अर्थो हिरण्यादिकम् ॥

घृतगुग्गुलहोमतः ॥ २८० ॥

जायते विपुला सिद्धि-
रधमा मध्यमोत्तमा ।

तथा

श्वेतारविन्दैराज्याक्तैः

होमः कार्यः ।

बिल्वैश्च श्रियमाप्नुयात् ॥२८१

क्षीराक्ततिलहोमेन
शान्तिकर्म वरानने ।

प्रायश्च द्रव्याणि जातभेदेन चतुर्धा स्थितानीति तैर्होमार्हैः ।

सितरक्तपीतकृष्णैः
शमनाकृष्टिपौष्टिकम् ॥२८२॥

मारणं च वरारोहे
क्रमेण परिकल्पयेत् ।

किं च

कुन्दपुष्पैः सुतार्थाय

होमो भवति ॥

अशोकैः प्रियसंगमः ॥२८३॥

जातिकुड्मलकैः कन्या
गान्धर्वी बकुलोद्भवैः ।
नागैस्तु नागकन्या वै
सिद्धार्थैः सिद्धकन्यका ॥२८४॥
चण्यकैश्चाप्यप्सरसो
नरेन्द्रः फल्गुषेण तु ।
घृताक्तेन वरारोहे
समन्त्री सपुरोहितः ॥ २८५ ॥
राज्ञी पुत्रसमोपेता
वशं याति वरानने ।
यक्षिणी वशमायाति
पुष्पैश्चैव कदम्बजैः[1] ॥ २८६ ॥

सर्वेष्वेभिमतेषु[2] तैरित्यनुषङ्गः कार्यः । नागैरिति पुंनागैः, सिद्धार्थैः पुष्पविशेषैः । यत्र यैः पुष्पैर्होमस्तत्र तैरेवार्चनं कार्यम्, फल्गुषमिति नृमांसम् ॥ २८६ ॥

---

१ ग० पु० कदम्बकैरिति पाठः ।
२ ख० पु० सर्वेष्वग्नेति पाठः ।

तथा

विद्याधरी कुव्यकैश्च
साधयेन्नात्र संशयः ।

कुव्यकानि कुटकाख्यानि । 'नात्र संशय' इत्यनेन निश्चितप्रतिपत्तेः कर्म फलदं भवति,–इत्याह; अत एव शिष्यलक्षणे 'दृढव्रत' इत्येतत्साधकविषये योजितम् ॥

होमे हस्तसंस्थानमाह

मृगीं बद्ध्वा तिलैर्होमः

प्रसृततर्जनीकनिष्ठाङ्गुलिरङ्गुष्ठमध्यमानामासंदंशात्मा मृगीबन्धः ॥

पद्मबिल्वैरधिष्ठितम् ॥ २८७ ॥

अखण्डितैः कृत्वा जुहुयादिति शेषः ॥२८७

भक्ष्यैर्ग्रासप्रमाणैस्तु
धान्यैः प्रसृतिसंमितैः ।

अत्र च हस्तसंनिवेशो यथोचितमनुमन्तव्यः ॥

उपसंहरति

एवं होमानुसारेण
साधको विधिसंस्थितः ॥२८८॥
पूजाहोमरतो नित्यं
यान्यान्कांमान्समीहते ।
तांस्तान्स साधयत्येव
भैरवस्य वचो यथा ॥ २८९ ॥

-'विधौ' शास्त्रनियम्रिते कर्मणि सम्यक् स्थितः 'कामान्' काम्यमानानि फलानि, यथा भैरवस्याज्ञा स ह्यागमात्माज्ञामात्रेणैव सर्वं संपादयति । अथ च यथा येन सत्याभिसंधिरूपेण भैरवस्य सर्वशक्तेः न तु परिमितस्य कस्यचिदिदं वचः, तथा तेन प्रकारेण आश्वस्तानामेष विधिरनुष्ठीयमानः साधयत्येवाभीष्टमिति शिवम् ॥ २८९ ॥

गुरुचरणसरोजामोदमत्तं मनो मे
यदिह किमपि तत्त्वं व्याकरोच्छैवशास्त्रे ।

---

१ प० पु० अभ्युपगमेति ।

विविधविधिरहस्यं स्वास्पदासेव्यमानं
भवहरहरधामावेशि सद्भक्तिभाजाम् ॥ १ ॥

इति श्रीस्वच्छन्दतन्त्रे

श्रीमहामाहेश्वराचार्यवर्यश्रीक्षेमराजविरचितोद्द्योताख्य-
व्याख्योपेतेऽर्चाधिकारो नाम
द्वितीयः पटलः ॥ २ ॥

श्रीमत्प्रतापभूभर्तुराज्ञया प्रीतये सताम् ।
मधुसूदनकौलेन संपाद्यायं प्रकाशितः ॥

श्रीमत्साम्बशिवार्पणं भूयात् ।

अथ

श्रीस्वच्छन्दतन्त्रम्

श्रीमन्महामाहेश्वराचार्यश्रीक्षेमराजकृतोद्द्योताख्य-
विवरणोपेतम् ।

(तृतीयः पटलः)

यत्र गलत्युन्मिषिते-
ऽशेषा संसारवासनाविस्रा ।
अधिवासोऽसौ सर्वो
जयति परानन्दनिःष्यन्दी ॥

एवं प्रासङ्गिकानन्तरप्रमेयगर्भमवश्यानुष्ठेयं नित्यकर्मोक्त्वा प्राप्तनिरूपणावसरं नैमित्तिकप्रथमभूतमधिवासं निर्णेतुं भैरव उवाच

अधिवासं प्रवक्ष्यामि
यथावदनुपूर्वशः ।

देवगुरुशिष्यद्रव्याणां भाविदीक्षोचितयोग्यतात्मकसंस्कारपरिग्रहो यागगृहाधिकरणवसनं चाधिवासः स च गुरुणा कार्यः, इति तत्संस्कारोपक्रममेव तमाह

वारिणा सुविशुद्धात्मा
कृतकृत्यः प्रसन्नधीः ॥ १ ॥
भस्मोद्धूलितदेहस्तु
मुद्रालङ्कारभूषितः ।
जिह्मजेनोपवीतेन
सवासा वा दिगम्बरः ॥ २ ॥
सुगन्धिगन्धलिप्ताङ्गः
पुष्पस्रग्दामभूषितः[1] ।
दिव्याभरणसंपन्नः
सुप्रसन्नः सुभावितः ॥ ३ ॥
सुधूपितः सुताम्बूल-
श्चन्दनागुरुचर्चितः ।

'आत्मा' शरीरं मनश्च । 'कृत्यं' संध्यावन्दनादि; अथ च कृतकृत्यः परभैरवैक्यपरिपूर्णः, तत एव 'प्रसन्ना' त्यक्तबाह्याभिलाषा 'धीः' यस्य । 'मुद्रालङ्कारभूषितः' शिखाकर्णप्रकोष्ठप्रतिष्ठापितपञ्चमुद्रः । 'जिह्मः' शवः

१ ख० ग० पु० धामशोभित इति पाठः ।

'तज्जेन' तत्केशजेन । एतच्च यथायोगं गृहस्थ-नैष्ठिकाचार्यविषयं व्याख्येयम् । 'सुगन्धि' इत्यादिना इदमाह—यस्य स्वभावेन शिवभावनापरत्वं नास्ति स बाह्योपचारेणापि चेतः प्रसाद्य 'सुभावितः' शिवावेशोन्मेषमयः स्यात् । यतः

'न चावज्ञा क्रियाकाले संसारोद्धरणं प्रति ।
मन्त्रदानव्रतादेश¹शिष्यधुङ्गारकी भवेत् ॥'

इत्याम्नातम् ॥

किं कुर्यादित्याह

मखद्वारप्रदेशे तु
स्थित्वा प्रागिव भावितः ॥ ४ ॥
द्वाराध्यक्षान्पूजयित्वा
पुष्पप्रक्षेपणं ततः ।
हुंफट्कारप्रयोगेण
तालशब्दं विधाय च ॥ ५ ॥
पार्ष्ण्यधोहस्तसंयोगा-
द्विघ्नप्रोच्चाटनाय वै ।

---

१ ख० ग० पु० व्रतादेशि इति पाठः ।

पार्ष्ण्या भूमिगतान्हन्या-
त्तालया चान्तरिक्षगान् ॥ ६ ॥
मन्त्रैर्दिव्यान्विशोध्यैवं
यागहर्म्यं विशेत्ततः ।

पुष्पप्रक्षेपणं तालाशब्दं विघ्नप्रोच्चाटनाय पार्ष्ण्या अधोभूमिसंयोगात् हस्तसंयोगाच्च विधायेति विदधद्विशेदिति योजना । 'अन्त-रिक्षं' भुवोलोकः । स्पष्टमन्यत् ॥ ६ ॥

अथ

रक्षां पूर्ववदस्त्रेण
परितः परिकल्पयेत् ॥ ७ ॥
वर्मणा मायारूपेणा-
च्छाद्यैव तु मखालयम् ।
ततो दक्षिणदिग्भागे
उपविश्य वरानने ॥ ८ ॥
करन्यासं यथापूर्वं
दहनोत्पूयने तथा ।

प्लावनाप्यायने चैव
सकलीकरणं तथा ॥ ९ ॥
पूर्ववन्मानसं याग-
मन्तर्देहे समा[1]चरेत् ।

'परित' इति अस्त्रप्राकाररूपाम् 'मायारूपेण' इति माया हि कलातत्त्वान्ताशेषाच्छादिका दुर्भेदा चेति तद्रूपेण । शिष्टं निर्णीतपूर्वम् ॥ ९ ॥

अन्तर्यागे प्रागुक्तं विधिं स्मारयति

शक्त्याधारमनन्तं च
धर्मादिचरणावधि ॥ १० ॥
गात्रकाणि त्वधर्माद्या-
स्तथा संधानकीलकान् ।
अधश्छादनमूर्ध्वं च
पद्मकेसरकर्णिकाः ॥ ११ ॥
पुष्कराणि च शक्तीश्च
मण्डलान्मण्डलाधिपान् ।

---

१ ख० पु० समारभेदिति पाठः ।

शिवान्तमासनं दद्या-
त्पूर्वरूपं ध्रुवेण तु ॥ १२ ॥
मूर्तिब्रह्मकलाव्यूहं
नवतत्त्वं त्रितत्त्वकम् ।
द्वात्रिंशदक्षरं देवं
भैरवाष्टकमेव च ॥ १३ ॥
विद्याङ्गानि तथा देवीं
क्षुरिकां लोचनत्रयम् ।
शक्तित्रयं परं देव-
मङ्गषट्कसमन्वितम् ॥ १४ ॥

निर्णीतं चैतत् । नैमित्तिकेऽपि सर्वमेतत् कार्यमिति पुनः पाठेऽभिप्रायः ॥ १४ ॥

अपि च

मुद्रामन्त्रांश्च द्रव्याणि
यथास्थानं प्रकल्पयेत् ।

आवाहनस्थापनसंनिधाननिरोधनादिरूपा 'मुद्राः' आसनतो भैरवान्तान् मन्त्रान्, पाद्या-

---

१ ख० ग० पु० शनेति पाठः ।

चमनीयार्घादीनि द्रव्याणि। यथास्थानमिति पूर्वोक्तया नीत्या॥

तदेतत्सर्वं

संकल्प्य च यथान्यायं
यथायोगं प्रकल्पयेत् ॥ १५ ॥

यथायोगं यथाक्रमं यो यो 'न्यायो' निरूपितव्याहृत्यनुसरणं तदनतिक्रमेणेत्यर्थः ॥१५॥

अथावरणन्यासमपि स्मारयति

सद्योजातं च वामं च
अघोरं च यदुक्तवान् ।
पुरुषेशौ च देवस्य
दलस्थांश्चोपकल्पयेत् ॥ १६ ॥
हृदयादींस्ततः पञ्च
दिशासु विदिशासु च ।

उक्तवानहमित्यर्थः । दिशास्वित्यादिरैशः पाठः ॥ १६ ॥

किं च

पूर्वतो यावदीशान्तं
भैरवावरणं बहिः ॥ १७ ॥

लोकपालांस्तदस्त्राणि
पूर्वादीशान्तकावधि ।

परिकल्पयेदित्यनुषज्यते ॥ १७ ॥

मन्त्रसंधानमाह

अस्त्राणि लोकपालांश्च
भैरवाष्टकमेव च ॥ १८ ॥
पञ्चब्रह्माण्यथाङ्गानि
एतान्यावरणानि हि ।
क्रमेणोच्चारयेत्सर्वा-
न्यावत्तद्धर्ममैश्वरम् ॥ १९ ॥
मन्त्रसंधानमेतद्धि

'शूलहस्तायेशानाय नमः' इति प्रातिलोम्यक्रमेण सकलान्तमुत्तरोत्तरलीनताक्रमेणोच्चारणं 'मन्त्रसंधानम्' 'पञ्चब्रह्माण्यथाङ्गानि' इति प्रातिलोम्यक्रमेऽप्यानुलोम्येन पाठो वक्त्राङ्गानामेकावरणहेतुतया, - इति त्र्यावरणोऽयं क्रमः ॥ १९ ॥

अथ

परमीकरणं शृणु ।
उच्चारयेत्ततो देवं
ह्रस्वदीर्घप्लुतान्वितम् ॥ २० ॥
तावदुच्चारयेन्मन्त्रं
यावन्निर्वाणगोचरम् ।

'देवं' द्योतनादिसतत्त्वं श्रीनिष्कलम् । ह्रस्वेत्यादि,

'ह्रस्वं दीर्घं प्लुतं सूक्ष्ममतिसूक्ष्मं परं शिवम्' (६।४)

इति पञ्चप्रणवाधिकारे वक्ष्यमाणस्थित्या अकारोकारमकारबिन्दुनादवर्णकलासु ह्रस्वादिमात्रारूपासु वक्ष्यमाणव्याप्त्यनुसारेण विश्रम्य 'निर्वाणगोचरं' द्वादशान्तं यावन्मन्त्रमुच्चारयेदित्यर्थः ॥ २० ॥

अत्रैवेतिकर्तव्यतां पूरयति

अधःशक्तेर्यावदूर्ध्वं
सोमसूर्यपथान्तरा ॥ २१ ॥

---

१ क० पु० सूचयतीति पाठः ।

पिङ्गलामध्यमार्गेण
वर्णोच्चारक्रमेण तु ।
देवतापञ्चकं शक्तिं
व्यापिनीं समनोन्मने ॥ २२ ॥
भेदयित्वा क्रमात्सर्वं
यावद्वै निधनान्तिकम् ।
निस्तरङ्गं निरध्वाख्यं
सकलव्यापि चोन्मनम् ॥ २३ ॥

वक्ष्यमाणदिव्यकरणक्रमेण 'अध' इति कन्दात् प्राणशक्तिं हृदयं प्रापय्य वामदक्षिणवाहमध्ये पूर्वनिर्णीतदिशा पिङ्गलानाम्ना मध्यमार्गेणाकारोकारादीन्[2] नादपर्यन्तं ह्रस्वादिरूपवर्णोच्चारक्रमेण ब्रह्मादिसदाशिवान्तं देवतापञ्चकं तदुपरितनसुसूक्ष्मतममन्त्रांशैश्च शक्त्याद्युन्मनान्तं भेदयित्वा, ग्रन्थिरूपताविदारणयुक्त्या परावाग्रूपमन्त्रपरामर्शशेषं कुर्वन् 'निधनान्तिकं' सर्वोपशान्तिपदं द्वाद-

---

२ क० ख० ग० पु० हकाराकारादीनिति पाठः ।

शान्तं यावत् मन्त्रमुच्चारयेदित्यर्थः । कीदृशं निधनान्तिकं? 'तरङ्गेभ्यो' भेदकल्लोलेभ्यो निष्क्रान्तं, निष्क्रान्ता उल्लसिता वर्णमन्त्रा-द्यध्वनामाख्याः प्रथा यतस्तादृशं, तथा सकलस्याशेषस्य व्यापकम् । ईदृशं कथमेकं वस्तु भवतीत्याह 'उन्मनं' मननं सर्वं संकुचितं संवेदनमुत्क्रम्य स्थितं स्वतन्त्रमित्यर्थः ॥ २३ ॥

अथ

तदध्यास्य

तन्निष्कलं तत्त्वं गाढावष्टम्भेन किंचित्कालं समाविश्य ।

आनुलोम्येन

हृत्पद्मे विनिवेशयेत् ।

द्वादशान्तात् प्रभृति तत्त्वं च

'समना उन्मना चैव' (स्व० ११।२८)

इत्यादिवक्ष्यमाणदृष्ट्या मन्त्रप्रमेयसृष्टिक्रमेणावरुह्य हृत्पद्मप्रतिष्ठापितसकलभट्टारकव्यापकत्वेन भावयेत् ॥

किं च

सर्वेष्वावरणेष्वेवं
देवि तद्व्यापकं न्यसेत् ॥ २४ ॥

एवमिति एकेनैव प्रयत्नेन ॥ २४ ॥

तेन चाधिष्ठिताः सर्वे
सर्वकामफलप्रदाः ।

तद्रश्मिपुञ्जात्मकत्वात् सकलादिमन्त्राणां, चो ह्यर्थे ॥

अत्र पूर्वोक्तं ध्यानादि स्मारयति

यथा स्वरूपसंस्थान-
वर्णा ये कथिता मया ॥ २५ ॥
तथा ते विनियोक्तव्या
मानसे मानसेन तु ।

'स्वरूपं' मूलं ब्रह्माङ्गादिरूपं, 'संस्थानम्' आकृतिः, 'वर्णः' सितादिः, 'कथिताः' इति द्वितीये पटले । 'मानस इति'यागे, 'मानसेन' चित्तेन ॥ २५ ॥

ततश्च

कर्णिकायां तु संस्थाप्य
द्विधावस्थं च भैरवम् ॥ २६ ॥
शुद्धस्फटिकसंकाशं
सर्वमन्त्रैरलंकृतम् ।

'द्विधा' सकलनिष्कलभावेन 'अवस्था' अनुग्राह्यानुग्रहाय स्वस्वातन्त्र्येणावस्थितिर्यस्य, सकलं सिताकारं निष्कलं तु प्रकाशमात्रतत्त्वम् 'अलंकृतम्' इति रश्मिपरिवृतम् । एवं द्वात्रिंशदक्षरापेक्षया यद्यपि मूलमन्त्रस्य निष्कलत्वं तथापि अकारादिकलोच्चारे सति सकलत्वमप्यस्तीति ॥ २६ ॥

यत्सत्यतो निष्कलं तत्त्वं तन्निर्दिशति

तत्रापि परतो ज्ञेय-
मनिर्देश्यमनामयम् ॥ २७ ॥

तत्र तयोः सकलनिष्कलयोरुपरि 'परतः' परं परिपूर्णेन रूपेण भैरवस्वरूपं 'ज्ञेयं' स्वतः प्रकाशमानं प्रत्यभिज्ञेयमित्यर्थः । यतस्तद्-

१ ग० पु० संप्राप्येति पाठः ।

'अनिर्देश्यम्' इदन्ताया न विषयो, यस्मात् 'अनामयं' सूक्ष्मतमेनापि आमयेनाख्यात्यात्मकमहामायास्पर्शेन शून्यम् ॥ २७ ॥

तथा च

यत्र नास्ति द्विधाभावः

निष्कलसकलाद्यशेषसामरस्यात्मकत्वात् ॥

न मन्त्रादिप्रकल्पना ।

ओंकारबिन्दुनादानां

विलयं तं विनिर्दिशेत् ॥ २८ ॥

सर्वमन्त्रप्रमेयविश्रान्तिपदं तज्जानीयादित्यर्थः । यद्वक्ष्यति

'यावदुच्चार्यते वाचा यावल्लेख्येऽपि तिष्ठति ।
तावत्स सकलो ज्ञेयः ।' (स्व० ७।२३७)

इति । तथा

'अक्षरेषु कुतो मोक्षः परं तत्त्वमनक्षरम् ।' (स्व० ७।२३६)

इति ॥ २८ ॥

अतश्च

तत्स्थानं दुर्लभं मत्वा[1]

संभवेन्न कदाचन ।

---

१ ग० पु० ज्ञात्वेति पाठः ।

यस्य नाग्रं च मूलं च
न दिशो विदिशस्तथा ॥२९॥
न शब्दो नापि चाकाशं
ध्यात्वा तत्तु विमुच्यते ।

तिष्ठत्यस्मिन्सर्वमिति 'स्थानम्' आकृतिशून्यत्वात् मूलाग्राद्यभावः, वर्णात्मकमन्त्ररूपशून्यत्वान्न शब्द इत्युक्तम् । एवमपि न तच्छून्यमित्याशयेनोक्तं नाकाशमिति । 'ध्यात्वा' इति अकृतकाहंविमर्शविश्रान्त्या समाविश्य 'विमुच्यते' जीवन्मुक्तिराप्यते ॥ २९ ॥

तदित्थम्

प्रथमं मानसं यागं
पश्चाद्द्रव्यसमन्वितम् ॥ ३० ॥
य एवं सततं कुर्या-
द्देशिको यागतत्परः ।
स्वहस्ते स्थण्डिले लिङ्गे
मण्डले चरुके तथा ॥ ३१ ॥

जले चाग्नौ च संपूज्य
सम्यग्दीक्षाफलं लभेत् ।

मानसस्य प्राथम्यं शिवीभावं विना शिवयागेऽधिकाराभावादित्युक्तत्वात्, 'दैशिक' उपदेशप्रयोजन आचार्यः । सततमिति नित्यार्चारतत्वात् । 'स्वहस्ते' इति शिवहस्तदानावसरे, 'स्थण्डिल' इत्यधिवाससमये, 'लिङ्गे' इति

'लिङ्गशब्देन विद्वांसः सृष्टिसंहारकारणम् ।'

इत्यादिनिरुक्तेः प्रस्तावोचितशिष्यचैतन्ये बाह्येऽपि वा बाणादिरूपे भाक्ते, 'मण्डले' इति वक्ष्यमाणरूपे, 'चरुके' हविर्विशेषात्मनि, 'जले' कलशस्थे, 'वह्नौ' पाशदाहके । दीक्षायाः 'फलं' शिष्याणां भैरवात्मकस्वरूपप्रत्यभिज्ञानं 'लभेत्' तत्र हेतुकर्तृकत्वसामर्थ्यमासादयत्येव । एवं च सर्वथा शिवीभावात्मकमानसयागपूर्वं बाह्ययागं निर्वर्तयेत् ॥ ३१ ॥

---

१ क० पु० हस्तापादनेति पाठः ।

अन्यथा

अकृत्वा मानसं यागं
योऽन्यं यागं समारभेत् ॥३२॥
अशिवः स तु विज्ञेयो
न मोक्षाय विधीयते ।

'अशिव' इति मानसयागकार्यशिवीभावाभावात् तथाभूतश्च पशुर्मोक्षाय न 'विधीयते' तदर्थमधिक्रियते इत्यर्थः ॥ ३२ ॥

यतः

आत्मयागे कृते चैव
देहशुद्धिः प्रजायते ॥ ३३ ॥

चो ह्यर्थे । एवशब्दो जायतेशब्दादनन्तरं योज्यः । तेन यस्माद्यागादनन्तरं बाह्यान्तरोभयरूपस्य देहस्य शिवीभावावेशात्मा शुद्धिर्जायते एव तस्मादसाववश्यकार्य इत्यर्थः ॥ ३३ ॥

तथा हि सति

अधिष्ठितं शिवेनैव
तमाचार्यं विनिर्दिशेत् ।

शिवेन सहचारित्वादाचार्य इति हि वक्ष्यति॥
किं च

आत्मनिर्दहनं चैव
मानसं च यदुक्तवान् ॥ ३४ ॥

अहमित्यर्थः । 'आत्मा' इह द्विविधो देहः ॥ ३४ ॥

विदित्वा सम्यगाचार्यः
पाशहा स शिवः स्मृतः ।

सम्यग्वेदनं देहाद्यहन्ताप्रशमनेन शिवाहंभावावेशः ॥

यागस्यास्य प्रभावमाह

यत्र यत्र स्थितो देशे
यश्चैवं तु विधिं यजेत् ॥३५॥
ब्रह्महापि स मुच्येत
किं पुनः शिवतत्परः ।

विहितमहापातकोऽपि भगवदिच्छाप्रयोजनात् यो विधिमिममभिसंधाय 'यजेत्' भगवन्तमर्चयेत् सोऽपि मुच्यते ॥ ३५ ॥

किं च

सर्वावस्थागतश्चैव
विषयैरनुरञ्जितः ॥ ३६ ॥
सकृत्संपूज्य मुच्येत
किं पुनर्यो दिने दिने ।

'सर्वावस्थागतः' इत्यादिना समयपालनासमर्थो भोगभुगपि सकृन्निर्बीजदीक्षायामर्चनान्मुच्यते, तस्मात्सततमेतदर्चनं पुत्रकाद्यैर्विधेयमित्येवंपरमेतत् ॥ ३६ ॥

अस्या अर्चादिक्रियाया महत्तां प्रथयति

एतत्तन्त्रोक्तविधिना
यदुक्तं विधिपूर्वकम् ॥ ३७ ॥
इज्यादि चान्यतन्त्रेऽपि
तद्वैतत्कामिकं भवेत् ।

समानासमानस्रोतस्यन्यत्रापि पारमेश्वरे तन्त्रे 'यदिज्यादि' दीक्षादिविधिपूर्वकमुक्तं तदेतत्तन्त्रोक्तेन संपूर्णेतिकर्तव्यताकेन विधिना तत् 'कामिकम्' इति तत्तत्काम्यमानभोगमो-

क्षप्रयोजनं स्यात् । एतदुक्त्या दीक्षादाविति-कर्तव्यतान्यत्राश्रीयमाणाभिलषितं पूरयत्येव संपूर्णत्वादित्यर्थः । तद्वै इत्यत्र तस्येति पाठे तस्य कर्तुमिति व्याख्येयम् ॥ ३७ ॥

अत एवान्यत्राप्याश्रीयमाणमेतत्

नानासिद्धिगुणैर्युक्तं

अधिकानपि क्रियापादोक्तान् सिद्धिरूपान् गुणान् करोति ॥

तथा

नानाकामफलप्रदम् ॥ ३८ ॥

चर्यापादोक्तमप्यविलम्बितं फलं संपादयति ॥ ३८ ॥

योगपादोक्तमपि घटयतीत्याह

योगसिद्धिश्च जायेत

विद्यापादोक्तमपि इतः पराद्वयस्पर्शिनो विधेरनुष्ठानाच्च साधयत्येवानुष्ठातृजन इत्यप्याह

मुक्तिं च लभते ध्रुवम् ।

अपि चैतदिज्यानुष्ठातृपूजनम्

सदाशिवोऽपि जानाति

देवाश्चैवासुरादयः ॥ ३९ ॥

परभैरवभक्तिशालिने महाप्रभावा अपि स्पृहयन्तीति यावत् ॥ ३९ ॥

एवं प्रासङ्गिकमुक्त्वा प्रकृतमाह

एवं तु मानसं यागं

कृत्वा बाह्यं समाचरेत् ।

तत्र प्रथमम्

परां वृत्तिमनुध्याय-

न्द्रव्याण्यादौ विलोकयेत् ४०

'पराम्' अन्तर्यागनिष्पन्नभैरवावेशमयीं 'वृत्तिं' स्फुरत्तामवलम्बमानो यागद्रव्याणि प्रोक्षणादिकल्पितसंस्कारेभ्यः पूर्वं पराद्वयज्ञानापादितैक्यात्ममहाशुद्धीनि कुर्यादित्यर्थः ४०

तान्युद्दिशति

सितचन्दनकर्पूरं

सुधूपं सितवाससी ।

पुष्पाणि दिव्यगन्धीनि
तिलव्रीहिघृतादिकम् ॥ ४१ ॥
चूतपल्लवदर्भांस्तु
सिद्धार्थान्खटिकां तथा ।
करणीं कर्तरीं चैव
पाशबन्धनसूत्रकम् ॥ ४२ ॥
वार्धानीं शिवकुम्भं च
तथेध्मान्परिधीनपि ।
समिधो दन्तकाष्ठं च
चरुस्थालीं स्रुचं स्रुवम् ॥४३॥
तण्डुलांश्च तथा क्षीर-
मेवमादीन्यनेकशः ।

दीक्षायाः शिवत्वापादनात्मनः शुद्धेः कार्यत्वात्तदौचित्येन सितगुणस्य प्रधानत्वम् । सितवाससी चूतपल्लवाश्च कलशवार्धान्यर्थं, व्रीहयो विकिरार्थं, सिद्धार्थाः शय्याद्यवसरे रक्षार्थं, खटिकाकरण्यौ मण्डलार्थं, कर्तरी पाशसूत्रच्छेदाय, वार्धान्यस्त्रयागाय, इध्माः

प्रागुक्ता हस्तमात्राश्चतुर्विंशतिः समिधस्त्वाग्नेस्तृप्त्यर्थं, परिधयो हस्तप्रमाणाः सपत्राः शाखाश्चतस्रः कुण्डबाह्ये दिक्षु विघ्नप्रवेशरक्षार्थम्,

'समिधो यज्ञवृक्षोत्थाः सत्वचो निर्व्रणाः शुभाः ।
प्रादेशमात्राः स्थौल्येन कनिष्ठाभ्यधिकाश्च याः ॥'

इत्युक्तास्ताश्चाग्नेर्दीप्त्युत्पादनाय, दन्तकाष्ठं शिष्यार्थं, तण्डुलक्षीरचरुर्देवगुर्वर्थमपि । स्पष्टमन्यत् । एवमादीनि आदिशब्दान्मण्डलार्थं रजांसि, शिष्यार्थं पञ्चगव्यनेत्रपट्टाद्यपीति ४३

एवं द्रव्याण्यवलोक्य

ततोऽर्घपात्रमादाय
क्षालयेदस्त्रवारिणा ॥ ४४ ॥
कवचेनावगुण्ठ्यैव
प्रणवेन तु पूजयेत् ।
उदकादिभिरष्टाङ्गैः
पूरयेत्तु वरानने[1] ॥ ४५ ॥
उदकं क्षीरकुसुमं
कुशसर्षपतण्डुलाः ।

---

१ ख० पु० तद्वरानन इति पाठः ।

सयवघृता अष्टौ । इहाष्टमूर्तेरर्घ्यं पुर्यष्टका-
कृतम् ॥ ४५ ॥

अथ

प्रणवेनासनं सर्वं
ततो मूर्तिं न्यसेत्प्रिये ॥ ४६ ॥
भैरवावरणैर्युक्तां
पूजयेत्तां यथाक्रमम् ।
गन्धैः पुष्पैस्तथा धूपै-
र्मन्त्रसंधानपूर्वकम् ॥ ४७ ॥

भैरवेणावरणैश्च युक्तां न्यसेत्, मन्त्रसं-
धानपूर्वकं पूजयेत् ॥ ४७ ॥

किं च

मन्तव्यं[1] परमं तत्त्वं
ततश्चैवामृतीभवेत् ।

'परमं तत्त्वं' निष्कलं पूर्वोक्तयुक्त्या जप-
न्नमृतमुद्राप्रदर्शनेनामृतीकुर्यादित्यर्थः ॥

---

१ ग० पु० स्मर्तव्यमिति पाठः ।

अर्घपात्रार्थं च

पात्राणां त्रितयं कल्प्यं
निरोधार्थे विधौ तथा ॥ ४८ ॥

पश्वर्घे च

विध्यर्घपात्रं पूजार्थं, निरोधार्घपात्रं तु निरोधविसर्जनाद्यवसरोपयोगि सुरया कर्तव्यम् । यदवोचत्

'पश्चादर्घः प्रदातव्यः सुरया सुसुगन्धया' (स्व० २।१३६)

इति । पशोस्तु प्रोक्षणाद्यर्थं पश्वर्घपात्रम् ॥४८॥

तदेतत्त्रयं

प्रकल्प्यैवं
शिवहस्तं प्रकल्पयेत् ।

इह लौकिके दीक्षाकर्मणि शिक्षा[वा]त्मनाचार्येण प्रस्तूयमानेऽविशिष्टेन करेण कथं करणम्,—इत्यस्य नित्यकर्मन्याससंस्कृतस्यापि सातिशयपाशक्षपणशिवत्वदानात्मकनैमित्तिककर्मविशेषविशिष्टां साधकतमतामाधातुं दीप्तमन्त्रचक्रन्यासतत्स्वात्मैक्यानुसंध्यध्यासितशिवा-

१ ग० पु० निरोधार्थं विधौ तथा पश्वर्घेणेति पाठः ।

त्मककर्तृवीर्यावष्टम्भसारा शिवहस्तता प्रथममवश्यमेव विधातव्या । यत्तु

'शिवहस्ते विन्यस्तं ध्यात्वा मन्त्रग्रामं सुजाज्वलम्।' (स्व०३।१४२)

इतीहैव वक्ष्यति तदनुग्राह्यैकविषयम् ॥

मन्त्रसंधानकं प्राग्व-
 न्नाडीसंधानमेव च ॥ ४९ ॥

कर्तव्यमिति शेषः ॥ ४९ ॥

मन्त्रसंधाने मुख्यप्रकारमाह

मूलमन्त्रमनुस्मृत्य
 हृत्कण्ठतालुमध्यगम् ।
भ्रूमध्यं शब्दकूटं त-
 त्तुर्यस्थानं विभेदयेत् ॥ ५० ॥
वामदक्षिणमध्ये[1] तु
 विषुवत्स्थेन भेदयेत् ।
द्वादशान्तं परं नीत्वा
 करस्थो मन्त्रविग्रहः ॥ ५१ ॥

अनुसंधेय इति शेषः । परं मूलमन्त्रं 'शब्द-

---

१ पं० स्व० पु० मध्येनेति पाठः ।

कूटम्' अशेषवाचकशब्दात्मकमक्षराशिरूपमन्तःस्वीकृतमन्त्रग्रामं, शब्दनरूपं च कूटं परनादात्मकनित्यस्वरूपमनुस्मृत्य वक्ष्यमाणकरणबन्धमात्रार्थानुसंधिमान् स्वेच्छयाचार्यो[1] हृत्कण्ठतालुभ्रूमध्यात्मकं तुर्यस्थानं च भेदयेत् । कथमित्याह वामेत्यादिना । मध्यमार्गेण भ्रूमध्यं यावत्करणक्रमेण भ्रूमध्यदत्तचित्तः सव्येतरनासापुटसमंस्फारण[2]युक्तिलब्धमध्यप्राणतीक्ष्णसूच्यग्रेण बिन्दुग्रन्थिं भित्त्वा[3] अनायासेन नादादिग्रन्थीनपि भिन्द्यादित्यर्थः । भविष्यति चैतत् । ततो द्वादशान्तं मन्त्रं नीत्वा करस्थो मन्त्रविग्रहः शुद्ध्यात्मैवानुसंधेयो यथा करणस्य कर्तृवीर्यसारता भवति ॥ ५१ ॥

नाडीसंधानमप्याह

तस्याप्यनेन न्यायेन
विलोमेन विशोद्धृदि ।

---

१ पं० ख० पु० स्वेनाचार्ये इति पाठः ।

२ पं० ख० ग० पु० संस्फारणेति पाठः ।

३ पं० क० पु० कृत्वेति पाठः ।

आत्मनो रेचकेनैव
पूरकेण विशेद्धृदि ॥ ५२ ॥
नाडीसंधानमेतद्धि
शिवेन परिकीर्तितम् ।

आत्मन ऊर्ध्वरेचकेन गत्वा, 'तस्यापि' इति करस्थस्य भगवतो 'विलोमेन' इति द्वादशान्ताद्धृदि विशेत्पुनस्तत उल्लास्य तद्द्वादशान्तं प्राप्य तेनैव पूरकेण हृदि स्वस्मिन्विशेत्, —इत्येतन्नाडीसंधानं पूर्वोद्दिष्टनासाक्रमनाडीसंधानविलक्षणं 'शिवेन परिकीर्तितम्' इत्यनेनास्याभेदव्याप्तिप्रदर्शकस्योपादेयत्वमिति ध्वनति ॥ ५२ ॥

एवं नाडीसंधानेन स्वहृदयं प्रविश्य

व्यापकं तु शिवं ध्याये-
न्मन्त्रमूर्तिमधिष्ठितम् ॥ ५३ ॥

अन्तर्बाह्ये शिवहस्ते च स्थितां सर्वां मन्त्रचक्रमूर्तिमधिष्ठाय स्थितं शिवं निष्कलनाथं व्यापकं ध्यायेत् ॥ ५३ ॥

अथैवं शिवहस्ते महाव्याप्तिमनुसंधाय शिष्याद्युपयोगिपञ्चगव्यसंस्कारमाह

दर्भं संगृह्य चास्त्रेण
सप्तवाराभिमन्त्रितम् ।
पञ्चगव्याय पात्रं तु
शोधयेत्तु शिवाम्भसा ॥ ५४ ॥

'पवित्राः पावना गावः सर्वदैवतविग्रहाः ।
गोमूत्रे स्वःसरिन्मुख्या तटस्था मृच्च गोमयम् ॥
अमृतं तत्पयो दिव्यं तद्विकारो दधि स्थितम् ।
तद्घृतं तद्रतः सारस्तत्सदामरतर्पणम् ॥'

इति श्रीमत्पराख्यसंहितोक्तातिशयानि पञ्चगव्यानि समाह्रियन्ते यस्मिंस्तत् 'पञ्चगव्यं' कुशोदकं 'शोधयेत्' क्षालयेदित्यर्थः ॥ ५४ ॥

अस्त्रेण क्षालयेत्तच्च
कवचेनावगुण्ठयेत् ।

तस्य च

दर्भासनं ध्रुवेणैव
मण्डलं तु प्रकल्पयेत् ॥ ५५ ॥

वर्तुलं स्वस्तिकं वा ॥ ५५ ॥

तस्योपरि न्यसेत्पात्रं
गोमयादीनि चाहरेत् ।
पृथक्पात्रस्थितान्येव
प्रोक्ष्यास्त्रेण शिवाम्भसा ॥५६॥

अथ

गोमयं तु हृदामन्त्र्य
गोमूत्रं शिरसा दधि ।
शिखया वर्मणा क्षीर-
मस्त्रेणाज्यं कुशोदकम् ॥ ५७ ॥

तथा

धाम्ना च मन्त्रयेत्पश्चा-
द्गोमयादीनि योजयेत् ।
पूर्वसंस्कृतपात्रे तु
स्वमन्त्रैः

स्वमन्त्रैर्यैरेव पृथक्पात्रेषु मन्त्रितानि तैरेवाभिमन्त्रयेत् ।

तथा

गोमयादिकम् ॥ ५८ ॥

संयोज्य मन्त्रयेत्पश्चा-
तैरेव हृदयादिभिः ।

सर्वैरेव युगपत् ॥

एवं संस्कृतस्यास्यात्र विशेषसंस्कारार्थमासनपूर्वं मन्त्रन्यासमाह

प्रणवेन तु संकल्प्य
अनन्तं मूर्तिविग्रहम् ॥ ५९ ॥
धामाङ्गानि च बाह्ये तु
संपूज्यावरणास्थितिम् ।
मन्त्रसंधानकं कृत्वा
अमृतीकरणं तथा ॥ ६० ॥
शिवामृतं तत्संचिन्त्य
संपूज्य स्थापयेत्ततः ।

'मूर्तिः' चिद्रूपा 'विग्रहः' सकलभट्टारकः, 'धाम' मूलमन्त्रः ॥ ६० ॥

---

१ पं० ख० ग० पु० संस्कृतेऽप्यत्रेति पाठः ।

अथ यागभूमिं संस्कर्तुं

अस्त्राभिमन्त्रितं दर्भं
गृहीत्वोल्लेखनं कुरु ॥ ६१ ॥

यावद्भूमौ समन्तात्तु
सौम्यास्यो दक्षिणे स्थितः ।
ततश्चैवोद्धरेच्छल्य-
माजलान्तं व्यवस्थितम् ॥६२॥

रेचितं भावयेच्छुद्धं
मौक्तिकाद्यैः प्रपूरयेत् ।
समीकरणमस्त्रेण
कवचेन तु सेचनम् ॥ ६३ ॥

आकोटनमथास्त्रेण

एतान्संस्कारान्निष्पन्नकुण्डवद्भावनया कृत्वा

ततो मार्जनलेपने ।
अस्त्रेण पञ्चगव्येन
गन्धतोयेन चोपरि ॥ ६४ ॥

पञ्चगव्येन लेपनं ततोऽपि गन्धतोयेने-
त्यर्थः ॥ ६४ ॥

अथ

शिवाम्भसास्त्रयुक्तेन
विकिराण्यभिमन्त्रयेत् ।
सप्तकृत्वोऽस्त्रमन्त्रेण

शिवाम्भसा संप्रोक्ष्य, विकीर्यन्त इति 'विकिराणि' तिलादीनि । यथोक्तं श्रीमन्मतङ्गतन्त्रे

'तिला लाजा यवाश्चैव दूर्वाः सिद्धार्थकाः शुभाः ।
कुसुमानि च शुक्लानि सुसुगन्धीनि भूरिशः ।
ईषच्चन्दनपङ्केन[1] मिश्रोऽयं विकिरः शुभः ।' (२।४।० श्लो०)

इति एतानि विकिराण्यभिमन्त्रयेत् ॥

ततः

स्थित्वा मन्त्रे तु प्राग्दिशः ६५
ऊर्ध्वाधो विकिरेद्धान्या-
न्यस्त्रभूतानि[2] चिन्तयेत् ।

शिववदाचार्यस्य मध्ये स्थितिः ॥ ६५ ॥

---

१ पं० ख० ग० पु० एष चन्दनेति पाठः ।
२ पं० क० ख० पु० न्यन्तर्भूतानि इति पाठः ।

एतानि च

चामरेण सुशुभ्रेण
अस्त्रमन्त्रेण संहरेत् ॥ ६६ ॥
ऐशान्यभिमुखान्येव

कुतः किमवधि? इत्याह

नैर्ऋत्या यावदैश्वरम् ।

अथ यागक्षेत्रमध्यं[1]क्रमेण

पञ्चगव्येन संप्रोक्ष्य
गन्धाम्भोभिः शिवाम्भसा ॥ ६७ ॥
ध्रुवेण श्रियमावाह्य
पद्महस्तां सुलोचनाम् ।
शुक्लपुष्पाणि मुञ्चन्तीं
सर्वलक्षणसंयुताम् ॥ ६८ ॥
नीलोत्पलदलश्यामां
यागहर्म्यावलोकिनीम् ।
ब्रह्मस्थानोपविष्टां तु
द्वाराभिमुखमङ्गदाम् ॥ ६९ ॥

---

१ ग० पु० मध्यमिति पाठः ।

गन्धपुष्पादिभिः पूज्य
शिवकुम्भं प्रकल्पयेत् ।

द्वाराभिमुखस्य यागधाम प्रविशतः शिष्यादेः कल्याणकारिणीं मोक्षलक्ष्मीं संपूज्य शिवकुम्भं कुर्यात् ॥ ६९ ॥

कथमित्याह

ऐशानीं दिशमाश्रित्य
पञ्चगव्येन मण्डलम् ॥ ७० ॥
गन्धोदकेन संलिप्य
शिवाम्भोऽस्त्रेण प्रोक्षयेत् ।
अनन्ताद्यासनं दत्त्वा
ध्रुवेणामण्डलावधि ॥ ७१ ॥
सर्वदोषविनिर्मुक्तं
कुम्भं चन्दनलेपितम् ।
स्वस्तिकाद्यैश्चर्चयित्वा
यवसिद्धार्थदूर्वभिः ॥ ७२ ॥
सितसूत्रेण संवेष्ट्य
वस्त्रपूतेन चाम्भसा ।

संपूर्य सर्वतश्छन्नं
चूताश्वत्थादिपल्लवैः ॥ ७३ ॥
रत्नगर्भौषधीयुक्तं
सहदेवादिभिर्गणैः ।
प्रोक्ष्य चास्त्रेण संगृह्य
कवचेनावगुण्ठितम् ॥ ७४ ॥
आसनस्योपरि न्यस्ये-
न्मूलमन्त्रमनुस्मरन् ।

'आमण्डलावधि' इति पर्व्याप्त्या ब्रह्मबिलशक्तिव्यापिन्यात्मकानि ब्रह्मविष्णुरुद्राधिष्ठितानि यानि सूर्यादिमण्डलानि तदन्तं न तु शिवान्तं,

'मन्त्रशक्तिभिरुग्राभिः शोषनिर्दहनादिभिः ।
शरीरं शोषितं यस्मात्तदर्थमभिषेचनम् ।' (स्व० ४।४४८)

इति भाविनीत्याप्यायनप्रयोजनस्योपसंहारप्रधानशिवान्तासनत्वानुपपत्तेः । यवादिभिरन्तर्गतैरुपलक्षितं, सूत्रेण वर्मभूतेनेति, रत्नगर्भमोषधीयुक्तं च । सहदेवादिभिर्गणैरिति

१ ख० पु० शवेति पाठः ।

'ओषधीनां वरैकैव सहदेवा शिवागमे ।'

इति सारसंग्रहे कथितत्वात् सहदेवाप्रधानौषधिलोहधातुबीजपुञ्जैर्युक्तमित्यर्थः । 'मूलमन्त्रं' इत्यादिना कलशस्य परचिन्मूर्तिमयत्वमुक्तम् ॥ ७४ ॥

अथ तत्र

कलाध्वभैरवादीनि
न्यस्यार्घादीन्प्रकल्पयेत् ॥ ७५ ॥
मुद्रां बद्ध्वा हृदादीनि
पूज्यान्यग्निदलादिषु ।
गन्धपुष्पपवित्राद्यैः
सितवस्त्रेण भूषयेत् ॥ ७६ ॥

अथ च पूर्वोक्तः सर्वो न्यासादिक्रम आश्रयणीयः । 'पवित्रम्' अर्घपात्राम्बु न तु पवित्रकं, तस्य नियतसमयपूरणाय नियतकालत्वात् । एवमुत्तरत्रापि ॥ ७६ ॥

अथ

वामभागे तु कुम्भस्य
पञ्चगव्येन मण्डलम् ।

शिवाम्भसा तु संप्रोक्ष्य
प्रणवेनासनं न्यसेत् ॥ ७७ ॥
संप्रोक्ष्य च शिवाम्भोभि-
र्वार्धानीं मङ्गलान्विताम् ।
कुम्भवच्चार्चयित्वा ता-
मासनस्योपरि न्यसेत् ॥ ७८ ॥

'वामभाग' इति क्रियाशक्तिव्याप्त्या भाविधारापातनक्रमेण विघ्नप्रशमनसिद्ध्यर्थं, कुम्भवदासनस्योपरि तदङ्गत्वात्तद्व्याप्त्यैवेत्यर्थः । 'मङ्गलान्वितां' सुलक्षणान्विताम् ॥ ७८ ॥

अथ

गन्धपुष्पपवित्राद्यैः
पूजयित्वा तु वार्धनीम् ।
उच्चार्यास्त्रं क्रमेणाग्रे[1]
द्रव्याणां वार्धनीं नयेत् ॥७९॥
अच्छिन्नामनुलोमेन
जलधारां तु पातयन् ।

---

१ ख० पु० अग्नेरिति पाठः ।

तत्स्थानात्तु समुद्धृत्य
यावत्कोणं तु शांकरम् ॥ ८० ॥

उच्चार्येति काकाक्षिवत्। 'तत्स्थानात्' कलशवामादस्त्रमुच्चार्य वार्धानीं समुद्धृत्य अधिवास्यानां द्रव्याणामग्रे पृष्ठतोऽनुलोमेन पूर्वादिदिक्क्रमेण 'शाङ्करं कोणम्' ऐशानं कोणं यावदच्छिन्नां विघ्नोत्सादनाय जलधारामस्त्रमुच्चार्य 'पातयन्' पातयन्तं शिष्यं प्रयुञ्जानो गुरुर्नयेत् नाययेदित्यर्थः। अत्रोच्चार्य पातयन्निति द्वौ णिचौ ॥ ८० ॥

अत्र च कर्मणि

आचार्यः कलशं पश्चा-
द्भैरवेण समुद्धरेत्।
नयेद्वार्धानिमार्गेण
तस्मिन्संस्थापयेत्पुनः ॥ ८१ ॥

अग्रे भ्रमन्त्या वार्धान्याः पश्चाच्छिवकुम्भं भ्रमयन् स्वमन्त्रेण स्थापयेदित्यर्थः ॥ ८१ ॥

वार्धानीं स्थापयेत्पश्चा-
दस्त्रमन्त्रमनुस्मरन् ।

स्थापयेदिति, क्रियाशक्तिव्याप्त्या धारापातेन लोकपालान् व्यवस्थाप्य भगवतो दक्षिणहस्ते वार्धान्यस्त्रमिति ॥

अथ

विशेषपूजामुभयो-
र्गन्धपुष्पपवित्रकैः ॥ ८२ ॥

मन्त्रसंधानकं कुर्या-
न्नाडीसंधिमथोभयोः ।

किं च

विकिरान्संहितान्पूर्वं
वार्धान्याः कल्पयेदधः ॥ ८३ ॥

अत एव च

अक्षतास्त्राण्यनेकानि
शरकुन्तासिमुद्गराः ।

---

१ पं० ख० ग० पु० संधिं तथेति पाठः ।

चक्रपट्टिसवज्रादि-
त्रिशूलान्तान्यनेकशः ॥ ८४ ॥
यागौको व्याप्य सर्वं तु
तिर्यगूर्ध्वमधः स्थिताः ।
वार्धान्यस्त्रस्य सर्वे ते
रश्मिभूता व्यवस्थिताः ॥ ८५॥

एतच्च
शिष्यस्य दक्षिणे हस्ते
वार्धान्यस्त्रं तु संहितम् ।

तेन स्वस्थान एव स्थापितस्य शिवस्य शिवकुम्भदक्षिणेऽस्त्रं स्थापयेत् । यदुक्तं मृगेन्द्रेऽपि

'तद्दक्षिणे महाशस्त्रम्.......................... ।'

इत्यादि ॥

यत एवं
तेनैतं यज्ञरक्षार्थं
यागादौ कलशं न्यसेत् ॥८६॥

'कलशम्' इति कलशाधिकरणमशेषयागा-

व्याप्यायनाद्यवभृथस्नानान्तप्रयोजनं भगवन्तमित्यर्थः ॥ ८६ ॥

तं च

नैवेद्यं विविधं दत्त्वा
नुत्वा विज्ञापयेद्विभुम् ।
भगवंस्त्वत्प्रसादेन
यागं निर्वर्तयाम्यहम् ॥ ८७ ॥
संनिधानं सदा तुभ्यं

इच्छामीति शेषः । क्रियाग्रहणमपि कर्तव्यमिति चतुर्थी ॥

ततश्च

अविघ्नार्थं सदा भव ।

एवं कृत्वा

अनुज्ञातोत्थितो यायादर्घहस्तो दिगीश्वरान् ॥ ८८ ॥

ततश्च

स्वनामपदविन्यासा-
न्नोंकारादिनमोन्तगान् ।

गन्धपुष्पपवित्राद्यैः

पूजयेत्तान्प्रयत्नतः ॥ ८९ ॥

'ओं इन्द्र संनिहितो भव नमस्ते' इत्यादि-स्वनामपदविन्यासपूर्वमेतान् प्रपूजयेत् ॥८९॥

तानुद्दिशति संक्षेपेण

इन्द्राद्यनन्तपर्यन्तां-

ल्लोकपालान्प्रपूजयेत् ।

ऊर्ध्वे ब्रह्मा, अधोऽनन्तः,—इत्यनन्तपर्य-न्तानित्युक्तं, तत्र चैशानदिगूर्ध्वे ब्रह्मा नैर्ऋ-तदिग्भागेऽनन्तः पूज्यः । इहाधिवासे गृहर-क्षार्थं दश लोकपालाः पूज्याः । यागे तु पूर्वो-क्तभैरवाष्टकव्यास्याष्टावेव तथा श्रुतत्वात् ॥

यदर्थमेतत्तदाह

ततो मण्डलकं मध्ये

यागभूमौ प्रकल्पयेत् ॥ ९० ॥

पञ्चगव्येन लिप्त्वादौ

गन्धतोयेन चोपरि ।

मण्डलं लिम्पेदित्यर्थः । रजोमण्डलकं त्वधिवासादुत्तरकालं भविष्यति ॥ ९० ॥

अथैतत्

शिवाम्भसास्त्रमन्त्रेण
संप्रोक्ष्य त्ववगुण्ठयेत् ॥ ९१ ॥

अर्थात् कवचमन्त्रेण ॥ ९१ ॥

अत्र चादौ

ब्रह्मस्थानस्य पूर्वेण
गुरून्पूज्य विनायकम् ।
वायव्ये पूजयेद्देवि
गन्धपुष्पैरनुक्रमात् ॥ ९२ ॥

अविघ्नार्थमादौ वायव्ये गणपतिं पूजयेत्, ततः पूर्वस्यां दिशि गुर्वादीनित्यनुक्रमार्थः ॥९२

अथैतांस्तु नमस्कृत्य
आज्ञां दत्तां विभावयेत् ।

एतैरेव ।

इत्थं गृहीताज्ञः

ततस्तु मध्यदेशस्थं
योगपीठं प्रकल्पयेत् ॥ ९३ ॥

पूर्वोक्तेन विधानेन

आधारशक्त्यादिप्रेतान्तं परमेश्वरस्य योगशब्दवाच्यस्वशक्तिरूपपीठमासनम्। यथोक्तम्

'योगोऽस्य शक्तयः स्वाख्याः........।' (मतङ्ग० १।१।४)

इति ॥ ९३ ॥

अत्र च

भैरवेशं वरानने।
पूजयित्वा पवित्राद्यै-
स्त्रिरावरणसंयुतम् ॥ ९४ ॥
स्वध्यानगुणसंयुक्तं
मुद्रालङ्कारभूषितम्।

ब्रह्माङ्गावरणं भैरवावरणं सास्त्रलोकपालावरणं च,—इति त्रीण्यावरणानि। ध्याने 'गुणः' शुद्धस्फटिकत्वादिः[1]। 'मुद्राः' आयुधसंनिवेशाः, आभरणं कपालमालादि ॥ ९४ ॥

अत्र च

मन्त्रसंधानकं पूर्वं
नाडीसंधानमेव च ॥ ९५ ॥

---

१ ग० पु० स्फटिकाभत्वादिरिति पाठः।

परमीकरणं कुर्या-
द्व्यापकेन परेण तु ।
नैवेद्यान्विविधाकारा-
न्दत्त्वा मुद्रां प्रदर्शयेत् ॥ ९६ ॥
प्रणिपातं जपं कृत्वा
निवेद्य विधिपूर्वकम् ।
पश्चाद्बलिः प्रदातव्यो
मातॄणां भूतसंहतेः ॥ ९७ ॥
भूतेश्वराणां देवेशि
क्षेत्रपालस्य सर्वतः ।

'भूता ये विविधाकारा दिव्यभौमान्तरिक्षगाः ।' (३।२०८) इत्यादिना भाविना मन्त्रेण कलशादियागान्तेऽपि एतेभ्यो भगवदनुचरेभ्यो बलिर्देयः ॥ ९७ ॥

एवं दत्तबलिराचार्यः

ततः स्नायादथोद्धूल्य
अथवाचम्य सुव्रते ॥ ९८ ॥

ततोऽग्निकुण्डं गत्वा तु
पूर्ववच्छोधनं तथा ।
भैरवं पूजयेत्तत्र
विधिदृष्टेन कर्मणा ॥ ९९ ॥

सत्कर्मान्तरायभूतबलिस्पर्शसंजात[ता]शुद्धिविकल्पानुसारेण स्नानादि कार्यम्, 'शोधन'मग्नेः संस्करणम् ॥ ९९ ॥

ततश्च शिवीकृत्य पूजितस्य
अग्नेः संतर्पणं कुर्या-
त्सहस्रेण शतेन वा ।

यथासंभवं तिलाद्यैः, परिवाराणां दशांशतः, इत्युक्तमेव ॥

ततश्चरुं च श्रपयेत्

पचेत् पाचयेद्वा ॥

तद्वा कथम्?

स्थालीं संगृह्य निर्व्रणाम् १००
शिवाम्भसा तु प्रक्षाल्य
कवचेनावगुण्ठयेत् ।

चन्दनाद्यैर्विलिम्पेत्तां
मृष्टधूपेन धूपयेत् ॥ १०१ ॥
सूत्रेण वेष्टयेत्कण्ठे
वर्मभूतेन सुव्रते ।

अथ स्थाल्याः

दर्भेणास्त्रस्वरूपेण
कल्पयेन्मण्डलं प्रिये ॥ १०२ ॥
प्रोक्ष्य चैव शिवाम्भोभिः[1]
कवचेनावगुण्ठयेत् ।
आसनं तत्र विन्यस्ये-
दनन्तादिशिवान्तकम् ॥ १०३ ॥

तत्र च

मूर्तिभूतां न्यसेत्स्थालीं
तत्रस्थं भैरवं यजेत् ।
त्रिरावरणसंयुक्तं
गन्धपुष्पैरनुक्रमात्[2] ॥ १०४ ॥

---

१ ग० पु० शिवाद्भिस्तु इति पाठः ।
२ ख० पु० गन्धधूपैरिति पाठः ।

मानसेन प्रयोगेण
भावपुष्पैर्वरानने ।

चरोः पुष्पादिसंकीर्णतया विरसता मा भूत्,–इति पूजात्र नोक्ता ॥ १०४ ॥

अथ

चुल्लीं संप्रोक्ष्य चास्त्रेण
कुण्डवच्चार्चयेत्ततः ॥ १०५ ॥

प्रोक्षणं कुण्डोक्तसंस्कारान्तरोपलक्षणाय ॥ १०५ ॥

तत्र स्थालीं समारोप्य
पश्चादग्निं न्यसेदधः ।

पूर्वसंस्कृतोद्धृतम् ॥

अथ स्थाल्यां[1]

क्षीरं प्रोक्ष्य शिवाम्भोभि-
स्तण्डुलांश्च समासतः ॥१०६॥

मन्त्रेणाष्टशतेनैव
प्रक्षिप्य पाचयेच्छनैः[2] ।

1 क० ख० ग० पु० स्थालीमिति पाठः ।

2 पं० क० पु० च पचेदिति पाठः ।

मूलमन्त्रेण देवेशि
एकचित्तः समाहितः ॥ १०७॥

शनैरिति, यथा स्थाली न भज्यते ॥१०७॥

तत्र च

चालनोद्घाटनादीनि
अस्त्रमन्त्रेण कारयेत् ।

कारयेदिति पूर्वदीक्षितशिष्येण ॥

अथात्र चरौ

तप्ताभिघारं सुस्विन्ने
अङ्गैश्चैव प्रकल्पयेत् ॥ १०८॥
त्रिभिस्त्रिभिर्घृतेनैव
स्रुवेण जुहुयात्प्रिये ।

तप्तश्चासावभिव्याप्त्याभिघारश्च आज्यामृतसेचनेन उद्दीपनात्मा, धात्वर्थानुसारात् । एष च दीप्तस्वाहान्तमन्त्रैः स्थाल्यां होमोऽस्विन्नतादोषनाशनाय ॥ १०८ ॥

अथ

भूमौ मण्डलकं कृत्वा
प्रणवेनावतारयेत् ॥ १०९ ॥

स्थालीमाज्योपलिप्तां तु
शीताघारं च होमयेत् ।
भैरवेण षडङ्गेन
वषड्जातियुतेन च ॥ ११० ॥

शीतेति सोमव्याप्त्या [1]अस्विन्नतादोषनाशनाथ, अत्रान्तरे 'स्वा' इति चरौ 'हा' इत्यग्नौ उच्चार्य जुहुयादिति गुरवः । एवमग्नीषोममयश्चरुः संस्कारतः संपन्नः । यथोक्तं श्रुतौ

'यो ह वैतदग्नीषोमीयमाज्यं जुहोति तस्यैतदमृतीभवति ।'

इति । श्रीमृगेन्द्रोत्तरेऽपि

'अग्नीषोमात्मकावेतावाघारौ विहितौ चरौ ।
अमृतत्वाप्तये तत्स्यादग्नीषोमात्मकं यतः ॥'

इति ॥ ११० ॥

ततः

मण्डलं कुण्डसामीप्ये
कृत्वा दर्भासनं न्यसेत् ।
स्थाल्यां[लीं] तस्योपरि न्यस्य
संपातं मन्त्रसंहिताम् ॥ १११ ॥

---

१ पं० ग० पु० अतिस्विन्नेति पाठः ।

जपन्नेकैकयाहुत्या
पातयेद्भैरवेण तु ।

निष्कलतदङ्गवक्त्रोच्चारपूर्वं 'स्वा' इत्यग्नौ 'हा' इति चरौ उच्चार्य जुहुयादिति संपातहोमक्रमः ॥ १११ ॥

प्रसङ्गादग्नीषोमताभिव्यक्तये सर्वत्र संपातहोममाह

अष्टोत्कृष्टशतेनैव
परामृतमनुस्मरन् ॥ ११२ ॥
रजस्यादौ ततो देवि
कर्तर्यां करणौ तथा ।
खटिकातिलाज्यसंपातं
मूलमन्त्रेण कारयेत् ॥ ११३ ॥

मूलमन्त्रं तत्करणे चिदानन्दात्मकपरामृतानुस्मरणेन तत्समर्थाचरणेन प्रयुञ्जीतेत्यर्थः ॥

अथ

त्रिभागं कल्पयित्वा तं
चरुं स्थाल्यां तु संस्थितम् ।

शिवाग्निसाधकेभ्यश्च
शिवायाग्रं निवेदयेत् ॥ ११४ ॥

शिवाग्निसाधकार्थं त्रयो भागा यस्य तादृशं तमिति अलौकिकं चरुं कल्पयित्वा 'अग्रं' शिवभागात्स्थालिकलशाद्यर्थं भागीकृतात् प्रथमं भागं शिवाय मण्डलस्थाय दद्यात् ॥ ११४ ॥

अग्न्यादिभागादिविनियोगमाह

द्वितीयं होमयेदग्नौ
साधकेभ्यस्तृतीयकम् ।

'साधकाः' शिवाराधकाः ॥

शिवाय विनिवेदने विधिमाह

चरुं पात्रे तु संगृह्य
पूजयेद्भैरवेण तु ॥ ११५ ॥
पुष्पधूपादिभिर्नीत्वा
धाम्नैतं विनिवेदयेत् ।

अनन्तरम्

हृदाद्यावरणस्थानां
दशमांशं निवेदयेत् ॥ ११६ ॥

कलशोऽप्येवमेवं तु

मण्डलवत् कलशे सपरिवारे विधिः ॥११६॥

अथ

अग्नौ होम्यश्चरुः स्रुचा।

तत्र

भैरवस्य शतं होम्य-
मङ्गानां तु दशांशकम् ॥ ११७

साधकेभ्यस्तु यच्छेषं
पिधाय स्थापयेत्प्रिये।

'शेषम्' इत्यवशिष्टभागरूपम्। स्थापयेदिति साधकानां शिष्याणामप्यसंस्कृताना संस्कृतचरुभोजनेऽनधिकारात् ॥ ११७ ॥

अथाधिवासार्थं होममाह

विनायके शतं होम्यं
भूपरिग्रहणे तथा ॥ ११८ ॥

'भुवः' पूर्वावतारितमोक्षलक्ष्याधिष्ठितायाः 'परिग्रहे' स्वीकारनिमित्तं, तेन 'ओं भुवे स्वाहा, ओं श्रिये स्वाहा' इति प्रयोगः। शतं शतं होम्यम् ॥ ११८ ॥

---

१ पं० क० ख० पु० चरुसाधने इति पाठः।

किं च

अधिवासे तथैवेह
अष्टोत्तरशतं हुतिः ।

प्राङ्गिर्णीताधिवासनिमित्तम् । हुतिरिति भैरवस्य स्यादित्यर्थः ॥

अथ

प्रायश्चित्तनिमित्तं तु
अनुलोमविलोमके ॥ ११९ ॥
न्यूनातिरिक्ते देवेशि
अष्टोत्तरशतं हुतिः ।

'अनुलोमस्य' विधिक्रमस्य 'विलोमो'ऽन्यथात्वं, तत्र न्यूनाधिके च यत् 'प्रायश्चित्तं' प्रायस्तपसि चित्तं निश्चयस्तदर्थं, मूलेन 'प्रायश्चित्ताय जुहोमि स्वाहा' इत्यन्तेन होमः ॥११९॥

शिष्यं संस्कर्तुं पीठबन्धं करोति

भैरवं पूजयित्वाथ
प्रार्थ्यानुज्ञां वरानने ॥ १२० ॥

---

१ ख० पु० आप्याज्ञामिति पाठः ।

शिशोः कर्म प्रकर्तव्यं
यथा भवति तच्छृणु ।

शिशोरिति, शक्तिपाताङ्कुरितश्रीशिवभावस्य । 'कर्म' इति अधिवासरूपम् ॥ १२० ॥

तदाह

द्वारे मण्डलकं कृत्वा
दर्भं तस्योपरि न्यसेत् ॥१२१॥
प्रणवेनासनं कल्प्यं
शिष्यं तस्मिन्निवेशयेत् ।
समपादं स्तब्धकायं
सौम्याननकृताञ्जलिम् ॥१२२॥

'द्वारे' द्वारसमीपे 'स्तब्धकायम्' उत्थितं सौम्यदिगभिमुखं प्रसन्नवदनं च ॥ १२२ ॥

गुरुः पूर्वमुखोऽस्त्रेण
प्रोक्षयेत्तं शिवाम्भसा ।
भस्मना ताडयेन्मूर्ध्नि
अस्त्रमन्त्रेण चालभेत् ॥१२३॥

भस्मना ताडनं यतेः, आलम्भनं स्पर्शश्च॥१२३॥

---

१ ख० पु० चालयेदिति पाठः ।

नाभ्यूर्ध्वं त्रींस्तथा वारा-
न्नाभ्यधस्त्रीन्प्रकल्पयेत् ।

एतत्संस्कारत्रयं पाशशैथिल्याय अधस्त्री-न्वारान् मलत्रयोत्पुंसनार्थम्, ऊर्ध्वं तु शक्ति-त्रयोत्तेजनाय ॥

अथैवं शिथिलपाशत्वादेव विहितदेहादि-शुद्धौ शिशौ

शिवं न्यासाङ्गसहितं
पूजयेद्भैरवेण तु ॥ १२४ ॥

किं च

वस्त्रं संप्रोक्ष्य चास्त्रेण
कवचेनावगुण्ठयेत् ।
पूजयेद्भैरवेणैव

तेनैवास्य

मुखं प्रच्छादयेत्तथा ॥ १२५ ॥

करणानां बहिष्प्रसरनिवारणायान्तर्विम्य-स्तभैरवप्रकाशप्रत्यङ्मुखीकरणाय च बुद्धीन्द्रि-याश्रयस्य मुखस्य प्रच्छादनम् ॥ १२५ ॥

---

१ क० ग० पु० न्यस्याङ्गेति पाठः ।

बुद्धीन्द्रियकर्मेन्द्रियाणां संयमनाय तत्प्र-
धानपाण्यवष्टम्भपूर्वं शिष्यं प्रवेशयेदित्याह

हस्ताभ्यां तं गृहीत्वाथ
विशेज्जवनिकान्तरम् ।

ततोऽपि

देवस्याभिमुखं कृत्वा

तस्य च

पुष्पं पाणौ प्रदापयेत् ॥१२६॥

एकमेव पुष्पं मूलाभिमन्त्रितं पुष्पपातस्य सम्यङ्निर्णयाय दत्त्वा ॥ १२६ ॥

ततश्च

प्रक्षेपयेत्ततो धाम्ना

क्षिप पुष्पमिति तं प्रयुञ्जीत, तत्पातावसरे च मूलमुच्चारयेद्गुरुरित्यर्थः ॥

अथास्य

मुखमुद्घाट्य दर्शयेत् ।
विद्यामन्त्रगणैः सार्धं
कारणं ससदाशिवम् ॥१२७॥

'कारणम्' इति निष्कलनाथं सह सदाशिवेन सकलभट्टारकेण वर्तमानम् ॥ १२७ ॥

अथासौ

अज्ञानपटनिर्मुक्तः
प्रबुद्धः पशुरीक्षते ।
दण्डवद्धरणीं गत्वा
प्रणिपत्य पुनः पुनः ॥ १२८ ॥

अज्ञानेत्यनेन पटापासने व्याप्तिरुक्ता । प्रागवस्थो यः पशुः स इदानीमेव प्रबुद्धः, अत एव जन्मसहस्रापूर्वभगवत्स्वरूपावलोकनाद्विस्मयाविष्टः पुनः पुनर्भगवन्तमीक्षते । दण्डवद्गमनेन देहादिप्रमातृतापहस्तनात् श्रीशिवसमावेशानुसरणे योग्यतास्य दर्शिता ॥ १२८

अत एवासौ

कृतकृत्यः प्रहृष्टात्मा

तं च

प्रहृष्टनयनं शिशुम् ।
उत्थाप्य हस्तात्संगृह्य
दक्षिणां मूर्तिमानयेत् ॥ १२९ ॥

चिदानन्दात्मकस्वरूपस्पर्शोत्प्रहृष्टनयनम् । 'उत्थाप्य' इति चिरतरं देहादिभूमिमग्नं तत उन्मज्ज्य युक्त्येत्यर्थः । 'दक्षिणाम्' अनुकूलां शिवात्मिकामेव न तु पाशवीं देहमयीम् ॥१२९॥

श्रीमदघोरभट्टारकसंमुखं च

तत्र मण्डलकं कृत्वा
पुष्पेण प्रणवासनम् ।
तस्योपरि शिशुं न्यस्य
ऊर्ध्वकायमुदङ्मुखम् ॥ १३० ॥

गुरुः पूर्वाननः स्थित्वा
प्रोक्षणादीनि कारयेत् ।

आदिशब्दात्ताडनालम्भने प्राग्वत् । कारयेदिति, कुर्वतो मन्त्रांस्तद्वीर्यानुप्रवेशेन प्रयुञ्जीत ॥

अथात्रासने

उपवेश्य ततः कृत्वा
सकलीकरणे विधिम् ॥ १३१॥

---

१ पं० क० पु० चिरन्तनदेहेति पाठः ।

विशेषफलसिद्ध्यर्थं
मुमुक्षोः साधकस्य वा ।

सामान्येन कृतसंस्कारस्य दृष्टभगवत्स्वरूपस्यापि

'शिवपूजाग्निकार्यादौ सकलीकृतविग्रहः ।
नान्यथा प्राक्स्वरूपेण ।' (३।१४६)

इति वक्ष्यमाणत्वात्पुनर्यथायोगं भोगाय मोक्षाय वा शिवार्चार्हत्वविशेषफलसिद्ध्यर्थं सकलीकरणेऽस्य विधिं कृत्वा 'कलाध्वानं न्यसेत्पश्चात्' इति व्यवहितेन संबन्धः ॥१३१॥

सकलीकरणं क्रमेणादिशति

गन्धदिग्धौ करौ कृत्वा
अस्त्रेण परिशोधयेत् ॥ १३२ ॥
कवचेनावगुण्ठ्यैतौ
प्लावयेदमृतेन तु ।

तयोरेव च

अनन्तमासनं कल्प्यं
भैरवाङ्गानि विन्यसेत् ॥१३३॥

भैरवश्चाङ्गानि चेति द्वन्द्वः ॥ १३३ ॥

देहन्यासमाह

व्योम्न्यात्मानं योजयित्वा
शिशोः शोष्या तनुः प्रिये ।
आग्नेयीं धारणां ध्यात्वा
निर्दह्यास्त्रेण तं शिशुम् ॥१३४

धूमज्वालाविनिर्मुक्तं
दग्धकायं विभावयेत् ।
भस्मीभूतं ततः शान्तं
प्लावयेदमृतेन तु ॥ १३५ ॥

व्योमवच्चिन्तयेद्देहं
चैतन्यं कनकाग्निवत् ।
शक्तिन्यासं न्यसेत्पूर्वं
कमलं प्रणवेन तु ॥ १३६ ॥

तस्योपरि तदात्मानं
ध्यायेज्ज्योतिर्मयं शुभम् ।
मूर्तिमन्त्रं समुच्चार्य
मूर्तिभूतं प्रकल्पयेत् ॥ १३७ ॥

एतत्सर्वं भावनया कार्यम् ॥ १३७ ॥

कथमित्याह

पूर्वोद्धृतेन मन्त्रेण

जातावेकवचनं । तेन

'संहारेण यभिन्नेन' (२।३६)

इत्यादिः सर्वः पूर्वोक्तः क्रम .आश्रयितव्यः । एवमुत्तरत्र ॥

प्राग्वदेव शिवावेशावष्टम्भरसेन

प्लावयेदमृतेन तु ।

अथ

मन्त्रन्यासो यथापूर्व-

मष्टात्रिंशत्कलावधि ॥ ११८ ॥

अथात्रैवान्तर्बहिश्च शुद्धतत्त्वात्मकदेहसर्गाय सृष्टिक्रमेण

कलाध्वानं न्यसेत्पश्चा-

च्छान्त्यतीताद्यनुक्रमात् ।

स्फटिकाभा तथा कृष्णा

रक्ता शुक्ला च पीतका ॥११९॥

शान्त्यतीतादिका ज्ञेया-
स्तत्त्वभूतास्तु ताः कलाः ।

'तत्त्वभूता' इति खादिपृथिव्यन्तास्तत्त्वरूपतां प्राप्ताः, अत एवासां यथोचितमेव ध्यानं युक्तमित्येष शुद्धतत्त्वस्रष्ट्यर्थं कलापञ्चकन्यासोऽत्राधिवासे तावदुक्तः । पुत्रकादीनां तु भाविपटलेऽन्यथैव संहारक्रमेण दीक्षार्थमसौ भविष्यति,—इति न त्वत्राप्राकरणिकमेतदिति भ्रमितव्यम् ॥ १३९ ॥

उक्तसकलमन्त्रन्यासोपरि
धाम्नावाह्य तथाङ्गानि
न्यस्यान्तःकरणं भवेत् ॥१४०॥

आत्मान्तःकरणे यद्व-
त्तद्वत्पूजां समारभेत् ।
धाम प्रोच्चार्य संदध्या-
त्सबाह्याभ्यन्तरं पुनः ॥१४१॥

---

१ पं० ख० पु० धामेति पाठः ।
२ पं० ख० ग० पु० भ्यन्तरे इति पाठः ।

संधानं नाडीमन्त्रात्मकं, 'सबाह्याभ्यन्तरम्' इति देहान्तःकरणाश्रयभैरवविषयं; स्थण्डिलाभ्यन्तरभेदेनेति स्वसत् ॥ १४१ ॥

अथ

शिवहस्ते विभुं ध्यात्वा
मन्त्रग्रामं सुजाज्वलम् ।
धामोच्चार्य च संधाय
शिष्यमूर्ध्नि करं न्यसेत् ॥१४२॥
अधोमुखेन हृत्पृष्ठे
शिवहस्तेन चालभेत् ।

'विभुं' व्यापकं, सुजाज्वलत्वं पाशदाहाय । संधायेति पूर्ववन्नाडीमन्त्रक्रमेण, ब्रह्मरन्ध्रहृदययोर्भगवदधिष्ठानेऽपि पाशावृतत्वमस्तीति मूलभूमौ तत्र पाशदाहेन पारमेश्वरस्वभावोद्दीपनार्थमङ्गुलिपञ्चकाभिव्यक्तचिदादिशक्तिपञ्चकव्यातिना शिवहस्तेन स्पर्शः ॥

उत्थाप्य दत्त्वा पुष्पं तु
अञ्जलौ भैरवेण तु ॥ १४३ ॥

प्रवेश्याभ्यर्चयेच्छंभुं

उत्थाप्येति, उत्पूर्वस्य तिष्ठतेरीहार्थत्वाद्भगवत्पूजोद्योगं ग्राहयित्वा, – इत्यर्थः । प्रवेशो 'मण्डलेऽत्र शिवं पूजय' इत्याज्ञया भक्तिश्रद्धोन्मुखस्य तत्परत्वापादनं, यथा [1]व्याकरणे प्रवेशित इति । अर्चयेदिति, अर्चतेर्णिच् ॥१४३॥

शिष्योऽपि तथाचार्येण शिक्षितमन्त्रः पुष्पं

शिवमुच्चार्य निक्षिपेत् ।

अथ

निर्गत्य वन्दयेद्देवं

दण्डवत्

मण्डले इति योज्यम् ॥

तथा

त्रिः प्रदक्षिणम् ॥ १४४ ॥

शिवकुम्भाग्निमध्यस्थं

स्थण्डिलस्थं च वन्दयेत् ।

त्रिरिति, त्रिविधेऽपि कालाध्वनि दण्डवत्

---

१ क० ग० पु० यथा व्यापकेन प्रवेशित इति पाठः ।

'दक्षिणः' स्वस्वरूपप्रथापरो मे भवेति वाञ्छया स्वदक्षिणमेव भगवन्तं कुर्वन् परिभ्राम्यन् स्तुवीत ॥ १४४ ॥

एवं च

शिवपूजाग्निकार्यादौ
सकलीकृतविग्रहः ॥ १४५ ॥
नान्यथा प्राक्स्वरूपेण
पूजनार्हो भवेत्तु सः ।

भवेदिति वाक्यद्वये योज्यम् । आदिशब्दाज्जपध्यानादौ ॥ १४५ ॥

किं च

नीत्वा कुण्डसमीपं तं
शिष्यहस्ताबियोगतः ॥१४६॥
आत्मसव्येऽथ दिग्भागे
मण्डलं प्रणवेन तु ।
प्रणवेनासनं दत्त्वा
तस्योपरि शिशुं न्यसेत् ॥१४७॥

विन्यास्यमन्त्रतेजसा ज्ञानक्रियाशक्तिस्फारमयेन स्वहस्तेनास्य निमग्ने ज्ञानक्रियाशक्ती हस्ताकर्षणयुक्त्या कर्षन्,—इति हस्ताभियोगार्थः। 'सव्ये' दक्षिणे, शिशुमित्यद्यापि अतरुणीभूतशिवस्वरूपम् ॥ १४७ ॥

उपवेश्य करे दर्भं
भैरवेण समर्पयेत्।

दर्भस्य

मूलं शिष्यस्य हस्तस्थं
साग्रमाचार्यजङ्घयोः ॥ १४८ ॥

हस्तयोः प्रसारितयोः सव्येतरशाखारूपयोर्मध्ये तिष्ठति,—इति हस्तस्थं, जङ्घयोरिति जङ्घोपजङ्घयोरूरुजानुसंधावित्यर्थः ॥ १४८ ॥

दर्भस्य व्याप्तिमाह

पिङ्गला मध्यमा नाडी
शिष्यदेहाद्विनिर्गता।
सैवात्र दर्भभूता तु
गुरुनाड्यां लयं गता ॥१४९॥

१ क० ग० पु० विन्यस्तेति पाठः।

अथ

नाडीसंधानहेत्वर्थं
भैरवेणाहुतित्रयम् ।
तया नाड्या प्रवेष्टव्यं
शिष्यस्य हृदये सकृत् ॥१५०॥
ग्रहणाकर्षणार्थं तु

'भैरवो' निष्कलः, 'शिष्यमध्यनाडी मन्मध्यनाड्यां संलीनास्तु स्वाहा' इत्यत्र प्रयोगः । ऐकात्म्यप्राप्तिरूपनाडीसंधानपूर्वमेव ग्रहणाकर्षणे युज्येते । यथोक्तं श्रीस्पन्दे

……'अयमेवात्मनो ग्रहः ।' (४।२)

इति ॥ १५० ॥

अत एवाह

गृह्णन्मुञ्चन्पुनः पुनः ।
दीक्षाकाले यतश्चैवं
तदर्थं नाडिसंहतिः ॥ १५१ ॥

आचार्यः शिष्यात्मा भवतीति पूर्वपादस्य शेषः । समयिदीक्षायां शिष्यात्मनो हृदयात्

द्वादशान्तमाकर्षणं, ततोऽपि स्वहृदये सामरस्यापत्तिरित्यादि; पुत्रकादिदीक्षायां तु पाशमात्र [सूत्र] वागीशीगर्भयोजनादिकमधिकम् ॥ १५१ ॥

अथ सर्वाश्रयन्यस्तमन्त्रैः समं शिष्ये वह्नौ चाग्नीषोमात्मतामभिव्यक्तुं होमं निरूपयति

शिष्यस्याथ शिरोभूमौ
भैरवेण विधाय तु ।
संपातं सर्वमन्त्रैस्तु
ध्रुवेणाज्याहुतिं क्षिपेत् ॥१५२॥

जुहुयादिति शेषः ॥ १५२ ॥

कथमित्याह

मूलमन्त्रं समुच्चार्य
स्वा इत्यग्नौ प्रपातयेत् ।
हेति शिष्यस्य शिरसि
संपातः शिवचोदितः ॥१५३॥

स्पष्टार्थम् ॥ १५३ ॥

---

१ ग० पु० संपातहोममिति पाठः ।

संपातं व्याचष्टे

शिष्यदेहे तु ये मन्त्राः
सबाह्याभ्यन्तरं स्थिताः ।
कुण्डस्थाः पूजिता ये तु
धामाद्यावरणान्तगाः ॥ १५४ ॥
युगपत्तर्पणं तेषां
संपातस्तेन कीर्तितः ।
एकैकस्यात्र मन्त्रस्य
आहुतित्रितयेन तु ॥ १५५ ॥

'संपातो' युगपत्सर्वत्राग्नीषोमात्मकस्वरूपोन्मीलनात्मा संस्कार इत्यर्थः ॥ १५५ ॥

किं च

उत्थाप्य च ततः शिष्यं
तदर्थं मन्त्रतर्पणम् ।

कुर्यादित्यर्थः ॥

तत्र

भैरवाय शतं हुत्वा
हृदादौ दशकं हुतिः ॥ १५६ ॥

दशांशेन स्यादित्यर्थः ॥ १५६ ॥

अथ

धाम्ना चोत्थाय होतव्यं
पूर्णाहुत्यानुतर्पयेत् ।

उत्थायेत्यनेन पूर्णाहुतिप्रयोगं स्मारयति ॥

एवं सामान्येन समयिदीक्षाविषयमधिवासमुक्त्वा पुत्रकादौ तद्विशेषमाधातुं यः पाशसूत्रविधिर्भविष्यति तत्र पाशानां बन्धनाय मन्त्रोदीपनं कर्तुमाह

मन्त्राणां दीपनं कुर्या-
द्धामाद्यस्त्रावधि क्रमात् ॥१५७

कथमित्याह

हुंकारद्वयमध्ये तु
मूलमन्त्रं समुच्चरन् ।
प्रणवादिफडन्तेन
आहुतीः प्रतिपादयेत् ॥१५८॥

एवमेव

हृदादीनां च सर्वेषां
जातिरुक्तात्र दीपने ।

जायतें तत्तत्कार्यानुगुण्यमनयेति 'जातिः' विशिष्टो मन्त्रप्रयोगः । हृच्छब्दो वक्त्रादीन्युपलक्षयति ॥

एतच्च

पाशानां बन्धनार्थाय
मन्त्राणां दीपनं स्मृतम् ॥१५९

ते च दीप्ताः सन्तः

मन्त्राः करणभूतास्तु
पशुकार्यस्य साधने ।

'पशुकार्यं' दीक्षा ॥

यस्यैतानि करणानि स महाप्रभावः

आचार्यः करणं प्रोक्तः

कर्तेत्यर्थः ।

कथमस्य शरीरादिमतो मन्त्राः करणमित्याह

शिवरूपो यतः स्मृतः ॥१६०॥

सत्यपि देहे निरुपाधिचित्प्रकाशशिवाहंभावमय इत्यर्थः । ईदृशस्यैवानुग्रहेऽधिकृतत्वाच्चेत्याहुः—आचार्याधिकरणः शिवो दीक्षायां साक्षात्कर्ता मण्डलस्थस्तु प्रयोजकः,—इति ।

ततस्तेषां सरस्वतीगर्भाधानसमये शिवः साक्षात्कर्ता, प्रयोजक आचार्यः, — इत्यादि श्लोकेन व्याहन्यते । न च प्रयोज्यप्रयोजकभावः कश्चिदत्र पूर्वत्र वा ग्रन्थेऽस्तीति असदेवैतत्, तस्मात्सर्वमन्त्रोदयप्रणयहेतुश्चिद्घनशिवात्ममय एवाचार्योऽत्राधिकृतः । मन्त्राणामुद्दीपनमवश्यं कार्यमित्यर्थः ॥ १६० ॥

क्रूरकार्ये तु कर्तव्ये
मन्त्रान्संदीप्य योजयेत् ।
क्रूरजात्यनुरूपेण
वाचकान्योजयेत्सदा ॥१६१॥

'क्रूरकार्यं' पाशानां बन्धच्छेदादि, पूर्वोक्तेन क्रूरजातिक्रमेण योजनमेव मन्त्राणामुद्दीपनम् ॥

अत्र चावसरे

भ्रुकुटीकरालवदना-
न्वाच्यरूपान्विचिन्तयेत् ।

ईदृशं वाच्यवाचकानां क्रूरत्वमन्यत्रापि साधकविषये क्रूरकार्ये मन्तव्यम् ॥

---

१ पं० ख० पु० शिवाचार्यमय इत्यर्थः ।

अत एवाप्यायनादौ

सौम्यजातियुतान्सौम्ये
सौम्यरूपान्विचिन्तयेत् ॥१६२

'सौम्यजाति'र्वषडादिका ॥ १६२ ॥

यदर्थं मन्त्रोद्दीपनं तत्प्रतिजानीते

पाशकर्म ततो वक्ष्ये

एतच्च भाविपुत्रकदीक्षाधिवासाय। 'तत' इति मन्त्रोद्दीपनानन्तरं 'पाशकर्म' पुत्रकादिदीक्षोपयोक्ष्यमाणस्य भाविपाशसूत्रस्य यदधिवासरूपं कर्म तद्वक्ष्ये इत्यर्थः ॥

तत्क्रमेणाह

कन्याकर्तितसूत्रकम्।
त्रिगुणं त्रिगुणीकृत्य

'कन्या' अनुपजातविकारपरशक्त्यानुकृतरूपेति। ततो मूलभूमेः प्रवृत्तानामाणवमायीयकार्मरूपाणां सत्त्वादिगुणत्रयात्मकप्रपञ्चव्याप्तिभाजां पाशानां भाविबन्धच्छेदादिकं समूलमुन्मूलनार्थम्, —इति कन्याकर्तितत्वे त्रिगुणत्रिगुणत्वे चाशयः ॥

1 ख० पु० छेदनार्थीति पाठः।

अथैतत्

पाशबन्धनसूत्रकम् ॥ १६३ ॥

शिवाम्भोऽस्त्रेण संप्रोक्ष्य
कवचेनावगुण्ठयेत् ।
पूजयित्वा विधानेन
गन्धपुष्पादिधूपकैः ॥१६४॥
प्रसारयेद्गृहीत्वा त-
न्मूर्धाद्यङ्गुष्ठकावधि ।
शिष्यस्य स्तब्धदेहस्य

'ओं पाशबन्धनसूत्राय नम' इति पूजाविधानं सर्वाध्वव्याप्तिचिन्तनम्, 'शिष्यस्य' इति पुत्रकादेर्न तु समयिनः । स्तब्धदेहता पाशानां बन्धाद्देहेन्द्रियादीनां निष्क्रियत्वानुव्याख्या । तत्सूत्रं पुमान् दक्षिणेन स्त्री वामेन करेण मूर्ध्नि धारयेदित्यसत् दीक्ष्यहस्तयोर्दर्भनाडीधारणे व्यापृतत्वमतः शिखायामेव पाशसूत्रं लम्बयेत् । एकैव क्रियाशक्तिः पारमेश्वरीत्थं स्वरूपगोपनेन पाशरूपतया स्थिता,—

इत्येकत्वमिह पाशसूत्रस्य । श्रीपूर्वादौ तु शक्तित्रयमेव त्रितत्त्वेन स्थितम्, — इत्याशयेन त्रीणि सूत्राणीति प्रक्रियामात्रभेदः ॥ १६४ ॥

तच्चास्य सूत्रम्

नाडीभूतं विचिन्तयेत् ॥१६५॥

सा च

सुषुम्ना मध्यमा नाडी
सर्वनाडीसमन्विता ।
ओंकारादि स्वनाम्ना तु
नमस्कारावसानकम् ॥ १६६ ॥
शिष्यदेहस्थितां नाडीं
सूत्रे संगृह्य योजयेत् ।

भावनयेति शेषः । सूत्रभूतायां नाड्यां सर्वनाडीभिः समन्विता भावनया संगता योजिता च ॥ १६६ ॥

तां

गन्धपुष्पादिभिः पूज्य
कवचेनावगुण्ठयेत् ॥ १६७ ॥

---

१ ख० पु० गन्धधूपेति पाठः ।

अत्रैव संनिधानार्थं होममाह

संनिधानाहुतीस्तिस्रः
स्वनामपदजातिकाः ।

दद्यादिति शेषः । 'ओं सुषुम्नायै स्वाहा' इत्यत्र प्रयोगः ॥ १६७ ॥

अथ

शिवाम्भोऽस्त्रेण संप्रोक्ष्य
शिष्यस्य हृदयं पुनः ॥१६८॥
ताडयेदस्त्रपुष्पेण

एवं च

हृदि चित्संहृता भवेत् ।

सर्वव्यापिकापि हृदयैकनिष्ठीकृता भवतीत्यर्थः॥

तदनु योगक्रमेण भावनयापि वा

हुंकारोच्चारयोगेन
रेचकेन विशोद्धृदि ॥ १६९ ॥
नाडीरन्ध्रेण गत्वा तु
चैतन्यं भावयेच्छिशोः ।

कदम्बगोलकाकारं
स्फुरत्तारकसंनिभम्[1] ॥ १७० ॥
हृत्स्थं छित्वास्त्रखड्गेन
हुंफट्कारान्तजातिना ।

निष्कलास्त्रमेव खड्गः, तेन शिशोः पुर्यष्टकं रश्मिमात्रावियोगि[2] छित्त्वा ॥ १७० ॥

धाम्ना चाङ्कुशरूपेण
कर्षेच्छक्त्यवधि क्रमात् ॥ १७१ ॥

अङ्कुशेति पाश्चात्यकुटिलालकात्मना ख्यातेन । 'शक्त्यवधि' द्वादशान्तं तच्च नासिक्यमिह ॥ १७१ ॥

ततः

द्वादशान्तं तु संगृह्य
संपुट्य हृदयेन तु ।
संहारमुद्रया योज्यं
सूत्रे नाडीप्रकल्पिते ॥ १७२ ॥

---

१ ख० घ० पु० तारकसप्रभमिति पाठः ।
२ क० ख० पु० वियोगिनेति पाठः ।

व्यापकं भावयित्वा तु
कवचेनावगुण्ठयेत् ।

प्रणवनिष्कलोच्चारपूर्वं 'देवदत्तचैतन्यं पाशसूत्रे योजयामि नमः' इति प्रयोगात् सूत्रदेहे योजितस्यास्य व्यापकत्वभावना ॥१७२॥

अथास्मै पूजां कृत्वा

भैरवेणाहुतीस्तिस्रः
संनिधानस्य हेतवे ॥ १७३ ॥

दद्यादिति शेषः ॥ १७३ ॥

पाशसूत्रविधेः प्रयोजनमाह

द्वितीयः सूत्रदेहस्तु
पाशा यत्र स्थितास्त्विमे ।
बन्ध्याश्छेद्यास्तथा दाह्याः
सूत्रस्थाने

सूत्रस्थाने समस्तपाशाश्रयस्य समावृतिहेतोः प्राणदेहस्य परोक्षत्वेन साक्षाद्बन्धाद्ययोगे तत्प्रातिकृतिरूपं भाविशोध्यदेहासूत्रणात् सूत्रदेहं कल्पयित्वा तत्स्थान्पाशान्बध्नीयात्

छिन्द्यात् दहेच्चेत्यर्थः। 'इमे' इत्यनन्तरमेव वक्ष्यमाणाः॥

'........येनेदं तद्धि भोगतः।'

इत्याम्नातत्वादारब्धकार्ये दीक्षोत्तरकाले भगवदर्चादिहेतौ तु न दाहादि युक्तमित्याह

न विग्रहे॥ १७४॥

पाशानां संख्यासंज्ञास्वरूपाणि क्रमेण कथयति

पाशास्तु त्रिविधा भाव्या
मायीयाणवकर्मजाः।
चैतन्यरोधकास्त्वेते
कार्यकारणरूपिणः॥ १७५॥

मायोत्थत्वं मायायां भवत्वं मलान्तरेऽप्यस्तीति रूढ्यैव भिन्नवेद्यप्रथारूपं मलं 'मायीयम्' उच्यते। अत एवान्यत्र

'अथात्ममलमायाख्या.................।'

इत्याख्याशब्दः। अणूनामयम् 'आणवः' अपूर्णम्मन्यतात्मा लोलिकारूपः। 'कर्म' यजनब्रह्महननादिरूपं ततो जातम् अत्र वासना-

धिरूढं धर्माधर्मात्मकम् । एषां च चैतन्यप्रतिरोधकत्वं गुणभावोपररूपमेव पाशत्वम् ॥१७५॥

एषां कार्यकारणरूपतां स्फुटयति

मलः कर्म निमित्तं तु
नैमित्तिकमतः परम् ।

मलः कर्म चेत्येतद्द्वयं निमित्तं मलस्य कर्महेतुत्वात् कर्मणश्च मायीये कारणत्वात्, अतः परं मायीयं नैमित्तिकं मलकर्मणोः कार्यमेवेत्यर्थः । यद्यपि कार्मं भिन्नवेद्यप्रथारूपे मायीये सति भवति तथापि न तद्धेतुकं पूर्णस्फाराणां ज्ञानिनां तत्सद्भावेऽपि तस्यादर्शनात्, – इत्यपूर्णम्मन्यानामेवार्ज्यमानं तद्भवतीति यथोक्तमेव न्यायः ॥

ततश्च

आधाररूपं नैमित्तं
शरीरभुवनादिकम् ॥ १७६ ॥

'आधारता' भोगाश्रयता, आदिशब्दात् भावाः ॥ १७६ ॥

---

१ ख० पु० भावापायमरूपमिति पाठः ।

अत्र च नैमित्तिके मायीये मले

निमित्तमभिलाषाख्यं

लोलिकारूपमाणवं मलमित्यर्थः ॥

किं केवलेनेत्याह

·········विचित्रैर्हेतुरूपकैः ।

धर्माधर्मात्मकैः सहकारिभिर्युक्तमित्यर्थः ॥

प्रकृतमनुसरति

तांश्चावलोकयेत्सूत्रे

बन्ध्यबन्धनहेतुतः ॥ १७७ ॥

तानिति पाशान् वक्ष्यमाणव्याप्यव्यापकभावयुक्त्यावलोकयेत्, किमर्थं बन्ध्यानामर्थात्तेषामेव बन्धनहेतुतो बन्धनायेत्यर्थः॥१७७॥

अथैषां शिष्यदेहस्थानां ताडनग्रहणपूर्वकं सूत्रे क्रमेण योजनमाह

पाशानां ताडनं कार्यं

हुंफट्कारान्तजातिना ।

स्वनामप्रणवाद्येन

शान्त्यतीताद्यनुक्रमात् ॥१७८॥

'प्रणवं' शान्त्यतीताबीजं धाम चोच्चार्य 'अमुकात्मस्थपाशव्यापिकायै शान्त्यतीतायै हुं फट्' इति मन्त्रमुच्चारयन् ॥ १७८ ॥

पुष्पेण ताडयेन्मूर्ध्नि
ग्राह्यं

ततः

हृमादि योजयेत् ।
हुंफट्कारान्तयोगेना-
गृह्य संहारमुद्रया ॥ १७९ ॥
धाम्ना तु योजयेत्सूत्रे
नमस्कारान्तयोगिना ।

पूर्वोक्तेनैव प्रणवपूर्वमूलमन्त्रसहितेन मन्त्रेण संहारमुद्रया वक्ष्यमाणया पाशत्रयमागृह्योक्तां जातिमपास्य नमस्कारान्तजातिनानेनैव मन्त्रेण पाशसूत्रे योजयेत् ॥ १७९ ॥

अमुमेव क्रमं शान्त्यादिकलास्वपि स्वमन्त्र-नामयोजनयुक्त्यातिदिशति

एवं शान्त्यादिकान्पाशा-
न्स्थानात्संगृह्य योजयेत् ॥१८०॥

स्थानमत्र क्रमेण वक्त्रं हृद्गुह्यं पादौ ॥१८०॥

एतांश्च

भावयेत्त्रिविधान्पाशा-
न्पञ्चतत्त्वाध्वव्यापकान् ।

कलादीक्षायां समनन्तरं

'तत्त्वभूतास्तु ताः कलाः ।' (स्व० ३।१४०)

इति वक्ष्यमाणत्वात् पञ्च यानि तत्त्वानि कलारूपाणि तैरात्मभूतैरध्वनोऽशेषस्य व्यापकानित्यर्थः ॥

अथ कथं पाशानां कलाव्याप्तिः, कथं च मायोर्ध्वस्थशान्ताशान्त्यतीतापदे पाशानां सत्ता ? इत्याशङ्क्याह

त्रयाणां व्यापिका शक्तिः
क्रियाख्या पारमेश्वरी ॥१८१॥

शान्त्यतीतादिभेदेन
पञ्चसंज्ञाप्रतिष्ठिता ।

येयं परमेश्वरस्य नित्यावियोगिनी शक्तिः सा क्रियाख्या गृहीतक्रियाशक्तिभूमिका सती इदन्तावैचित्र्योदृङ्कनात् शान्त्यतीतादिपञ्चधात्वं प्राप्ता त्रयाणां मलानां व्यापिका । तदुक्तम्

'सेयं क्रियात्मिका शक्तिः शिवस्य पशुवर्तिनी ।
बन्धयित्री........................ ।' (स्प० ४-१८)

इति । अत एव यावेदिदन्ताभासस्य स्थितिस्तावत्तदौचित्येन पाशाः स्थिताः,—इति शान्त्यतीतापदेऽपि तच्छोधनं युक्तम् । व्यापके च[2] शुद्धे व्याप्यस्य तत्प्राणस्य सम्यक् शुद्धिर्भवति,—इति मलानामात्मभूतकलाव्याप्त्या तद्व्यपदेशैः शोधनं, तच्च नित्यावियोगिपारमेश्वरस्वातन्त्र्यशक्तिरूपतोन्मज्जनमेव । यथोक्तम्

'स्वमार्गस्था ज्ञाता सिद्ध्युपपादिका ।' (स्प० ४-१८)

इति । निर्णीतैतच्छक्तिवीर्यसारैरेव मन्त्रैर्निमग्नपारमार्थिकतद्रूपतया प्राप्तभेदानामिवासां संशोधनम्,—इति सर्वमुपपन्नम् ॥ १८१ ॥

---

१ क० पु० यावद्यावदिति पाठः ।
२ ख० पु० व्यापकशुद्धेरिति पाठः ।

एवं च

आधेयग्रह आधारं

गृहीतं भावयेत्पशोः ॥ १८२॥

'आधेयाः' कलाः, 'आधारा' मलाः ॥१८२॥

अथ पारमेश्वरशक्तिव्याप्त्या तत्सारानाह

गन्धपुष्पादिभिः पूज्य

सूत्रे पाशांस्तु तर्पयेत् ।

शान्त्यतीताक्रमेणैव

तच्च तर्पणम्

आहुतीनां त्रयं त्रयम् ॥१८३॥

संनिधानाय पाशाना-

मतः पाशांस्तु दीपयेत् ।

मन्त्रशक्त्या भाव्यक्रमसमस्तभोगसिद्ध्यौ-चित्येन युगपत्परिपक्वान्विदधीत ॥ १८३ ॥

कथमित्याह

स्वनामजातिफट्कार-

धामभिश्च त्रयं त्रयम् ॥१८४॥

आहुतीनां दत्त्वेति शेषः । जातिरत्र हुं-
कारः । मन्त्रपाठस्य क्रमः प्राग्वत् ॥ १८४ ॥

एतच्च शिष्यचैतन्यात्

विश्लेषकरणार्थं तु
पाशानां दीपनं भवेत् ।

यत एवं

दीप्ताः पाशास्ततो बन्ध्या-
स्ताडनग्रहणादिना ॥ १८५ ॥

आदिशब्दाद्ग्रन्थिदानमपुनःप्ररोहार्थम् ।
उद्दीपितवीर्याणामेव पाशानां बन्धनं शिष्यचै-
तन्यावरणे स्वातन्त्र्यापसारणम् ॥ १८५ ॥

ताडनमाह

सूत्रस्थांस्ताडयेत्पुष्पैः
स्वदेहस्थानिव क्रमात् ।

यथा स्वदेहे क्रमादिति प्रोक्तमन्त्रतत्त्वा-
ध्यादिक्रमेण ताडितांस्तथा ताडयेत् ॥

बन्धने युक्तिमाह

धाम्ना च संपुटीकृत्य
स्वनाम्ना च सकृत्सकृत् ॥१८६

बन्धने तु प्रयोगोऽयं

एवं प्रणवधामशान्त्यतीताबीजेभ्योऽनन्तरं 'शान्त्यतीतां देवदत्तात्मस्थपाशव्यापिकां बध्नामि' इत्युच्चार्य धाम नमःशब्दान्तमुच्चारयन् पाशसूत्रस्य मूर्ध्नि ग्रन्थिं दद्यात् । एवमन्यत् ॥ १८६ ॥

तदाह

सूत्रे ग्रन्थीन्प्रदापयेत् ।

ग्रन्थीनिति, व्याप्त्या पञ्च ॥

किं च

बन्धने परिमाणं च
कर्मणो विषयस्य च ॥१८७॥

न केवलं ग्रन्थीन् यावद्बन्धनसमये 'कर्मणः' शुभाद्यात्मनो 'विषयस्य' भुवनादेर्मायीयमलात्मनः, चशब्दादाणवस्य मलस्य 'परिमाणं' नियतामध्वव्याप्तिं च प्रकल्पयेत् । तद्यथा निवृत्तावेकं पार्थिवं तत्त्वम् अष्टोत्तरशतं च कालाग्न्यादिभुवनानामिति विषयस्य परिमाणं भविष्यति । कर्मणो निवृत्तिप्रति-

ष्ठाविद्यान्तं यावद्व्याप्तेः, मलस्य तु शान्ता-शान्त्यतीतान्तमपि संस्कारात्मना सूक्ष्मेण रूपेण सत्तास्त्येवैतत्सर्वमनुसंदधीत ॥ १८७ ॥

एवं च पाशसंयोगाज्जीवः

षट्त्रिंशत्तत्त्वमध्यस्थो
भुङ्क्ते भोगं

शुभम् ॥

अन्यथा पाशविच्छेदात्तु नेत्याह

न चान्यथा ।

च एवार्थे ॥

प्रकृतमाह

पाशान्संस्थाप्य पात्रे तु
संपातं जुहुयात्सकृत् ॥१८८॥

पाशानिति पाशसूत्रं 'संस्थाप्य' इति शिष्यदेहाद्विमुच्येत्यर्थः । संपातहोमः 'संपातं सर्वमन्त्रैश्च' (३।१४२) इत्यादौ निर्णीतः ॥१८८॥

अथैतान्पाशान्

पात्रसंपुटमध्यस्था-
न्स्थण्डिले विनिवेदयेत् ।

पात्रमभ्यस्य [त्वं] वेद्यवेदकान्तरावस्थिता एते, — इत्याशयात् कवचावगुण्ठनव्याहृत्या च 'स्थण्डिल' इति तत्रार्चिते भगवति विनिवेदयेदिति एतस्य पशोस्त्वयैव मामिकां तनुमाविश्य बद्धाः, — इति विज्ञप्तिं कुर्यादित्यर्थः ॥

तथैव च

नीत्वा समर्पयेत्कुम्भे

तत्स्थं भगवन्तं विज्ञापयेत्—यथा ।

पाशान्संरक्ष हे विभो ॥ १८९॥

संरक्षणं च भाविपुत्रकादिदीक्षोच्छेद्यानामेषां सांप्रतं स्वकार्यशक्तिबन्धनात्माधिवाससंस्कारः ॥ १८९ ॥

ततः

दर्भे विमोचयेच्छिष्यं

नाडीसंधानार्थं प्राक्परिकल्पितम् ॥

अथ चास्मै

पुष्पं पाणौ प्रदापयेत् ।

तेन चासौ श्रीभगवन्तं समन्त्रकमेव

स्थण्डिले शिवकुम्भे च
शिवाग्नौ च प्रपूजयेत् ॥१९०॥

चकाराद्गुरुमूर्तावपि ॥ १९० ॥

ततः प्रदक्षिणं कृत्वा
दण्डवन्निपतेद्भुवि ।

अथ चास्मै

उत्थाप्य पञ्चगव्यादी-
[न्दद्या]द्वै भैरवेण तु ॥१९१॥

आदिशब्दाच्चरुं दन्तकाष्ठं, भैरवेणेति स-
कलेन ॥ १९१ ॥

अत्र विधिमाह

गोमयेन शुचौ देशे
कार्यं मण्डलकत्रयम् ।
एकस्मिन्मण्डले विष्टः
पञ्चगव्यं शिशुः पिबेत्॥१९२॥
उपविश्य द्वितीये तु
चरुकं प्राशयेद्बुधः ।

आचम्य दन्तकाष्ठं तु
तृतीये मण्डले स्थितः ॥१९३॥
भक्षयित्वा च देवेशि
ततश्चैव विनिक्षिपेत् ।

पञ्चगव्यं संस्कृतस्थापितचरुभागभोजनयोग्यतायै, चरुकं तु इतः प्रभृति शिवमयभोग्यभोक्तृत्वावसायाय, दन्तकाष्ठं परां शुद्धिमभिव्यङ्क्तुम्। आचम्येति पूर्वत्रापि योज्यम् ॥ १९३ ॥

तच्च पतितम्

पूर्वं पश्चात्तथैशोर्ध्वे
चोत्तरस्यां च शोभनम्॥१९४॥
अन्यस्यामशुभं विद्धि
तस्य होमः शतं भवेत् ।

अस्त्रमन्त्रेण विघ्नशमनायेत्यर्थात् । एतच्च बाहुल्येन साधकविषयम् ॥ १९४ ॥

अथैतदन्तस्यास्य कर्मणः सम्यक् संपत्त्यर्थम्

आचार्यो जुहुयात्पश्चा-
त्प्रायश्चित्तं शिवेन तु ॥१९५॥

विधेर्न्यूनातिरिक्तस्य
चित्तविक्षेपकर्मणि ।

चित्तविक्षेपकर्मणि सति विधेर्न्यूनातिरिक्तत्वं तस्य प्रायश्चित्तं जुहुयादिति संगतिः । तच्च

'अग्निकार्यं यथापूर्वं[1]……… ।' (स्व० ४।३१)

इति भाविनीत्या अग्निकार्यान्ते न त्वधुनैवेति पश्चादित्यस्यार्थः ॥ १९५ ॥

अत्र च

अष्टोत्तरशतं हुत्वा
प्रायश्चित्ताद्विशुध्यति ॥१९६॥

अथ मूलविश्रान्तिमेवानुसंधातुम्

पश्चात्संतर्पयेद्धोम-
सहस्रेण शतेन वा ।

यावदस्य विश्रान्तिर्घटत इत्यर्थः ॥

अङ्गवक्त्रवाचिनः

मन्त्रांश्च दशभागेन

अनन्तरमेषामेव

वह्नौ नैवेद्यदापनम् ॥ १९७ ॥

---

१ क० ख० ग० पु० यथा कुवेति पाठः ।

किं च

विशेषपूजनं चार्घं
मुद्राबन्धं वरानने ।
स्तोत्रं वाद्यं ततः कृत्वा
चरुं प्राश्य विसर्जयेत् ॥१९८॥

परमेशमित्यर्थात् ॥ १९८ ॥

निरोधार्घेण चार्घं तु
दत्त्वा चैव वरानने ।
रेचकेन तु संगृह्य
भैरवं तमनुस्मरन् ॥ १९९ ॥
मुष्टिना पूरितं नीत्वा
पूजयित्वा वरानने ।
अग्निष्ठं वै

अग्निष्ठं तमिति पूर्वोक्तं, पूरितमिति पूरकेण, मण्डलात्संगृह्य रेचकेनाग्नौ स्थितं कृत्वा तत्रापि तथैवार्चयित्वा ॥ १९९ ॥

पूरकेण
गृहीत्वा स्थापयेत्पुनः ॥२००॥

तत्रस्थं पूजयित्वा च
कलशे तु विनिक्षिपेत् ।
कुसुमादिभिरभ्यर्च्य
कुम्भ एव तु भैरवम् ॥२०१॥

यागगृहमनधिष्ठितं माभूदित्याशयात् ॥२०१

अथ स्थण्डिलात्

प्रक्षिप्य चैव निर्माल्यं
गोमयेन स्पृशेत्प्रिये ।

निष्क्रान्तं माल्यं न त्वत्र चण्डीशयोगतः ॥

तत्रैव च

शिवाम्भसा तु संप्रोक्ष्य
शिष्ये शय्यां प्रकल्पयेत् ॥२०२
गृहिणो दर्भशय्यां तु
यतेर्वै भस्मना प्रिये ।
पूर्वाशिरा गृही कार्यो
यतिर्वै दक्षिणाशिराः ॥२०३॥

दक्षिणवक्त्राभिमुखेन । शिष्टं स्पष्टम् ॥२०३॥

---

१ ख० घ० ङ० पु० प्रविश्य चैव नैर्माल्यं गोमयेन घृषेदिति पाठः ।

अथ शिखामन्त्रेण

तत्र स्थितस्य शिष्यस्य
शिखाबन्धं वरानने ।

तथा

सिद्धार्थरोचनाद्यैश्च
रक्षां कुर्यादसिं स्मरन् ॥२०४॥

यतेर्गृहिणश्च क्रमेण रेखायुक्तया

भस्मना रोचनाद्यैश्च
अस्त्रप्राकारचिन्तनम् ।

एतदुपसंहरति

कवचेनावगुण्ठ्यैव
शिष्यं तु स्वापयेत्ततः ॥२०५॥
ततश्चैव तु निर्गत्य
बलिकर्म समारभेत् ।

तदाह

बलिस्तु कल्पितः पूर्वं
सर्वभूतेष्वथादरात् ॥ २०६ ॥

---

१ ख० ग० पु० स्थापयेदिति पाठः ।

तं तु संगृह्य देवेशि
पूर्वादीशान्तकं क्षिपेत् ।

'कल्पितो' भूतार्थं साधितः ॥ २०६ ॥

अत्र च

भूता ये विविधाकारा
दिव्यभौमान्तरिक्षगाः ॥२०७॥
पातालतलसंस्थाश्च
शिवयागे सुभाविताः ।
ध्रुवादिसर्वभूताश्च
ऐन्द्याद्याशास्थिताश्च ये ॥२०८
स्वाहाकारसमायोगा-
त्तृप्यन्तूच्चारयन्क्षिपेत् ।

प्रणवपूर्वं 'भूता ये' इत्यादि 'स्थिताश्च ये' इत्यन्तमुच्चार्य 'तृप्यन्तु स्वाहा' इति मन्त्रेण बलिं क्षिपेत् । अत्र मध्ये ध्रुवादीत्येतत् ध्रुवलोकपरामर्शाय । अथ च 'ध्रुवः' प्रणवः, तदादि कृत्वायं मन्त्रः पठनीयः ॥ २०८ ॥

बलिं च पूजापूर्वकं क्षिपेदित्याह

नमस्कारेण संपूज्य
गन्धैर्धूपैरनुक्रमात् ॥ २०९ ॥
पूर्वादीशानपर्यन्त-
मधश्चोर्ध्वं समन्ततः ।

अधिवासे बलिकर्मोपसंहरन् द्रव्यान्तरमुपक्षिपति

कोणस्थान्क्षेत्रपालांश्च
पतिताञ्छ्वपचानपि ॥ २१० ॥
बलिं दत्त्वा तु सर्वेभ्य
आचम्य च वरानने ।
सकलीकरणं कृत्वा
क्रमेण प्राशयेच्चरुम् ॥ २११ ॥

अनुग्रहावसरेऽत्र यावत्संभवं सर्वान् पूजयित्वैषामाशां पूरयेदित्यर्थः । चरुमिति, यमवशिष्टं भगवद्ग्रात्प्रार्थितं च । 'क्रमेण' इति गुरुसाधकपरिपाट्या ॥ २११ ॥

---

१ ख० पु० अधिवासेनेति पाठः ।
२ क० ख० पु० गमवदर्थाविति पाठः ।

यदाह

सहायैः सहितो वीर
एकचित्तः समाहितः ।
प्राङ्मुख उदङ्मुखो वा
मण्डलस्थः पृथक्पृथक् ॥२१२॥

'वीर' इति त्यक्तजात्यादिग्रहो निष्कम्पः, एकत्र शिवाभेदे चित्तं यस्य तादृक् समाहितः, बुभुक्षुर्दीक्षायां प्राङ्मुखो मुमुक्षुस्तु उदङ्मुखः, पृथक् पृथक् मण्डलस्थ इति स्वसहायानां साधकपुत्रकादीनां समव्याप्त्यभावात् संकरशङ्का माभूत्, – इत्यभिप्रायात्, समव्याप्तिविश्रान्तौ त्वेकमण्डलत्वेऽपि न काचिद्धानिः ॥ २१२ ॥

तत्र

पञ्चगव्यं पिबेत्पूर्वं
चरुकं दन्तधावनम् ।
प्राश्यैवं सकलीकृत्य
रक्षां पूर्ववदेव च ॥ २१३ ॥

विधायेति शेषः ॥ २१३ ॥

अथ

स्वच्छन्दतन्त्रम् ।

श्रीमहामाहेश्वराचार्यश्रीक्षेमराजविरचितोद्द्योताख्य-
व्याख्योपेतम् ।

(चतुर्थः पटलः)

दीक्षाज्ञानक्रियाप्लुष्टदुष्टपाशवनावलिः ।
महाज्योतिर्जयत्येको ह्लादी भैरवहव्यभुक् ॥

अधिवासानन्तरभाविनीं दीक्षां प्रस्ताव-
यितुं श्रीभैरव उवाच

प्रत्यूषे विमले कृत्वा
शौचाद्यान्पूर्ववत्क्रमात् ।
सकलीकरणं कृत्वा
पूर्ववत्प्रविशेद्गृहम् ॥ १ ॥

पटलसंगत्या प्रकृत आचार्यः, शौचाद्यानि-त्यादिशब्दात् स्नानादि, पूर्ववत्प्रविशेदिति द्वारदेवतार्चां कृत्वा

शिष्यश्च शुचिराचान्तः
पुष्पहस्तः············ ।

प्रविशेत् ।

स च

············गुरुं ततः
प्रणम्य शिरसा

तत्प्रणामादेव च

···············हृष्टो
गुरोः स्वप्नान्निवेदयेत् ॥ २ ॥

तांश्च

शुभान् स्वप्नान्प्रवक्ष्यामि
अशुभांश्च वरानने ।
स्वप्नेषु मदिरापान-
मामममांसस्य भक्षणम् ॥ ३ ॥
क्रिमिविष्ठानुलेपं च
रुधिरेणाभिषेचनम् ।

---

१ क० पु० मामे त्विति पाठः ।

भक्षणं दधिभक्तस्य
श्वेतवस्त्रानुलेपनम् ॥ ४ ॥
श्वेतातपत्रं मूर्धस्थं
श्वेतस्रग्दामभूषणम् ।
सिंहासनं रथं यानं
ध्वजं राज्याभिषेचनम् ॥ ५ ॥
रत्नाङ्गाभरणादीनि
ताम्बूलं फलमेव च ।
दर्शनं श्रीसरस्वत्योः
शुभनार्यवगूहनम् ॥ ६ ॥

क्रिमिर्लाक्षा, एतत्सर्वं श्रेष्ठम् ॥ ६ ॥

किं च

नरेन्द्रैर्ऋषिभिर्देवैः
सिद्धविद्याधरैर्गणैः ।
आचार्यैः सह संवादं
कृत्वा स्वप्ने प्रसिद्ध्यति ॥ ७ ॥

सम्यक् वादः संवादः ॥ ७ ॥

---

१ ख० पु० ऋषिदेवैश्चेति पाठः ।

तथा च

नदीसमुद्रतरण-
माकाशगमनं तथा ।
भास्करोदयनं चैव
प्रज्वलन्तं हुताशनम् ॥ ८ ॥
ग्रहनक्षत्रताराणां
चन्द्रबिम्बस्य दर्शनम् ।
हर्म्यस्यारोहणं चैव
प्रासादशिखरेऽपि वा ॥ ९ ॥
नराश्ववृषपोतेभ-
तरुशैला[1]ग्ररोहणम् ।
विमानगमनं चैव
सिद्धमन्त्रस्य दर्शनम् ॥ १० ॥
लाभः सिद्धचरोश्चैव
देवादीनां च दर्शनम् ।
गुटिकां[2] दन्तकाष्ठं च
खड्गपादुकरोचनाः ॥ ११ ॥

---

१ ख० ग० ङ० पु० दोलाग्रेति पाठः । २ ख० पु० गुडिकामिति पाठः ।

उपवीताञ्जनं चैव
अमृतं पारतौषधीः ।
शक्तिं कमण्डलुं पद्म-
मक्षसूत्रं मनःशिलाम् ॥ १२ ॥
प्रज्वलत्सिद्धद्रव्याणि
गैरिकान्तानि यानि च ।
दृष्ट्वा सिद्ध्यति स्वप्नान्ते
क्षितिलाभं व्रणं तथा ॥ १३ ॥

सिद्धो जपादिक्रमेण मन्त्रो यस्य, व्रणमिति स्वदेहेऽस्रजं, स्वप्नान्ते इति नतु स्वप्नस्याद्यमध्ययोः । यथोक्तमन्यत्र

'प्राङ्निमित्तं दिवा ग्राह्यं रात्रौ ग्राह्यं तु पश्चिमम् ।'

इति ॥ १३ ॥

किं च

क्षतजार्णवसंग्राम-
तरणं विजयं रणे ।

१ क० पु० भवेत्सुखमिति पाठः ।

ज्वलत्पितृवनं रम्यं
वीरवीरेशिभिर्वृतम् ॥ १४ ॥
वीरवेतालसिद्धैश्च
महामांसस्य विक्रयम् ।
महापशोः संविभागं
लब्ध्वा देवेभ्य आदरात् ॥ १५
आत्मना पूजयन् देवं
जपन् ध्यायन् स्तुवन्नपि ।
सुहुतं चानलं दीप्तं
पूजितं वा प्रपश्यति ॥ १६ ॥
हंससारसचक्राह्व-
मयूरशवरोहणम् ।
मातृभिर्भैरवैश्चैव
मातृरुद्रगणैः सह ॥ १७ ॥
भैरवं भैरवीं दृष्ट्वा
सिद्ध्यत्यत्र न संशयः ।

वीरवेतालसिद्धैश्चेति सहार्थे तृतीया । मा-

तृरुद्रा देवविशेषाः, महापशुः पुरुषपशुः, सारसः सरस्येव य आस्ते हंसविशेषः। सिद्ध्यतीति तत्स्वप्नानुसारिणीमुत्तमादिरूपां सिद्धिं प्राप्नोतीत्यर्थः। यद्यपि

'दृष्टः श्रुतोऽनुभूतश्च प्रार्थितः कल्पितस्तथा।
भावितो दोषजश्चेति स्वप्नः सप्तविधः स्मृतः॥'

इति निमित्तान्तरजोऽस्ति स्वप्नः, तथापीह भगवद्भुर्वधिष्ठिते यागधाम्नि मन्त्रादिमाहात्म्याद्भाविफलानुरूप एव दृश्यतेऽसावधिवासे॥१७॥

एवम्

शुभाः स्वप्ना मयाख्याता
अशुभांश्च निबोध मे॥ १८॥

तानाह

तैलाभ्यङ्गस्तथा पानं
तैलस्यैव च।
विशनं च रसातले।
अन्धकूपे च पतन-
मथ पङ्के निमज्जनम्॥ १९॥

१ ख० पु० पङ्के च मज्जनमिति पाठः।

वृक्षवाहनयानेभ्यः
पतनं हर्म्यपर्वतात् ।
कर्तनं कर्णनासाभ्या-
मथ वा हस्तपादयोः ॥ २० ॥

पतनं दन्तकेशाना-
मृक्षवानरदर्शनम् ।
वेतालक्रूरसत्त्वानां
तथैव कालपूरुषाः ॥ २१ ॥

कृष्णोर्ध्वकेशा मलिनाः
कृष्णमाल्याम्बरच्छदाः ।
रक्ताक्षी स्त्री च यं स्वप्ने
पुरुषं त्ववगूहयेत् ॥ २२ ॥

म्रियते नात्र संदेहो
यदि शान्तिं न कारयेत् ।
गृहप्रासादभेदं च
शय्यावस्त्रासनेषु च ॥ २३ ॥

---

१ ख० पु० तथा वै इति पाठः । २ ख० पु० अशनेष्विति पाठः ।

आत्मनोऽभिभवं संख्य
आत्मद्रव्यापहारणम् ।
खरोष्ट्रश्वसृगालेषु
कङ्कगृध्रबकेषु च ॥ २४ ॥
महिषोलूककाकेषु
रोहणं च प्रवर्तनम् ।
भक्षणं पक्वमांसस्य
रक्तमाल्यानुलेपनम् ॥ २५ ॥
कृष्णरक्तानि वस्त्राणि
विकृतात्मा प्रपश्यति ।
हसनं वल्गनं स्वप्ने
म्लानस्रग्दामधारणम् ॥ २६ ॥
स्वमांसोत्कर्तनं बन्धं
कृष्णसर्पेण भक्षणम् ।
उद्वाहं च तथा स्वप्ने
दृष्ट्वा नैव प्रसिध्यति ॥ २७ ॥

क्रूरसत्त्वं व्याघ्रादि, संख्ये संग्रामे, विकृ-

तात्मा विघ्नव्याकुलचित्तो भीषणाकृतिर्वा, हसनोद्वाहादि आत्मनः, वल्गनं नृत्तम् ॥२७॥

उपसंहरति

अशुभा ह्येवमाख्याता
विज्ञेया देशिकोत्तमैः ।

विज्ञेया इति कालस्वरूपाधिकार्यनुसारेणैव एषां बलाबलचिन्ता कार्येत्यर्थः ॥

तत्र

शुभास्तत्रानुमोद्यास्तु
अशुभेषु तु होमयेत् ॥ २८ ॥
अष्टोत्तरशतं धाम्ना

तथा सति दीक्षान्तरायोपशान्तेः ॥ २८ ॥

प्रायश्चित्ताद्विशुद्ध्यति ।

अत्र विधिमाह

पूर्ववत् सकलीकृत्य
विघ्नोच्चाटनरक्षणम् ॥ २९ ॥

---

१ ख० पु० मै इति पाठः ।

वेष्टनं पूर्ववत् कुर्या-
च्छिवाम्भः शिवहस्तकम् ।
लोकपालांस्तु संपूज्य
शिवकुम्भं च स्थण्डिलम् ॥३०
अग्निकार्यं यथापूर्वं
पूर्णाहुतिप्रपातनम् ।
प्रायश्चित्तं ततः पश्चा-
द्दुःस्वप्नार्थं यदुक्तवान् ॥ ३१ ॥

तत् कुर्यादिति शेषः । वेष्टनं कवचेन, शिवाम्भ इति प्रोक्षणादिकं[१यर्थं], शिवहस्तः कर्मणो दीप्त्यापत्त्या सम्यक् प्रायश्चित्तशान्त्यर्थं, स्थण्डिलमिति तदाधेयं भैरवम् ॥ ३१ ॥

एतदुपसंहरन् प्रकृतं प्रस्तावयति

एवं पूजादिकं कृत्वा
विसृज्य स्थण्डिलाच्छिवम् ।
निर्माल्यापनयं कृत्वा
भूमिं संशोध्य पूर्ववत् ॥ ३२ ॥

---

१ अर्घीर्थमिति पाठः ।

नित्यकर्म ततः कुर्या-
त्पूजाहोमजपादिकम् ।
नित्याह्निके समाप्ते तु
नैमित्तिकमथाचरेत् ॥ ३३ ॥

नित्यकर्म स्वानुष्ठानविषयम् । तत्र प्रायश्चित्तिनो नाधि[1]कार. इति तच्छुद्ध्यन्ते तस्याभिधानं; नैमित्तिकं दीक्षाख्यान्निमित्तादागतम् ॥ ३३ ॥

तदुपक्रमते

उपलिप्य शिवाम्भोभि-
र्ब्रह्म[2]स्थानं प्रपूजयेत् ।
भावेन गन्धपुष्पाद्यैः

भावेन प्रणवेन ।

ततो मण्डलमालिखेत् ॥ ३४ ॥

तद्विधिरग्रे भविष्यति ॥ ३४ ॥

---

१ ख० पु० अनधिकार इति पाठः ।

२ क० पु० मध्यस्थानमिति पाठः ।

अथ

करणीं खटिकां चैव
भैरवेण प्रपूजयेत् ।
धाम्ना तु रजसां पातः

भैरवः सकलः, धाम्नाभिमन्त्रितानां रजसां पश्चात् पातो निर्मन्त्रकं एव, अन्यथा भाविरजोदोषोक्त्यनुपपत्तिः ॥

स च रजसां पातः

सिताद्यश्चागमोदितः ॥ ३५ ॥

सितं रजः पात्यमानमाद्यं यस्य, आगमे बृहत्तन्त्रे उदितः ॥ ३५ ॥

अथ

निष्पन्ने मण्डले स्नात्वा
नित्यकर्म समाचरेत्[1] ।

अपरेऽह्नि, इत्यर्थः ॥

नित्यकर्मसमाप्तौ तु
कुर्यान्नैमित्तिकं बुधः ॥ ३६ ॥

---

1 ख० पु० समारभेदिति पाठः ।

तन्नित्यकर्मानूद्य नैमित्तिकमादिशति

स्नानादि पूर्ववन्मन्त्रैः
सकलीकरणादिकम् ।
आत्मरक्षास्त्रप्राकार-
द्वारपालादिपूजनम् ॥ ३७ ॥
विघ्नोच्चाटनदिग्बन्धौ
भूपातालखवासिनाम्[1] ।
अस्त्रप्राकारमारोप्य
कवचेनावगुण्ठनम् ॥ ३८ ॥
उदङ्मुखं तूपविष्टः
करशुद्ध्यादि पूर्ववत् ।
शिवाम्भः शिवहस्तं च
अर्घत्रयप्रकल्पनम् ॥ ३९ ॥

कृत्वेति शेषः । आत्मरक्षार्थो[2]ऽस्त्रप्राकारः । भूपातालखवासिनां विघ्नानामुच्चाटनमिति व्यवहितः संबन्धः आगमप्रामाण्यात्, अस्त्र-

१ क० ग० पु० गामिनामिति पाठः ।
२ ख० पु० रक्षार्थमस्त्रेति पाठः ।

प्राकारमिति यागगृहविषयम्, उदङ्मुख-मिति बुभुक्षुदीक्षाया अपि मुक्तिपर्यवसायित्वात् दक्षिणास्यस्य चाशेषपाशदाहकत्वात् दीक्षाप्रारम्भे च अत्राचार्यस्योदङ्मुखत्वमेवोक्तं; करशुद्ध्यादीत्यादिशब्दात् देहशुद्ध्यादिकम्। शिवाम्भ इति प्रोक्षणाद्यर्थं शिवमन्त्रितमम्भोऽर्घपात्रात् पृथक्, तच्च प्राक्पटलयोरनुमन्तव्यं पात्रत्रये विधिनिरोधपशुप्रयोजनमर्घत्रयम् ॥ ३९ ॥

ततः

लोकपालांस्तु संपूज्य
शिवकुम्भं प्रपूजयेत् ।

ततोऽपि

मण्डलस्याग्रतो भूत्वा
मण्डलं प्रोक्ष्य चासिना ॥४०॥
वर्मणा वेष्टयेत् पश्चात्
प्रणवेनाभिमन्त्रयेत् ।
अष्टोत्तरशतं धाम्ना
रजोदोषैर्विशुद्ध्यति ॥ ४१ ॥

मण्डलस्याग्रत इत्यनेन दीक्ष्यजनातिशयेन मण्डलस्य दिगन्तराभिमुखत्वमपि ध्वनति । प्रणवेन धाम्नेति प्रणवपूर्वेण निष्कलेनेत्यर्थः ॥ ४१ ॥

इत्थं च संस्कृतस्य मण्डलस्य

चतुर्दिक्ष्वस्त्रं संपूज्य
द्वारे गन्धादिभिः क्रमात् ।
प्राकारं भावयेदस्त्रं

द्वार इति जातावेकवचनं, तेन वक्ष्यमाणनवनाभमण्डलस्य चतुर्दिक्षु यान्यष्टौ द्वाराणि तत्रेत्यर्थः ॥

मण्डलं प्रविशेत् ततः ॥ ४२ ॥

पूजामत्रारभेत इत्यर्थः ॥ ४२ ॥

तत्र

गुरून् संपूज्य विघ्नेशं
पुष्पाद्यैः प्रणवेन तु ।

पूर्वं गणपतिं वायव्यकोणे संपूज्य गुरून्

---

१ ख० पु० यथास्थामिति पाठः ।

प्राच्यां दिशि प्रपूजयेत् । यथोक्तं तृतीयपटले

'अस्त्रस्थानस्य पूर्वेण गुरून् पूज्य विनायकम् ।
वायव्ये.................... ॥' (स्व० ३-४२)

इति ॥

ततः

अनन्तमासनं प्राक्-
च्छिवान्तं प्रणवेन तु ॥ ४३ ॥
मूर्त्यादि पूर्ववन्न्यस्ये-
द्धृदाद्यावरणान्तगम् ।
पूर्वोक्तविधिना पूज्य
नैवेद्यानि निवेदयेत् ॥ ४४ ॥
निरोधार्घेण चार्घं तु
दत्त्वा चैव निरोधयेत् ।
जपध्यानादिकं कृत्वा
अग्निष्ठं भैरवं यजेत् ॥ ४५ ॥
नाडीसंधानकं त्रिष्ठं
कृत्वा संतर्पयेद्विभुम् ।

अग्नाविति शेषः ॥ ४५ ॥

तत्र तावन्नाडीसंधानमाह

आत्मनो निष्कलोच्चारं
कृत्वा कुम्भे निवेशयेत् ॥४६॥
कलशस्थस्य वामेन
रेचयेत् पूरयेत्ततः ।
मण्डलस्थस्य सव्येन
पुनर्वामेन रेचयेत् ॥ ४७ ॥
अग्निष्ठस्य तु तत्तेजो
दक्षिणेन विशन् स्मरेत् ।

मन्त्रकलशाग्निग्रन्थेर्भेदक्रमेण ऊर्ध्वद्वादशान्तमाश्रयन् ततोऽपि हृदयमागत्य तत्र विश्रम्य प्रदक्षिणं भ्रमित्वा सोममार्गेण निःसृत्य कलशस्थस्य दक्षिणेन प्रविशेत्, तत्राप्यमुमेव क्रममास्थाय तद्वामेन निर्गत्य मण्डलस्थस्य दक्षिणेन प्रविश्य प्राग्वद्वामेन निर्गत्य वह्निस्थस्य दक्षिणेन प्रविशेत् प्राग्वदेव च हृदये विश्राम्येत् ।एवमधिकरणचतुष्टयैक्यापत्त्या वह्नावग्नीषोमसूर्यतेजःसामरस्येन स्थेयं नतु ततः स्वहृ-

दयमागन्तव्यमग्निष्ठ एव भवति यागस्य प्रस्तुतत्वात्प्राधान्येनैव अवस्थितेर्युक्तत्वात् ४७

यदाह

एवं संधानकं कृत्वा
ततस्तर्पणमारभेत् ॥ ४८ ॥

एवमित्यग्निविश्रान्त्यन्तम् ॥ ४८ ॥

ततश्च

दशभागविभागेन
हुत्वा पूर्णाहुतिं क्षिपेत् ।

मूलहोमात् पूर्वोक्ताद्वक्राणां दशमांशेन हुत्वेत्यर्थः ।

अथ

प्रायश्चित्तविशुद्ध्यर्थं
कुर्यादष्टोत्तरं शतम् ॥ ४९ ॥
विधेः पूर्णातिरिक्तस्य
धाम्ना पूर्णाहुतिं ततः ।

धाम्नेति काकाक्षिवत् ॥ ४९ ॥

---

१ ख० ह० पु० विश्रान्त्यर्थमिति पाठः ।

किं च

आचार्योऽथार्घहस्तस्तु
　　मण्डलं प्रविशेत्ततः ॥ ५० ॥
संपूज्य परमेशानं
　　पुष्पाद्यैरर्घपश्चिमम् ।
मुद्रां बद्ध्वा प्रणम्यादौ
　　जानुभ्यामवनिं गतः ॥ ५१ ॥
विज्ञापयेत पश्वर्थे
　　प्रारब्धोऽयं मखोत्तमः ।
स्नानाधिवासनाद्यं य-
　　न्मण्डलेऽग्नौ च यत्कृतम् ॥५२
विधानं पुष्कलं सम्यक्
　　त्वत्प्रसादादिहास्तु तत् ।

परमेशानं विज्ञापयेत् पश्वर्थमिति संगतिः ॥ ५२ ॥

अनुष्ठितकर्मविषयां विज्ञप्तिं कृत्वा, अनुष्ठास्यमानविषयामप्याह

इदानीं शिष्यदेहे तु
सकलीकरणादिका ॥ ५३ ॥
योजन्यन्ताध्वशुद्धिस्तु
त्वत्प्रसादात् प्रसिद्ध्यतु ।

ततः कर्मप्रारम्भनिष्पत्त्यन्तं[1] केवलमन्तर्मुखक्रमेण यावन्निश्चितप्रतिपत्त्यापि भगवदधिष्ठितिमात्मनः स्फुटयेदिति विज्ञप्तेराशयः ५३

अत एव

एवमस्त्वित्यनुज्ञातः
परमेशेन वीरराट् ॥ ५४ ॥
लब्धानुज्ञः प्रहृष्टात्मा
निष्क्रामेन्मण्डलाद्बहिः ।

वीरराडिति परमेश्वराधिष्ठितः एवं लब्धाशेषनिर्दलनात्मक[2]भैरवीभावोऽत एव तत्समावेशात्प्रहृष्टात्मा, बहिरिति जवनिकान्तरिते यागधाम्न्येव ॥ ५४ ॥

पश्वर्थाय कृतं यत्तु
तद्गृहीत्वार्घपात्रकम् ॥ ५५ ॥

१ क० पु० निष्पत्त्यर्थमिति पाठः । २ ख० पु० निर्मलात्मकेति पाठः ।

धाम्नस्तु दक्षिणे भागे
कारयेन्मण्डलं गुरुः ।

दक्षिण इति दक्षिणास्यस्य पाशप्लोषकत्वात् ॥ ५५ ॥

अथात्र

प्रणवासनं कुशैर्न्यस्य
शुचिं शिष्यं निवेशयेत् ॥ ५६
शिवाम्भोऽस्त्रेण संताड्य
भस्मना च कुशैः क्रमात् ।
मण्डले कल्पिते शिष्यं
मूर्तिभूतं प्रकल्पयेत् ॥ ५७ ॥

शुचिं स्नातमस्त्रेणेति त्रिषु योज्यम् । कल्पित इति आसनत्वेन, अत्र च मूर्त्यादीनां पूर्वोक्तैव व्याप्तिः । एवमुत्तरत्रापि ॥ ५७ ॥

अथास्य

उपविश्य करन्यासं
निर्दाहाद्यस्त्रपूर्वकम् ।

---

१ क० पु० पापप्लोषकेति पाठः ।

सबाह्याभ्यन्तरं न्यासं
मन्त्रसंधानमेव च ॥ ५८ ॥

गुरुः कुर्यात् ॥ ५८ ॥

ततः

शिवहस्तः प्रदातव्यो
ध्यात्वा देवं सुजाज्वलम् ।

गुरुणा ॥

एवं गुरुरस्य

मूर्ध्नि संपातयेत्तेजः
पाशाङ्कुरविनाशनम् ॥ ५९ ॥

पाशानामङ्कुराः संसारप्ररोहहेतव आद्या उन्मेदास्तेषां नाशनम् । यथोक्तमन्यत्र

'ब्रह्मपञ्चकसंयुक्तः शिवेनाधिष्ठितः शिवः ।
पाशच्छेदकरः क्षेमी शिवहस्तः प्रकीर्तितः ॥
अनेनालब्धमात्रस्तु देही निर्मुक्तबन्धनः ।
प्रयाति शिवसायुज्यं निर्मलो निरुपप्लवः ॥'

इति ॥ ५९ ॥

उत्थाप्य चैं ततो नीत्वा
मण्डलं तु प्रवेशयेत् ।

---

१ ख० ० ध० ङ० पु० तं तत इति पाठः ।

इन्द्रियाणां बाह्यप्रसरप्रशमनेन भगवदे-
काग्रतामाधातुं बद्धनेत्रस्य मण्डलदर्शनमुचि-
तमित्याह

वस्त्रं संप्रोक्ष्य तोयेन
कवचेनावगुण्ठयेत् ॥ ६० ॥
पूजयेद्गन्धपुष्पाद्यै-
र्भैरवेणाभिमन्त्रयेत् ।
नेत्रे बद्ध्वा तु नेत्रेण

नेत्रेणाभिमन्त्रिते[1] नेत्रमन्त्रोच्चारपूर्वं सर्वे-
न्द्रियप्रसरपुरःसरभूते[2] नेत्रे बद्ध्वा ॥

शिष्यस्य
पुष्पं पाणौ प्रदापयेत् ॥६१॥

स च
अकामान्निक्षिपेत्पुष्पं
देवस्याभिमुखं स्थितः ।

तदनन्तरं बुभुक्षोः
पुष्पपातवशान्नाम
कुर्याद्वै साधकस्य च ॥ ६२ ॥

---

१ क० ख० ग० पु० मन्त्रितेनेति पाठः ।
२ क० ख० पु० भूतेनेति पाठः ।

वक्राङ्गादिपूर्वं शिवान्तं पुंसः, स्त्रियस्तु शक्त्यन्तम् ॥ ६२ ॥

यस्तु निष्कामस्तस्य

मुमुक्षोर्गुरुरिच्छातः

यथारुचि कुर्याद्वा न वेत्यर्थः ॥

पूर्वोक्तस्य साधकदीक्षादीक्ष्यस्य

नाम वै साधकस्य वा ।

वाशब्दो निश्चये कुर्यादेवेत्यर्थः ॥

अथ

मुखमुद्धाट्य तं शिष्यं

शिवाय प्रणिपातयेत् ॥ ६३ ॥

शाक्तमार्गोद्धटनव्याप्त्या मुखमस्य लाघवेनोद्धाटयेत् यथासावुद्भूतफुल्लन्यायेन विकसतीति गुरवः ॥ ६३ ॥

किंच

प्रदक्षिणमतः कृत्वा

मण्डलेऽग्नौ प्रणम्य च ।

---

१ ख० पु० न कुर्यादिति पाठः ।

२ ख० ग० घ० ङ० पु० कलशे इति पाठः ।

अग्निकुण्डसमीपे तु
आचार्यः पशुना सह ॥ ६४ ॥

भवेदिति शेषः । प्रदक्षिणादिकर्तृत्वं द्वयोरपि । अत्र च पूर्वोक्ता कराकर्षणयुक्तिः स्मर्तव्या ॥ ६४ ॥

आत्मसव्येऽथ[1] दिग्भागे
मण्डलं प्रणवेन तु ।
पूर्ववन्नाडिसंधानं
तदर्थं चाहुतित्रयम् ॥ ६५ ॥

संपाताभिहुतिं कृत्वा
अणुतर्पणमेव च ।
पूर्णाहुतिं ततो दत्त्वा
प्रायश्चित्तानि होमयेत् ॥६६॥

धाम्ना चाष्टशतं

'पिङ्गला मध्यमा नाडी शिष्यदेहाद्विनिर्गता ।' (स्व० ३।१४९)

इति प्रागुक्तस्थित्या शिष्यकरगुरुजङ्घासङ्गा-

1 क० पु० अपसव्ये इति पाठः ।

तदर्भयुक्त्या नाडीसंधानम्, अणवो मूलाद्या मन्त्राः ॥ ६६ ॥

एतत् कृत्वा

पश्चात्

पातयेदाहुतित्रयम् ।

जात्युद्धारे ध्रुवेणैव

द्विजत्वापादने तथा ॥ ६७ ॥

ध्रुवं प्रणवमुच्चार्य 'अमुकस्य जात्युद्धारं करोमि स्वाहा' इति प्रयोगेण पशुदेहसंबद्धाया जातेरुद्धारे तिस्र आहुतीः पातयेत् । ततोऽपि 'द्विजत्वापादनं करोमि स्वाहा' इति प्रयोगेण भाविरुद्रांशापादनयोग्यतार्थाचिन्त्यशक्तिभिः मन्त्रैः शुद्धविद्यापदजननयोग्यतात्मकद्विजत्वापादनायाहुतीस्तिस्रः पातयेत् । अतश्च यत्किंचिदूचुः—द्विजत्वापादनमेतन्न वर्तमानशरीरविषयम् । तत्र तद्रूव्या[देहा]श्रितायाः शूद्रादिजातेरेव स्थितत्वात् द्विजत्वजातेश्च परस्या नित्याया जन्यत्वाभावादिति कर्मान्तरवशसंभाव्यमानद्विजदेहापेक्षयैवैतद्-

ष्टाचत्वारिंशत्संस्कारापादनेन द्विजस्यैव कार्यमिति तदेषां जातिग्रहग्रस्ततयाननुन्मिषितविवेकत्वादविदितपरमेशशास्त्रार्थसतत्त्वमभिधानमुपेक्ष्यमेव । यतो भाविद्विजदेहविषयमेतदित्यत्रार्थे श्रुतिरस्ति । यथा च वर्तमानस्य पशुशरीरस्याचिन्त्यशक्तिमन्त्रप्रभावात् दाहादिकं जात्युद्धारश्च क्रियते तथा शुद्धतत्त्वमयदेहान्तरोत्पत्तिर्द्विजत्वापादनं च यद्यन्तजात्या[न्त्यजा]देरपि क्रियते तन्न काचिदनुपपत्तिः, श्रुतिस्तर्ह्यत्रार्थे यथाभिहितरूपा सेतिकर्तव्यता [2]स्पष्टैवास्ति । श्रूयते हि एतद्यथाद्यापि योगिन्यो मन्त्रादिप्रभावेन देहजात्यादि आत्मनः परस्य च परिवर्तयन्तीति । माहेश्वरे च नये तदुक्तप्रक्रियापि शिवपुंमायाभ्योऽन्यत्तत्त्वजात्यादि सर्वमेवानित्यम् । यत् तु भुवनाध्वनि अष्टचत्वारिंशत्संस्काराधानेन द्विजत्वापादनं क्रियते तत्पुत्रकस्य वागीश्यां गर्भाधानादियुक्त्या

१ ख० ग० घ० ङ० पु० न श्रुतिरिति पाठः ।

२ ख० पु० स्पष्टेति आमृष्टेति च पाठः प्रतिभाति ।

तत्तत्त्वसंभाव्यमानभूतसर्गभोगशुद्धिमध्ये द्विजभोगेशुद्ध्यर्थम्, इदं तु समयिनो वर्तमानदेहविषयं तस्य तत्त्वशुद्धेरचोदितत्वात्। अतश्चैतदेव यतो दीक्षितानाम्

'एकैव सा स्मृता जातिर्भैरवीया शिवान्यया।'

(स्व० ४।५४१)

इति वक्ष्यमाणस्थित्या न शूद्रादिजातीयत्वमस्ति, प्रत्युत प्राग्जात्युदीरणात् प्रायश्चित्तित्वं शास्त्रसमये स्थितानामुक्तं; द्विजस्यापि चैतदलौकिकं द्विजत्वापादनं कार्यमेव। यत्तु

'............येनेदं तद्धि भोगतः।' (किरणा०)

इति देहस्थित्यां[2] वर्तमानदेहे मन्त्रयोजनं (न) कार्यमित्याहुः, तदारब्धदेहकर्मशुद्ध्यर्थं न कार्यमिति यद्युच्यते तद्युक्तं, शोषदाहाप्यायजात्युद्धाराद्यर्थं तु वर्तमानदेहेऽपि चोदितत्वात् कर्तव्यमेव। अन्यथा

'मन्त्रशक्तिभिरुग्राभिः शोषनिर्दहनादिभिः।
शरीरं शोषितं यैस्मात्तदर्थमभिषेचनम्॥'(स्व० ४।४४७)

इत्यसंगतं स्यात्॥ ६७॥

---

१ ख० ग० पु० भूतशुद्धीति पाठः। २ ख० पु० स्थित्येति पाठः।
३ शोष्यते ताभिरिति मूलस्थः पाठः।

अत्र द्विजत्वापादने कर्तव्यान्तरमाह

बीजाहारे तथा देश-
भावशुद्धौ द्विजो भवेत् ।

प्रणवपूर्वं 'बीजाहारदेशभावशुद्धिममुकस्य करोमि स्वाहा' इत्यत्र प्रयोगः । इह

'ब्राह्मण्यं बीजशुद्ध्या स्यात् सा च स्त्रीषु व्यवस्थिता ।
तासां तु चपलं चित्तं चण्डालेष्वपि धावति ॥'

इति मुकुटसंहितोक्तन्यायान्न कचिद्बीजशुद्धिर्वास्तवी संभाव्यते,—इति सा मन्त्रैरेव संपाद्या, आहारस्य श्रुतिस्मृत्युक्तप्रक्रियया अनिर्वाहादशुद्धिरस्ति, देशस्यापि म्लेच्छादिसंपर्कात्, भावस्यासत्यानार्जवादियोगादिति शुद्धिराधेयैव ॥

अत्रैवमस्य मन्त्रैः शुद्धाविधायां जननेनापादितलोकोत्तरद्विजत्वस्य

प्रणवेनाहुतीस्तिस्रो
रुद्रांशापादने तथा ॥ ६८ ॥

प्रणवपूर्वं 'रुद्रांशो भव स्वाहा' इति प्रयोगात् भाविभैरवीभावभूमिकाग्रहणाय रु-

द्रांशत्वापादनमस्य कार्यं येनाधिगतशास्त्रार्थो रुद्रध्यानैकनिष्ठः स्यात् ॥ ६८ ॥

तत्रेतिकर्तव्यतां दर्शयितुमाह

अस्त्रेण प्रोक्षयेच्छिष्यं
पुष्पयुक्तेन ताडयेत् ।
रेचकेन ततो गत्वा
शिष्यदेहे विशेद्धृदि ॥ ६९ ॥

पुष्पेति अस्त्रजप्तेन पुष्पेणेत्यर्थः । रेचकेनेत्यूर्ध्वमार्गिकेण ॥ ६९ ॥

अथ तत्र

ओंकारादि शिवं जप्त्वा
अस्त्रमन्त्रं फडन्तगम् ।
विश्लेषकरणं कृत्वा
चैतन्यस्य विधानतः ॥ ७० ॥
छेदयेदस्त्रमन्त्रेण
कवचेनावगुण्ठयेत् ।
अङ्कुशेन समाकृष्य
द्वादशान्ते तु कारयेत् ॥७१॥

तत्रस्थः पुद्गलो ग्राह्यः
संपुट्यैव ध्रुवेण तु ।
संहारमुद्रया सम्यक्

शिवं निष्कलं, चैतन्यस्येति पुर्यष्टकरूपस्य, विधानत इति पूर्वोक्तरश्मिमात्रावियोगभावनया, अङ्कुशेनेति मूलमन्त्रस्य कुटिलकलाक्रमेण अङ्कुशमुद्राप्रदर्शनेन चेत्यर्थः । पुद्गलो जीवः, सम्यगिति स्वाभेदप्रतीतिदार्ढ्येन । यथोक्तं स्पन्दे

'..........अयमेवात्मनो ग्रहः ।' (स्प० २।७)

इति ॥

अथोर्ध्वकेन

पूरकेण विशेद्धृदि ॥ ७२ ॥

स्वस्मिन् ॥ ७२ ॥

तत्र

संस्कुंभ्य[2] सरसीकृत्य
रेचयेत्पुद्गलं पुनः ।

---

१ ख० पु० निष्कलनाथमिति पाठः ।

२ क० संकुभ्येति पाठः ।

त्यजन्तं देवताषट्कं
ततश्चापि स्वकं पदम् ॥ ७३ ॥

समरसीकरणं वक्ष्यमाणस्वाभेदापादनं, रेचनमूर्ध्वोद्वेष्टनक्रमेण, देवतां ब्रह्मविष्णुरुद्रेश्वरसदाशिवशिवाख्या . हृत्कण्ठतालुभ्रूमध्यललाटब्रह्मरन्ध्रगाः, तत्त्याग एव शिष्यस्य तदधिष्ठिताध्वनि विश्लेषयोग्यताधानहेतुः, स्वामिनि जिते स्वस्यापि जयात्; स्वकं पदं भ्रूमध्यम्। यद्वक्ष्यति

'ऐश्वरं लभते पदम्।' (स्व० ४।७९)

इति तन्नये तु तत्पदप्रापकात् तदाराधनायोग्यतामस्यादधीत। यदुक्तं मृगेन्द्रायाम्

'इति सामयिकं कर्म.......................।'

इत्युपक्रम्य

'यत्प्राप्य योग्यतामेति.........................॥'

इति ॥ ७३ ॥

तत्रस्थं पुद्गलं गृह्य
संपुट्य च भवेन तु।

---

१ घ० ङ० पु० तत्र हेतुरिति पाठः।

संहारमुद्रयोद्धृत्य
शिष्यस्य हृदि योजयेत् ॥७४॥
भैरवेणाभिमन्त्र्य

भवेन भैरवेणेति निष्कलेनाभिमन्त्रणं च सप्तवारानित्याहुः । तदेतावत्पर्यन्तो रुद्रांशापादनाय ग्रन्थो नतु द्विजत्वापादनायेति मन्तव्यम् ॥ ७४ ॥

द्विजत्वापादने तु पूर्वोक्ते वक्तव्यशेषमाह

एव-
मुपवीतं शिशोर्ददेत् ।

एवमिति भैरवेणाभिमन्त्र्य मन्त्रशक्त्यैव इदानीं शुद्धविद्यापदोद्भवात्मकद्वितीयजन्मयोगात् द्विजत्वं भवति । उपवीतमिति, उप आत्मसमीपे विशेषेण मन्त्रसामर्थ्यात्मना इतं संबद्धं वीतं च शुद्धमनन्तमन्त्रदैवतव्यापकशुद्धविद्यात्मकशक्तिसूत्रप्रतिकृतिरूपमेतदुपवीतम् ॥

१ ख० ग० घ० ङ० पु० भिन्नेपेणेति पाठः । २ ख० पु० रूपमेवैतदिति पाठः ।

दत्तोपवीतो हि असौ

आधानाद्यावदन्त्येष्टिं

द्विजत्वे संस्कृतो भवेत् ॥७५॥

गर्भाधानादयो वक्ष्यमाणाश्चत्वारिंशच्छुद्धविद्योद्भवात्मकप्रोक्तद्वितीयजन्मोपयोगाय, ते [1]च मन्त्रशक्त्यैव सिद्ध्यन्ति ॥ ७५ ॥

एतच्चत्वारिंशता संस्कारैः

पिण्डस्यापादनं जातेः

भवतीति शेषः ॥

कथमित्याह

आहुतित्रितयेन तु ।

पूर्वं निर्णीतेनैव इत्यर्थः ॥

न केवलमियता संस्कारैः पिण्डस्य जात्यापादनं यावत्

चैतन्यस्यापि संस्कार-

माधानान्त्येष्टितः परम् ॥७६॥

---

1 ख० ध० ङ० पु० ते चेहेत्येवंविधः पाठः ।

सूक्ष्मविज्ञानतः कृत्वा
द्विजत्वे संस्कृतो भवेत् ।

आधानेनादिभाविना सहितः पर्यन्तवर्ती अन्त्येष्ट्यात्मा चत्वारिंशः संस्कारः, ततः परं वक्ष्यमाणं दयाक्षान्त्याद्यष्टात्मकात्मगुणसंस्काराष्टकं सूक्ष्मविज्ञानत इति भावनया । एवं द्विजत्वापादनार्थं यथोक्तं निर्वर्त्योक्तसतत्त्वं रुद्रांशापादनं कर्तव्यम् ॥ ७६ ॥

तदन्तेऽपि

शतहोमं सहस्रं वा
हुत्वा पूर्णाहुतिं ततः ॥ ७७ ॥

दद्यादिति शेषः । शतादिहोमो मूलमन्त्रस्य तदङ्गानां तु दशांशः इति स्थितमेव ॥ ७७ ॥

तदिदमुपसंहरति

समयी संस्कृतो ह्येवं

एवमिति जात्युद्धारद्विजत्वरुद्रांशापत्तिभिः समयी समयः पारमेशशास्त्रमर्यादावर्तनमस्यास्तीति कृत्वा ।

यदाह

वाचनेऽस्यार्हता भवेत् ।
श्रवणेऽध्ययने होमे
पूजनादौ तथैव च ॥ ७८ ॥

वाचनं बुद्ध्याद्यारोहायावर्तनं, श्रवणमर्थावबोधः, अध्ययनं वेदवत्सततपाठ आगमग्रन्थस्य, आदिशब्देन जपध्यानादयः ॥ ७८ ॥

इत्थमयं समयी

चर्याध्यानविशुद्धात्मा
लभते पदमैश्वरम् ।

चर्याध्यानाभ्यां समयपालनयोगाभ्यासाभ्यामेव विशुद्ध आत्मा यस्य । दीक्षया हि अस्याध्वशुद्धियोजनेन विना ईश्वरयोगयोग्यतैवाहितेति तद्योगादेव अस्य पाशशुद्धावीश्वरपदाप्तिः । अतश्च यत्कश्चिदीश्वरतत्त्वयोजितस्यास्य पुत्रकादिदीक्षायामधरपदशोधनं न युक्तम् इति ईश्वरपदं

'शुद्धमावस्थितस्यास्य कालरुद्रं निधापयेत् ।'

इति कैरणवाक्यानुसारेण कालाग्निधाम वा

[मैव] इत्यवोचत् तदसत्, समयिनो योजनिकादेरचोदितत्वात् कैरणस्य वाक्यस्य चास्य पुत्रकाश्रयभुवनदीक्षाविषयत्वात् । किरणायां हि समयिदीक्षान्ते

'........................ ततो दीक्षां समाचरेत् ।'

इत्युपक्रम्य पुत्रकविषयभुवनदीक्षा एतद्वाक्यप्रमुखं निर्वाहितेत्यलम् । ऐश्वरपदलाभोऽपरा मुक्तिः ॥

अथोक्तसमयिदीक्षानन्तरनिर्वर्त्यां प्रथमत एव वा कर्तव्यां पुत्रकादिदीक्षां निर्णेतुं प्रस्तौति

अथ दीक्षाध्वशुद्ध्यर्थं
भुक्तिमुक्तिफलार्थिनाम् ॥७९॥
विधानमुच्यते सूक्ष्मं
पाशविच्छित्तिकारकम् ।

भुक्त्यर्थिनः साधकाः मुक्त्यर्थिनः पुत्रकाचार्याः, तेषां या दीक्षा तस्यामध्वशुद्ध्यर्थं सूक्ष्ममिति भाविव्याप्त्या समूलपाशोन्मूलने

१ ख० उन्मूलेन ।

परतत्त्वयोजनिकादिरूपं विधानमुच्यते । समयिनस्तु अधिष्ठातृकारणविश्लेषमात्रपूर्वमीश्वरतत्त्वाराधनयोगयोग्यता,—इति तं प्रति न सूक्ष्मविधानं नापि परा मुक्तिर्नापि मन्त्राराधनक्रमेण भुक्तिरिति भाविपुत्रकादिपदप्राप्तियोग्यताजननमात्रं समयिदीक्षालक्षणम् । यथोक्तम्

'........................समयी राजपुत्रवत् ।'

इति ॥ ७९ ॥

अथ पुत्रकसाधकदीक्षयोर्विषयविभागं सपीठिकाबन्धं करोति

गुरुः संपृच्छते शिष्यं
द्विविधं फलकाङ्क्षिणम् ॥८०॥

द्विविधं बुभुक्षुं मुमुक्षुं वा, फलमिति मोक्षो भोगो वा ॥ ८० ॥

अतश्चेदमस्मै ब्रूयात्

फलमाकाङ्क्षसे यादृक्
तादृक् साधनमारभे ।

साधनं दीक्षाविधिः ॥

यतः

वासनाभेदतः प्राप्तिः
साध्यमन्त्रप्रचोदिता ॥ ८१ ॥

साध्य आराध्यो यो मन्त्रः स चिन्तामणि-कल्पो वासनानुसारं फ़लति । अत एव श्रीस्पन्दे

'तदाक्रम्य बलं मन्त्राः ।' (स्प० २।१०)

इत्युपक्रम्य

'सहाराधकचित्तेन ।' (स्प० २।१० ।)

इत्यन्तम् ॥ ८१ ॥

तथा च

मन्त्रमुद्राध्वद्रव्याणां
होमः साधारणः स्मृतः ।
भुक्तौ मुक्तौ च ॥

स तु

वासनाभेदतो भिन्नः
शिष्याणां च गुरोस्तथा ॥८२॥

यदा शिष्यः स्वप्रत्ययी तदा गुरुः तद्वासनानु-सारं मुक्तये भुक्तये वा जुहुयात् । यदा तु

गुरुप्रत्ययी तदासौ स्ववासनानुसारं मुक्तय एव तस्य बुभुक्षाभावादित्यर्थलभ्योऽयमत्राशयः ॥ ८२ ॥

अथ वासनाभेदतः शिष्यभेदं प्रतिपादयति

साधको द्विविधस्तत्र
शिवधर्म्यैकतः स्थितः ।
शिवमन्त्रविशुद्धाध्वा
साध्यमन्त्रनियोजितः ॥ ८३ ॥
ज्ञानवांश्चाभिषिक्तश्च
मन्त्राराधनतत्परः ।
त्रिविधायास्तु सिद्धेर्वै
सोऽत्रार्हः शिवसाधकः ॥८४॥

शिवधर्मः शिवशास्त्रोक्तसमाचारः नित्यावियोगेन[1] विद्यते यस्य, अत एव शिवपदेन साध्यमन्त्रेणैव विशुद्धो न तु लोकधर्मिण इव अंशेन स्थापितोऽध्वा यस्य, यस्मिन्नेव च सा-

---

१ ख० पु० नित्ययोगेनेति पाठः ।

ध्यमप्रयोजित इत्याचार्येणाराधकत्वेन नियुक्तः। ज्ञानवानिति अधिगतमन्त्रतन्त्ररहस्यः ॥ ८४ ॥

अपरमाह

द्वितीयो लोकमार्गस्थ
इष्टापूर्तविधौ रतः ।
कर्मकृत्फलमाकाङ्क्षन्[2]
शुभैकस्थोऽशुभोज्झितः ॥८५॥

लोकमार्गः श्रुतिस्मृत्याचारः, इष्टं तीर्थस्नानान्नदानादि, पूर्तं कूपतडाकमठादि, फलमाकाङ्क्षन् कर्म शुभमेव करोति न तु मन्त्राराधनम्

'लोकधर्मिण्यसौ दीक्षा मन्त्राराधनवर्जिता ।'
(स्व० ४।१४५)

इति वक्ष्यमाणत्वात् शुभकर्मणैव तु फलस्य साधनात्साधकोऽयं, दीक्षया त्वस्याशुभमात्रमेव शमनीयमित्याह अशुभोज्झित इति ॥८५

---

१ क० ख० पु० द्विविधो लोकेति पाठः । २ क० पु० साकाङ्क्ष इति पाठः ।

अत एव

तस्य कार्यं सदा मन्त्रै-

रशुभांशविनाशनम् ।

सदेति देहारम्भकर्मवर्जं यद्यदकरोत् करिष्यति वा तत्र मध्ये योऽशुभांशः स सर्वोऽस्य शोध्यः ॥

'...प्रारब्धैकं न शोधयेत् ।' (स्व० ४।१४३)

इति वाक्यस्य प्रायशः सर्वविषयत्वादसंकीर्णाचारेण शिवधर्मिणा भाव्यमित्याह

गृहस्थो वा यतिर्वासा-

वाश्रमैकतमस्थितः[1] ॥ ८६ ॥

श्मशानादिकवृत्तेनैव[2] वा सिद्धिं साधयेत्, गृहस्थवृत्तेन तादृशैरेव द्रव्यैः न तु शवलतया, असाविति शिवधर्मी न त्वन्यः तस्य मन्त्राराधनेऽनधिकारात्[3] न तु आश्रमानवक्लृप्तिपरमेतत् इहानुपयोगात् ॥ ८६ ॥

---

१ क० ख० पु० आश्रमैक उपस्थित इति पाठः । २ ग० पु० श्माशानिकवृत्तेति पाठः । ३ ख० पु० मुद्राराधनेति पाठः ।

साधकं निर्णीय मोक्षैकनिष्ठं पुत्रकं निर्णेतुमाह

मुमुक्षुर्द्विविधः प्रोक्तो
निर्बीजो बीजवान्पुनः ।

उभयोर्विषयविभागमाह

बालबालिशवृद्धस्त्री-
भोगभुग्व्याधितात्मनाम् ॥८७॥
एषां निर्बीजिका दीक्षा
समयादिविवर्जिता ।

बालिशो मूर्खः, वृद्धोऽनुष्ठानासमर्थः, भोगभुक् उपनतभोगैकसक्तोऽप्यायातशक्तिपातो दीक्ष्य एव । अन्ये त्वालस्योपहतोऽयं न पात्रम्, अतो भोगभुक् अपथ्यपरश्चासौ व्याधित इति योजयन्ति, व्याधितो दुश्चिकित्स्यः, निर्बीजिकेत्यस्य व्याख्यानं समयादिविवर्जितेति आदिशब्दात्पवित्रकादिविधिः । वक्ष्यति च

'समयाचारपाशांश्च निर्बीजायां विशोधयेत् ।'
(स्व० ४।१४९)

इति ॥ ८७ ॥

विद्वद्द्वन्द्वसहाना तु
सबीजा[1] कीर्तिता प्रिये ॥ ८८ ॥

विदुषां शास्त्रविवेककुशलानां द्वन्द्वसहानां व्रतचर्यादिक्लेशक्षमाणां समयपालनेऽपि शक्तत्वात् ॥ ८८ ॥

दीक्षानुग्राहिका तेषां
समयाचारसंयुता ।

पूर्वाविवेक्यशक्तविषया इयं तु विपरीतविषयेति तात्पर्यम् ॥

अतश्च

विशेषसमयाचारा
मन्त्राख्ये ये प्रकीर्तिताः ॥८९॥
तेऽत्र पाल्याः प्रयत्नेन
मोक्षसिद्धिमभीप्सता ।

मन्त्राख्ये मन्त्रपीठे, अस्मिन् ये

'न निन्देद्भैरवं देवं न च शास्त्रं तदुद्भवम् ।'
(स्व० ५।४५)

---

१ ख० पु० निर्बीजेति पाठः ।

इत्यादयो वक्ष्यमाणा विशेषसमयाचारा उक्ताः, ते अत्रेति सबीजदीक्षायां प्रयत्नेन पाल्याः, अन्यथा प्रायश्चित्तित्वमिति भविष्यति । मन्त्राख्ये इति विद्यापीठादेरप्युपलक्षणपरम् ॥ ८९ ॥

येयमेव निर्णीता दीक्षा

सबीजा सा तु विज्ञेया
पुत्रकाचार्ययोः स्थिता ॥ ९० ॥

वागीश्या गर्भोद्धृतेः संसारप्रशमनेनानुकम्पितः पुत्रः पुत्रकः, साधकदीक्षायां यद्यपि समयपालनमाम्नातं तथापि न तद्दीक्षा सबीजोच्यते, मुमुक्षुर्द्विविधः इति परिभाषणात् ॥९०॥

एवमस्मिंश्चतुर्विधे दीक्षाकर्मणि प्रथमम्

गृहस्थो वाश्रमी वाथ
यतिः संकल्प्य दीक्षयेत् ।

वाक्यार्थस्यात्र कर्मता पश्य मृगो धावतीतिवत्, तेन गृहस्थोऽयमाश्रमीति ऐहिकभोगस्पृहयालुः, यतिरित्येतद्विपरीतो वेत्येतत्

---

१ ख० पु० अपि इति पाठः ।

प्रथमं संकल्प्य एतदुचितेनैव असंकीर्णेन विधिना दीक्षां कुर्यात् ॥

तत्र पुत्रकदीक्षायां प्रक्रमते

पाशसूत्रकमादाय
शिष्यदेहेऽवलम्बयेत् ॥९१॥

अधिवासावसरे अधिवास्यकुम्भाग्रे यत्संरक्ष्य स्थापितमवलम्बनं शिखाग्रात्पादान्तं प्राग्वत् ॥ ९१ ॥

अथ

अध्वानं संधयेदग्नौ
धाम्ना चैव विचक्षणः ।

वक्ष्यमाणषडध्वव्याप्तिज्ञो गुरुः प्राधान्यात् शिवाग्नावेव अशेषपाशप्लोषिणि, अध्वानमितीह प्रस्तुतं कलाध्वानं, तत्त्वादिदीक्षायां तु तत्त्वादिरूपं संदधीत ॥

न चाग्नावेव यावत्

कुम्भमण्डलवह्निस्थश्चाध्वात्मस्थः शिशोश्च यः ९२

1 ख० पु० तदुचितेति पाठः ।

सूत्रस्थश्चापि चैकत्र
अध्वसंधिः प्रकीर्तितः ।

आत्मस्थ इति गुरोः ॥ ९२ ॥

एकत्रेत्युक्तमधिकरणं विभजन्नध्वशुद्धिं निरूपयितुमाह

षड्विधस्याध्वमार्गस्य
साधारणगतस्य तु ॥ ९३ ॥

कुण्डे संकल्प्य संशोध्य-
मध्वसंधौ[1] तु होमयेत् ।

वर्णमन्त्रपदकलातत्त्वभुवनभेदात् षड्विधस्याध्वनः तत्तत्पदप्राप्तिहेतुतया मार्गरूपस्य कुम्भादिषु षट्सु अधिकरणेषु साधारणगतस्याभेदेन[2] स्थितस्य तथा ज्ञातस्य च मध्यात् संशोध्यमित्यन्तर्भूताध्वपञ्चकमेकतमं प्राधान्येन शोधयितुमिष्टं, कुण्डे इति तत्स्थे शिवाग्नौ संकल्प्य अध्वसंधिनिमित्तं होमं कुर्यात् ॥ ९३ ॥

---

१ ख० पु० मन्त्रसंधाविति पाठः । २ ख० अभेदस्थित० ।

कथमित्याह

मूलमन्त्राष्टशतिक-
मध्वसंधानहेतुतः ॥ ९४ ॥

प्रणवमूलमन्त्रोच्चारपूर्वमध्वसंधिर्भवतु स्वाहा इति प्रयोगेनाध्वव्याप्तिज्ञो गुरुरष्टोत्तरं शतं जुहुयादिति यावत् ॥ ९४ ॥

अध्वावलोकनं पश्चा-
द्व्याप्यव्यापकभेदतः ।

अवलोकनं भावनं कुर्यादिति शेषः ॥

व्याप्तिं स्फुटयति

भुवनव्याप्तिता तत्त्वे-
ष्वनन्तादिशिवान्तके ॥ ९५ ॥

अनन्तादिशिवान्तके यानि भुवनानि तद्व्यापकत्वं तत्त्वेषु ॥ ९५ ॥

तानि च तत्त्वानि

व्यापकानि च षट्त्रिंशत्

ये त्वन्ये त्रयोऽध्वानः

मन्त्रवर्णपदात्मकाः ।

वर्णाः पञ्चाशत् पदानि नवात्मसंबन्धीन्येकाशीतिः ॥

ते च

तत्त्वान्तर्भाविनः सर्वे

तत्त्वानि अन्तर्भावयन्तीति कृत्वा ।

कथम्

वाच्यवाचकयोगतः ॥ ९६ ॥

तत्त्वानि वाच्यानि मन्त्रादयो वाचकाः । यथा च अयं वाच्यवाचकभावस्तथाग्रे भविष्यति ॥ ९६ ॥

कलादीक्षायाः प्रस्तुतत्वात् तदन्तर्भावं तावत्पञ्चानामध्वनामाह

कलान्तर्भाविनस्ते वै

निवृत्त्याद्याश्च ताः स्मृताः ।

अस्य सर्वस्य अध्वग्रन्थस्यायं पिण्डार्थः—परमेश्वरश्चिदानन्दघनः स्वतन्त्रभट्टारकः एकादशपटलनिरूपयिष्यमाणस्थित्या उन्मनाख्यया स्वस्वातन्त्र्यशक्त्या शून्यादिक्षित्यन्तमनन्तं

वाच्यवाचकरूपं स्वभित्तौ स्वानधिकमप्यधिकमिव युगपदवभासयति। तत्र वाचकं ग्राहकभागावस्थितं परसूक्ष्मस्थूलभेदेन वर्णमन्त्रपदात्मकं त्रिधा, वाच्यमपि ग्राह्यभागाभिनिविष्टं कलातत्त्वभुवनात्मकं, तथैव वर्णा ह्यभेदविमर्शसाराः किंचित्स्थौल्येन भेदाभेदविमर्शनात्मकमन्त्ररूपतामाश्रित्य ततोऽपि स्थौल्येन भेदविमर्शावगमकपदरूपतया भान्ति। एवं वाच्यरूपा पारमेश्वरी कलाख्या शक्तिरुत्तरोत्तरवैशिष्ट्येन तत्त्वभुवनात्मतां गृह्णाति, वस्तुतश्चेयमक्रमैव पारमेश्वरी शक्तिः स्फुरति, तत्रापि च स्वस्वातन्त्र्यात् दर्पणनगरवत् क्रममप्यादर्शयति, क्रमेपि च पूर्वं पूर्वमुत्तरत्र व्यापकतया स्थितं मृदिव घटादौ उत्तरमुत्तरं तु पूर्वत्र शक्त्यात्मना स्थितं वृक्ष इव स्वबीज इति सर्वं सर्वात्मकमेव। अत एव पञ्चतत्त्वदीक्षायामनाश्रिततत्त्वपर्यन्ता भूतव्याप्तिर्भविष्यति। एवं चैकैकोऽपि प्रमाता भावो वा वस्तुतः षडध्वस्फाररूपपारमेशशक्तिमयादिहान्तपरामर्शसाराहन्ताविश्रान्तिस-

तत्त्वः परभैरवरूप एव, तथास्वापरिज्ञानात् तु तन्मायाशक्तिकृतादपूर्णमन्यः शब्दराशि-कलाविलुप्तविभवत्वात् वर्णादिभिः कलादि-भिश्च तात्त्विकस्वरूपेणास्फुरद्भिः प्रत्ययोद्भव-क्रमेण देहादौ ग्राहिताहंभावो विषयमात्रासु ग्राहितभोक्तृताभिमानश्च खेचर्यादिचक्रचतु-ष्टयस्य भोग्यतां प्राप्तो[1] बद्धः पशुः संपन्न,—इत्यस्य पशुभावशमनाय पारमेश्वरी अनुग्रा-हिका शक्तिः शिवाभिन्नाचार्यहृदये पारमा-र्थिकेन स्वरूपेण स्फुरन्ती शिष्यस्य सर्वम-ध्वानं संकोचकत्वप्रशमनेन असंकुचितस्वश-क्तिसारतया स्फारयन्ती शोधयति दीक्षाज्ञा-नादियोगेन, अत एवमाचार्यस्फारसारा म-न्त्रादयः शोधकाः पश्चात्माभिनिविष्टाः शो-ध्याः,—इति शोध्यशोधकभावेऽपि न काचित् क्षतिः। यतश्चैकैकस्यापि अध्वनः सर्वमयत्व-मस्ति अत एव तत्तदध्वप्राधान्येन दीक्षाया-मन्याध्वपञ्चकमन्तर्भावशोधनमुक्तव्याप्तिसत-त्त्वं कार्यम्। उक्तं च श्रीस्पन्दे

---

१ ख० पु० प्राप्तुमिति पाठः।

'सेयं क्रियात्मिका शक्तिः शिवस्य पशुवर्तिनी ।
बन्धयित्री स्वमार्गस्था ज्ञाता सिद्ध्युपपादिका ॥'
(३।१८)

इत्यलं, केवलं

'यावन्न वेत्ति वै व्याप्तिं कुण्डस्यैवात्मनोऽपि वा ।
साध्यस्यैव[1] पशोश्चैव पाशानां च षडध्वनः ॥
बालवत् क्रीडते तावत्कर्यं तस्य कथं भवेत् ।' (१६।५४)

इति मृत्युजित्युक्तत्वात् तत्र तत्र व्याप्तिप्रदर्शनायायमस्माकं भरः,—इति न नो वाचालता कल्प्या सचेतोभिः ॥

अथ प्रसङ्गात्कलावाचकान्मन्त्रानाह

हृदाद्या वाचकास्तासां
बीजमन्त्राः प्रकीर्तिताः ॥९७॥

बीजमन्त्रा इति निष्कलाः, हृदाद्या इति हृच्छिरःशिखाकवचनेत्रमन्त्राः क्रमेण निवृत्त्यादीनां वाचकाः ॥ ९७ ॥

एवं चास्मिन् कलादीक्षाविधौ

एकैकस्याः कलायाश्च
पृथग्व्याप्तिं विभावयेत् ।

सा चादूर एव व्यक्तीभविष्यति ॥

---

1 ख०पु० साध्यस्य वा इति पाठः

तोश्च

पृथिव्यादिकला ज्ञेया

ब्रह्माद्याः कारणाश्च ते ॥ ९८ ॥

निवृत्त्याद्याः पृथिव्यादिशक्तिरूपा ज्ञेयाः पृथिव्यादीनामेवानाश्रितपर्यन्तं सूक्ष्मतयावस्थानात् । एतच्च पञ्चतत्त्वदीक्षाविधौ स्फुटीभविष्यति । एता एवमधिष्ठातृरूपतया ब्रह्मविष्णुरुद्रेश्वरसदाशिवशिवाः, अतश्च अधिष्ठातृदेवताशुद्ध्याप्येताः शुद्धा भवन्तीत्यपि सूचितम् ॥ ९८ ॥

उपसंहरति

एवं व्याप्तिं भावयित्वा

प्रतिकलं समनन्तरवक्ष्यमाणव्याप्तिमेवमिति निर्णीतपरसूक्ष्मस्थूलक्रमेणाध्वनो भावयित्वा

अध्वोपस्थापनं भवेत् ।

उपस्थापनमेकतमस्य प्रधानतया शुद्ध्यर्थं संमुखीकरणम् । अत्र च धामादीत्यादिना (स्व० ४।१०१) मन्त्रं वक्ष्यति ॥

---

१ क०ग०पु० एता इति पाठः ।

एवमुपस्थितस्य संनिधानाय

त्रिराहुतिं ध्रुवेणैव

दद्यादिति शेषः ॥

किं च

अध्वशुद्धिरतो भवेत् ॥ ९९ ॥

कथमित्याह

अग्नौ तु पूजिते देवे

अध्वन्यासे कृते सति ।

तदेव पादादारभ्य

पृथिव्यादिक्रमान्न्यसेत् ॥ १०० ॥

तदेवेति निवृत्त्यादिरूपं, पादादिति संहारक्रमेण, तत्र गुल्फान्तं निवृत्तिः, नाभ्यन्तं प्रतिष्ठा, ताल्वन्तं विद्या, मूर्धान्तं शान्तिः, ब्रह्मरन्ध्रान्तं शान्त्यतीता, – इति भविष्यति । इत्थं च वर्तमानप्राणदेहप्रतिकृतिरूपे सूत्रकदेहानुसारिगुल्फनाभ्याद्यवधिमति अध्वन्यासतच्छुद्ध्यादिकं कृतं देहेऽपि संपन्नमेवेति न तत्र समयदीक्षायामिव पृथक् जात्युद्धारद्विजत्वापत्त्यादि क्रियते पृथगचोदनात् । भाविस्थित्या

तु निष्कृतिहोमान्तर्भावेन भाविदेहाश्रयतया-पि चैतन्यस्य तत्कृतं तत्स्थीकरणादियुक्त्या वर्तमानदेहाश्रयस्यापि संपद्यते । एवं समय-दीक्षान्तर्भाविपुत्रकदीक्षापक्षे च वर्तमानदेह-विषयो दीक्षासंस्कारः पुनरुपयुक्तः ॥ १०० ॥

पूर्वोक्ते उपस्थापने मन्त्रमाह

धामादिः प्रणवादिश्च
निवृत्त्यै च नमः पुनः ।
उपस्थापनमन्त्रोऽयं
व्याप्तिं ध्यात्वाध्वसंस्थिताम् १०१

प्रयोक्तव्य[1] इति शेषः । अत्र च प्रणवधाम-भ्यामनन्तरं हृन्मन्त्रः पूर्वोक्तः पठनीयः

'हृदाद्या वाचकास्तासां बीजमन्त्रा ......।'

इत्युक्तत्वात् । एवमुत्तरत्रापि ज्ञेयम् ॥ १०१ ॥

यदुक्तम् एकैकस्याः कलायाः पृथग्व्याप्तिरिति तत् स्पष्टयति

निवृत्त्यभ्यन्तरे पृथ्वी
शतकोटिप्रविस्तरा ।

---

१ ख० पु० योज्यमिति पाठः ।

तस्यां च भुवनानां च
शतमष्टोत्तरावधि ॥ १०२ ॥
अष्टाविंशतिः पदानि
वर्ण एकोऽत्र संस्थितः ।
मन्त्रौ द्वावेव विज्ञेयौ

शतकोटीति योजनशतकोटिविस्तारेत्यर्थः । शतमष्टोत्तरावधीति, तत्र कालाग्निः कूष्माण्डो हाटक इति ब्रह्माण्डान्तरधोभागगतास्त्रयः । मध्ये भूलोकाधिपतिः शिवः, तदुपरि सत्यलोकान्तमधिष्ठाता ब्रह्मा, तदुपरि विष्णुरुद्रौ स्वलोकयोरित्यन्तः सप्त, बहिरस्य दशसु दिक्षु स्थितं रुद्रशतं तदुपरि सर्वेषां स्वामी वीरभद्रः, इत्येतदष्टोत्तरं शतम्, पदानि त्वष्टाविंशतिः, भाविनवनाभमण्डलारम्भिभागैकाशीतिनिविष्टवक्ष्यमाणविभागनवात्मवर्णान्येकाशीतिस्तत्त्वद्विश्रान्तिप्रदत्वात्पदानि; तेभ्यः प्रकृतितत्त्वाधिष्ठितेशादिग्गतभागनवकगतं प्रातिलोम्येनेशोत्तरादिक्रमेण मध्यपदं यावत् ओंका-

१ ख० पु० तत्त्वप्रदेति पाठः ।

राद्यूकारान्तं पदनवकं, तथैव पुरुषतत्त्वाश्रितकुबेरदिग्गतमूकारादियकारान्तं नवकम्, एवं नियतिस्थानस्थवायुदिग्गतमूकारान्तमिति सप्तविंशतिः पदानि; कौलतत्त्वास्पदवरुणादिग्गतैशकोणस्थ ऊकारश्चेत्यष्टाविंशतिः पदानि । अत्रैव स्पष्टीकरणार्थमयं प्रस्तारः प्रदर्श्यते ।

सदाशिवः

ओं	ह	र	ऊ	ओं	र	ऊ	ह	ओं
य	ऊ	क्ष	य	ह	क्ष	य	र	क्ष
म	ल	म	व	ल	म	व	ल	म
ऊ	ह	र	ऊ	ह	र	ऊ	ह	र
ओं	य	क्ष	य	ओं	क्ष	य	क्ष	ओं
व	ल	म	व	ल	म	व	ल	म
ऊ	ह	र	ऊ	ह	र	ऊ	ह	र
य	व	क्ष	म	ल	क्ष	य	म	क्ष
ओं	ल	म	व	ओं	म	व	ल	ओं

कालः

वर्ण एक इति मातृकासंबन्धी प्रातिलो-

१ क० पु० विकल्पमकारादि इति पाठः । २ क० पु० कर्केति पाठः ।

न्येन क्षः । यद्यप्ययं पूर्वं वक्त्रभङ्ग्या शाम्यतीतापरमार्थ ईशानवक्त्रवाचकत्वेन निरूपित इह तु पृथिवीवाचकत्वेन, तथापि आदिक्षान्तस्य शब्दराशेरशेषविश्वशरीरपरभैरवपरामर्शात्मकत्वेन एकैकोऽप्यंशः

'प्रदेशोऽपि ब्रह्मणः सार्वरूप्यमनतिक्रान्तश्चाविकल्प्यश्च ।'

इति स्थित्या विश्वरूपत्वाद्विश्वाभिधायको, वाच्योऽपि चांशः

'एकैकत्र च तत्त्वेऽपि षट्त्रिंशत्तत्त्वरूपता ।'

इति नीत्या विश्वात्मकत्वात् सर्ववर्णवाच्यः । ततश्च भगवता शक्तिनियन्त्रणाय एवमत्यपवपि वा तत्तदागमे सिद्धवाचकभावे विचित्रदीक्षादिक्रमोपयोगिनि निरूप्यमाणेऽपि न काचिदनुपपत्तिः[1] । मन्त्राविति निष्कलसद्योजातौ[2] ॥

एवमस्यां निवृत्तिकलायाम्

अध्वषट्कं विभावयेत् ॥ १०३ ॥

---

१ ख० पु० कश्चिदिति पाठः । २ क० पु० १ नैष्कलहृदये पाठः ।

अथेमां निवृत्तिमन्तर्भावितापराध्वव्याप्तिं पूर्वोक्तक्रमेण[1]

पुष्पगन्धादिना पूज्य

अस्याश्च प्राङ्मन्त्रेण

संनिधावाहुतित्रयम् ।

संनिधानाय आंहुतित्रयं दद्यादिति शेषः । कलाद्यध्वान्तर्मलत्रयं शोध्यमिति वक्तुमाह

मायीया भुवनाकारा

मलाः कर्म च संस्थिताः ॥१०४॥

पाशा इति शेषः ॥ १०४ ॥

तत्र

शरीरभुवनाकारा

मायीयाः परिकीर्तिताः ।

भोगहेतुश्च कर्म स्या-

दभिलाषो मलोऽत्र तु ॥१०५॥

भुवनैर्भावभूतादि लक्ष्यते, तेन यत्किंचि-द्वेद्यतया[2] भाति स मायीयो मलः, भोगेन

१ ख० पु० पूर्वोक्तमन्त्रेणेति पाठः । २ ख० पु० भेद्यतयेति पाठः ।

तदाक्षिप्तं जन्मापि लक्षितम् । उक्तं च प्रत्यभिज्ञायाम्

'भिन्नवेद्यप्रथात्रैव मायाख्यं............।'

इति । तथा

'..................जन्मभोगदम् ।'

'कर्तर्यबोधे कार्मं तु ।' (ई० प्र० ३।२।५)

इति । 'अभिलाष' इति अपूर्णमन्यतात्मा लोलिकारूपः नतु किंचिन्मे स्यादितीदृक् रागतत्त्वस्यैवमात्मत्वात् । अत्र त्विति, एतस्मिन्नाणवे भित्तिभूते सति अन्यन्मलद्वयमित्यर्थः ॥ १०५ ॥

अत एव शान्त्यतीतायामपि सूक्ष्मभुवनावस्थितेः प्रतिपादयिष्यमाणत्वात् तावतांशेन मलसंस्कारस्य सत्त्वात् शोध्यतां प्रतिपादयिष्यन्नुपसंहरति

एवं पाशत्रयं भाव्यं
दीक्षायामध्वसंस्थितम् ।

अथैतद्भावयित्वा

तद्विशुद्ध्यै च दीक्षा च
क्रियते सा यथाविधि ॥१०६॥

विविधं तेषां पाशानां विशेषेण संस्कारपर्यन्तताप्रशमनरूपेण शुद्ध्यर्थं चकाराद्योजनिकाग्रन्थनिर्वर्त्यशिवत्वाभिव्यक्त्यर्थं च दानक्षपणात्मा दीक्षा क्रियते ॥ १०६ ॥

तद्विधिं प्रस्तौति

आदौ शक्तिं न्यसेद्देवि
कलातत्त्वसमन्विताम् ।

शक्तिमाधाररूपां पारमेशीं क्रियाख्यां कलादीक्षाप्रस्तावात् प्रथमं निवृत्तिकलात्मना तत्त्वेनान्तर्भावितापराध्वपञ्चकेन सम्बद्धाम् ॥१०७॥

तथा

हृदा संकल्प्य वागीशीं
व्यापिकां सर्वयोनिषु ॥ १०७ ॥

न्यसेत् । हृदेति काकाक्षिवत् पूर्वत्रापि योज्यम् । उक्तं च

'हृदाद्या वाचकास्तासां............ ।' (४।१।९७)

इति ।

'वागेव विश्वा भुवनानि जज्ञे ।'

इति स्थित्या यथास्याश्चतुर्दशविधभूतसर्गजन्मभूमिव्यापकत्वं तथा निर्णीतमेव ॥१०७॥

निवृत्त्यनुसारेण योनीर्निरूपयति

शतरुद्राद्यनन्तान्तं
योनयो विविधाः स्थिताः ।

विविधाश्चतुर्दशविधभूतसर्गजनिकाः ॥

तासु च

समकालमृतुत्वेनं
वागीशीं संनिधापयेत् ॥१०८॥

आयातशक्तिपातं प्रति शुद्धस्रष्ट्यौन्मुख्यसंपाद्ययुगपदनेकदेहसर्गयोग्यतात्मकार्तवयुक्त्या सा तावत्संनिहिता, आचार्यस्तु तन्मूलबलावष्टम्भात्मना प्रयोजकव्यापारेण तां संनिधिमुद्राबन्धनपूर्वमग्निकुण्डेऽवस्थापयेत् ॥ १०८ ॥

अथ तां

ध्रुवेण पूजयेत्पुष्पै-
र्गन्धधूपैरनुक्रमात् ।

अत्र च प्रणवं हृद्बीजं चोच्चार्य, 'पृथिवीतत्त्वस्थानन्तादिवीरभद्रान्तनानाभुवनगतचतुर्दशविधभूतसर्गविचित्रशरीरहेतवे निवृत्तिव्यापि-

कायै वागीश्यै नमः' इति मन्त्रः संनिधापन-पूजनयोः ॥

अथ

ओंकारेणाहुतीस्तिस्रो
वागीशीसंनिधापने ॥ १०९ ॥

दद्यादिति शेषः ॥ १०९ ॥

दत्त्वा च

शिष्यं संप्रोक्ष्य चास्त्रेण
ताडयेदस्त्रमुच्चरन् ।

प्रोक्षणं हृदयदेशानुसारे पाशसूत्रे शिवाम्भसा, ताडनं तु भस्मना तैरेव वा ॥

ततोऽपि

रेचकेनात्मनो गत्वा
छिन्द्यात्तस्यासिना हृदः ॥११०॥

'शशिमार्गेण शिष्याणां सूर्यस्थः प्रविशेद्धृदि ।'

इति श्रीलक्ष्मीकौलार्णवोक्तनीत्या स्वदक्षिणेन निर्गत्य शिष्यस्य वामेन प्रविश्य पुर्यष्टकरूपं शिष्यात्मानमस्त्रमन्त्रेण भावनया सूत्रस्थं छिन्द्यात् ॥ ११० ॥

छिन्नं च

धाम्नाकृष्य तदात्मानं
द्वादशान्ते निधापयेत् ।

आकर्षणयुक्तिः पूर्वमेवोक्ता । एतच्च

'रश्मिमात्रावियोगेन कार्यम्…… ।'

इत्युक्तम् ॥

अथ

ध्रुवेण तत्स्थं संपुट्य
चैतन्यं मुद्रयात्मनि ॥ १११ ॥

पूरयेद्भैरवेणैव

तत्स्थं द्वादशान्तस्थं, मुद्रयेति दीप्तशिवहस्तकृतया[1] संहाराख्यया, आत्मनीति स्वहृदये, भैरवेण निष्कलेन ॥ १११ ॥

तेनैव च

कुम्भयेद्रेचयेत्ततः ।

नासाक्रमेणैव ॥

१ ख० पु० कृतये इति पाठः ।

तत एव च

द्वादशान्तात्तु संगृह्य
योजयेद्भवमुद्रया ॥ ११२ ॥

योजनं वागीशीगर्भे, 'भवमुद्रा' लिङ्ग-मुद्रा ॥ ११२ ॥

योजने इतिकर्तव्यतामाह

आत्मानमीश्वरं ध्यात्वा
मायां वागीश्वरीमपि ।
संयोज्य तस्यां चैतन्यं
शरीराण्यध्वनि सृजेत् ॥११३॥

ईश्वरः क्रियाशक्तिप्राधान्यात् स्रष्टा, प्राङ्निर्णीता तु वागीश्वरी संप्रत्यशुद्धाध्वप्रमातृत्वान्माया, शुद्धाध्वप्रसवे तु एषैव महामायात्मा भविष्यति, मायारूपायाश्चास्याः शुद्धविद्यास्पर्शो नास्ति, अन्यथा क्रमिककर्मभोगानां युगपच्छुद्ध्यर्थमनन्तदेहसृष्टेरयोगात्, चैतन्यमिति दीक्ष्यस्येति अर्थात्, अध्वनीति प्रकृते निवृत्तिकलाप्रधाने ॥ ११३ ॥

---

१ ख० पु० अपि चास्य इति पाठः ।

किमर्थं सृजेदित्याह

प्राक्कर्मवासनाशेष-
फलभोगत्वहेतवे।

पूर्वकर्मवासनाहेतुकानि यान्यशेषाणि जन्मायुर्भोगात्मकानि फलानि तेषां भोग्यत्वं भोगसिद्धिर्यथा स्यात्॥

एतानि च शरीराणि

युगपद्भिन्नभोगानि
देशकालशरीरतः॥ ११४॥
मन्त्रशक्त्या विपच्यन्ते

शरीरमत्र स्वभावः। भिन्नो भोगो येषु, देशादित्रयान्तानि शरीराणि मन्त्रशक्त्या युगपद्विपच्यन्ते फलदानोन्मुखानि संपद्यन्ते॥ ११४॥

न केवलं शरीराणि युगपद्भिन्नभोगानि विपच्यन्ते यावत्

पुद्गलाश्च तथाविधाः।

भिन्नदेहा विसृज्यन्ते
गर्भे वागीशियोनिषु ॥ ११५ ॥

'पुद्गला' इत्यनेनैकस्यापि दीक्ष्यस्य नानाशरीरतया बहुत्वं वदन् भेदवादस्यावास्तवतां ध्वनति । यस्मादेकस्यापि दीक्ष्यात्मनो नानाभोगाश्रयविचित्रदेहशुद्धौ भोग्यवैचित्र्येण नानात्वभावः । 'तथाविधा' इति भिन्नभोगाः, योनिष्विति चतुर्दशविधभूतसर्गापेक्षं बहुत्वं, 'विसृष्टिः'[2] नियतभोगार्थं संयोजनम् ॥ ११५ ॥

तदित्थं शिष्यचतन्यम्

धाम्ना च योजयित्वा च
जुहुयादाहुतित्रयम् ।

निष्कलोच्चारपूर्वंनिवृत्तिव्याप्तानन्तादिवीरभद्रान्तनानाभुवनगतचतुर्दशविधभूतसर्गसंपत्त्यर्थं देवदत्तस्य वागीशीगर्भयोजनं करोमि नमः इति मन्त्रः । होमे तु स्वाहान्तः । एवमुत्तरत्राप्यूहमन्त्राः स्वयमभ्यूह्याः ॥

---

१ ख० पु० विपच्यन्ते इति पाठः । २ ग० घ० पु० निसृष्टिरिति पाठः ।

एवं संयोजने सति

युगपत्सर्वगर्भेषु
देहा विविधरूपकाः ॥११६॥
भैरवेच्छासुसंपन्नाः[1]
शतरुद्राद्यनन्तगाः ।

भवन्तीति शेषः । भैरवशब्देनात्र भैरवसमावेशशाली आचार्य उक्तः ॥ ११६ ॥

अथ

गर्भेषु गर्भनिष्पत्ति
भैरवेणाहुतित्रयम् ॥ ११७ ॥
हुत्वा तु जननं कार्यं
पुनस्तेनाहुतित्रयात्[2] ।

कर्मनामानुसारी अत्रोहमन्त्रः, गर्भाणां निष्पत्तिर्यत्र आहुतित्रये तद्गर्भेषु गर्भनिमित्तं हुत्वा, जननं गर्भनिःसरणं, तेनेति निष्कलेनैव ॥ ११७ ॥

---

१ ख० पु० सुनिष्पन्ना इति पाठः । २ क० पु० त्रयमिति पाठः ।

शिष्यदेहे । १ पाशसूत्रावलम्बनं । २ षडधिकरणगताध्वसंधानं । ३ तद्धोमः । ४ अध्वव्याप्त्यवलोकनम् । ५ अध्वोपस्थापनं । ६ तत्पूजा । ७ होमः । ८ तदन्तःपाशत्रयचिन्तनं । ९ कलाशक्तिसमन्विताधारशक्तिन्यासः । १० वागीश्याः संनिधापनं । ११–१२ तत्पूजाहोमौ । १३–१४ शिष्यसंप्रोक्षणताडने । १५ तच्चैतन्याकर्षणं । १६ द्वादशान्ते स्थापनं । १७ ततो ग्रहणं । १८ स्वहृदि योजनम् । १९ स्वद्वादशान्तप्रापणं । २० वागीशीगर्भे योजनं । २१ नानागर्भनिष्पत्तिहोमः,– इत्येकविंशत्यवान्तरसंस्कारैरुपस्कृतं होमेन जन्माख्यं संस्कारमभिधाय, अधिकाराख्यं संस्कारं वक्तुमाह

सर्वयोनिषु देहास्ते
युगपद्वृद्धिमागताः ॥ ११८ ॥

भाव्या इति शेषः ॥ ११८ ॥

---

१ ख० पु० कलातत्त्वेति पाठः ।

प्रवृद्धदेहानामेव भोगेऽधिकाराद्भोगमाह

भोगनिष्पत्तये कर्म

व्यापारसहकारणम् ।

भाव्यमिति शेषः । पशोरतीतमनागतं च यत् क्रमिकानन्तभोगसंपादकं संभाव्यते शुभादि[1] वासनात्मकं कर्म तत्सर्वं

'अनेकभाविकं[2] कर्म दग्धं बीजमिवाणुभिः ।
भविष्यदपि संरुद्धं येनेदं तद्धि भोगतः ॥'

इति श्रीकिरणोक्तनीत्या भक्त्युक्त्या युगपद्भोगनिष्पत्त्यर्थमनुसंधेयम्, कीदृक् 'व्यापारैः' वाङ्मनःकायचेष्टाभिः 'सहकारणं' सहेतुकमित्यर्थः ॥

अवश्यं चैतदन्यथा

तदभावान्न भोगः स्यात्

कर्मैव हि मायीयभोगहेतुः ॥

भोगार्थमेव तत्साधनाहरणाय सर्वे प्रवर्[3]तन्ते इत्याह

तदर्थं मार्जनं स्मृतम् ॥११९॥

---

१ ख० पु० शुभकर्मवासनेति पाठः । २ ख० पु० अनेकमिति पाठः ।
३ ख० पु० प्रयतन्त इति पाठः ।

यस्मात् शुभाद्यनुष्ठानात् भोगसाधने

अर्जिते सति भोक्तव्यो

भोगो दुःखसुखात्मकः ।

एवं भोगं निर्णीय, निवृत्तेऽपि तस्मिन् तत्संस्कारान्तर्मायीयभावरूपमिव लयं वक्तुमाह

लयः परमया प्रीत्या

सुखदुःखादिकेऽप्यलम् ॥१२०॥

दीक्ष्यस्य गुरुणा भाव्य इति शेषः । तदुक्तं श्रीमृगेन्द्रे

'कंचित्कालं लयः··············· ।'

इति ॥ १२० ॥

एवमधिकारभोगलयाख्यं संस्कारत्रयं भावनया परिकल्प्य

तिसृभिस्तिसृभिर्होमं

धाम्नैव त्रिषु कारयेत् ।

ऊहमन्त्रान्तेनेत्यर्थात् तिसृभिरित्याहुतिभिः ॥

एवं जन्माधिकारभोगलयान् प्रतिपाद्य, निष्कृत्याख्यं पञ्चमं संस्कारं प्रतिपादयितुमाह

आहुतीनां शतं होम्यं
धाम्ना निष्कृतये पुनः ॥१२१॥

निष्कृतेरदूर एव स्वरूपं निर्वक्ष्यति ॥१२१॥

नन्वस्यां किमिति विशेषेण होमः? इत्यत्र हेतुमाह

यत्कर्मभोग्यरूपं तु
जात्यायुर्भोगलक्षणम्।
निष्कृत्यन्ते विशुद्ध्येत्त-
द्भूलोकसमवस्थितम् ॥ १२२ ॥

कर्मणा शुभाशुभात्मना भोग्यं रूपं यस्य जात्यायुर्भोगात्मनः फलस्य तत् निष्कृतावेव शुद्ध्यति अतो युक्तोऽस्यां शतहोमः, भुवो लोका वीरभद्रान्तानि भुवनानि, तत्र समवस्थितं भोग्यतां प्राप्तम्, एतच्चेह निवृत्तिशुद्धिप्रसादादेवमुक्तं, तच्च प्रतिष्ठादिव्या-

सतत्त्वान्तर्गतभुवनभोगोपलक्षणपरम् । अत-[न्य]स्तु भूर्लोके इति पठित्वा भूर्लोकैकदेशे कन्याद्वीपेऽर्जितमिति व्याकृतवान् ॥ १२२ ॥

'भोगो दुःखसुखात्मक' इत्युक्त्या भोग इदानीमेव निर्णीतः; आयुः सृष्टिसंहारपटले निर्णेष्यते, — इत्यवशिष्टां 'जातिं जन्मप्रकार-भेदैरादिशति

संसारा दशचत्वारः

देवमानुषतिर्यग्भेदभिन्नश्चतुर्दशधा भूत-सर्ग एव संसारा नानाजातय इत्यर्थः ॥

भुवनदीक्षायाम्

'अन्त्यजात् शूद्रविट्क्षत्रब्राह्मणांश्च विशोधयेत् ।'
(स्व० १०।३८४)

इति सर्वजातिशोधनं वक्ष्यति । इह तु

'एवं त्रयीधर्ममनुप्रपन्ना
गतागतं कामकामा लभन्ते ॥' (९।२१)

इति गीतोक्तनीत्या षट्कर्माधिकारित्वेन बन्ध-कर्मत्वान्मनुष्यजातिशुद्धौ ब्राह्मण्यजातिरेव

निष्कृतिहोमेनैवावश्यं शोध्या संक्षिप्तत्वादस्य विधेरिति वक्तुमाह

संस्कारा अष्टभिः सह।
चत्वारिंशद् द्विजत्वाय
वक्ष्यन्ते भुवनाध्वनि ॥ १२३ ॥
योनिर्बीजं तथा भावं
आहारो देश एव चं[1]।
एतेषां शोधनं देवि

आधानादयोऽन्त्येष्ट्यन्ताश्चत्वारिंशत्, दयादयः स्पृहान्ताश्च अष्टाविति येऽष्टचत्वारिंशत् संस्कारा अग्रे स्फुटीभविष्यन्ति ते तु भुवनदीक्षायां पृथक् शोध्याः, आहाराद्याश्च कलादिदीक्षासु तु निष्कृतिहोमान्तर्भावयुक्त्या, – इति भाविवाक्यसंगत्यात्रे[2] पिण्डार्थः। इदं च द्विजजात्यापादनं कर्महेतुकभाविशरीरविषयं, पूर्वं तु समयिनो वर्तमानदेह एव शुद्धविद्याजातियोग्यस्वरूपमन्यदेवेति निर्णी-

१ ख० पु० हीति पाठः। २ ख० पु० संगतोऽत्रेति पाठः।

तम् । अत एव पूर्वं समयिनो रुद्रांशापादनमीश्वरतत्त्वप्राप्तियोग्यतात्मकमुक्तम्, इदं तु शक्तिगर्भानुप्रवेशवशभविष्यद्रुद्रत्वापत्तियोग्यताभावनात्मकं न तु रुद्रत्वापत्त्यात्मकं निवृत्तिपाशानामद्यापि अशुद्धत्वात् । उक्तं च श्रीमृगेन्द्रे

'रुद्राणी शक्तिरुच्यते
तद्गर्भयोग्यतापत्तिरुद्रांशत्वं न रुद्रता ॥'

इति ॥ १२३ ॥

तदेतदीदृशं रुद्रांशापादनं जात्यायुर्भोगशुद्ध्या सह निष्कृतिहोममध्य एव संपाद्यमित्याह

रुद्रांशापादनं तथा ॥ १२४ ॥
अत्रावलोकनं कृत्वा
निष्कृत्यामेव शुद्ध्यति ।

न केवलं जन्मायुर्भोगानां निष्कृतौ शुद्धिराधातव्या यावद्रुद्रांशापत्तिरूपापि शुद्धिर्व्याकृतस्वरूपा तत्रैवाधातव्येत्यर्थः । अत्रेति निष्कृतौ, अवलोकनमिति भावानाम् ॥ १२४ ॥

१ ख० पु० व्याख्यातरूपेति पाठः ।

निष्कृतिस्वरूपं व्याचष्टे

विषया भुवनाकारा
ये केचिद्भोग्यरूपिणः ॥ १२५ ॥
भुक्तकर्मफलाशेषा
निष्कृतिस्तेन सा स्मृता ।

भुवनं त्र्यादिभावोपलक्षणपरं, तेष्विति श्लोकमध्येऽध्याहार्यं, भुक्तं कर्मफलमशेषं समग्रं यया हेतुना दीक्ष्येण सा तथा, पूर्वनिपातव्यत्यय ऐशः । निःशेषेण कृतिः समस्तकर्मफलभोगसमाप्तिर्यस्यामिति व्युत्पत्त्या निष्कृतिः, स्मृतेति दीक्षायामेव शोध्यत्वेनेति शेषः १२५

अथ

विश्लेषो निष्कृतेर्भोगात्

भोगाद्विश्लेषः पुनर्भोगैरसंबन्धो भोक्तुर्भोक्त्वाभावात्, संस्कारोऽपि निष्कृतेः कार्यः ॥

भोगाभावे स हि स्मृतः १२६

नहि भोगसमाप्तिरूपां निष्कृतिं विना संस्कर्तुं शक्यः ॥ १२६ ॥

भोक्तृताभावरूपं विश्लेषं भोक्तृतानुवाद-
पूर्वं वक्तुमाह

भोक्तृत्वं विषयासक्ति-
मलकार्यं प्रकीर्तितम् ।
भोक्तृत्वाभावस्तत्रैव
शरीरेण तु यत्कृतम् ॥ १२७ ॥
विश्लेषः क्रियते तस्य
पशोर्मन्त्रैः शिवाज्ञया ।

शरीरेण यत् कृतं शरीरैर्यदर्जितं किंचित् तत्रैव या विषयत्वेनासक्तिः किंचिन्मे स्यादित्यभिष्वङ्गस्तदेतन्मलकार्यम्, अपूर्णम्मन्यतात्मकाणवमलोत्थापितं भोक्तृत्वं, तस्येदृशस्य भोक्तृत्वस्य पशोः शिवाभिन्नगुर्वाज्ञया मन्त्रैर्विश्लेषः क्रियते, स च यथोक्तस्य भोक्तृत्वस्याभाव उच्यते इति संगतिः ॥ १२७ ॥

अत्र च

धाम्ना चाहुतयस्तिस्रो
विश्लेषकरणाय च ॥ १२८ ॥

अमुकाय निवृत्तिपाशविश्लेषं करोमि स्वाहेत्यत्र मन्त्रः। एवमुत्तरत्रापि स्वयमूहः कर्मणामौचित्येन कार्यः ॥ १२८ ॥

अथ

आहुतित्रितयं धाम्ना
पाशच्छेदेऽपि दापयेत्।

यत्पाशच्छेदनिमित्तमाहुतिस्तत्पाशानाह

पाशा देहे तु मायीयाः
कलाद्या भूतकावधि ॥ १२९ ॥

शरीरकरणाकाराः
पुरुषार्थप्रसिद्धये।

देहे देहनिमित्तं कलाद्या महाभूतान्ता मायीयाः पाशाः, ते च शरीरेन्द्रियाणि तदुपलक्षितांश्च भुवनभावादीन् आकारयन्ति संपादयन्ति पुरुषार्थस्य भोगस्य प्रसिद्ध्यर्थम्।

उक्तं च

'कलादिक्षितिपर्यन्तमेतत्संसारमण्डलम्'। (स्व० ११।२९१)

इति। तुशब्दः

---

१ ख० पु० अस्येति पाठः।

'भोक्तृत्वं विषयासक्तिर्मलकार्यं······।' (स्व० ४।१२८)

इति । तथा तत्रैव

'·········शरीरेण तु यत्कृतम् ।' (स्व० ४।१२९)

इति पूर्वोक्ताणवकार्मपाशवैलक्षण्यं द्योतयति ॥ १२९ ॥

एवं च निष्कृतिविश्लेषरूपात्

भोगाभावाद्विपद्यन्ते
शरीराणि सहस्रधा ॥ १३० ॥

शरीराणीति स्थूलसूक्ष्मादिरूपाणि, सहस्रधेति नानाविचित्रभेदभूतसर्गरूपाणि, 'विपद्यन्ते' अपुनर्भावेन नश्यन्तीत्यर्थः ॥ १३० ॥

यस्य च दीक्ष्यस्यैतानि विपद्यन्ते

पाशच्छेदे विधिस्तस्य
मन्त्रैश्च विधिचोदितैः ।

प्रदर्शिताणवादिपाशव्यास्तिकपाशसूत्रगतनिवृत्तिभागात्मनः पाशस्य च्छेदे विध्यात्मकशास्त्रवाक्यचोदितैर्मन्त्रैर्विधिः कार्यः । स च विधिः

'शिवशक्तिरमोघेयं कर्तरी परिकीर्तिता ।'

इति श्रीहंसपारमेशोक्तव्याप्त्या कर्तर्यास्त्रज-त्वया शिवं सास्त्रं हुंफडन्तं प्लुतयुक्त्योच्चारयन् पाशाञ्छिन्द्यादित्येवंरूपः । यथोक्तं श्रीमृगेन्द्रे

'ततः शिवेन सास्त्रेण हुंफडन्तेन सस्वरम् ।
छिन्द्यात्स तावतः पाशान्कर्तर्या चास्त्रजत्वया ॥'

इति ॥

उपसंहरति

एवं पाशत्रयस्यापि
विश्लेषो दीक्षयोच्यते ॥ १३१ ॥

एवमिति जन्माधिकारभोगलयनिष्कृत्या-ख्ययथाप्रतिपादितसंस्कारपञ्चकपूर्वमित्यर्थः । अत्र चोक्तेनैव हुंफडन्तेन मन्त्रेण पूर्णाहुत्या समं छिन्नस्य पाशस्य होमः कार्यः, — इति संहितान्तरोक्तोऽर्थोऽनुमन्तव्यः । यथोक्तं श्रीमृगेन्द्र एव

'ततस्तां स्रुचमापूर्य जुहुयादाज्यसंयुताम् ।
तेनैव मन्त्रयोगेन............................. ॥'

इति ॥ १३१ ॥

---

१ ख० पु० शिवशस्त्रमिति तथा प्लुतवाक्येति पाठः । २ ख० पु० पाशे-नेति तथा खेचरमिति पाठः । ३ ख० पु० अनुसर्तव्य इति पाठः ।

११

एवं विश्लेषान्ते संस्कारषट्के कृते

शरीराशेषभङ्गेन

एकचैतन्यभावना ।

गुरुणा शिष्यस्य कार्येत्यर्थः ॥

अत्र चावसरे

पूर्णाहुतिं शिवेनैव

वौषड्जातियुतेन च ॥१३२ ॥

दद्यादित्यनुषङ्गः ॥ १३२ ॥

अथ पाशाभावात्

शुद्धतत्त्वाग्रसंस्थं त-

च्चैतन्यं कनकप्रभम् ।

तदेकीकृतं चैतन्यं शुद्धस्य निवृत्त्याख्यस्य तत्त्वस्याग्रे उपरि सम्यगनावृततया स्थितं दीप्तं भावयित्वा

उद्धारायाहुतीस्तिस्रः

पुनर्धाम्ना तु दापयेत् ॥१३३॥

'निवृत्तिव्याप्तात् पृथिवीतत्त्वाद् देवदत्तमुद्धरामि' इति चात्र प्रयोगः ॥ १३३ ॥

अथ

तस्मात् तत्त्वाद्गृहीत्वा तु
चैतन्यं मलसंयुतम् ।
मुद्रया प्राग्विधानेन
आत्मस्थं पूरयेद्धृदि ॥ १३४ ॥

निवृत्तिशुद्ध्या निर्मलमपि कलान्तराणामशोधितत्वात् मलसंयुतं, मुद्रयेति संहाराख्येति प्राग्विधानं प्रणवसंपुट[1]हंसबीजत्वादिरूपम् ॥ १३४ ॥

ततः

कुम्भित्वा रेच्य संगृह्य
द्वादशान्ताद् ध्रुवेण तु ।
शिष्यदेहे निवेशयेत[2]-
न्नाडीरन्ध्रेण पूर्ववत् ॥ १३५ ॥

अथास्मै

तत्स्थीकरणहेत्वर्थं
धाम्ना चैवाहुतित्रयम् ।

---

1 ख० पु० पुटसबीजेति पाठः । 2 क० पु० निवेश्येतेति पाठः ।

देयमिति शेषः। 'शोधितचैतन्यं देवदत्तस्य हृत्स्थं करोमि स्वाहा' इत्यन्तोऽत्रायं प्रयोगः॥

एवं पाशच्छेदस्तद्धोमः, पूर्णाहोमः, चैतन्यस्यैक्यभावनं, तदुद्धारहोमः, पूरकेण हृत्स्थीकरणं, कुम्भनं, द्वादशान्तरेचनं, ततो ग्रहणं, शिष्यदेहे निवेशनं, तदर्थो होमः, – इत्येकादशभिरवान्तरसंस्कारैरुपस्कृतं[1] विश्लेषं निर्वर्त्य तदवशिष्टनिवृत्त्यर्थमाह

कलाशुद्ध्यवसाने तु
ब्रह्माणं कारणाधिपम्॥१३६॥
स्वनामप्रणवाह्वान-
पूजं संतर्प्य चार्पयेत्।

ओं ब्रह्मन्नागच्छेति स्वनामप्रणवपूर्वमाह्वानं 'तुभ्यं नम' इति च पूजा यस्येति बहुव्रीहिः। तत्सन्तर्पणं वह्नौ 'स्वाहा' इति प्रयोगात्, ततोऽपि चार्पणं पुर्यष्टकार्पणाय॥ १३६॥

---

१ ख० पु० उपसंस्कृतमिति पाठः।

तदाह

शब्दस्पर्शौ त्यजेत् तस्मिन्

कथं

ध्रुवाद्यौ नामसंयुतौ ॥ १३७ ॥

स्वाहाकारप्रयोगेन

तौ ब्रह्मणि निवेदयेत् ।

तिसृभिस्तिसृभिर्होमात्

ओं ब्रह्मणे शब्दमर्पयामि स्वाहेति त्रिर्हुत्वा स्पर्शमर्पयामि स्वाहेति त्रिर्जुहुयात्,—इति वीप्सातोऽवसेयम् ॥ १३७ ॥

एवं चेदमस्मै

पुर्यष्टांशं निवेदयेत् ॥ १३८ ॥

पुर्याः सूक्ष्मदेहस्यारम्भकमष्टकं तन्मात्रमनोऽहंकृद्बुद्धिरूपं, तदंशार्पणविभागेऽभिप्रायं पर्यन्ते स्फुटयिष्यामः ॥ १३८ ॥

किं च

आमन्त्रणविभक्त्या तु

श्रावणां तस्य कारयेत् ।

तस्येति ब्रह्मणः, श्रावणा शिवाज्ञा । यथोक्तं श्रीपूर्वे

'भुवनेश त्वया नास्य साधकस्य शिवाज्ञया ।
प्रतिबन्धः प्रकर्तव्यो यातुः पदमनामयम् ॥'

(मा०वि०।९।६५)

इति ॥

कृतश्रावणं च

ब्रह्माणं पूजयित्वा तु
होमं कृत्वा विसर्जयेत् ॥१३९॥

किं च

ध्रुवेणाभ्यर्च्य वागीशीं
संतर्प्य च विसर्जयेत् ।

विसर्जनं निजपरावागैकात्म्यविमर्शनं, ध्रुवेण निष्कलेन ॥

तदित्थमध्वसंधानात्प्रभृति वागीश्या विसर्जनान्तं

हुत्वावलोकयेत्तत्र
विशुद्धं पाशजालकम् ॥१४०॥

१ क० ग० पु० विसर्पणमिति पाठः ।

हुत्वेति, अध्वसंधानम्, अध्वोपस्थानं, वागीशीगर्भयोजनं, तद्गर्भनिष्पत्तिर्जननमधिकारो, भोगो, लयो, निष्कृतिः, विश्लेषः, पाशच्छेदहोमः, पाशहोमः, पूर्णाहोमः, उद्धारहोमः, तत्स्थीकरणं, ब्रह्मतर्पणं, पुर्यष्टकांशार्पणहोमः, पुनर्ब्रह्महोमः, वागीशीहोमः, इत्येकोनविंशतिहोमानुक्तान् कृत्वा, तत्रेति विशुद्धायां निवृत्तिकलायाम्, एवमुत्तरत्रापि संस्कारसंकलना[1] होमकलना च स्मर्तव्या १४०

अत्र[2] च पाशशुद्ध्यवलोकनावसरे

प्राक्कर्मभाविकस्याथ
अभावं भावयेत्तदा[3] ।
मुमुक्षोर्निरपेक्षत्वात्

भाव्येव भाविकमर्थात् कर्म, प्राक्कर्म च भाविकं चेति समाहारः । निरपेक्षत्वात् साधकवत्फलौन्मुख्याभावात् । कैश्चित्तु प्राक्कर्मणा भवतीति प्राक्कर्मभवस्तत्र भवति

---

१ ख० पु० संकल्पनाद्धोमसंकल्पनेति पाठः । २ ख० पु० अथ पाशेति पाठः । ३ ख० पु० तथेति पाठः ।

यत्फलमिति योजनया प्राक्कर्मभविकस्येति व्याख्यातं तदसत् क्लिष्टं चेत्युपेक्ष्यम् ॥

फलदानोन्मुखस्य वर्तमानस्य का गतिरित्याह

प्रारब्धेकं न शोधयेत् ॥१४१॥

तस्य भोगेनैवातिवाहनादित्यर्थः ॥ १४१ ॥

मुमुक्षोः कर्मशुद्धिवृत्तान्तमुक्त्वा साधकस्य तमाह

साधकस्य तु भूत्यर्थं

भूतिप्रयोजनं भाविमन्त्राराधनरूपं यत्तदपि न शोधयेदित्यर्थः ॥

केवलं

प्राक्कर्मैकं तु शोधयेत् ।

भूत्यर्थान्यत्प्राग्देहारम्भि शुभाशुभं तत एकमशुभमेवास्य शोधयेत्, एवं हि निर्विघ्नं भोगसिद्धिर्भवति ॥

यत्तु जन्मान्तरसंचितं शुभाशुभं यच्चास्मिञ्जन्मनि करिष्यति, तत्सर्वमुक्तनीत्या मन्त्राराधनवर्जमस्य पुत्रकवच्छोध्यमेवेत्याह

प्राक्कर्मागामि चैकस्थं
भावयित्वा च दीक्षयेत्॥१४२॥

साधकमिति शेषः । एकस्थमिति एकप्रघट्टकतया भावितम् ॥

इत्थं च

शिवधर्मिण्यसौ दीक्षा

साधके इति शेषः ॥

लोकधर्मिण्यतोऽन्यथा ।

कीदृगित्याह

प्राक्तनागामिकस्यापि
अधर्मक्षयकारिणी ॥ १४३ ॥
लोकधर्मिण्यसौ ज्ञेया
मन्त्राराधनवर्जिता ।

'......................इष्टापूर्तविधौ रतः ।
कर्मकृत्फलमाकाङ्क्षन्......................' ॥ (स्व० ४।८५)

इति लोकधर्मी प्रागेव निर्णीतः । अधर्मक्षयकारिणीति सापेक्षः समासः । मन्त्राराधनेन पिण्डसिद्धिहेतुना मन्त्रत्वादिप्राप्तिहेतुना च सर्वेणैव[1]

---

1 ख० पु० सर्वे एवेति पाठः ।

विवर्जिता विशेषाचोदनात् । श्रीमृगेन्द्राया च वर्तमानसिद्धिहेतोर्मन्त्राराधनस्य शिवधर्मिण्येव प्रतिपादितत्वात् । तथा च तत्रोक्तम्

'शिवधर्मिण्यणोर्मूलं शिवधर्मफलश्रियः ।
हितेतरा विना भङ्गं तनोराविलयाद्भुवाम् ॥'

इति । अस्यायमर्थः—शिवधर्मिणी या दीक्षा साणोः शिवधर्मफलश्रियो मूलं मन्त्रमन्त्रेशत्वादिप्राप्त्यात्मकपारमेशफलसंपदो हेतुरेका, इतरा तु शिवधर्मिण्येव भुवां भोगभूमीनामाविलयात् प्रलयकालं यावत् तनोः शरीरस्य भङ्गं विना हिता यथाभीष्टखड्गपातालरोचनाञ्जनपादुकादिसिद्धिसंपादिकेति । न चेतरेति लोकधर्मिणी व्याकर्तव्या

'भोगभूमिषु सर्वासु दुष्कृतांशे हते सति ।
देहान्तराणिमाद्यर्थे शिष्टेष्टा लोकधर्मिणी ॥'

इति तत्रैव पृथक्त्वस्यानिर्णीतत्वात् । न च मन्त्राराधनं विना साधकत्वं न भवतीति भ्रमितव्यम् इष्टापूर्तफलसाधनेनापि तस्य लाभादित्यलम् ॥ १४४ ॥

एवं लोकधर्मिदीक्षावशात्
प्रारब्धदेहभेदे तु
भुङ्क्ते स ह्यणिमादिकान् ॥ १४४ ॥

भोगान्

दीक्षावशादस्य शुभकर्माणिमादिपर्यवसायीत्यर्थः ॥

अथ

भुक्त्वा व्रजेदूर्ध्वं
गुरुणा यत्र योजितः ।
सकले निष्कले वापि

'यो यत्राभिलषेद्भोगान् ।'

इत्युक्तनीत्या सकले तत्र तत्र भुवनेश्वरे सायुज्याद्यर्थं शुभकर्मभोगान्ते मुमुक्षुर्वा निष्कले शिवे योजितस्तदेव पदं गच्छेत् । यथोक्तं श्रीमृगेन्द्रायाम्

लोकधर्मिणमारोप्य मते भुवनभर्तरि ।
तद्धर्मोपादनं कुर्याच्छिवे वा मुक्तिकाङ्क्षिणाम् ॥'

इति ॥

---

१ ख० पु० ईदृगिति पाठः ।

एतयोर्भजनं योजनं च यथाक्रमम्
शिष्याचार्यवशाद्भवेत् ॥१४५॥

शिष्यस्य गुरोश्चाभिसंधिवशाज्जायते इत्यर्थः । उक्तं च तत्प्रागेव

'फलमाकाङ्क्षसे यादृक् तादृग्यजनमारभे ।'(स्व०४।८१)

इत्यादि ॥

एवं द्विधा भोगदीक्षां निर्णीय मोक्षदीक्षां सबीजां निर्बीजां सद्योनिर्वाणदां च क्रमेण निर्णेतुमाह

निर्वाणेऽपि सबीजायां
कर्माभावाद्विपद्यते ।

निर्वाणनिमित्तं या सबीजा पूर्वं निर्णीता दीक्षा तस्याः

'विशेषसमयाचारा मन्त्राख्ये ये प्रकीर्तिताः ।
तेऽत्र पाल्याः प्रयत्नेन ·········· ॥' (स्व० ४।९०)

इति पूर्वोक्तं यत्कर्म तस्याभावादननुष्ठानाद्विपद्यते कंचित्कालं शिवमय्याः स्वसत्तातो भ्रंशित्वा क्रव्यादत्वमेतीत्यर्थः ॥ १४६ ॥

---

१ ख० पु० भ्रमित्वेति पाठः ।

यत एवमतः

समयाचारपाशं हि

दीक्षितः पालयेत्तु यः॥ १४६॥

तं पाशं नैव शुध्येत

दीक्षितः समयाचारपाशं पालयेत् यस्मात्तस्मात्तमस्य निर्बीजदीक्षितस्येव न शोधयेत्॥

दीक्षा चैषा

सा सबीजा प्रकीर्तिता।

समयाचारपाशं तु

निर्बीजायां विशोधयेत्॥१४७॥

तच्छुद्धिविधिरग्रे तु भविष्यति॥ १४७॥

अस्य च निर्बीजदीक्षादीक्षितस्य

दीक्षामात्रेण मुक्तिः स्या-

द्भक्तिमात्राद्गुरोः सदा।

गुरुभक्तिमात्रमेवास्य समय इत्यर्थः॥ १४८॥

अस्या भेदान्तरमाह

सद्योनिर्वाणदा दीक्षा

निर्बीजा सा द्वितीयिका॥१४८॥

अतीतानागतारब्ध-
पाशत्रयवियोजिका ।
दीक्षावसाने शुद्धिः स्या-
द्देहत्यागे परं पदम् ॥ १४९ ॥

सद्य इति दीप्ततममन्त्रदीक्षावियोजितदेहे[३]कलावस्थितिसमनन्तरमेव, अत एवारब्धकार्यस्यापि पाशत्रयस्य वियोजिका, देहत्यागे देहत्यागसमये दीक्षाया यदवसानं निष्पत्तिस्तत्रेत्यर्थः । एवं चारिष्टलक्षणादिभिर्निश्चितासन्नमरणस्यैवेयं कार्येति तात्पर्यम् । यदुक्तं श्रीमद्गुह्वरे

'दृष्ट्वा शिष्यं जराग्रस्तं व्याधिना परिपीडितम् ।
उत्क्रमय्य ततस्त्वेनं परतत्त्वे नियोजयेत् ॥'

इति ॥ १४९ ॥

प्रासङ्गिकं दीक्षाविवेकमुपसंहरति

एवं भावानुसा[३]रेण
शिष्याणां गुरुणा सदा ।

---

१ ख० पु० पाशसूत्रेति पाठः । २ ख० पु० देशकालेति पाठः । ३ ख० पु० नुरूप्येणेति पाठः ।

फलं तु विविधाकारं
निष्पाद्येत सुदीक्षया ॥ १५० ॥

यस्मात्

अचिन्त्या मन्त्रशक्तिर्वै
परमेशमुखोद्भवा ।

परमेशस्य मुखं पराशक्तिस्तदुद्भवत्वादेवाचिन्त्या । शक्तिशब्देन वीर्यसारतां मन्त्राणामाह ॥ १५१ ॥

सा च

क्रियाकाले प्रयोक्तव्या
गुरुणा भक्तिपूर्विका[1] ॥ १५१ ॥

क्रिया दीक्षादिका, भक्तिर्मन्त्रस्वरूपामर्शनक्रमेण तद्वीर्यानुप्रवेशमयी सैव ॥

अचिन्त्येत्यादिनेदमाह

विषाणामिव पाशानां
मन्त्रैः कवलनं ध्रुवम् ।

---

१ क० पु० भक्तिपूर्वकम् इति पाठः ।

करोति मन्त्रतत्त्वज्ञः
शिवावेशी गुरुः क्षणात्॥१५२॥

'पाशाश्च पौरुषाः शोध्या दीक्षायां नतु धीगताः ।
तेन तस्यां दोषवत्यामपि दीक्षा न निष्फला ॥
सुतीव्रशक्तिपाताश्च दोषबीजविनाकृताः ।
अपि भान्ति तुलादीक्षांघटशुद्धिवदीक्ष्यते ॥
पापस्य गुरुता नो चेद्धटशुद्धौ ब्रवीषि किम् ।
तन्मन्त्रशक्त्या दीक्षाणां चित्रत्वं नासमञ्जसम् ।
लिप्यक्षरे कृते यद्वत्ताडनादि नृणां भवेत् ।
मन्त्रशक्त्या तथा सूत्रे पाशानां छेदनं स्फुटम् ॥'

इत्यास्तां तावदेतदग्रे वितत्य निर्णेष्यामः १५२

अथ प्रासङ्गिकं प्रमेयं निर्णीय प्रकृतमनुबध्नन्नाह

कलासंधानकं कुर्या-
च्छुद्धाशुद्धद्विरूपगम् ।

शुद्धनिवृत्तिकलासंधानकं कुर्याच्छुद्धमशुद्धप्रतिष्ठाकलायोगाच्चाशुद्धमत एव द्विरूपगम् ॥ १५३ ॥

---

१ ख० घ० क्षणमिति पाठः । २ ख० पु० करोति किमिति पाठः ।
३ ख० पु० दीक्ष्याणामिति पाठः ।

अत्र च

शुद्धमुच्चारयेद्ध्रस्व-
मशुद्धं दीर्घमेव च ॥ १५३ ॥
एकत्वं भावयित्वा तु
लीनं शुद्धं विभावयेत्।

इह भगवान् निष्कलभट्टारको निःशेषपाशशोधकोऽङ्गब्रह्ममन्त्रैकादशिका तु शोध्या, तथापि च शुद्धाशुद्धकलावाचित्वान्निष्कलनाथः शुद्धतयाशुद्धतयापि च व्यवह्रियते; तच्च शुद्धनिवृत्तिवाचित्वाच्छुद्धं, ह्रस्वमिति प्रशान्ताशेषप्रसरं परबिन्दुव्याप्तिसतत्त्वमुच्चारयेत्, अशुद्धप्रतिष्ठावाचकत्वाच्चाशुद्धं, दीर्घमिति प्रसरोन्मुखं नादव्याप्तिसतत्त्वम्, एकत्वं सामरस्यं भावयित्वोच्चारयेत्। अत्र च शुद्धं लीनमिति प्रतिष्ठां बोधयितुं तद्वाचिमूलमन्त्रेण सहैकीभूतं त्रिभावयेत् ॥ १५४ ॥

---

१ ख० पु० ततश्चेति पाठः।

अथ प्रतिष्ठाकलाशुद्धिः

न चात्र ह्रस्वदीर्घमात्रमुच्चार्यमपि तु

प्रणवादिनिवृत्तिस्तु
प्रतिष्ठा तदनन्तरम् ॥ १५४ ॥
नमस्कारस्तदन्ते तु
कलासंधानकं स्मृतम् ।

'प्रणवं' ह्रस्वं निष्कलं निवृत्तिवाचिनं हृन्मन्त्रं चोच्चार्य तदन्ते निवृत्तये इति पदं, ततोऽपि प्रणवं दीर्घं निष्कलं प्रतिष्ठावाचिनं च शिरोमन्त्रमुच्चार्य 'प्रतिष्ठायै नम' इत्यत्र प्रयोगः । होमे तु स्वाहान्तः ॥ १५५ ॥

इत्थं च

आवाह्य स्थाप्य संपूज्या-
हुतीस्तिस्रः प्रपातयेत् ॥ १५५ ॥
कलासंधानमेतद्धि

कलानां पृथ्व्यादिधारणाध्यानं कार्यमिति केचिद्वदन्ति ।

अथ

व्याप्तिं तस्यावलोकयेत् ।

तस्याः प्रतिष्ठायाः ॥

तत्र

गुल्फादारभ्य नाभ्यन्तं
शिष्यदेहेऽध्वकल्पनम् ॥१५६॥
प्रतिष्ठाया भवेद्व्याप्ति-
श्चतुर्विंशतितत्त्विका ।
षट्पञ्चाशद्भुवनिका
त्रयोविंशतिवर्णिका ॥ १५७ ॥
ज्ञेयैकविंशतिपदा
त्रिमन्त्रा च विधीयते ।

अबादीनि गुणतत्त्वेन सह प्रधानान्तानि चतुर्विंशतिस्तत्त्वानि यस्यां, तथा गुह्यातिगुह्यपवित्रस्थाणुस्थूलदेवयोनियोगाख्यानि सप्ताष्टकरूपाणि भुवनाध्वनि वक्ष्यमाणानि षट्पञ्चाशद्भुवनेश्वराधिष्ठितानि, तावन्त्येवान्तर्भूतभु-

वनान्तराणि प्रधानानि भुवनानि यस्यां, हकारात् टकारान्तानि त्रयोविंशतिवर्णानि यस्याम् । एकविंशतीति पूर्वं कलातत्त्वास्पदवारुणदिग्गतपदनवकादीशकोणस्थ ऊकारो यावदुपयुक्तः, — इति प्रातिलोम्येन तदन्तरस्थाद्यंकारादारभ्य ऌकारान्तमष्टकं, तथा मायातत्त्वाश्रयनैर्ऋतदिक्स्थकोष्ठनवकगतमूकारादिमकारान्तं नवकं, विद्यातत्त्वाधिष्ठितदक्षदिग्गतकोष्ठनवकमध्यादूकारादिलकारान्तं चतुष्टयं चेत्येकविंशतिपदानि यस्यां, त्रयो वामदेवः शिरः शिखा च मन्त्रा यस्यां, न तु हृदयं हृन्मन्त्रस्य निवृत्त्यन्तर्भावात् ॥ १५८ ॥

इत्थं च षडध्वात्मानः

मुख्या ह्येते स्मृताः पाशाः

मुख्यत्वमेषां सर्वाणुसाधारण्यात्, पदवर्णमन्त्रा अपि

'शब्दराशिसमुत्थस्य ·············· ।' (स्व० ४।१५)

इति युक्त्या वाचकरूपतामश्नुवानाः पाशा एव; अत एव निरुपाधिचिदानन्दघनस्वरूपा-

मर्शपरमार्थमूलमन्त्रातिरिक्तं सर्वमत्र शोध्यमेव । यदुक्तमस्मद्गुरुभिः श्रीतन्त्रालोके

'यत्किंचित्परमाद्वैतसंवित्स्वातन्त्र्यसुन्दरात् ।
पराच्छिवादुक्तरूपादन्यत्तत्पाश उच्यते ॥ (तं० ८।२९२)

इति ॥

अत्रैव च

सूक्ष्मानन्तर्विभावयेत् ॥१५८॥

तान् स्फुटयति

अन्यतन्त्रप्रसिद्धं तु
तन्मात्रेन्द्रियशोधनम् ।

अत्रान्तर्भाव्यमित्यर्थः । अन्यतन्त्रं लाकुलादि । यद्यपि च त्रयोविंशतितत्त्विकेत्युक्त्वा तन्मात्रादीन्यन्तर्भावितानि तथापि तानि बाह्यभौवनसंनिवेशव्यापकान्यन्यान्येव, एतानि तु स्थूलसूक्ष्मशरीरसंनिविष्टान्यपराण्येव,-इति न भ्रमितव्यम् ॥ १५९ ॥

किंच

षट्कोशान्विषयान् पञ्च
तदन्तर्भावयेत्सदा ॥ १५९ ॥

अस्तृङ्मांसलोममज्जास्थिस्नाय्वाख्याः षट्कोशाः सूक्ष्मदेहोपरि कोशाकारतया स्थिताः। सदेति दीक्षाकाले । एवंच वर्तमानेऽपि देहशोधनं चोदितमेवेति तत्र कर्तव्यं यैरुक्तं ते भ्रान्ता एव ॥

अत एवोक्ताध्वव्याप्तिविमर्शरूपम्

विशेषस्थापनं कृत्वा
पूज्या गन्धादिभिस्ततः ।

तथा

भैरवेणाहुतीस्तिस्रः

दद्यादिति शेषः । भैरवेणेति काकाक्षिवत्, तेन प्रणवनिष्कलप्रतिष्ठाबीजान्युच्चार्य 'प्रतिष्ठायै नमः' इति मन्त्रेण पूजा, स्वाहान्तेन होमः । एवमुत्तरत्रापि ॥

अथ

तस्या वागीशिकल्पना ॥१६०॥

सा हि विप्रुषि सर्वमन्तःकर्तुं क्षमा । अत्र चादौ शक्तिं न्यसेदित्यादि पूर्वोक्तं स्मर्तव्यम् ॥

किंच

स्वनामावाहनाद्यस्य
अर्घहोमादि पूर्ववत्।
प्रोक्षणं ताडनं छेद
आकर्षग्रहणे तथा ॥ १६१ ॥
धाम्नापूर्य कुम्भयित्वा
छित्त्वाथ ग्राहयेत्पुनः।
योजनं गर्भधारित्वं
जननं पूर्ववत्क्रमात् ॥ १६२ ॥

पूर्ववदित्यतिदेशेन निवृत्त्युक्तं सर्वं विधिक्रममनुस्मरेदिति शिक्षयति ॥ १६२ ॥

अथ प्रसङ्गात्सर्वदीक्षासु वक्तव्यशेषं पूरयति

ऐश्वरीं मूर्तिमास्थाय
ताडनादीनि कारयेत्।

ताडनप्रोक्षणादीनि क्रियाशक्त्यावेशो कार्याणि; इति क्रियाशक्तिप्रधानेश्वराहंभावेनैव युक्तानि ॥

किंच

अधिकारस्तथा भोगो
लयो निष्कृतिरेव च ॥१६३॥
शिवरूपेण कर्तव्याः

अधिकारादिज्ञानं[1] प्रभुत्वसंपाद्यं, प्रभुश्च सदाशिवादौ विश्वत्र शिव एवेति शिवाहंभावेनैव तदुचितं, निवृत्तौ निष्कृतिविश्लेषहोमौ मूलेनैवोक्तौ ॥

इह तयोर्विशेषमाह

निष्कृतिः शिरसा पुनः ।
विश्लेषश्च हृदा[2] होम्यः

पुनःशब्दो विशेषाय सर्वत्रैव ।

पाशच्छेदस्तथासिना ॥ १६४ ॥

तथाशब्दान्मूलेनापि । यथोक्तं प्राक्

'आहुतित्रितयं धाम्ना पाशच्छेदेपि··· ॥' (स्व० ४।१२९)

इति पुर्यष्टकच्छेदनताडनादीन्यपि असि-

१ क० पु० अधिकारादिप्रधानमिति पाठः २ क० पु० सदा होम्य इति पाठः ।

नैवेत्यपि तथाशब्दार्थः, आकर्षणग्रहणाद्यास्तु धाम्नैवेत्युक्तम् ॥ १६४ ॥

किंच

पूर्णाहुतिसमुद्धारं
पूर्ववद्भैरवेण तु ।

निष्कलेनेत्यर्थः ॥

ज्ञानशक्तिप्रधानः श्रीसदाशिव इति

सदाशिवतनौ स्थित्वा
विश्लेषादीनि कारयेत् ॥१६५॥

विश्लेषादीना भेदोपशान्तिपरत्वात्तत्प्रधाना सदाशिवस्य व्याप्तिर्ग्राह्या, आदिशब्दादेकचैतन्यभावितोद्धारादयः ॥ १६५ ॥

एवं प्रसङ्गाद्विधिं पूरयित्वा प्रकृतमाह

आत्मस्थं पूरकेणैव
तत्स्थं रेचकवृत्तितः ।

सर्वमेतत्पूर्वमेव निर्णीतम् ।

---

१ क० पु० हत्स्थमिति पाठः ।

अथ प्रतिष्ठाधिपतिम्

स्वनाम्नोच्चारयेद्विष्णुं[1]

ध्यात्वावाह्य तु स्थापयेत् १६६

पूजयेत्पुष्पगन्धाद्यैः

अस्मै च

तर्पणायाहुतित्रयम्।

दद्यात्॥

किंच

रसं पुर्यष्टकांशं तु

अर्पयेद्विष्णवे सदा॥ १६७॥

दीक्षास्विति शेषः॥ १६७॥

पूर्ववत्कृतश्रावणं

विसर्जयेत्ततो विष्णुं

वागीशीं च विसर्जयेत्।

---

१ ख० ग० घ० पु० स्वनामोच्चारणाद्विष्णुमिति पाठः।

अथ

कलासंधिर्यथापूर्वं
ह्रस्वदीर्घप्रयोगतः ॥ १६८ ॥
अभावं भावयेत्तस्मिन्
पाशजाले त्वनन्तके ।

अथ

कलाद्वयविनिर्मुक्तः
पशुरूर्ध्वगमोत्सुकः ॥ १६९ ॥
तस्येदानीं तृतीयस्यां
विद्यायां योज्य शोधयेत् ।

चैतन्यमित्यर्थात् ॥ १६९ ॥

तां च विद्याम्

स्थापयित्वाथ संपूज्य
जुहुयादाहुतित्रयम् ॥ १७० ॥
एवं तु संमुखीकृत्य
प्रागिवाध्वावलोकनम् ।

कार्यमित्यर्थः ॥ १७० ॥

---

१ क० पु० कलासंधिं यथेति पाठः । हुत्वा दीर्घप्रयोगत इति च पाठः ।

तदेवाह

पुंस्तत्त्वाद्यावन्मायान्तं
विद्याया व्याप्तिरिष्यते ॥ १७१

एवं च

सप्त तत्त्वानि

पुरुषनियतिकालरागविद्याकलामायाख्यानि, पुरुषस्यैतत्तत्त्वषट्कमेतत्कञ्चुकरूपमन्तरङ्गं वेदनहेतुतया स्थितत्वाद्विद्याख्यया कलया व्याप्तं, प्रतितिष्ठते भोगहेतुतत्त्वजालं यत्रेति निरुक्त्या प्रतिष्ठा, निवर्तते तत्त्वसृष्टिर्यत इति निवृत्तिः, अशेषभेदोपशमाच्छान्ता, तामप्यतीता तत्संस्कारेणापि शून्या शान्त्यतीतेत्यनुसंधेयम् ॥

तथा

भुवनसप्तविंशतिरेव च ।

यद्यपि पुमान्नियतिरित्यादिस्तत्त्वक्रमस्तथापि पुंसो लोलिकामयस्य सामान्याभिष्वङ्गात्मना रागेणाव्यभिचारः, किंचिद्वेदनात्मनो विद्याया नियमनोात्मना नियत्या, कर्तृत्वोद्बल-

---

१ ख० पु० नियतात्मनेति पाठः ।

नात्मनश्च कलायाः कालेनेति तत्त्वपददीक्षयोः संपुटयोगस्य वक्ष्यमाणत्वात्तदनुसारेणैव भुवनेशस्थितिस्तत्र पुरुषरागतत्त्वयोर्विद्येशाष्टकं प्रधानमिति तदधिष्ठितान्यष्टौ भुवनानि, नियतिविद्ययोस्तु वामादिमनोन्मनान्तभुवनेशनवकाधिष्ठितानि नव, कालकलयोर्महादेवादित्रयाधिष्ठितं त्रयम् । एवम् २० । एतत्तत्त्वकारणभूतायां मायायामधोभागे गोपतिरूर्ध्वे विश्वे मध्ये त्रिकालक्षेमेशब्रह्माधिपतिशिवाश्चत्वारः, एतदधिष्ठाता चानन्तः,—इति सप्तेति भुवनसप्तविंशतिः ॥

तथा

पदविंशतिराख्याता

दक्षदिग्गतपदनवकाल्लकारान्तं चतुष्टयं पूर्वत्रान्तर्भूतमित्यवशिष्टं प्राग्वन्मादिक्षान्तं पञ्चकं, तथेशतत्त्वाधिष्ठिताग्नेयकोष्ठनवकाद्ककारादिरेफान्तं नवकं, सदाशिवतत्त्वाधिष्ठितपूर्वदिग्गताम्नवकादूकारादिक्षकारान्तं षट्कमिति पदविंशतिः ॥

---

१ ख० पु० कोणनवकमिति पाठः ।

किंच

वर्णाः सप्त प्रकीर्तिताः ॥ १७२

आद्याः घान्ताः ॥ १७२ ॥

तथा

मन्त्रौ द्वौ

अघोरः कवचम् ॥

इत्थमत्र

षड्विधाध्वानं

ज्ञात्वा वागीशिकल्पनम् ।

अत्र पूर्वोक्तं स्मारयति

प्रणवेन समावाह्य

व्यापिनीं सर्वयोनिषु ॥ १७३ ॥

समकालम्तुत्वेन

ध्यात्वा संपूज्य तर्पयेत् ।

किंच

ततः शिवाम्भसा शिष्यं

प्रोक्ष्य चास्त्रेण ताडयेत् १७४

तेनैव चास्त्रभूतेन

हुंफट्कारयुतेन तु ।

आत्मनो रेचकेनैव

गत्वेति शेषः ।

शिष्यदेहे विशोद्धृदि ॥ १७५ ॥

अथास्य पुर्यष्टकरूपम्

अस्त्रमन्त्रेण संछेद्य

विशोषा[श्लेष्या]स्त्रेण कर्षयेत् ।

द्वादशान्तात्तु संगृह्य

आत्मस्थं पूर्ववत्कुरु ॥ १७६ ॥

पूरकेणाथ संकुम्भ्य

रेचयित्वा तु योजयेत् ।

पूर्ववद्व्यापकं तस्य[1]

चैतन्यं सर्वयोनिषु ॥ १७७ ॥

योगाद्यं लयपर्यन्तं

धाम्ना चैवात्र पूर्ववत् ।

कुर्यादित्यर्थः ॥ १७७ ॥

---

1 क० ग० पु० न्यस्येति पाठः ।

विशेषस्त्वत्रायम्

शिखया शतहोमात्तु
विद्याया निष्कृतिर्भवेत् ॥ १७८ ॥

अथास्य विश्लेषपाशच्छेदाभ्यामनन्तरं परेणात्मस्थतत्स्थत्वे कुर्यात् ॥ १७८ ॥

अथ पुर्यष्टकांशार्पणाय

प्रणवादि ततो रुद्र-
मावाह्य स्थाप्य पूजयेत्[1] ।
ततोऽस्य विन्यसेद्देवि
गन्धरूपे ध्रुवाहुती[2] ॥ १७९ ॥

एवं

पुर्यष्टकांशं विन्यस्य
विसर्ज्य रुद्रदेवताम् ।
वागीशीं च विसर्ज्यैवं
कलासंधिश्च पूर्ववत् ॥ १८० ॥

कार्यः ॥

---

१ पं० ८ ख० ड० पु० योजयेदिति पाठः । २ ख० पु० ध्रुवाहुतो इति पाठः ।

कथम्

ह्रस्वदीर्घविभागेन
विद्यां शान्तौ नियोजयेत् ।
संधानार्थं तु मूलेन
जुहुयादाहुतित्रयम् ॥ १८१ ॥

संधेरनन्तरमध्वोपस्थापनाय

स्वनाम्नावाहनं शान्ते-
र्विधिपूर्वं निवेदनम् ।
प्रमेयभावनां कृत्वा

तां च

पूजयेत् कुसुमादिभिः ॥१८२॥
त्रिराहुतिं तु मूलेन

दद्यात् ॥ १८२ ॥

अस्या अध्वान्तरव्याप्तिमाह

विद्यातत्त्वात्सदाशिवम् ।
तत्त्वानां त्रितये व्याप्ति-
र्वर्णानां त्रय एव च ॥ १८३ ॥

---

१ ख० पु० कलासंधेरिति पाठः । २ पं० १७ ख० प० निवेशनमिति ।

क-ख-ग इत्यत्र च ॥ १८३ ॥

पदैकादशिका ज्ञेया

पूर्वदिग्गतान्नवकात् क्षान्तस्य षट्कस्य विद्यायामन्तर्भावाद्रेफप्रणवहकारात्मकं त्रयं मध्यमाच्च नवकादूकारादिह्नान्तमष्टकमिति पदैकादशिका ॥

पुराणि दश सप्त च।

तत्र विद्यायां त्रिगुण्यादीनां विद्याराज्ञीनामेकमीश्वरतत्त्वे त्वैश्वरं भुवनमनन्तादिशिखण्ड्यन्तविद्येश्वरभुवनान्यष्टौ, धर्मादीनां भुवनानि चत्वारि, वामादिशक्तित्रयभुवनमेकं, ज्ञानक्रियाभुवनमेकं, तस्मिन्नेव च भुवने विद्याद्वयादेः प्रभवद्वादशकपर्यन्तस्यैकोनषष्टेर्भुवनानामवान्तरो विभागः। वक्ष्यति च

'एकोनषष्टिर्भुवनं ज्ञानशक्त्यादितः क्रमात्।'

(स्व० १०।११८२)

इत्येवमीश्वरतत्त्वे पञ्चदश भुवनानि। यद्वक्ष्यति

'दश पञ्च च शोध्यानि भुवनान्यैश्वरे पदे।'

(स्व० १०।११६९)

इति। सदाशिवतत्त्वे सादाशिवमेकं भुवनं स्व-

मिव ब्रह्माङ्गसकलाद्यष्टकशिवरुद्रभेदावरणगतानन्तभुवनव्यापकमिति सप्तदश भुवनानि ॥

तथात्र

मन्त्रौ द्वौ

तत्पुरुषास्त्ररूपौ ॥

तदत्र

षड्विधोऽध्वैवं

मुख्याः पाशा इमे स्मृताः ॥१८४॥

पूर्ववच्च

सूक्ष्मपाशाननेकांश्च

तदन्तर्भावयेत्सदा ।

अथ

वागीशीं कल्पयेत्तत्र

पूर्वेण विधिनाहुतिः ॥१८५॥

पूजनं मूलमन्त्रेण

ततः प्रोक्षणताडनम् ।

छेदाकर्षग्रहं चैव
योगधारित्वजन्म च ॥ १८६ ॥

अधिकारस्तथा भोगो
लयो वै पूर्ववद्भवेत् ।
सर्वे ते मूलमन्त्रेण
आहुतित्रितयेन तु ॥ १८७ ॥

योगो गर्भेषु चैतन्यस्य, धारित्वं युगपद्गर्भवर्धनम् । यदुक्तम्

'सर्वयोनिषु गर्भास्ते युगपद्वृद्धिमागताः ।' (स्व० ४।११८)

इति । सर्वे इति गर्भाधानाद्याः संस्काराः ॥१८७॥

किंच

निष्कृतौ[2] शतहोमं तु
कवचेन तु कारयेत् ।

तुशब्दः पूर्वस्माद्[3]विशेषाय ॥

---

१ क० पु० कर्म चेति पाठः । २ ख० पु० निष्कृतिमिति पाठः । ३ ख० पु० तुशब्दो विशेषमाहेति पाठः ।

विश्लेषं पाशच्छेदं तु
कुर्यादस्त्रेण दैशिकः ॥ १८८ ॥
उद्धारकरण[1]णात्मस्थ-
तत्स्थीकारान्भवेन तु ।

अथ

स्वनाम्ना प्रणवाद्येनं
ईशमावाह्य पूजयेत् ॥ १८९ ॥
संपूज्य हुत्वा संतर्प्य[2]
बुद्ध्यहंकृतिध्वंशकम् ।

अत्र प्रयोगः

स्वनाम्ना प्रणवाद्यं तु
स्वाहान्ते बुद्धिमर्पयेत् ॥१९०॥
अहंकारं तथाप्येवं
हुत्वेदं क्षमयेत्ततः ।
वागीशीं पूजयित्वा तु
तर्पयित्वा विसर्जयेत् ॥ १९१ ॥

---

१ ख० पु० ग्रहणेति पाठः । २ क० ग० पु० तस्यार्प्यमिति पाठः ।

यदत्रानुक्तं तत्पूर्वतो योज्यम् ॥ १९१ ॥

अथ

कलासंधानकं पूर्वं
शान्त्यतीते तु योजयेत् ।
ह्रस्वदीर्घविभागेन

प्राग्वच्छान्ताशान्त्यतीते अनुसंदधीतेत्यर्थः॥

तदर्थं च

जुहुयादाहुतित्रयम् ॥ १९२ ॥

अथ

ध्रुवेण तत्त्वसंधानं
कर्तव्यं विधिवेदिना ।

पूर्ववत्प्रणवधामशान्त्यतीताबीजोच्चारपूर्वं 'शान्त्यतीतायै नमः' इति प्रयोगः स्मर्तव्यः । तत्त्वमत्र[2] प्रकृता शान्त्यतीता, विधिवेदिना व्याप्तिज्ञेन ॥

किंच

कलोपस्थापनं पश्चा-
द्ध्रुवेण जुहुयात्प्रिये ॥ १९३ ॥

---

१ घ० ङ० पु० अनुयुक्तमिति पाठः । २ क० ग० तत्त्वमन्त्रेति पाठः ।

त्रिराहुतिप्रयोगेण
स्वनामपदमुच्चरन् ।
शान्त्यतीतां समावाह्य
स्थापयेत्पूजयेत्पुनः ॥ १९४ ॥
व्याप्तिमालोक्य चाध्वस्थां

तामेव स्पष्टयति

शिवतत्त्वगताश्च ये ।

पदार्थास्तेऽनुसंधेया अत्रेत्यर्थः ।

तानाह

बिन्दुर्नादस्तथा शक्तिः
शिवतत्त्वे व्यवस्थिताः ॥१९५॥

शिवतत्त्वं समनाख्यात्यन्तमिहेति तच्छोध्यमेव । बिन्दुनादशक्तयोऽत्र गर्भीकृतवक्ष्यमाणषोडशभुवना मुख्यान्यावरणानि ॥१९५॥

किंच

पदमेकं मन्त्र एको
वर्णाः षोडश कीर्तिताः ।

भुवनानि तु सूक्ष्माणि
शान्त्यतीते तु भावयेत् ॥१९६

पदं मध्यकोष्ठनवकमध्यगत ओंकारः, मन्त्र ईशानभट्टारको धामत्रयमयनेत्र[1]मन्त्राभिन्नमूर्तिः, वर्णा विसर्गाद्या अकारान्ताः षोडश, भुवनानि भूमिकात्मकप्रमेयमात्ररूपत्वात् सूक्ष्माणि न तु संनिवेशवन्ति, तानि च षोडश। तद्यथा—बिन्द्वावरणे निवृत्त्यादिकलाचतुष्कपरिवृतं शान्त्यतीताभुवनमेकं, ततोऽर्धचन्द्रनिरोधिकाभुवने द्वे निजनिजकलापञ्चकपरिष्कृते, नादावरणे पुनरिन्धिकादिशक्तीनां स्वशक्तिमदधिष्ठितानां पञ्च भुवनानि, नादान्ते सुषुम्णेशपरब्रह्माधिष्ठितमेकं भुवनं, शक्त्यावरणे तु सूक्ष्मादिशक्तिचतुष्कपरिष्कृतं पराशक्तिभुवनमेकं, ततोऽपि व्यापिनीभूमौ व्याप्यव्यो[2]मरूपानाथानन्तानाश्रितानां पञ्च भुवनानि, ततोऽपि समनायां महामायारूपायां तच्छक्तिमारूढः पञ्चविधकृत्यकारी शिव इति।

---

१ क० पु० नेत्राभिन्नेति पाठः। २ ख० ग० पु० व्याप्यव्यापकरूप्येति पाठः।

नन्विह मन्त्राणां शोधकानामपि कथं शोध्यत्वमुक्तं तथात्वे वा कस्य तच्छोधकत्वं मूलमन्त्रस्यापि च मन्त्रत्वाच्छोध्यत्वप्रसङ्गः, निवृत्त्यादिवच्च शान्त्यतीतायामप्यङ्गमन्त्रः किं नोक्तः। निवृत्तिशान्त्यतीतयोर्मूलेन निष्कृतिहोमः प्रतिष्ठाविद्याशान्तानां शिरःशिखाकवचैर्निवृत्तौ विश्लेषो मूलेनान्यत्र हृदयेनापरत्रास्त्रेणेति कोऽयं क्रमः। अत्रोच्यते—इह मन्त्राः शिवावेशशालिनो वीर्यविदो गुरोर्निजशक्तिसारतया स्फुरन्तः शोधकाः, पशूनां तु गूहितस्ववीर्याः स्वस्वरूपावरणतया तिष्ठन्तः शोध्या एव, ते चाङ्गवक्त्रभेदादेकादश, मूलमन्त्रस्तु

'स्वयमुच्चरते देवः' (स्व० ७।५८)

इति वक्ष्यमाणस्थित्या नादामर्शपरमार्थतया सर्वस्य स्फुरतीति नास्य शोध्यत्वं, केवलमकारादिसमनान्तप्रमेयैकादशकमन्त्र[1] सूक्ष्मरूपतया गर्भीकृतमन्त्रैकादशिकास्फारमित्यारुरुक्षवाशयेन विश्लेषणक्रमयुक्त्यांशांशिकाभिप्रायात्।

'अक्षरेषु कुतो मोक्ष आकाशे कुसुमं कुतः।' (स्व० ७।२३५)

---

१ क० पु० समावेशेति पाठः।

इति मूलमन्त्रविषयमुक्तम् । तत्तद्भाष्यभागाभिप्रायेण च

'समनान्तं वरारोहे पाशजालमनन्तकम् ।' (स्व० ४।४२९)

इत्युक्तम्, वस्तुतस्त्वशेषविश्वाभेदमयो नित्योदितानुत्तरमहाविमर्शरूप एवायं निष्कलनाथस्तदभिन्नमूर्तिः सकलोऽपि वेति नास्य कदाचिदपि शोध्यत्वं शङ्कितव्यम् । शान्त्यतीतायां च नामानुरूपत्वादेव न पृथगङ्गमन्त्रः संभवति । धामत्रयात्मनेत्रमन्त्रस्तु ईशानमन्त्राभिन्नमूर्तिरवश्यमनुप्रविष्टोऽन्यथा मन्त्रैकादशिका न शोधिता स्यात्

'मन्त्रा एकादश ज्ञेयाः ।' (स्व० ४।२०१)

इति च भाविवाक्यमसंगतं स्यादत एवास्त्रमन्त्रस्ताडनादावेवोपयुङ्क्ते[२] । नेत्रमन्त्रस्तु मूलमन्त्रादभिन्न इति न तौ कलान्तःशोध्यौ,—इत्येकीयमतमसत्[३] । यस्तु निष्कृत्यादिहोमेषु मन्त्रनियम उक्तस्तत्रेश्वराङ्गैव नियमिकेति सर्वमनवद्यम् ॥ १९६ ॥

१ ख० पु० शोध्येति पाठः । २ ख० ग० पु० उपयुक्त इति पाठः ।
३ ख० ग० पु० मतमसमञ्जसमिति पाठः ।

त एते सर्वं एव पाशाः

शोधनीया वरारोहे

वर उत्कृष्ट ऊर्ध्वद्वादशान्तविश्रान्तिरूप आरोह उल्लासो यस्याः शक्तेः ॥

तावच्चैते शोध्याः

यावत्ते शिवरश्मयः ।

निरवशेषभेदोपशान्त्या शिवस्य रश्मिरूपा अभिन्नप्रभामात्रात्मानः संपद्यन्ते इत्यर्थः ॥

अत एव

शिवस्योर्ध्वे शिवो ज्ञेयो
यत्र युक्तो न जायते ॥१९७॥

उत्तीर्णशिवतत्त्वोपरि[1] विश्वोत्तीर्णविश्वमयचिदानन्दघनस्वच्छन्दभट्टारको यत्र वक्ष्यमाणयोजनिकाक्रमेण युक्तो न जायते मुच्यते इत्यर्थः ॥ १९७ ॥

अत एवास्य यावान् कलापञ्चकान्तः प्रपञ्चितः, स सर्व एव

---

१ ह० पु० तत्त्वस्येति पाठः ।

षडध्वा चैकतो ज्ञेयः

एकस्मिन् परमशिवात्मन्यभेदेनावस्थित-स्तत्सामरस्यमापन्नो ज्ञातव्यो गुरुणा साकल्येन संकल्पितः ॥

कियानसावध्वा यो दीक्ष्यस्य शिवैकात्म्यं प्राप्त इति दर्शयितुमाह

तस्य संख्यां पुनः शृणु ।
कलाश्च पञ्च विज्ञेया-
स्तत्त्वषट्त्रिंशदेव तु ॥ १९८ ॥
सचतुर्विंशति ज्ञेयं
भुवनानां शतद्वयम् ।
एकाशीतिपदान्यत्र
वर्णार्धशतिका स्मृता ॥ १९९ ॥
मन्त्रा एकादश ज्ञेया
इत्येतच्चाध्वमण्डलम् ।
एतस्मिञ्शुद्धिमापन्ने
मुक्तिमाप्नोति दीक्षितः ॥२००॥

---

१ ख० पु० शिवात्मैक्यमिति पाठः ।

शुद्धिरस्य परमशिवाभिव्यक्तिरित्युक्तम् २००

एवं प्रासङ्गिकमध्वशुद्धिग्रन्थमभिधाय प्रकृतमाह

ध्रुवेणावाह्य वागीशीं
विन्यसेत्

तदर्थम्

पूर्ववद्धुतिः ।

संपूज्य कुसुमाद्यैस्तु
तद्योनौ पूर्ववत्पशुम् ॥ २०१ ॥

योजयेदिति शेषः ॥ २०१ ॥

किंच

ध्रुवेण सर्वं कर्तव्यं
जननादिलयान्तकम् ।
निष्कृतौ शतहोमं तु
मूलमन्त्रेण कल्पयेत् ॥ २०२ ॥
विश्लेषपाशच्छेदाभ्यां
प्राग्वत्कुर्याद्ध्रुवेण तु ।

---

१ ख० पु० न्तगमिति पाठः ।

छेदाभ्यामिति तादर्थ्ये । तेन विश्लेषा-
यर्थं प्राग्वत् कुर्यात् हुत्यादिकर्मेत्यर्थः ॥ २०२ ॥

किंच

ग्रहेणा[1]त्मस्थतत्स्थत्वं
प्रणवेन पशोः स्मृतम् ॥२०३॥

प्रणवो निष्कलनाथः ॥ २०३ ॥

सदाशिवमथावाह्य
मूलमन्त्रं समुच्चरन् ।
नमस्कारेण संस्थाप्य
पुष्पैः संपूज्य तर्पयेत् ॥२०४॥
मनः पुर्यष्टकांशं तु
विन्यसेत्कारणेश्वरे ।

कथमित्याह

प्रणवादि समुच्चार्य
मनःसंज्ञां नमः[2]स्तथा ॥२०५॥
विन्यस्य पूजयेत्पश्चा-
त्संज्ञास्वाहान्तमेव च ।

---

१ ख० पु० ग्रहणात्मेति पाठः । २ ख० पु० मन इति पाठः ।

प्रणवधामभ्यामनन्तरं 'मनो देवदत्तस्यार्पयामि नमः' इति मन्त्रप्रयोगः होमे तु स्वाहेत्यन्तः । संज्ञास्वाहान्तमिति क्रियाविशेषणम् ॥ २०५ ॥

अत्र च

आहुतित्रितयं हुत्वा
पुर्यष्टांशाद्विशुद्ध्यति ॥ २०६ ॥
ततो विसर्जयेद्देवं
कारणं च सदाशिवम् ।
पुष्पादिभिः समभ्यर्च्य
वागीशीं तदनन्तरम् ॥२०७॥
तां[1] तु संपूज्य संतर्प्य
विज्ञाप्या भक्तिभाविता ।
क्षमस्व देवदेवेशि
पश्वर्थं खेदिता मया ॥ २०८ ॥
इदानीं नोपरोद्धव्यं
गच्छ देवि स्वविष्टपम् ।

---

१ ग० पु० सा तु संपूज्येति, भक्तिशालिनेति च पाठः ।

सर्वदीक्षान्त इयं विज्ञप्तिः कार्येति विशेषद्योतनाय तुशब्दः, खेदनं भूयोभूयः परस्वरूपाद्यभिधानाद्यर्थमवतारणं, नोपरोद्धव्यमिति अस्य दीक्षितस्येदानीं त्वया नोपरोधेन स्वरूपावरणं कार्यमिति यावत् । अत एव स्वाविष्टपं दीक्षितस्य परमशिवात्मस्वात्मस्वरूपमधिकरणं गच्छ तन्मयतयास्य सदा स्फुरेत्यर्थः । अत एव श्रीस्पन्देऽभिहितम्

'...स्वमार्गस्था ज्ञाता सिद्ध्युपपादिका ।' (स्प०।४।१८)

इति । यदुक्तं ब्रह्मणि शब्दस्पर्शौ, विष्णौ रसः, रुद्रे रूपगन्धौ, ईश्वरे बुद्ध्यहंकारौ, सदाशिवे मनः पुर्यष्टकांशमर्पयेत्[1] । तत्रायमभिप्रायः—इह ब्रह्मा परमया व्याप्त्या नादान्तोपरि ब्रह्मबिलाधिष्ठातृब्रह्मरूपः, विष्णुरपि तदुपरि प्रसरद्रूपशक्तिप्रधानशक्त्यात्मा, रुद्रोऽपि व्यापिनीपदावस्थितानाश्रितनाथरूपः, ईश्वरोऽपि समनापदाधिरूढः सृष्ट्यधिकारी शिवः, सदाशिवस्तु स्वच्छस्वच्छन्दचिदानन्दघनः परमशिवः,—इत्येकादशपटलोक्तव्यव-

१ ख० पु० समर्पयेदिति पाठः ।

स्थया परस्य ब्रह्मणो नादान्तशक्त्योर्मध्यवर्तित्वात् सूक्ष्मतमाभ्यां शब्दस्पर्शाभ्यां योगः। एवं मूलभूमौ स्पर्शप्रधानापि प्रसरद्रूपतया रसमयी शक्तिरिति तन्मयस्य विष्णोः सूक्ष्मतमरससंबन्धः, ततोऽपि रुद्रस्य व्यापिन्यामनाश्रितपदे विश्वस्यासूत्रणादमात्रात्मनैः[1] प्राक्स्रष्टोपसंहृतजगद्गतसुसूक्ष्मतमसंस्कारमात्रात्मना तनीयस्तमेन गन्धेन चास्ति संबन्धः। समनाधिष्ठातरि तु शिवे मनैनमा[2]त्रसारे विगलद्बुद्ध्यहंकारवासनासङ्गः, परमशिवेऽपि उन्मनाशक्तिसमाश्लिष्टे[3] मननसंस्[4]कारस्यापि गलनमित्यतिसुसूक्ष्मतमस्वप्रशान्तमनःसंस्कारसंबन्धोऽस्ति,—इत्याशयेन निरवशेषसंस्कारपर्यन्तपुर्यष्टकप्रशान्त्यर्थमेव पुर्यष्टकांशार्पणम्। अन्ये तु

'श्रुतिस्त्वग्विष्टुतिर्ब्राह्मी ब्रह्मक्रव्यादयोनिदा।
रासनी वैष्णवी रौद्री घ्राणलोचनहेतुका॥
ऐश्वरी गर्वधीरूपा मानसी शिवदेवता।'

---

१ ख० पु० त्मनो रूपेणेति पाठः। २ ख० पु० मनोमात्रेति पाठः। ३ ख० पु० समाविष्ट इति पाठः। ४ ख० ग० घ० ङ० पु० संस्कारस्यागलनमिति पाठः।

इति निर्बीजदीक्षाविषयश्रीमृगेन्द्रवाक्यटीकायामुक्तेन्द्रियविप्लुत्यात्मसमयोल्लङ्घनसंभाव्यमानतत्तत्कल्याद्दत्वप्रशमनाय पाशशोधनपरेऽपि वाक्ये निर्बीजदीक्षायां पुर्यष्टकात् शब्दस्पर्शार्पणं ब्रह्माणि कार्यमित्यादि यद्भट्टनारायणकण्ठेनोक्तं तदेवात्र योजयांचक्रुः । तत्र सबीजनिर्बीजादिसर्वदीक्षासु पुर्यष्टकांशार्पणमाम्नातम्, अतो मृगेन्द्रायां समयपाशशोधनपरेऽपि वाक्ये निर्बीजदीक्षाविषयमेव[2] पुर्यष्टकांशार्पणं तदभिप्रायवर्णनं च तेनाकारि, तद्युक्तमयुक्तं वेति सचेतसः प्रमाणमित्यलम् ॥ २०८ ॥

अथ वागीशीं

विसर्ज्यैवं कला भाव्या
शान्त्यतीता लयं गता ॥२०९॥
स्वशक्त्याधारपर्यन्ते[3]
सुसूक्ष्माभावसंस्थिते ।

---

१ ख० पु० विरत्यात्मेति पाठः । २ ख० पु० विषय एवेति पाठः ।
३ क० पर्यन्तमिति पाठः ।

स्वा स्वातन्त्र्यात्मा शक्तिराधारः समवायिनी यस्य, स एवाशेषस्य समनाप्रतिष्ठास्थानत्वात् पर्यन्तः, अत एव सुष्ठु सूक्ष्मस्याभावस्य समनात्मनो व्यापिन्यादिक्षित्यन्तनिःशेषभावाभावभित्तिभूतस्य महाशून्यस्य संस्थितं संस्थानं यत्र ॥ २०९ ॥

अथ कायवाङ्मनःकर्मान्यथाभावे जाते सति

आत्मतत्त्वविभागेन
धाम्ना वै जुहुयाच्छतम् ॥२१०॥

आत्मशब्दो विद्याशिवावुपलक्षयति, तेनात्मविद्याशिवतत्त्वविभागेनेत्यत्रार्थः ॥ २१० ॥

तथा

सशब्दोच्चारयोगेन
आत्मतत्त्वे तु होमयेत् ।

प्रणवनिष्कलोच्चारपूर्वं दीक्ष्यस्यात्मतत्त्वव्याप्तमायान्ताध्वशुद्धौ विधिन्यूनातिरिक्तदोषशुद्धिरस्तु स्वाहेत्यत्र प्रयोगः ॥

एतच्चात्मतत्त्वम्

मायातत्त्वावधि ज्ञेयं
दैशिकेन महाध्वरे ॥ २११ ॥

मायान्तं वेद्यं सर्वमिति तच्चाप्यात्मतत्त्वं महाध्वरे दीक्षाप्रयोजनशिवयागे ॥ २११ ॥

किमर्थमयं होमः, इत्याह

विधिवैकल्यकर्मार्थं
प्रायश्चित्तविशुद्धये ।

'विधिः' पूजाहोमादिः शास्त्रचोदितस्तस्य 'वैकल्यकर्म' न्यूनातिरेकानुष्ठितिस्तदर्थमिति तन्निवृत्त्यर्थं या प्रायश्चित्तशुद्धिस्तस्यै ॥

अथ

विद्यातत्त्वे तु होतव्यं
शतमष्टोत्तरं प्रिये ॥ २१२ ॥

तच्च

उपांशूच्चारयोगेन
विद्यातत्त्वे तु होमयेत् ।

---

१ ख० पु० शिवाध्वरे इति पाठः ।

पूर्वोक्ताया विद्याया इयमन्यैव।

मायान्ते विद्या करणरूपा भगवतः,—इति वक्तुमाह

सदाशिवान्तमध्वानं
विद्यातत्त्वं विनिर्दिशेत् ॥ २१३

ज्ञानक्रियात्मा शक्तिः शिवस्य कारणं तद्रूपश्च सदाशिवः,—इति तदन्ता विद्यातत्त्वस्य व्याप्तिः ॥ २१३ ॥

अत्र च

मन्त्रोच्चारविलोमेन
प्रायश्चित्तं तु यद्भवेत्।
तद्विशुद्ध्यै स होमः स्या-
द्विद्यातत्त्वे तु यः कृतः ॥२१४॥

विलोमतान्यथाकरणम्। अत्र च प्रणवनिष्कलावुच्चार्य दीक्ष्यस्य विद्यातत्त्वव्याप्तसदाशिवान्ताध्वशुद्धौ मन्त्रोच्चारवैलोम्यशुद्धिरस्तु स्वाहेति प्रयोगः ॥ २१४ ॥

अनन्तरम्

मनोविज्ञानवैकल्यात्
प्रायश्चित्तं तु यद्भवेत् ।
तच्छुद्ध्यर्थं शिवे तत्त्वे
मूलमन्त्रेण होमयेत् ॥ २१५ ॥
मानसेन प्रयोगेन

मनोविज्ञानं भावना, शिवतत्त्वमुक्ततत्त्वापेक्षयात्र प्रमातृरूपम् ॥ २१५ ॥

एतच्च

शक्त्यन्तेऽध्वनि संस्थितम् ।

'शक्त्यन्तं' समनान्तमुत्तीर्य शिवभट्टारकस्य तावद्व्याप्तिकत्वात् ॥

अथाशेषबन्धभित्तेर्मुण्डान्तोर्ध्ववाहिन्याः प्राणशक्तेरधोवाहात्मकबन्धकत्वोपशमाय तदनुकारिण्याः स्थूलदेहगतायाः शिखायाश्छेदमादिशति

---

१ ख० पु० तद्विशुद्ध्यै इति पाठः ।

तत्त्वत्रयविशुद्ध्यन्ते
शिखाच्छेदं[1] तु कल्पयेत् २१६

कथं च

अध्वान्तस्थां परां शान्ता-
मनौपम्यामनामयाम् ।
व्यापिनीं सर्वतत्त्वानां
सर्वकारणकारणम् ॥ २१७ ॥
ध्यात्वा शिशोः शिखाग्रे तु
पुष्पाग्रे जलबिन्दुवत् ।

अध्वनोऽन्तेऽत एवाविद्यमानध्वान्ते पदे[2] च स्थितां परां शान्तामिति शान्त्यतीतां सर्वोपाधि[3]क्षैण्यादनामयामकलङ्कां षण्णामपि कारणानां कारणं शिशोः शिखाग्रे ध्यात्वेति संगतिः ॥ २१७ ॥

किं च

कर्तरीं शिखयामन्त्र्य
शिखया च्छेदयेच्छिखाम् २१८

---

१ ग० पु० मेदमिति पाठः । २ ख० ग० घ० पु० ध्वान्तोपदेशेति पाठः ।
३ क० पु० वैलक्षण्यादिति पाठः ।

शिखयेति नैष्कलेन शिखामन्त्रेण । इह विशेषानभिधानान्निर्बीजसबीजदीक्षाद्वयविषयशिखाच्छेदनं न तु निर्बीजायामेव ॥ २१८ ॥

अथ

शिखां समर्प्य चान्यस्य
निर्गच्छेत्सं सशिष्यकः ।

तत्र च

स्नानं समाचरेच्छिष्यः

छिन्नशिखत्वात् ॥

तत्स्पर्शात्तु

गुरोराचमनं भवेत् ॥ २१९ ॥

स शिष्यसंपर्कत्वात्पराशयग्रहणाय वा

स्नानमुद्धूलनं वाथ
आचरेत्स्वेच्छया गुरुः ।

ततः

प्रविश्य सकलीकृत्य

आत्मानम् ।

पूर्णया जुहुयाच्छिखाम् २२०

उक्तव्याप्तिप्राणशक्त्यनुकारिणीम्। अत्र च पूर्वसंवादितः पाशहोममन्त्रः प्रयोक्तव्यः २२०

इत्थं च

हुत्वा निर्गम्य[1] चाचम्या-
क्षाल्य स्रुक्स्रुवकर्तरीः।
प्रविश्य सकलीकृत्य
शिवहस्तानुपूजनम् ॥ २२१ ॥

कुर्वीतेत्यर्थः ॥

ततस्तु मण्डले पश्चा-
त्पूजयेत्परमेश्वरम्।
पुष्पादिभिरशेषैस्तु
ततो विज्ञापयेच्छिवम् ॥२२२॥
भगवंस्त्वत्प्रसादेन
अध्वषट्कव्यवस्थितम्।
पशुं संगृह्य संशोध्य
शिखाच्छेदावसानकम् ॥२२३॥

---

१ ख० ग० पु० निर्गत्येतिपाठः।

त्वन्मुखोक्तविधानं तु
लेशतो वर्तितं मया ।

ग्रहणं पाशसूत्रात्स्वदेहाच्च । संशोधनं मलेभ्यः । वर्तितं संपादितम् ॥ २२३ ॥

किंच शिष्यमिष्टं धाम लम्भयितुं मया

त्वच्छक्त्यैव तु गन्तव्य-
माशु ध्रुवपदं शिवम् ॥ २२४ ॥

एवकारो निरपेक्षः शक्तिपात एवात्र प्रभवतीति ध्वनति । एतच्च पञ्चमपटलान्ते निर्णेष्यामः। ध्रुवपदं सप्तमं परमशिवस्थानम् ॥२२४॥

तदर्थमेव

इदानीं योजने कर्म

मयारभ्यते ।

ततोऽत्र

तवाज्ञानुविधायिनः ।
आज्ञा मे दीयतां नाथ
शिष्यं संयोजयाम्यहम् ॥२२५॥

तवाज्ञेति

'दीक्षणीयास्त्वया शिष्याः'

इत्यधिकारावसरे प्राप्ता ।

अथ

लब्धानुज्ञातमात्मानं

आज्ञालाभयुक्त्यैव रुद्रशक्तिसमावेशात्

प्रहृष्टो निर्गतः पुरात् ।

अर्घहस्तो व्रजेदग्निम्

पुरादिति मण्डलक्षेत्रात् ।

अथात्र

शिष्यमाहूय प्रोक्षयेत् ॥२२६॥

प्रोक्षितस्य

पूर्ववन्न्यासनस्थस्य

सकलीकरणादिकम् ।

अन्तःकरणविन्यासं

नाडीसंधानपूर्वकम् ॥२२७॥

कृत्वा

पूजनं तर्पणं चाग्नौ

मन्त्राणां च शिवस्य च ।

कुर्यात् । तर्पणं मूलापेक्षया वक्त्राङ्गानाम् ॥

दशभागविभागेन

नचात्र द्रव्येयत्तानियम इत्याह

यथा द्रव्यानुसारतः ॥ २२८ ॥

यद्वक्ष्यति

'तिस्रः पञ्च दशैका वा तिलैर्वाथ घृतेन वा ।' (स्व ४।४४५)

इति ॥ २२८ ॥

अथ ये निष्कलस्वरूपनिमज्जनेन सकलतामुन्मज्ज्य भगवतोऽन्तरङ्गशक्तिरूपा वक्त्राङ्गमन्त्रा भेदप्रथोत्थापनेन चिदात्मना संशुद्धत्वापादनेऽधिकृतास्तान्

मन्त्रान्संशोधयेत्पश्चा-

त्सकलीकरणे स्थितान् ।

सकृदाहुतियोगेन

मूलमन्त्रेणैवेतरमन्त्रशुद्धिरिति निर्णीतमतः प्रणवनिष्कलोच्चारपूर्वं हृदाद्येकैकं जात्यन्तमुच्चार्य 'भगवन् दीक्ष्यस्य निष्कलशुद्धधामप्रथापरो भव स्वाहा' इति प्रयोगेन निष्कलधामविश्रान्तिभावनयाहुतिं दद्यात् ॥

तत एतानिदं श्रावयेत्

अधिकारो वि[1]वर्ज्यताम् २२९

सकलीकरणत्वेन

न कदाचित्पशोः पुनः ।

सकलीकारो भवद्भिः कार्य इति शेषः २२९

एवं दीक्ष्यस्य मन्त्रैकादशिकाशुद्धि[2]मितिकर्तव्यत्वेनोक्त्वा देवीमाह भगवान्

योजनीयं प्रयोगं तु

अधुना कथयामि ते ॥ २३० ॥

योजनायै हितं योजनीयं, प्रकृष्टं योगमितिकर्तव्यतारूपं प्रयोगं चाधुना निःशेषपाश-

१ ख० पु० विसृज्यतामिति पाठः । २ ग० पु० शुद्धिमपि कर्तव्यत्वेनेति पाठः ।

क्षपणे जाते सति 'ते' इत्यनुग्रहैकप्रवणतया भगवत्या एवैकस्याः परस्याः शक्तेर्योजनायां शक्तायाः कथयामि विमर्शपदं लम्भयामीत्यर्थः ॥ २३० ॥

अस्य चाभ्यस्तज्ञानयोगदुष्प्रापदैशिकप्रवरसाध्यत्वमिति दर्शयितुं, महता पीठिकाबन्धग्रहणेन [1]योजनोपयोगि प्रमेयत्रयोदशकं सद्गुरूणां हृदयंगमीकार्यं निर्णेतुमुदाक्षिपति परमेश्वरः

ज्ञात्वा चारप्रमाणं तु
प्राणसंचारमेव च ।
षड्विधाध्वविभागं तु
प्राणैकत्र यथास्थितम् ॥२३१॥
हंसोच्चारं तु वर्णैश्च
[2]कारणत्यागमेव च ।
शून्यं समरसं ज्ञेयं
त्यागं संयोगमु[3]द्भवम् ॥ २३२ ॥

---

[1] ख० पु० प्रयोजनेति पाठः [2] ख० ग० पु० करणत्यागेति पाठः । [3] क० पु० गसंभवम् इति पाठः

भेदनं च पदार्थानां
भावप्राप्तिवशात्पुनः ।
आत्मविद्याशिवव्याप्ति-
मेवं ज्ञात्वा तु योजयेत् २३३

इह

'तस्मिन्युक्तः परे तत्त्वे सर्वज्ञादिगुणान्वितः ।
शिव एको भवेद्देवि अविभागेन सर्वतः ॥'

(स्व० ४।४०१)

इति भाविनीत्या परभैरवैक्यापत्त्यात्मा योजना पुर्यष्टकाहन्ताप्रशान्त्यैव गुरोः कर्तव्या । पुर्यष्टके च प्राणाश्रयं शून्याश्रयं च स्वप्नसौषुप्तयोस्तथा निश्चयादिति प्राणशून्यपदयोः प्रशमनीयत्वे चास्य प्राणवाहस्य देशकालाभ्यां प्रमाणमवश्यं ज्ञातव्यं, तत्रापि चारोहावरोहरूपसंचरणं ज्ञातसंचारस्य तत्रस्थोल्लङ्घनीयसमस्ताध्वपरिज्ञानमुपयोगि अध्वोल्लङ्घनमपि ऊर्ध्वनदनात्महंसोच्चारपरिज्ञानात्, तदुच्चारो द्विधा स्वाभाविकः प्रायत्निकश्चेति, प्रायत्निके तस्मिन् नैष्कलैरकारोकारादिभिर्वर्णैः कार-

णानां ब्रह्मादीनां त्यागोऽपि ज्ञेयः, चकारात्तदुचितकालत्याग इहानुद्दिष्टोऽपि वक्ष्यमाणो ज्ञातव्य एव; प्राणवच्च शून्यमपि प्रशमनीयत्वाज्ज्ञेयमेव परभैरवैक्यात्मयोजनं च मन्त्रात्मनाब्ध्यादिसामरस्यज्ञप्तिपूर्वकं, सामरस्यज्ञानं साम्यज्ञप्तिपूर्वकमिति साम्यात्मविषुवत्स्वरूपमपि भविष्यति, अकाराद्युन्मनान्तं द्वादशविधं ज्ञेयमपि मन्त्रोच्चाराङ्गतया ज्ञेयमेव, त्यागाय चैतज्ज्ञेयमिति त्याग उक्तः, स च तत्तद्दशासंयोगपूर्वकः[1] तत्तद्दशात्यागे चोर्ध्वोर्ध्वारोहात्मोद्भवोऽपि ज्ञातव्यः, यावच्चैषां ग्रन्थीनां भेदनं न वृत्तं न तावत्तत्त्यागेनोर्ध्वोद्भवो घटते भेदनं च ज्ञानयोगाभ्याम् । यद्वक्ष्यति

'भेदयेज्ज्ञानशूलेन............।' (स्व० । ४।३३४)

इति । तथा

'भेदयेन्मन्त्रशूलेन मुद्रामावयुतेन तु ।'

(स्व० । ४।३५६)

इत्यादि । तच्च भावस्य दृढारूढप्रतिपत्त्यात्मनस्तत्तच्छब्दाद्यनुभवात्मनश्च वक्ष्यमाणस्य प्रा-

---

१ ख० ग० घ० पु० तत्तद्दशावियोगेति पाठः ।

सिवशाद्भवति। एवमियज्ज्ञानपूर्वं प्राणे शून्ये च प्रशमितेऽपि आत्मतत्त्वस्यैतावदुत्तीर्णा शुद्धात्मदशानुभवरूपा, विद्यातत्त्वस्य चोन्मनाविश्रान्त्यात्मा, शिवतत्त्वस्यापि च परतत्त्वसमावेशरूपा व्याप्तिरवश्यं ज्ञेयेति,— इयत्प्रमेयपरिज्ञानमागमतोऽनुभवतश्च योजनायामुपयोगीत्याशयेनात्र वाक्ये ज्ञात्वेति द्विरुपात्तम्॥ २३३॥

यथोद्दिष्टं निर्णेतुमाह

तद्विभागं प्रवक्ष्यामि
यथा ज्ञायेत तत्त्वतः।

विभागो विभजनमसाधारणेन रूपेण विवेचनलक्षणम्। प्रकारभेदकथनमपि यथासंभवम्।

तं क्रमेणाह

षट्त्रिंशदङ्गुलश्चारो
हृत्पद्माद्याबशक्तितः॥२३४॥

तुटिषोडशमानेन
कालेन कलितः प्रिये ।

यावच्छब्दे तलोप ऐश्वरः । आद्येनार्धेन देशतो द्वितीयेन कालतश्चारप्रमाणमुक्तम् । शक्तिरिह भाविनीत्या समनान्ताभिप्रेता । तुटिश्चषकषड्भागरूपस्य प्राणापानवाहस्य द्वात्रिंशत्तमोंऽशः ।

अथ प्राणसंचारमाह

संचरन्तं विभागेन
यथावत्तं शृणुष्व मे ॥ २३५ ॥

तमिति प्राणं ताल्वादिस्थानानुसारिणा विभागेन यथावत्स्वानुभवसाक्षिकं सम्यक् चरन्तं शृणु कथितमन्तर्निभालय ॥ २३५ ॥

हृत्पद्माद्यावदयनं
भागमेकं त्यजेत्तु सः ।
नासिकाग्रे द्वितीयं तु
शक्त्यन्ते तु तृतीयकम् ॥ २३६ ॥

तत्रस्थो विनिवर्तेत
यावत्तत्त्वं न विन्दति ।
विदिते तु परे तत्त्वे
तत्रस्थोऽपि न बाध्यते ॥२३७॥

एतच्छास्त्रप्रक्रियया, मन्त्रोदयस्थानाद्धृत्पद्मात् प्रभृति । अयनमिति कालाधिकारवक्ष्यमाणया 'प्राणे दिनोदय' इति स्थित्या प्राणादित्यस्य मध्याह्नगताश्रयं तालुस्थानमष्टादशाङ्गुलान्तमिह विवक्षितम् । तच्च मायाग्रन्थ्यात्मकं रुद्रस्थानं दुर्भेदमित्यशिक्षिततदनुप्रवेशस्य तु मध्यनाड्या नासिकाग्रं भ्रूमध्यमैश्वरं स्थानं प्राप्नोति, एवमप्यभिन्नभ्रूग्रन्थेस्तस्मिन् नासिकाग्रे। द्वितीयमिति षडङ्गुलं भागं त्यजेत्, तत्प्रवेशमनासाद्य पार्श्वनाडीद्वयेन यावच्छिक्षिततदनुप्रवेशस्य तु शक्त्यन्तं ब्रह्मबिलपर्यन्तमाश्रयति, तथाप्यस्वीकृतशाक्तबलस्य शक्त्यन्ते तस्मिंस्तृतीयं भागं द्वादशाङ्गुलं त्यजेत्, तत्रान्तरज्ञस्य ब्रह्मरन्ध्रेणाधः प्रसरेत्, एतदेव

१ ख० पु० भस्वात्मीकृतेति पाठः ।

तत्रस्थेत्यादिना श्लोकार्धेनोक्तमत एवासादित-शाक्तबलः समग्रग्रन्थिसंचाराभिज्ञः परस्मिंस्तत्त्वे विदिते। तत्रेत्युक्तेषु ग्रन्थिस्थानेष्वपि स्थितो न बाध्यते न देहादिप्रमातृतावैवश्यमेतीति यावत्। अतश्च परतत्त्वज्ञप्तिपर्यन्तः प्राणसंचारः शिक्षणीय इति पिण्डार्थः ॥ २३७ ॥

अत्रैव संचारे पारिभाषिकीः संज्ञा उद्घटयति

शक्त्या चाधो यदा गच्छे-
दबुधस्तु तदा भवेत् ।

शक्तिपर्यन्तेऽपि पदे लब्धे तत्त्वेऽनारोहात्[1] ।

यदा तु तदारोहाय

ह्रुतः पुनरुत्तिष्ठे-
द्बुध्यमानः स उच्यते ॥२३८॥

ततश्च

शक्तिं प्राप्य बुधो ज्ञेयः

---

१ ख० पु० तत्रस्थेति पाठः । २ ख० पु० ग० पु० रोहणादिति पाठः ।

ततोऽपि शाक्तबललाभात् तत्त्वारोहयुक्तिज्ञस्य

व्यापिन्यंशे प्रबुद्धता ।

यदा तु ततोऽप्यूर्ध्वमारोहति तदा समनापर्यन्तमशेषमध्वानम्

अतीतः सुप्रबुद्धस्तु

परतत्त्वानुलाभात्। अबुद्धरूपतैवेति केचित् तदसत् तस्येह प्राकरणिकत्वेऽपि सुप्रबुद्धैकरूपत्वात्, अन्यथा गुरुत्वायोगात्।

अस्य च

उन्मनस्त्वं[1] तदा भवेत् ॥२३९॥

मनःसंस्कारस्यापि क्षयात् ॥ २३९ ॥

किंच

न कालो न कला चारो
न तत्त्वं नच कारणम्।
सुनिर्वाणं परं शुद्धं
गुरुपारम्परागतम् ॥ २४० ॥

---

१ ख० पु० उन्मनात्वमिति पाठः।

तद्विदित्वा विमुच्येत
गत्वा भूयो न जायते ।

कालस्तुट्यादिः परार्धान्तः, कला निवृत्त्यादिका, चारः प्राणवाहः, तत्त्वं पृथिव्यादि, कारणं ब्रह्मादि, सुनिर्वाणमिति पराद्वयमयत्वात् अत एव परं शुद्धं शुद्धाशुद्धसदाशिवादिपदादपि प्रकर्षात् गुरूणां परम्परैव पारम्परं परभैरवतच्छक्तिसदाशिवेशा[1]नन्तश्रीकण्ठादिरूपं तत आगतम् । विदित्वेति अनुभूय, विमुच्यते इति जीवन्नेव विमुक्तः स्यात्, गत्वेति देहान्ते तदैकात्म्यमेति ॥

अथाध्वषट्कविभागमाह

अध्वषट्कं यथा प्राणे
संस्थितं कथयामि ते ॥२४१॥

आपादान्मूर्धपर्यन्तं
चितेः संवेदनं हि यत् ।

---

1 क० पु० ईशानानन्तेति पाठः ।

भुवनाध्वा स विज्ञेय-
स्तत्त्वाध्वा च तथैव हि ॥२४२॥

इह तस्य भावस्तननात्तत्त्वमिति व्युत्पत्त्या निरुक्त्या च विशेषनिष्ठः सामान्याभासः शरीरभुवनभावविरचनाहेतुः तत्त्वम् तदाभोगः शरीरभुवनादिर्यथा देहमृद्दारुपाषाणादौ काठिन्याभासः पृथिवीतत्त्वमेवमन्यत्। सामान्याभासश्च चिद्भित्तौ भाति परचिद्भूमौ च सर्वं चिदेकरसमिति न कोऽपि विभागस्ततः 'प्राक् संवित्प्राणे परिणता' इति न्यायात् प्राणसंकोचिन्यास्तस्याः प्राणत्वारोहेण देहमप्यश्नुवानायास्तत्त्वप्रतिभासरूपं स एव तत्त्वाध्वा घटते इत्यभिप्रेत्यापादान्मूर्धान्तं यच्चितेः संवेदनं तत्तत्काठिन्यादिप्रतिभासरूपं स एव तत्त्वाध्वा भुवनाध्वा चेत्युक्तम्। तत्त्वसत्तयैव च भुवनसत्तापि सौक्ष्म्येणानुमीयते। प्राणचारो हृदयाच्छक्त्यन्तं षट्त्रिंशदङ्गुल उक्तः। अध्वषट्कविभागस्तु प्रा-

णैकत्रेति समस्तदेहव्यापिसूक्ष्मप्राणमात्र एवोद्दिष्टो नतु प्राणचार इत्यापादादित्यादिका युक्तैवोक्तिः । तत्त्वानां चोद्देशान्ते श्रीमतङ्गेऽप्युक्तम् ॥

'तत्त्वं वस्तुपदं व्यक्तं स्फुटमाम्नायदर्शनात् ।
ततमेतेन वा यस्मात्तत्त्वं तत्त्वसंततौ ॥'

इति । तथा

'शिवाद्यवनिपर्यन्तो योऽयमध्वातिविस्तृतः ।
स समस्ताश्रितो ज्ञेयो नाशिवत्वाद्विमुच्यते ॥'

इति ॥ २४२ ॥

प्राणे कलाध्वस्थितिमाह

कलाकलितसंतानः
प्राणः संचरते सदा ।

कलाभिः कलितो व्याप्तः संतानः प्राणवाहो यस्य ॥

अस्य हि

निवृत्तिश्च प्रतिष्ठा च
अधोभागे प्रवर्तिके ॥ २४३ ॥

विद्या शान्तिस्तथा चोर्ध्वे
शान्त्यतीता त्वधिष्ठिका।

'आ पादान्मूर्धपर्यन्तम्' इत्युक्त्वा समस्तदेहव्यापी सामान्यप्राणनारूपः प्राण उद्दिष्टो यस्य प्राणापानाद्यात्मिका विशिष्टा वृत्तयः, ततोऽधोभागप्रवर्तिके इत्यादिकं संगतमेव। ये तूर्ध्ववाहिप्राणाश्रयमेतत् इत्यभिप्रायेण अधोभागप्रवर्तिके इति पठित्वा अधोभागे प्रवृत्तिरवस्थितिर्विद्यते ययोरित्यादि श्लिष्टं व्याचक्षते, तेषां शक्त्या चाधो यदा गच्छेदिति (४।२३८) पूर्वोक्तं विस्मृतं, जडस्य च शक्त्यात्मककलाव्यापकत्वमुक्तं नतु विपर्यय इत्यास्तामेतत्। एवंप्रायं व्याख्यानं बहु असमञ्जसं टीकाकृतामस्ति तत्स्वयमेवान्वेष्टव्यं ग्रन्थगौरवभयात् प्रतिपदं नोन्मीलितं कियन्मात्रं तु दर्शितम्॥

हेयहान्या शिष्याणामुपादेये धीः प्ररोहत्विति कलातीतं पदं निरूपयितुमाह

तदतीतः परो भावः

शान्त्यतीतामपि अतिक्रान्तः शुद्धात्मदशारूपः स्वभाव इत्यर्थः ।

अत एवोन्मनापरतत्त्वात्मकशक्तिशक्तिमत्सामरस्यात्मकम्

तदूर्ध्वं पदमव्ययम् ॥ २४४ ॥

यत्प्राप्त्यर्थमियान् शास्त्रसंरम्भः ॥ २४४ ॥

प्राणे निवृत्त्यादिकलास्थितिमुक्त्वा मन्त्रकलास्थितिमप्याह

एवं बिन्दुकला ज्ञेया
नादशक्त्यात्मिकाश्च याः ।
व्यापिन्याद्यात्मिका याश्च
व्याप्यव्यापकभेदतः ॥ २४५ ॥

प्राणैकसंस्थिताः सर्वाः

अकारोकारमकारात्मानः कलाः प्राणैः सर्वैरुच्चरन्त्य उपलभ्यन्ते, यास्तु बिन्द्वाद्याः समनान्ताः क्रमेण व्याप्यव्यापकभावेन स्थि-

---

१ ख० पु० व्यापकत्वेनेति पाठः ।

ताः ताः सर्वाः प्राणे स्थिता ज्ञेयाः प्रयत्नेनानुभवितव्याः । बिन्दुनादव्यापिनीनां तिसृणां प्रधानतया इह उद्देशोऽर्धचन्द्रादिशक्तीनां यथायोगमेतदन्तर्भूतत्वेन प्राधान्यात् ।

अत एव

षट्त्यागात्सप्तमे लयः ।

सर्वोपलभ्या अकारोकारमकारकलाः, योगगम्यास्तु बिन्दुनादव्यापिन्य इत्यासां षण्णामपि त्यागात्परमयोगिनां सप्तमे परशक्तिमति परतत्त्व एव 'लयो' विश्रान्तिः कार्या ॥

एतदुपसंहृत्यान्यदवतारयति

कलाध्वैवं समाख्यातो
वर्णाध्वानं निबोध मे ॥२४६॥

तमाह

वर्णाः शब्दात्मकाः सर्वे
जगत्यस्मिंश्चराचरे ।
स्थिताः पञ्चाशता भेदैः
शास्त्रेष्वानन्त्यकोटिषु ॥२४७॥

शब्दात्प्राणः समाख्यात-
स्तस्माद्वर्णास्तु प्राणतः ।
उत्पद्यन्ते लयं यान्ति
यत्र शब्दो लयं गतः ॥२४८॥

आनन्त्येन कोटिसंख्येषु शास्त्रेषु पञ्चाशता भेदैर्मातृकारूपैः 'चरे' जङ्गमे वाग्वति 'अचरे' चान्तःसंज्ञे स्थावरे तत्तदव्यक्तवाच्याक्षराद्यभिव्यञ्जके वर्णाः स्थिताः, ते च 'शब्दात्मकाः' शब्दनरूपाः, शब्दोऽपि प्राणनात्मा ध्वनिसतत्त्वश्च प्राणोऽत एवास्माद्ध्वनिरूपाद्वर्णा जायन्ते, यत्र च शब्दात्मा प्राणो लयं याति तत्रैव वर्णा लीयन्ते,—इति प्राणनात्मनि प्राण एव वर्णाध्वा स्थितः ॥ २४८ ॥

यतश्च वर्णानां प्राणस्य चैकत्र लयस्ततः

शब्दातीतो वरारोहे
तत्त्वेन सह युज्यते ।
युक्तः सर्वगतो देवि
धर्माधर्मविवर्जितः ॥ २४९ ॥

नाधो निरीक्षते[1] भूयः
शिवतत्त्वं गतो यदा ।

तत्त्वेन परमशिवेन सह 'युज्यते' ऐक्यमेति, अत एव सर्वगतो 'धर्माधर्माभ्यां' प्राणापानाभ्यां शुभाशुभाभ्यां च रहितः। अध इति इदन्तारूपो भेदः। यदेति यतः ॥

एतदुपपादयति

अधो वै यात्यधर्मेण
धर्मेणोर्ध्वं व्रजेत्पुनः ॥ २५० ॥
विज्ञानेन द्वयं त्यक्त्वा
सर्वगस्तु भवेदिह ।

अधर्मेणाशुभेनाधः स्थावरान्तमपानात्म[2]देहभूमिं, धर्मेण शुभेन देवयोन्यादितां, प्राणात्मना तु शक्त्यन्तं व्रजति। एतद्द्वयं तु विशिष्टेन शिवैक्यात्मविमर्शात्मना ज्ञानेन त्यक्त्वा इहेति देहावस्थितोऽपि सर्वगः शिवो भवति ॥

---

१ क० पु० निरीक्षित इति पाठः। २ ख० पु० अपानेनानात्मेति पाठः।

उपसंहरति

वर्णाध्वैवं समाख्यातः

अथ

पदाध्वा प्रोच्यतेऽधुना ॥२५१॥

एकाशीतिपदान्येव
विद्याराजस्थितान्यपि ।
वर्णात्मकानि तान्यत्र
वर्णाः प्राणात्मकाः स्थिताः२५२
तस्मादेवं पदान्यत्र
तानि प्राणक्रमेण तु ।

एकस्मिन्नपि विद्याराजे नवात्मन्येकाशीतिपदानि प्राग्विभक्तनीत्या यानि स्थितानि तान्यपीदानीमेव निर्णीतनीत्या वर्णात्मकानि, वर्णाश्च प्राणरूपास्तदात्मकत्वात् पदानाम् २५२

पदाध्वैवं समाख्यातः

अथात्र

मन्त्राध्वानं निबोध मे ॥२५३॥

तमाह

मन्त्रैकादशिका या तु
सा च हंसे व्यवस्थिता ।
पदैकादशिका सा च
प्राणे चरति नित्यशः ॥ २५४ ॥

'हंसे' मध्यमे प्राणे नैष्कलवक्त्राङ्गरूपा 'मन्त्रैकादशिका' स्थिता यस्मात् 'सा पदैकादशिका' नित्योच्चरन्निष्कलकलारूपविश्रान्तिहेतुर्ब्रह्मादिवाचकाकारादिसमनान्तपदरूपा । निर्णीतं चैतत्पूर्वमेव ॥ २५४ ॥

एतानि पदान्याह

अकारश्च उकारश्च
मकारो बिन्दुरेव च ।
अर्धचन्द्रो निरोधी च
नादो नादान्त एव च ॥ २५५ ॥
शक्तिश्च व्यापिनी चैव
समनैकादशी स्मृता ।

निष्कलनाथेऽकारकला यादृश्यस्ति यादृशं चैतत्कलानां रूपं तददूर एव निर्णेष्यते॥२५५॥

एकादशिकाया अस्या अध्वरूपतां दर्शयितुमाह

उन्मना च ततोऽतीता
तदतीतं निरामयम् ॥ २५६ ॥

तत इति तां समनामतीता, तदतीतमिति तामुन्मनामतिशयेनेतं गतं तदभिन्नम् । उन्मनापरतत्त्वप्राप्तिहेतुत्वात्पदवर्णादीनामिव मन्त्राणामप्यध्वतेति यावत् ॥ २५६ ॥

उपसंहरति

मन्त्रा एवं स्थिताः प्राणे

बहिःस्थूलरूपस्याप्यध्वप्रपञ्चस्य मां[1]त्रकलोच्चारणे सूक्ष्मरूपतया मन्त्रोच्चिचारयिषा मन्त्रविश्रान्तिदशायोगे पररूपतया मन्त्रौपयिक एवोपलम्भो भवतीत्याशयेन पर्यन्ते मन्त्राध्वा निर्णीतः ॥

क्रमप्राप्तः

१ ग० घ० ङ० पु० मन्त्रकलोच्चारेणेति पाठः ।

हंसोच्चारस्तथोच्यते ।

तमाह

हकारस्तु स्मृतः प्राणः
स्वप्रवृत्तो हलाकृतिः ॥२५७॥

योऽयं हलाकृतिरनच्को हकारोऽनाहतध्वन्यात्मा

'स्वयमुच्चरते देवि………।' (स्व० ७।५८)

इति भाविनीत्या स्वप्रवृत्तः

'नादाख्यं यत्परं बीजं…………।'

इति तन्त्रान्तरोक्तदृशा सर्वस्य स्वतः स्फुरन् स एष प्राणः प्राणनापरपर्यायो जीवः स्मृतो गुरुपारम्पर्येणाविच्छेदेनाधीतः । अथ च धूलिभेदानुसारेण हलाकृतिरशेषं विश्वं गर्भीकृत्य कुण्डलिन्याकारः प्रसुप्तभुजगरूपः । 'स्वप्रवृत्तः' इति स्वयमेव नादामर्शरूपतां निमज्य प्राणात्मकं रूपमाविश्य स्थितः । यतः पारमेशी बोधाख्या शक्तिर्विश्वं गर्भीकृत्य परा कुण्डलिका सती विमर्शरूपतया नादात्मवर्णकुण्डलिका-

---

१ ख० पु० दिशेति पाठः ।

त्मनो स्फुरित्वान्तर्निमज्जितैतत्स्वरूपा प्राणकुण्डलिकात्मतया[1] भातीत्याम्नायः । एवं च व्याख्यातरूपः प्राण एव हंस ऊर्ध्वमधश्च स्वरसेन वहन् हानसमादानधर्मकहकारसकारविमर्शरूपतया[2] स्फुरणात् ॥ २५७ ॥

अथात्रैव वर्णैः कारणत्यागं निर्णेष्यन् वर्णोच्चारं तावन्निरूपयति

अकारेण यदा युक्त
उकारश्चरणेन तु ।
मकारमात्रया युक्तो
वर्णोच्चारो भवेत्स्फुटः ॥२५८॥

योऽयं नादात्मनो हंसस्य नित्यप्रवृत्त उच्चारः स एव स्फुटो वर्णोच्चारो भवति, कथमकारेणानच्कहकारस्याभिव्यक्तिहेतुना शिरोरूपेण यदा युक्तस्तदा उकार एवोर्ध्वाधःसंचारकत्वाच्चरणरूपस्तेन तथा बिन्द्वादिप्रमे-

---

१ क० पु० त्मतयेति पाठः ।

२ ख०. ग० पु० कारूपतयेति पाठः ।

यासूत्रकानुसाररूपमकारमात्रया यदा युक्तः, ईदृशो हि उच्चरन्नसौ सर्वैरुपलभ्यते ॥ २५८ ॥

अथ च

बिन्दुः शिरःसमायोगा-
त्सुस्वरत्वं प्रपद्यते ।

उक्तरूपो वर्णोच्चार एव योगिनां भ्रूमध्येऽकारादिमात्रात्रयस्वीकृतनिःशेषभेदसंपिण्डिताविभागवेदनात्मकबिन्दुरूपतामाश्रित्य शिरःसमायोगादिति शिरसि ललाटस्थे प्रशाम्यद्वेद्यप्राधान्येऽर्धचन्द्रे प्रशान्तवेद्यप्रधानतया ऊर्ध्वोन्मुखत्वेन[2] स्पष्टरेखात्मनि अयोगिनो नादपथ[3]प्रवेशरोधकत्वान्निरोधिकासमाख्ये सम्यगासमन्तात् योगात्तत्तत्पदारोहात् सुस्वरत्वं[4] गुणीकृतवेद्यभेदप्रधानेश्वरपदं समस्तवाचकाविभेदविमर्शप्रधानान्नादनादान्तभूमिं गृह्णातीत्यर्थः ॥

१ ग० पु० सस्वरत्वमिति पाठः । २ ख० पु० उन्मुखेति पाठः ।
३ ख० ग० पदेति पाठः । ४ क० पु० सस्वरत्वमिति पाठः ।

अतश्चैयत्पदमारूढस्य

नादोऽस्य वदनं प्रोक्तः

यतः प्रोक्तनीत्यानाहतध्वनिपरमार्थोऽयं हंसस्ततो वर्णोच्चारात्मतादृशायामपि ललाटमध्ये नाद एवास्य वदनमिव वदनं मुख्यमङ्गम् ॥

युक्तं चैतद्यतः

वदनं शब्दमीरयेत् ॥ २५९ ॥

नादरूपं वदनं कर्तृ शब्दं नादान्तात्मानमीरयेद्ब्रह्मरन्ध्रतले प्रेरयेत्तद्रूपतया स्फुरेत् ॥

न केवलमेवमयं नादात्मा प्राणः शिरोवदनचरणयुक्तो नर्दन्[1] हंस इत्युक्तो यावत्

अनेनैव च योगेन

हंसः पुरुष उच्यते ।

ब्रह्मविष्ण्वीशमार्गेण

चरन्वै सर्वजन्तुषु ॥ २६० ॥

---

१ ख० पु० प्रनदन् इति पाठः ।

पुरुषः क्षेत्रज्ञोऽनेनैव मध्योर्ध्वमार्गारोहणात्मना योगेन सर्वजन्तुषु हृत्कण्ठभ्रूमध्यललाटमार्गेण प्रसरन्नधरभूमिहानोर्ध्वपदसमादानरूपो हंस उच्यते। वक्ष्यति चाग्रे

'शिवो धर्मेण हंसस्तु सूर्यो हंसः प्रभान्वितः।'

(स्व० ७। २९)

इत्युपक्रम्य

'आत्मा वै हंस इत्युक्तः प्राणो हंससमन्वितः॥'

(स्व० ७। २९)

इति। एतच्च तत्रैव व्याख्यास्यामः॥ २६०॥

एवं नादान्तरूपतां गृहीत्वा

शक्तितत्त्वे लयं याति

नादान्तरूपतां प्रशमय्यानन्दस्पर्शात्मतां ब्रह्मबिले श्रयति॥

ततोऽपि शिवपदसमाविविक्षावष्टम्भात्मना

विज्ञानेनोर्ध्वतां व्रजेत्।

कथम्

व्यापिनीं समनां त्यक्त्वा

व्रजेदुन्मनया शिवम्॥२६१॥

शक्तौ स्पर्शमनुभूयोर्ध्वप्रवेशयुक्त्या व्यापिन्यां त्वक्केशपदे व्याप्तिं लब्ध्वा तदूर्ध्वे शिखाकेशस्थाने सामनसे पदे मन्तव्याभावान्मननमात्ररूपतया स्थित्वा ततोऽप्यूर्ध्वं हंसः शुद्धात्मरूपो मननोल्लङ्घनस्वभावो युगपदशेषविश्वाभेदप्रकाशात्मकोन्मनाशक्त्याश्रयेण शिवं व्रजेच्चिदानन्दघनपरभैरवसमापत्तिं श्रयेत् ॥ २६१ ॥

एवं च

शिवतत्त्वगतो हंसो

न चरेत्

शिवाख्यं तत्त्वं परमशिवो न चरेन्न संकोचेन प्रसरेत् ॥

अपि तु

व्यापको भवेत् ।

शिवादिक्षित्यन्ताशेषविश्वात्मना तदुत्तीर्णेन च रूपेण स्फुरेदित्यर्थः ॥

---

१ ख० पु० समरसे इति पाठः ।

उपसंहरति

हंसोच्चारः समाख्यातः
कारणैश्च समन्वितः ॥२६२॥

कारणैर्ब्रह्मादिभिः, चकारादकारादिवर्णैर्वस्तुगत्या संभवद्भिः सम्यगन्वितो मिश्रितः ॥

इदानीं वर्णैः कारणत्यागं निरूपयति, तत्र

हकारः प्राणशक्त्यात्मा

प्राणशक्तेरात्मोक्तस्थित्या जीवितरूपः ।

एतस्य शिरोरेखात्मा

अकारो ब्रह्मवाचकः ।

हृदि त्यागो भवेत्तस्य

वाचकोच्चारणान्त इति यावत् ॥

एवमुत्तरत्र

उकारो विष्णुवाचकः ॥२६३॥

कण्ठे त्यागो भवेत्तस्य

मकारो रुद्रवाचकः ।

तालुमध्ये त्यजेत्तं तु

त्यजेदिति कर्तृप्रत्ययस्तुशब्दश्च रौद्रमन्त्युच्छ्रने(?)ऽवधातव्यमिति सूचयति।

बिन्दुश्चैवेश्वरः स्वयम् ॥२६४॥

अभेदोक्त्याकारादिवदितःप्रभृति न पृथग्वाच्यवाचकतेति दर्शयति।

त्यागस्तत्र भ्रुवोर्मध्ये

विधीयते इत्युत्तरस्थं संबध्यते। अर्धचन्द्रनिरोधिकान्तास्यैव व्याप्तिः।

नादे वाच्यः सदाशिवः।

तदभेदेन विमृश्येत्यर्थः॥

ललाटान्मूर्धपर्यन्तं

त्यागस्तस्य विधीयते ॥२६५॥

नादस्यैव नादान्तान्ता व्याप्तिर्विधीयते योगिभिर्यत्नेन क्रियते ॥ २६५ ॥

अथ याः सूक्ष्मानुभावगम्याः

शक्तिव्यापिनीसमना-

स्तासां वाच्यः शिवोऽव्ययः।

सदाशिवापेक्षयायमव्ययः परमशिवापेक्षया तु सव्यय एव ॥

तत्र

मूर्धमध्ये त्यजेच्छक्तिं
तदूर्ध्वे व्यापिनीं त्यजेत् ॥ २६६ ॥

व्याख्यातरूपशानुभूत्यन्ते इत्यर्थमेवं[1] व्याख्यातम् ॥ २६६ ॥

मननमात्ररूपानुभवान्ते

समनाम्

तदूर्ध्वे त्यजेदित्येवम् ॥

एवमियदध्वातिक्रान्त्या प्राप्तशुद्धात्मस्वरूपस्य योगिनः

उन्मनां त्यक्त्वा

षट्त्यागात्सप्तमे लयः ।

भवतीति शेषः । व्याख्यातरूपोन्मनाशक्त्यनुप्रवेशेन परमशिवीभाव एवोन्मनात्यागः । एवं च षण्णां ब्रह्मविष्णुरुद्रेश्वरसदाशिवशिवाख्यानां कारणानां त्यागाद्विश्रान्तिपूर्वमुल्ल-

---

१ क० पु० एवमाख्यातमननेतिपाठः ।

नात् सप्तमे परमशिवे लयः समापत्ति-र्भवति ॥

एतदधिकावापेनोपसंहरति

सूक्ष्मसूक्ष्मतरैर्भावै-
रेवमेवं त्यजेत्प्रिये ॥ २६७ ॥
स्थूलस्थूलतरैर्भावै-
र्नानासिद्धिफलप्रदैः ।

अवरोहक्रमेण यथोक्तवाच्यवाचकात्मानो भावाः पदार्था ये वक्ष्यमाणयुक्त्या स्थूलस्थूलतरास्तत्तत्सिद्धिप्रदाः स्थितास्तैरेवारोहक्रमेण यथोत्तरं सूक्ष्मसूक्ष्मतरैरुपलक्षितम् । एवमिति सर्वमध्वानम्, एवमित्युक्तयुक्त्यैव त्यजेत्, तैस्त्यज्यमानैरुपलक्षिता ये सूक्ष्मसूक्ष्मतरा आरोहक्रमेण यथोत्तरं त एव तैः करणभूतैरेवमिति प्रदर्शितनीत्या एवमिति यथोक्तं त्यजेत् । स्थूलानां सिद्धौ सूक्ष्माणां मुक्तौ हेतुत्वमित्यधिकमत्रोपक्षिप्तम् ॥ २६७ ॥

तत्र

सूक्ष्मोऽत्यन्तं परो भाव-
स्त्वभावः स विधीयते ॥२६८॥

परो भावः परा सत्ता परमशिवेऽत्यन्तं सूक्ष्मो विज्ञेयः सर्वकारणं चेत्यर्थः । स चाशेषभावप्रक्षयात्मकत्वादभावः ॥ २६८ ॥

नच स एवेदृग्यावत्

उन्मना त्वपरो भावः

परभावापेक्षया स्वात्मविमर्शरूपतया किंचिदौन्मुख्यादुन्मना अपरो भावो महासत्तात्मा सूक्ष्मो भावोऽभावश्चेति समन्वयः ॥

स्थूलस्तस्यापरो मतः ।

तस्योन्मनाख्यस्य स्वभावस्य यः संबन्धितया व्याप्यव्यापकरूपतया नतु ततः पृथक्त्वेनापरः समनाख्यस्तदपेक्षया स्थूलोऽकाराद्यपेक्षया तु सोऽपि सूक्ष्म एवान्यथा सूक्ष्मसूक्ष्मतरैरिति बहुवचनं न युज्यते ॥

---

१ ख० पु० त्रगौ इति पाठः ।

तस्यापरं पुनः शून्यं

तस्येति समनात्मनो भावस्यापरं व्यापिनीरूपं शून्यमशेषभावासूत्रणरूपं महाशून्यमित्यर्थः। पुनःशब्देन समनात्मकं तावन्निःशेषभावाभावासूत्रणरूपमेकं शून्यमिदं तु सर्वभावाभावाभासनभित्तिकल्पं द्वितीयमित्युक्तम्॥

अत एव च

संस्पर्शं च ततोऽपरम्॥२६९॥

शक्तिपदमित्यर्थात्॥ २६९॥

ततोऽपि

शब्दो

नादान्तात्मा नादरूपश्च।

ततोऽपि

ज्योतिः

व्याप्तनिरोधिकार्धचन्द्रपदो बिन्दुः।

ततो मन्त्राः
कारणा भुवनानि च ।

मन्त्रा[1] मकारोकाराकारवर्णपरामर्शात्मानो वाचकाः, तद्वाच्या रुद्रोपेन्द्रब्रह्माणः कारणानि तदाश्रयभूतानि च तत्त्वानि भुवनानि च क्रमेणात्यन्तं स्थूलतमानीत्यर्थः ।

तदाह

पञ्चभूतात्मभुवनं
कारणैः समधिष्ठितम् ॥२७०॥

पञ्च भूम्यादीनि स्थूलसूक्ष्मादिरूपतयात्मा कारणं यस्य भुवनस्य । मायाविद्यादिपदेऽपि हि भुवनानि सन्ति नच तत्र स्थूलभूतारब्धानि, तेषां च सूक्ष्मभूतारब्धानामपि स्वाधिष्ठातृकारणापेक्षया स्थूलत्वमेव, वस्तुतस्तु एषां भुवनादीनां शिवरूपत्वमेव । यथोक्तमन्यत्र

'भुवनं विग्रहो ज्योतिः खं शब्दो मन्त्र एव च ।
बिन्दुनादादिसंभिन्नः षड्विधः शिव उच्यते ॥'

---

1 ख० पु० वर्णा इति पाठः ।

इति । आरुरुक्षून् प्रति तु स्थूलस्थूलतरैरित्याद्युक्तम् ॥ २७० ॥

यदुक्तं 'स्थूला भावाः सिद्धिदाः' इति तत्रोक्तक्रमप्रातिलोम्येन सिद्धिभेदं विभज्य दर्शयति

भुवनं चिन्तयेद्यस्तु
वक्ष्यमाणैकरूपकम् ।
भुवनेशत्वमाप्नोति

वक्ष्यमाणमिति भुवनाध्वनि भुवनेशत्वं कालाग्न्यादिरूपत्वम् ॥

यस्तु परो योगित्वादेतद्भुवनं वक्ष्यमाणं विग्रहाद्यपि शिवरूपतयैव पश्यति सः

शिवं ध्यात्वा तु तन्मयः ॥२७१॥

शिवस्य च चिदानन्दघनतयैव ध्यानं[1] नत्वाकारेण । अन्येषां तु

ब्रह्मादिकारणानां च
साधने विग्रहं स्मरन् ।

---

१ ख० पु० ध्यानं कृत्वेति पाठः ।

पूर्वोक्तलक्षणं यश्च
तन्मयत्वमवाप्नुयात् ॥ २७२ ॥

पूर्वमित्यासननिर्णयावसर उक्तं, यश्चेत्यत्र स इत्यध्याहार्यः ॥

मन्त्रैश्च मन्त्रसिद्धिस्तु
जपहोमार्चनाद्भवेत् ।

आराधितैरिति शेषः ॥

अतश्च जपादिना पूर्वमेव ये साधिता मन्त्रा अङ्गब्रह्माद्याः

पूर्वोक्तरूपकध्याना-
त्सिद्ध्यन्त्यत्र न संशयः ॥२७३॥

एषां पूर्वमेव ध्यानं, साधनफलं चाग्रे भविष्यति ॥ २७३ ॥

ज्योतिर्ध्यानात्तु योगीन्द्रो
योगसिद्धिमवाप्नुयात् ।

ज्योतिर्बिन्दुः । योगसिद्धिरतीतादिज्ञनाम् ॥

योगप्रकर्षात्तु

तन्मयत्वं यदाप्नोति
योगिनामधिपो भवेत् ॥२७४॥

अधिप इति भगवदीश्वररूपः ॥ २७४ ॥

शब्दध्यानाच्च शब्दात्मा
वाङ्मयापूरको भवेत् ।

शब्दो नादः ॥

स्पर्शध्यानाच्च स्पर्शात्मा
जगतः कारणं भवेत् ॥ २७५ ॥

स्पर्श आनन्दात्मा शक्तिगतस्तस्याधस्तन-जगत्कारणत्वाज्जगतः कारणमित्युक्तम् ॥२७५॥

व्यापिनीपदे तु

शून्यध्यानाच्च शून्यात्मा
व्यापी सर्वगतो भवेत् ।
समनाध्यानयोगेन
योगी सर्वज्ञतां व्रजेत् ॥२७६॥

एवं स्थूलस्थूलतरादिभावापेक्षया सिद्धीः प्रतिपाद्य

'सूक्ष्मोऽत्यन्तं परो भावः' (स्व० ४।२६९)

इत्यादिप्रतिपादितदिशात्यन्तसूक्ष्मोन्मनापरतत्त्वध्यानं मुक्तिप्रदमित्यादिशति[1]

उन्मन्यां[2] तु परं सूक्ष्म-
मभावं भावयेत्सदा ।

उन्मन्यां[3] समवायिन्या शक्त्या सह परं पूर्वोक्तशिवतत्त्वरूपमभावं भावयेत् ॥

अभावं व्याचष्टे

सर्वेन्द्रियमनोतीत-
स्त्वलक्ष्योऽभाव उच्यते २७७॥

सर्वाणीन्द्रियाणि मनश्चातीतोऽतिनिष्क्रान्तः समनापदादूर्ध्वस्य वेदित्रेकरूपत्वात् अत एवालक्ष्यः, अतश्च न विद्यन्ते वेद्यादिरूपा भावा यत्रेति व्युत्पत्त्याभाव उच्यते, वस्तुतस्त्वसौ चिदानन्दघन एव ॥ २७७॥

---

१ ख० पु० दिशेति पाठः । २ ग० घ० ङ० पु० उन्मनेति पाठः ।
३ ख० ग० उन्मनेति पाठः ।

ननु यद्ययमीदृशस्तत्कथमुक्तम् 'अभावं भावयेत्सदा' इत्याशङ्क्याह

अभावं भाव्यं भावेन
भावं कृत्वा निराश्रयम्।

न विद्यन्ते भावा यस्मिंस्तदभावरूपं पदं भावेन परसत्तात्मना चिन्मयेन रूपेण भाव्यं भावनीयम्। ननु चित्तत्वं भावकं तत्कथं भाव्यमुच्यते भावं कृत्वा निराश्रयमिति। भवतीति भावः सदाशिवादिः शिवान्तः तं निराश्रयं निरालम्बनं प्रशान्तरूपतया शक्तिधामानुप्रवेशेन तन्मयीकृत्य॥

इत्थं च

सर्वोपाधिविनिर्मुक्त-
मभावं लभते पदम्॥२७८॥

उपसंहरति

एष ते[2] कारणत्यागः

१ ख० ग० उन्मनीकृत्येति पाठः। २ क० ख० मे इति पाठः।

कारणत्यागेऽर्थाक्षिप्तं कालत्यागमाह

कालत्यागं निबोध मे ।

स च

तुटिषोडशसंयुक्तः

प्राणस्तु समुदाहृतः ॥ २७९ ॥

तस्य च

तुटिद्वयं समाश्रित्य

एकैको भैरवः स्थितः ।

द्वितीयावरणनिष्ठः कपालीशभैरवादिः ॥

अस्मिंश्च

अहोरात्रविभागेन

कुर्वन्त्युदयमेव ते ॥ २८० ॥

यथाह्नि प्राणेऽष्टावुद्यन्त्येवं रात्रौ अपानेऽपि ॥ २८० ॥

एषां व्यापकः

नवमस्तु परो देवः

पर इत्यष्टानां पूरको व्यापकः प्रकृष्टश्च श्रीस्वच्छन्दनाथः ॥

एतदीयान्महाप्रकाशात्मनो व्यापकात्
तेजसस्तूदयन्ति ते ।

तन्निवृत्तावेव स्फुरन्तीत्यर्थः अतश्च प्राणोदये तदविनाभाविनि बाह्यान्तरनीलसुखादिज्ञाने तद्विकल्पनेऽपि वा परभैरवविकासमया एव महायोगिनो नतु कदाचित् क्वचिदपि खण्ड्यन्ते प्रत्युत स्वात्मविकासेन सततं मण्ड्यन्ते इति सरहस्यार्थोऽत्र कटाक्षितः ॥

एवं स्थिते सति

सर्वं कालं त्यजेत्प्राणे
यथावत्कथयामि ते ॥ २८१ ॥

तत्र

तुटयः षोडशैवोक्ताः
कालस्य करणं तु ताः ।
तदादिः संस्थितः कालः
सर्वं चरति वाङ्मयम् ॥२८२॥

करणं तु ता इति प्राणारम्भद्वारेण ताभिः सर्वस्य कालस्योत्थापनात् । तदादिरिति

'क्षणद्वयं त्रुटिः प्रोक्ता ।' (स्व० ११।१९९)

इति भाविनीत्या यद्यपि क्षणादिः काल-स्तथापि

'मानुषाक्षिनिमेषस्याष्टमोंऽशः क्षणः ।' (११।२००)

इति भाविवाक्येनैव लक्ष्यस्यानुमेयत्वमुक्त-मिति न तस्य सावधानैरपि त्रुटिवत् स्फुट-संवेद्यत्वमित्येवमुक्तं सर्वं चरति वाङ्मयमिति प्राणोच्चारोच्चरन्मातृकाव्याप्तिद्वारेण समस्तं वाचकराशिं तद्द्वारेण च वाच्यनियममपि व्याप्नोति ॥ २८२ ॥

तदादिरित्युक्तं विभजति

तुटिर्लवो निमेषश्च
काष्ठा चैव कला तथा ।
मुहूर्तश्चाप्यहोरात्रः
पक्षो मास ऋतुस्तथा ॥२८३॥
अयनं वत्सरश्चैव
युगं मन्वन्तरं तथा ।
कल्पश्चैव महाकल्पः

'तुष्ट्यादयः षोडश' इति, वक्ष्यमाणौ च द्वौ एकादशपटले निर्णेष्यन्ते ।

'महाकल्पस्य पर्यन्ते ब्रह्मा याति परं लयम् ।' (११।२६०)

इति एषोऽत्र महाकल्पो न ग्राह्योऽसंगतेः अपितु सदाशिवजीवितावध्यात्मा परममहाकल्पः ॥

यदाह

शक्त्यन्ते तं परित्यजेत् ॥२८४॥

शक्त्यन्तर्भावानुप्रवेशान्ते सूक्ष्मदृशा सदाशिवान्तकारणपञ्चकोपसंहारी कालः प्रशाम्यतीत्यर्थः ॥ २८४ ॥

अथ

व्यापिन्यन्ते परः कालः

स तदङ्गी

स परममहाकल्पोऽङ्गमवयवः तेनाङ्गी पर इति साम्याख्यः । यद्वक्ष्यति

'स कालः साम्यसंज्ञो वै........।' (११।३०४)

इति ॥

---

१ क० पु० कार्यं इति पाठः ।

त्यजेत्तु तम् ।

तं च समनानुभवदशायां परित्यजेत् ॥

पूर्वप्रकारापेक्षया च

स च सप्तदशो ज्ञेयः

ततोऽपि

परार्धपरतः स्थितः ॥ २८५ ॥

सोऽपि चाष्टादशो देवि

समनान्ते तु तं त्यजेत् ।

समनानुभवपर्यन्ते उन्मनान्तर्भावे त्यजेत् प्रशमयेत् ॥ २८५ ॥

एवमेकं²प्राणोच्चारेणैव बहिर्विततमपि परार्धान्तं कालं गुरुप्रवरः प्रशमय्य अकालकलिते पदे स्थितिं बध्नीयात् । तदाह

सर्वकालं तु कालस्य

व्यापकः परमोऽव्ययः ॥२८६॥

उन्मन्यन्ते परे योज्यो

न कालस्तत्र विद्यते ।

---

२ ख० पु० एवमेव प्राणेति पाठः ।

कालस्येति परार्धान्तस्य, सर्वकालं नित्योदितत्वेन व्यापकः, अत एव परमोऽव्ययश्च उन्मन्यन्ते परे शक्तिशक्तिमदनुभवावेशे योऽयः सामरस्येन प्रत्यभिज्ञेयः । तत्र च कलनात्मा कालो नास्ति तस्यैव विश्वकलनाकारित्वान्न तं कश्चित्कलयतीत्यर्थः ॥ २८६ ॥

अत एवासौ

नित्यो नित्योदितो व्यापी

नित्योदित इति न केनचिदाच्छादितः इत्यर्थः ॥

तं च सर्वोपरिवर्तित्वात्

आदिरूपं न संत्यजेत् ॥२८७॥

तमेव दृढावष्टम्भयुक्त्या श्रयेत् ॥

एवं च सति

तं च नित्योदितं प्राप्य
तन्मयो जायते सदा ।

योगीन्द्र इति शेषः ॥

एवं च कारणत्यागानन्तरीयकः कालत्यागो निर्णीत इत्याह

कालत्यागो भवेदेवं
उद्देशक्रमायातः
शून्यभावस्त्वथोच्यते ॥२८८॥

शून्यो रूपो भावः पदार्थः परशून्यपद-प्राप्त्युपायभूत इत्यर्थः ॥ २८८ ॥

तमाह

ऊर्ध्वशून्यमधःशून्यं
मध्यशून्यं तृतीयकम् ।

'चतुर्थं व्यापिनीशून्यं.................. ।' (४।२८९)

इति वक्ष्यमाणत्वात् ऊर्ध्वशून्यमत्र नादा-न्तान्तनिःशेषपाशप्रशमभूः शक्तिपदम्, अधः-शून्यमनुल्लसितप्रपञ्चं हृत्क्षेत्रं, मध्यशून्यं तु क्रमेणाधस्तनप्रमेयप्रशमात्मकं कण्ठतालुभ्रू-मध्यललाटमूर्धरन्ध्रात्मकम् ।

इत्थं च

शून्यत्रयं चलं ह्येत-
त्तदधो मध्य ऊर्ध्वतः ॥२८९॥

तदेतत् क्रमेणाधो मध्य ऊर्ध्वतः स्थितं शून्यत्रयमापेक्षिकत्वाद्धेयमित्यर्थः ॥ २८९ ॥

किंच

चतुर्थं व्यापिनीशून्यं
समनायां च पञ्चमम् ।
उन्मनायां तथा षष्ठं

अत्रापि आपेक्षिकत्वाच्चलं ह्येतदिति योज्यम् ।

अतश्च

षडेते सामयाः स्थिताः ॥२९०॥

आमयपदेनात्र हेयत्वमुपलक्ष्यते तेन चलत्वात् एते हेया इत्यर्थः । उन्मनाया अपि परतत्त्वापेक्षया किंचिच्चलत्वमस्ति । परतत्त्वस्यैव तु अविचलत्वादुपादेयत्वम् ॥ २९० ॥

अत एवैते

तत्त्वेनाधिष्ठिताः सर्वे
सामया अपि सिद्धिदाः ।

तत्त्वं परमशिवः अधिष्ठितिर्व्याप्तिः । सिद्धिरत्र परयोगिनः पूर्णानन्दघनात्मैव इतरस्य तु तत्तत्स्वभ्रपदो[1]चिता ॥

अत एव

षट् शून्यानि परित्यज्य
सप्तमे तु लयं कुरु ॥ २९१ ॥

यतः

तच्छून्यं तु परं सूक्ष्मं
सर्वावस्थाविवर्जितम् ।

परं सूक्ष्ममिति निर्णीतं प्राक् । उन्मनाया अपि

'...............शैवी मुखमिहोच्यते ।' (वि०भै०श्लो०२०)

इति न्यायात् परमपदप्रविविक्षुर्योग्या[क्षुयोग्या]शयेन परतत्त्वानुप्रवेशोपायत्वात् अवस्थात्व-

1 ग० पु० प्रचोदितेति पाठः ।

मस्तीति कृत्वा सर्वावस्थाविवर्जितमवस्थात्रयैकरूपं परमेव तत्त्वम्॥

एवं चेत् कथं शून्यमित्याह

अशून्यं शून्यमित्युक्तं
शून्यं चाभाव उच्यते ॥२९२॥
अभावः स समुद्दिष्टो
यत्र भावाः क्षयं गताः।

यदेतच्छून्यमित्युक्तं तद्वस्तुतोऽशून्यं चिदानन्दघनपरमशिवतत्त्वम्। अत्र हेतुः शून्यमिति। चो ह्यर्थे। यस्मात् शून्यमभाव उच्यते, अभावश्च न विद्यते भावः सर्वः प्रमेयादिप्रपञ्चो यत्रेति व्युत्पत्त्या इह चित्तत्त्वमेवोद्दिष्टं[1] तस्मादशून्यमेव शून्यमिति युक्तमुक्तम्॥

अत एव तत्

सत्तामात्रं

महासत्तारूपं प्रकाशात्मैव हि सर्वेषां भावाभावानां सत्ता॥

---

१ ख० पु० निर्दिष्टमिति पाठः।

निःशेषभेदप्रशमात्तु
परं शान्तं
तत्पदं किमपि स्थितम् ॥२९३॥

लोकोत्तरमित्यर्थः ॥ २९३ ॥

नच विश्वोत्तीर्णरूपमेव एतद्यावद्विश्वमयमपीत्याह

यत्र यत्र च नादादि-
स्थूला अन्येऽपि संस्थिताः ।
तत्र तत्र परं शून्यं
सर्वं व्याप्य व्यवस्थितम् २९४

नाद आदिर्येषां बिन्द्वादीनां नादस्य चादयः शक्तिव्यापिन्याद्याः यत्र यत्र ललाटादिक्षेत्रे अन्येऽपि स्थूलाः नादादिवाच्याः सदाशिवाद्यास्तदधिष्ठिताश्च तत्तत्त्वभुवनादयो यत्रान्तर्बहिर्वा संस्थिताः तत्र सर्वत्र परं सत्तामात्ररूपं शून्यं सर्वमिदं शर्करारसवत् तिलशोंऽशमंशं व्याप्य विचित्रेण रूपेणावस्थितम् ॥ २९४ ॥

---

१ ख० ग० लयादीति पाठः ।

व्यापकमेव च व्याप्यात्मतया स्फुरति नतु व्याप्यं नामान्यदित्याह

तदेव भवति स्थूलं
स्थूलोपाधिवशात्प्रिये ।

महाप्रकाशात्मा श्रीस्वतंत्रनाथः स्वस्वातन्त्र्ये-णैव यतः स्थूलाभासतया स्फुरति[2] ततस्तदु-पाधिवशात् स्थूलमुच्यते इत्यर्थः ॥

इत्थं च

स्थूलसूक्ष्मप्रभेदेन
तदेकं संव्यवस्थितम् ॥२९५॥

अत एव यस्येयतीं धारामारूढा संवि-न्महायोगिनः स

तत्प्राप्य तन्मयत्वं च
लभते नात्र संशयः ।

प्राप्येति दृढप्रतिपत्त्यावलम्ब्य न संशयः इति तत्त्वमेवैतन्मन्तव्यं न तु [3]जडजनसुलभः

---

१ ख० पु० स्वच्छन्देति पाठः ।

२ ख० ग० स्वरति इति पाठः ।

३ ख० पु० मूढ इति पाठः ।

संशयोऽत्र कार्यः। यस्त्विवयति रहस्येऽर्थे न समाश्वस्तस्तदपेक्षया कारणत्यागाद्युक्तम् ॥

शून्यमुपसंहृत्यैतदुचितानुक्रमं समरसमवतारयति

शून्यभावः समाख्यातः
सामरस्यं निबोध मे ॥ २९६ ॥

समो रसो यस्मिन् स समरसो लोली-[1]भावः ॥ २९६ ॥

तद्भेदानुद्दिशति

आत्मन्येकः समरसो
[2]मन्त्रे ज्ञेयो द्वितीयकः।
तृतीयं नाडिगं कुर्या-
च्छक्तौ कुर्याच्चतुर्थकम् ॥२९७॥
व्यापिन्यां पञ्चमं प्रोक्तं
समनायां तु षष्ठकम्।
तात्त्वः समरसो देवि
सप्तमस्तु विधीयते ॥ २९८ ॥

---

१ ख० पु० लोलीभाव इति, ग० पु० समरसस्तद्भाव इति पाठः।

२ ख० पु० मन्त्रः इति पाठः।

एतान्यथोद्देशं लक्षयति

शिष्यात्मानं तु संगृह्य
पूर्वोक्तविधिना क्रमात् ।
पश्चादात्मनि संयोज्य
लोलीभूतं विचिन्तयेत् ॥२९९॥

आत्मानं पुर्यष्टकसंविदं पूर्वोक्तविधिनेति ताडनच्छेदनादिपूर्वमात्मनि चैतन्यमात्रे संयोज्याविकल्पं विमृश्य तद्विश्रान्त्यैव समरसीकुर्यात् ॥ २९९ ॥

अत्रैवेतिकर्तव्यतांशं[1] पूरयन्नाडिमन्त्रसामरस्ये निर्दिशति तत्र शिष्यात्मनो ग्रहणार्थम्

पूरकं कुम्भकं कृत्वा
समानेन निरोधयेत्

कुम्भकप्रकर्षाल्लब्धबलेन समानेन निरोधयेदित्याक्रामेदर्थात्सर्वनाडीः ॥

यदाह

यावत्यो नाड्यो देवि
तिर्यगूर्ध्वमधःस्थिताः ॥ ३०० ॥

---

१ क० पु० कर्तव्यांशमिति पाठः ।

समानेन समाकृष्टा

एकीभूता भवन्ति ताः।

तदित्थं कुम्भकप्रकर्षेऽवस्थितस्य

तासु ये वायवस्तेऽपि

प्राणे समरसीगताः ॥ ३०१ ॥

नाड्यस्तु सुषुम्नाया-

मेकीभूता व्यवस्थिताः[1]।

भवन्तीति शेषः ॥ ३०१ ॥

इत्थं नाडिसामरस्यपूर्वं मन्त्रसामरस्यं भवति।

तदाह

ततो वै उच्चरेन्मन्त्रः

उदित्यूर्ध्वमवहितस्य चरेत् स्वयमेव प्रसरेत् ॥

उच्चरन्तं च तं सादाख्ये पदेऽव्यक्तध्वन्यात्मनि

नादे लीनं विचिन्तयेत् ॥३०२

1 ख० पु० वस्थितेति पाठः।

उपसंहरति

मन्त्र आत्मा तथा नाडी
एवं समरसीभवेत् ।
वामदक्षिणमध्ये तु

युगपदेवेत्थं मन्त्रादिसामरस्ये वृत्ते

ततो नादं प्रमोच्चयेत् ॥३०३॥
सेतुबन्धं च तं मार्गं
यत्र गत्वा न जायते ।

शक्तिव्यापिनीसमनोन्मनारूपसेतुबन्धात्मकं मार्गं सर्वाध्वपारवर्तिशिवपदप्रापकं पन्थानं नादं मोचयेत् गमयेत् । तद्गतौ च सत्यां न संसरति । मुचेर्गत्यर्थविवक्षया द्विकर्मता ॥

अत्र च कारणसामरस्यमर्थसिद्धमित्याह

ब्रह्मा विष्णुश्च रुद्रश्च
ईश्वरः शिव एव च ॥ ३०४ ॥
एतेऽत्र समतां यान्ति

यदा त्वकारोकाराद्युच्चारैर्हृत्कण्ठादौ[1] विश्रान्तिस्तदा

---

१ ग० पु० च्चारे इति पाठः ।

अन्यथा तु पृथक् पृथक् ।

समनन्तरोक्तसेतुगतौ सामरस्यान्तराणि स्थितानि लक्षयति

तस्मिन्समुच्चरेन्नादं
यावच्छक्तौ लयं गतः ॥३०५॥
शक्तिमध्यगतो नादः
शक्त्यात्मा तु विधीयते ।
सर्वं शक्तिमयं तत्र
सर्वं समरसीभवेत् ॥ ३०६ ॥

तस्मिन्निति पूर्वोक्ते सेतुबन्धे सर्वमिति नादे समरसीभूतमात्ममन्त्रनाडिकारणरूपम् ॥

तदेतच्छक्त्यैक्यमाप्य
तदूर्ध्वं व्यापिनीं प्राप्य
सर्वं तन्मयतां व्रजेत् ।

सर्वं प्राप्तव्यापिन्यभेदम् ॥

समन्ताद्व्याप्नुयाद्यस्मा-
द्व्यापिनीत्यभिधीयते ॥ ३०७॥

ततश्च

तदूर्ध्वे समनां व्याप्य
तन्मयत्वं व्रजेत्पुनः।

तत्र च

सा च सर्वगता ज्ञेया
सामरस्येन संस्थिता ॥ ३०८ ॥

चशब्द एवार्थे, सैव तत्र सर्वगता सर्वाववोद्धव्येत्यर्थः। गमिरत्र ज्ञानार्थः ॥ ३०८ ॥

तदित्थम्

षष्ठं समरसं त्यक्त्वा
सप्तमं तु ततो व्रजेत्।

उन्मनाशक्त्यनुप्रवेशेन प्राप्नुयात् ॥

तं प्राप्य तन्मयत्वं हि
नात्र कार्या विचारणा ॥३०९॥

यश्चेत्थं प्राप्तपरसामरस्यः

स च सर्वेषु भूतेषु
भावतत्त्वेन्द्रियेषु च ।
स्थावरं जङ्गमं चैव
चेतनाचेतनस्थितम् ॥ ३१० ॥
अध्वानं व्याप्य सर्वं तु
सामरस्येन संस्थितः ।

स चेति स एव स्थावरमचेतनं जङ्गमं सचेतनं चेति संक्षेपेण द्विधा स्थितं षड्विधमध्वानं व्याप्य[1] तदन्तर्वर्तिषु सर्वेष्विति देवयोन्यादिषु चतुर्दशसु भूतेषु भावेषु धर्मादिषु घटादिषु च तत्त्वेषु पृथिव्यादिषु भोगसाधनेषु चेन्द्रियेषु सामरस्येन स्थितः सर्वास्ववस्थासु अविलुप्तपरभैरवसमापत्तिः । एषैव च निर्व्युत्थानसमाध्यात्मा महारहस्यभूता ॥

अभ्यासितसमाधिषु तु
प्रसह्य चञ्चलीत्येव
योगिनामपि यन्मनः ॥ ३११ ॥

---

१ ख० ग० ङ० पु० प्राप्येति पाठः ।

कुटिलं चलति भोगाभिलाषेण व्युत्थानमेव धावति नाभीष्टं पदमवष्टभ्नाति, यदिति यस्मादेवम् ॥ ३११ ॥

ततः

यस्य ज्ञेयमयो भावः
स्थिरः पूर्णः समन्ततः ।
मनो न चलते तस्य
सर्वावस्थागतस्य तु ॥ ३१२ ॥

ज्ञेयं च यथा व्याख्यातं परतत्त्वं, भाव आशयः, स्थिरो निश्चलः; पूर्णो निराकाङ्क्षः, समन्ततः सर्वसार्विकया, तुरप्यर्थे ॥ ३१२ ॥

ईदृशस्य महायोगिनः

यत्र यत्र मनो याति
ज्ञेयं तत्रैव चिन्तयेत् ।
चलित्वा यास्यते कुत्र
सर्वं शिवमयं यतः ॥ ३१३ ॥

---

१ ग० पु० चेति पाठः ।

मन एव परतत्त्वैक्यभावनावासितं कर्तृ यथोक्तं ज्ञेयं सर्वत्र चिन्तयत्येव । तदुक्तं महागुरुभिः

'शिवभावनयौषध्या बद्धे मनसि संसृतेः ।
काष्ठकुड्यादिषु क्षिप्ते रसवच्छिवहेमता ॥'

(शि० द० ७।४८)

इति ॥ ३१३ ॥

एतदेव द्रढयति

विषयेषु च सर्वेषु
इन्द्रियार्थेषु च स्थितः ।
यत्र यत्र निरूप्येत
नाशिवं विद्यते क्वचित् ॥३१४॥

इन्द्रियाणि चार्थश्चैन्द्रियकं प्रयोजनं विषयोपभोगस्तेषु स्थितो योगिवरो यो निरूप्येत विचार्येत यत्र कुत्रापि नास्याशिवमस्ति सर्वस्यास्य प्रकाशमानतया प्रकाशघनशिवैकात्म्यात् ॥ ३१४ ॥

---

१ ख० पु० भावितमिति पाठः ।

एवं समरसं ज्ञात्वा
नासौ मुह्येत् कदाचन ।

मितयोगिनो व्युत्थाने मुह्यन्त्येवेति कदाचनपदस्याशयः ॥

अतश्च

यस्यैवं सर्वतो भावः
सोऽपि सर्वगतो भवेत् ॥३१५॥

शिवस्तावत्सर्वगत इति नास्त्यत्र विमतिः, यस्य त्वेवं शिवैक्येन भाव आशयः सर्वगतः सोऽपि सर्वगतो भवेत् महाव्याप्तिमनुभवत्येव ॥

एतदुपसंहृत्य एतत्पूर्वकक्ष्याभावि अनुद्दिष्टमपि विषुवत्स्वरूपं निरूपयति

एवं समरसः प्रोक्तो
विषुवत्तु निबोध मे ।

तद्विभजति

प्रथमं प्राणविषुव-
न्मान्त्रं ज्ञेयं द्वितीयकम् ॥३१६॥

तृतीयं नाडिविषुव-
त्प्रशान्तं च चतुर्थकम् ।
पञ्चमं शक्तिविषुव-
त्षष्ठं वै काल उच्यते ॥३१७॥
सप्तमं तत्त्वविषुवत्

विषुं साम्यरूपां व्याप्तिमर्हतीति विषुवत् ॥

एवं विभक्तस्यास्य
प्रविभागस्त्वथोच्यते ।

प्रकर्षेण विभज्यतेऽन्यपरिहारेण व्यवस्थाप्यते वस्तु येन स प्रविभागो लक्षणम् ।

तत्र

आत्मानं च मनः प्राणे
संयोज्य विषुवद्भवेत् ॥ ३१८ ॥

शिष्यसत्कमात्मानमात्मीयं च मनः प्राणे मध्यवाहिनि सम्यगित्युक्तवक्ष्यमाणकरणयुक्त्या योजयित्वा प्राणविषुवद्भवति ॥ ३१८ ॥

एवं

प्राणे विषुवदाख्यातं

अथ

मान्त्रं विषुवदुच्यते ।

मन्त्रमुच्चारयेत्ताव-

द्यावन्नान्यमना भवेत् ॥३१९॥

परापरविभागेन

मन्त्रात्मा तु तदुच्यते ।

मन्त्रं श्रीनिष्कलं, परापरेति नादान्तम-परम् उन्मनान्तं तु परम् ॥

मान्त्रं विषुवदित्युक्तं

मन्त्रोच्चाराश्रयो नाडिरतः

नाडिस्थं तन्निबोध मे ॥ ३२० ॥

सर्वासामेव नाडीनां

मध्ये या संव्यवस्थिता ।

सुषुम्ना नाम सा ज्ञेया

नाभेः शक्त्या शिवं गता ३२१

आ नाभेः नाभेरारभ्य शक्त्या शक्त्यनुभवानुप्रवेशेन शिवं गता परं तत्त्वं प्राप्ता[1] ॥

एवं स्थिते

तत्र प्रवाहयेन्नादम्

नादमव्यक्तध्वनिरूपं प्रकर्षेण वाहयेदकारादिसंयोगेन ऊर्ध्वं प्रापयेत् ॥

तदेतत्सर्वनाडीसाम्यात्मकम्

नाडीविषुवदुच्यते ।

उच्यते उक्तमित्यर्थः ॥

क्रमप्राप्तं तु

प्रशान्तं विषुवच्चैव-
मधुना कथयामि ते ॥ ३२२ ॥

तदाह

अयने[2] षडङ्गुलश्चारः
कारणान्यङ्गुलेऽङ्गुले ।
तान्यधस्तात्परित्यज्य
कारणानि षडेव तु ॥ ३२३ ॥

---

१ क० पु० व्याप्तेति पाठः । २ ख० पु० अयं षडिति पाठः ।

सप्तमे तु प्रशान्तं वै
प्रशान्तेन्द्रियगोचरम् ।

विषुवदिति शेषः । षट्त्रिंशदङ्गुले चारे कालाधिकारस्थित्या हृदयात्प्रभृति मकरादिराशिसंचाररूपेषु अयनेषु प्रत्येकं षडङ्गुलश्चारः, तत्र च प्रतिषड्कं षड्कारणान्यङ्गुलेऽङ्गुले इति षष्ठे षष्ठे इति यावत् । एवं यानि प्रपञ्चव्याप्त्या षट्कारणानि अधस्तात् स्थितानि तानि त्यक्त्वा सप्तमे परमकारणे कारणानां साम्यावस्थितिरूपात् प्रशमात्[1] प्रशान्तविषुवद्भवतीति विशेषः ॥

प्रशान्तं व्याचष्टे

प्रशान्तः स्तिमितो ज्ञेयः
स्तिमितो निश्चलः स्मृतः ३२४
निश्चलो निस्तरङ्गश्च
स्थिरः पूर्णः समन्ततः ।

भेदतरङ्गशान्त्या चिद्घनतैव प्रशान्त इति निस्तरङ्गपूर्णपदाशयः ॥

---

१ ख० पु० प्रथमादिति पाठः ।

एवंभावं समास्थाय
दीक्षा कार्या तु दैशिकैः ३२५

प्रशान्तविषुवति विश्रम्येत्यर्थः ।

एतत्प्रशान्तविषुवत्

अथ

शक्त्युपाधिं निबोध मे ।
शक्तिमध्यगतो नादो
नादोर्ध्वे च चरेद्यदा ॥ ३२६ ॥

तावत्तु शक्तिविषुवत्

शक्तिमध्यगतो मध्यधामारूढः नादोऽव्यक्तध्वनिः नादात्सदाशिवपदादूर्ध्वं शक्तिस्थानं यदा चरेत् यदा मध्यस्थस्तदा शक्तिविषुवत् ॥

कालाख्यं तु निबोध मे ।

तदर्थमाह

तुटिः षोडशका या तु
प्राणान्ते संव्यवस्थिता ॥३२७॥

कालो भ्रूक्षेपमात्रस्तु
तत्रान्ते कीर्तितो मया ।
तं परापरभागेन
पुनरेव त्रिधा कुरु ॥ ३२८ ॥

प्राणस्यान्ते या षोडशी तुटिः तत्र तस्यामन्तेऽर्धतुटिरूपे भ्रूक्षेपमात्रोऽत्यन्तसूक्ष्मसाष्टभागाङ्गुलचारसंचारात्मा यः कालः तमेकं त्रिधा अपरेण परेण परापरेण[2] च भागेन कुरु तुटेरर्धीकृतायाः त्रिधा विभजनमिति पुनःशब्दार्थः ॥ ३२८ ॥

तत्र

अपरः षोडशो यावत्

षोडशः पूर्वोक्तो महाकल्पाख्यो यावदपरः स्थूलः ॥

कालः सप्तदशः परः ।

पराख्ययैव पूर्वं निर्दिष्टः ॥

---

१ ग० पु० भावेनेति पाठः । २ क० ग० पु० परात्परेति पाठः ।

परापरस्तु यः कालः
स प्रियेऽष्टादशः प्रभुः ॥३२९॥

परापर इति परादपि परः अष्टादशः परार्धाख्यः प्रभुः सर्वकालावयवव्यापी ॥३२९॥

तदित्थं

प्राण एवं त्रिधा कालं
कृत्वा चैव त्यजेत्पुनः ।

प्राणं प्राणीयोर्ध्वतुट्यर्धे पूर्वं वर्णैः कारणत्यागावसरेऽनुनिष्पादितयाष्टादशावयवकलात्यागो मन्त्रोच्चारयुक्त्योक्तः । इदानीं तु योगक्रमेण प्राणचारस्थित्या सप्तदशावयवं कालं यत्नेन त्यक्त्वाष्टादशे कालविषुवति विश्रमितव्यमिति पुनःशब्दार्थः ॥

त्रिधा विभक्तस्य कालस्य पूर्वोक्तं स्थानविभागं स्मारयति

अपरः शक्तिमूर्धस्थो
व्यापिन्यां च द्वितीयकः ॥३३०

तृतीयः समनास्थाने
तत्कालविषुवत्स्मृतम्।

यस्तृतीयस्तत्कालविषुवदिति संबन्धः। तदूर्ध्वं हि

'.........न कालस्तत्र विद्यते।'

इत्युक्तम्॥ ३३०॥

तदित्थम्।

एतत्षष्ठं समाख्यातं

अथ

सप्तमं तात्त्वमुच्यते॥ ३३१॥

तदाह

उन्मना परतो देवि
तत्रात्मानं नियोजयेत्।
तस्मिन्युक्तस्ततो ह्यात्मा
तन्मयश्च प्रजायते॥ ३३२॥

परत इति समनायाः य एवात्मन उन्मनायोगः॥ ३३२॥

तदेव

तत्त्वाख्यं विषुवद्देवि
सर्वेषां परतः स्थितम्।

उपसंहरति

विषुवदेवंविधं ज्ञात्वा
को न मुच्येत बन्धनात् ३३३
विषुवत्ते समाख्यातं

इदानीं परम्पराविनाभूतान्पञ्चपदार्थांल्लक्ष-[1]यितुमुद्दिशति

पदार्थभेदनं शृणु।
त्यागं चानुभवं चैव
योजनं च परे पदे ॥ ३३४ ॥

पदानि वक्ष्यमाणप्रमाणकानि हृदादि-स्थानानि, तत्र तत्तत्कारणानुभवकारित्वेना-र्थ्यन्त इति पदार्थाः अकारादिसमनान्ताः एकादश, तेषामेव भेदनमनुभवयुक्त्या स्वव-शीकरणं, यथा भेदिता माण्डलिका भूभुज

१ ख० पु० लक्षयितुमिति पाठः।

इति । अत्र चावश्यमधराधरत्यागे सति उत्तरोत्तरपदार्थानामनुभवोऽस्ति[1], स एव च पूर्वं सम्यग्योगरूपः संयोग इत्युद्दिष्टः, भेदन-पर्यन्ते च परे पदे योजनमवश्यभावि, तच्च पूर्वं सर्वोर्ध्वभावनात्[2]मत्वात् पदेनोद्दिष्टम् ॥

तत्र

पदार्थैकादशी ज्ञेया

या च पूर्वं निर्णीता ।

तत ऊर्ध्वं तु

उन्मनान्तः परो भवेत् ।

पदार्थ इत्यर्थः ॥

अतस्तत्रावस्थितये तां पदार्थैकादशीम्

भेदयेज्ज्ञानशूलेन

समनन्तरनिर्णेष्यमाणपरशक्तिस्फारप्रकाशरूपं यज्ज्ञानं तदेव समरसीभूतेच्छादिशक्तित्रयसंवृता [रा]रूपतोन्मीलितातितैक्ष्ण्येन भेदकत्वात् शूलम् ॥

---

१ ख० ग० भवतीति पाठः । २ ख० पु० भवनात्मलपदेति पाठः । ग० पु० भवनार्थलादुद्भवपदेति पाठः ।

न केवलमेतद्भेदकं यावत्

ज्ञानं ज्ञेयस्य ज्ञापकम् ॥३३५॥

ज्ञेयमिह परं तत्त्वम् ॥

अत एवास्य

ज्ञापकं बोधमतुलं

परशक्तिप्रथात्मकं नतु विषयानुभवरूपं बोधमिति स्थिति[द्वितीया]निर्देशश्छान्दसः ॥

अत्र हेतुः

दीपवद्द्योतनं[1] यतः।

एतत् स्फुटयन् ज्ञानौपयिकं ज्ञेये विश्राम्येदित्याह

दीपहस्तो यथा कश्चि-

द्द्रव्यमालोक्य चाहरेत्॥३३६॥

एवं ज्ञानेन च ज्ञेयं

तस्मिन् कुर्यात्तु संस्थितिम्।

दीपज्ञानयोरंशमात्रेण दृष्टान्तदार्ष्टान्तिकभावः ॥

---

१ ख० पु० द्योतकमिति पाठः।

ननु दीपवत् ज्ञानं ज्ञेयाद्भिन्नमित्याह

ज्ञानं वै लक्षणं प्रोक्तं
ज्ञेयतत्त्वस्य सुव्रते ॥ ३३७ ॥

न च कमण्डलुनेव छात्रो ज्ञानेन परं तत्त्वं लक्ष्यते इत्याह

लक्षणं गुण आख्यातः

असाधारणस्तत्त्वव्यवस्थापको हि धर्मो लक्षणम् ॥

अत एव तत्

कला तत्त्वस्य सर्वदा ।

तत्त्वस्य प्रत्यभिज्ञेयस्य परमशिवस्य सर्वं ददाति द्यति चेति व्युत्पत्त्या विश्वसर्गसंहारकारिणी स्वातन्त्र्याख्या सर्वदा च नित्यावियुक्ता कला शक्तिरेव लक्षणम् । उक्तं च श्रीविज्ञानभैरवे

'यथालोकेन दीपस्य किरणैर्भास्करस्य वा ।
ज्ञायते दिग्विभागादि तद्वच्छक्त्या शिवः प्रियः ॥
(वि० भै० श्लो० २१)

इति ॥

एतादृक्छक्त्यात्मना

न गुणेन विना तत्त्वं
न तत्त्वेन विना गुणः ॥३३८॥

शिवशक्त्योर्नित्यलोलीभाव इत्यर्थः ॥

एवमपि

गुणं गृह्णन्ति सर्वत्र
न तत्त्वं गृह्यते क्वचित् ।

धर्ममुखेनैव शिवो धर्मी प्रथते विशेषतः परमशिवात्मा तस्मिन्विश्वनिर्भरे शक्त्युपायं विना स्वतोऽनुप्रवेशायोगात् ॥

युक्तं चैतदित्याह

गृह्यते ह्यनुमानेन
प्रत्यक्षानुभवेन च ॥ ३३९ ॥
अर्थिप्रत्यर्थिभावेन
आगमेन तु लभ्यते ।

तत्त्वादेर्विश्वस्य संनिवेशविशेषवत्त्वात् तत्तत्कर्तुरनुमानं तावद्विश्वज्ञत्वकर्तृत्वमुखेनैव प्रत्य-

---

1 क० ख० सर्वे इति पाठः ।

क्षानुभवोऽपि योगिनां प्रोक्तशक्तिद्वारक एव । यथोक्तम्

'तदास्याकृत्रिमो धर्मो ज्ञत्वकर्तृत्वलक्षणः ।' (स्प० १।१०)

इति । अर्थी प्रष्टा प्रत्यर्थी संशयच्छेदको वक्ता तयोर्भावोऽनुग्राह्यानुग्राहकत्वात्मा तेन यः प्रवृत्त आगमस्तेनापि शब्दनरूपेण नियतशक्तिद्वारकमेव तत्त्वं लभ्यते ॥

उक्तयोगिप्रत्यक्षैकयोगक्षेमतामागमस्य कथयति

आगमो ज्ञानमित्युक्त-
मनन्ताः शास्त्रकोटयः ॥३४०॥

अनन्ताः शास्त्रकोटयो यः पारमेश्वर आगमस्तज्ज्ञानं परशक्तिस्फाररूपमित्युक्तम् । आ समन्ताद्गमयति अभेदेन विमृशति पारमेशं स्वरूपमिति कृत्वा परशक्तिरेवागमस्तत्प्रतिपादकस्तु शब्दसंदर्भस्तदुपायत्वात् शास्त्रस्य ॥ ३४० ॥

कथं परशक्त्यात्मत्वमित्याह

शास्त्रं शब्दात्मकं सर्वं
शब्दो हंसः प्रकीर्तितः ।

यत् किंचित् क्वचिच्छासनाच्छास्त्रं तच्छब्दात्मकं पञ्चाशद्वर्णशब्दराशिसतत्त्वं शब्दराशिश्च हंसोच्चारात्मा हंसोच्चारश्च परशक्त्यनुभवस्फारसार इति ॥

निर्णीतमेतदित्याह

हंसयोगः पुराख्यातः

तेन सर्वप्रमाणानां शक्तिविषयत्वात् शक्तिमद्रूपमप्रमेयमेवेति युक्तमुक्तं गुणं गृह्णन्ति सर्वत्र इति संगतिः ।

भेदयेत् ज्ञानशूलेनेत्युपक्रम्य भेदयेन्मन्त्रशूलेनेति प्रतिपादयिष्यति । अतो ज्ञानसतत्त्वं वर्णमन्त्रोच्चारकालं तेन च वाच्यवाचकयोर्वर्णदेवतयोः संबन्धं तद्वाच्यदेवताश्रयहृदयादिस्थानपरिमाणं च वक्तुमासूत्रयति

मात्रासंख्या त्वथोच्यते ॥३४१॥

मात्रायोगो यथा चास्य
प्रमाणं हृदयादिषु ।

मात्रा अकारादिवर्णोच्चारकालः । अस्येति भेदकस्य मन्त्रोच्चारात्मनो हंसोच्चारस्य यथा मात्राभिर्योगो यथा चोच्चारणास्पदानां हृदादीनां प्रमाणं तत्सर्वमुच्यत इत्यर्थः ॥

तत्र प्रमाणं तावदाह

नाभेरूर्ध्वं वितस्त्यन्ते
कण्ठाधस्तात्षडङ्गुले ॥ ३४२ ॥

हृदयं मध्यदेशे तु
चतुरङ्गुलसंमितम् ।

वितस्तिः द्वादशाङ्गुलानि तदन्ते कण्ठाधस्तात्षडङ्गुले अवधिभूते क्षेत्रद्वये यो मध्यदेशस्तत्र चतुरङ्गुलो हृद्ग्रन्थिः इति संबन्धः ॥

अत्राधिष्ठातारमाह

चतुर्विंशतितत्त्वैस्तु
ब्रह्मा तत्र व्यवस्थितः ॥३४३॥

सहार्थे तृतीया, प्रकृत्यन्तमधिष्ठाय ब्रह्मात्र स्थित इत्यर्थः ॥

तदूर्ध्वम्

कण्ठमष्टाङ्गुलं विद्धि
विष्णुस्तत्र व्यवस्थितः ।
तत्त्वषट्केन संयुक्तः

पुमादिकलान्तेन ॥

तदूर्ध्वं चतुरङ्गुलम् ॥ ३४४ ॥

तत्र च

मायातत्त्वं समाश्रित्य
रुद्रस्तालुतले स्थितः ॥

तदूर्ध्वं

अङ्गुलद्वयमानं तु
भ्रुवोर्मध्यं प्रकीर्तितम् ॥३४५॥
तत्रेश्वरः स्थितो देवि
तत्त्वद्वयसमन्वितः ।

तत्त्वद्वयं शुद्धविद्येश्वराख्यम् ।

ततोऽपि

एकादशाङ्गुले चैव-

मूर्ध्वे देवः सदाशिवः ॥३४६॥

तत्त्वद्वयसमायुक्तो

यावद्ब्रह्मबिलं गतः ।

सदाशिवतत्त्वशक्तितत्त्वाभ्यां युक्तः । एवं च वदन् अर्धचन्द्रादिनादान्ते श्रीसदाशिवोऽधिष्ठाता इति शिक्षयति, तत्त्वव्यवस्थया तु निरोध्यन्तमीश्वरतत्त्वस्य नादान्तान्तं सदाशिवतत्त्वस्येति वक्ष्यमाणनीत्या तत्त्वव्यासेरन्यैवेयमीश्वरसदाशिवाख्यदेवताव्याप्तिः ॥

तदूर्ध्वैकाङ्गुला शक्तिः

शक्तिर्ग्रन्थिस्थानमित्यर्थः ।

शिवस्तत्र व्यवस्थितः ॥३४७॥

अनाश्रिताख्यः ॥ ३४७ ॥

अत्रैव चाङ्गुले

त्वक्छेषे व्यापिनी प्रोक्ता

समना च

सापि भूः शिवेनैवाधिष्ठितेत्यर्थः । शक्ति-

व्यापिनीसमनाख्याः शिवतत्त्वभूमयः शिवाख्यकारणाधिष्ठिता इत्यर्थः। एवं च वदन्नापादाद्बाह्यमानेन यत्षण्णवत्यङ्गुले मुण्डान्तस्थानं तदेवेह द्वादशान्तमान्तरव्याप्त्याहावधे[1]स्तावतः षट्त्रिंशदङ्गुलत्वेन विभजनादिति ध्वनति। अन्यत्र दृश्यमानोर्ध्ववाहिधूमलेखान्तं बाह्यमानेनाष्टोत्तरशताङ्गुलान्तं तदुच्यते मुण्डान्तात्प्रभृति च निरावरणता इत्युभयथा प्रतिपादनेऽपि न किंचित्प्रमेयवैषम्यं बिन्द्वादिसमनान्तप्रमेयसोपानमालिकायाः सर्वत्र स्थानसाम्येनाभिधानात्॥

एवं कारणषट्कास्पदस्थानषट्कप्रमाणमुक्त्वा निष्प्रमाणकं सप्तमं पदं परमशिवाधिष्ठितमित्याह

उन्मना ततः।
तत्परं तु परं तत्त्वं
प्रमाणपरिवर्जितम्॥ ३४८॥

---

1 क० ग० पु० च वधेरिति पाठः।

पदार्थभेदनाङ्कतया

मात्रासंख्या च योगश्चा-
धुना हंसस्य कथ्यते ।

हंसस्येति तदभिन्नस्य निष्कलस्य । यद्यपि

'मात्रासंख्या त्वथोच्यते ।
मात्रायोगो यथा चास्य.......... ।' (४।३४२)

इति पूर्वमेवोद्दिष्टं तथापि ब्रह्मादिकारणाधिष्ठितहृदादिप्रमाणमुक्त्वा यदिदानीं निर्णीयते तद्युक्तमेव स्थानाश्रयणक्रमेणैव हि वाचकवर्णकलाकालविश्रान्त्या वाच्यदेवताव्याप्त्यनुभवरूपं पदार्थभेदनं भवति ।

तत्र

अकारश्च हकारश्च
द्वावेतावेकतः स्थितौ ॥३४९॥

विभक्तिर्नानयोरस्ति
मारुताम्बरयोरिव ।

अकारोऽनुत्तरशक्तिविमर्शात्मा हकारश्च

शांभवविमर्शनस्वरूपः शिवशक्त्योश्चाभेदात् एतौ खवायुवदेकत्र ऐक्येन स्थितौ विश्वामर्शिनः स्वयमुच्चरतोऽनच्कहकारस्य शिरोरेखारूपाकारकलानुप्रवेशात् ॥

एकमात्रः स विज्ञेयो
हृदयात्संप्रवर्तते ॥३५०॥

स इत्यकारयुक्तो हकारः केवलस्त्वनुच्चार्यत्वादकालकलित एव ॥ ३५० ॥

ऊकारस्तु द्विमात्रो वै
कण्ठस्थाने समुच्चरेत् ।
त्रिमात्रस्तु मकारो वै
तालुमध्यगतश्चरेत् ॥ ३५१ ॥

त्रिमात्रत्वं गीतिकाक्षरस्वरमध्येऽक्षरशून्यपदोच्चारवत् ॥ ३५१ ॥

प्लुतोच्चारयुक्त्या मात्राभेदं स्थूलस्थित्योक्त्वा, सूक्ष्मस्थित्याप्याह

बिन्दुश्चैवार्धमात्रस्तु

१ ख० ग० घ० ङ० पु० स्वरूपविमर्शनेति पाठः ।

अनुस्वारोच्चाररूपः ॥

कुत इत्याह

मात्रार्धं हि स उच्यते ।

वक्ष्यमाणयुक्त्या भेदितग्रन्थेर्योगिनो मात्रार्धमेव तदुच्चारो भवतीति ॥

अस्य स्थानमाह

भ्रुवोर्मध्ये स उच्चार-
स्तस्य देवि विधीयते ॥३५२॥

भेदितग्रन्थिभिर्योगिभिः ॥ ३५२ ॥

अथास्यैव विगलद्बिभागध्वन्यात्मनोऽनुनिर्ह्रादरूपः

तच्छेषाच्चार्धचन्द्रस्तु
पादमात्रस्त्वसौ भवेत् ।

मात्राया इत्यर्थात्

निरोधी चार्धपादस्तु

सोऽयमर्धचन्द्रो निरोधीयमस्यैकदेशः ।

ललाटान्ते समुच्चरेत् ॥३५३॥

ललाटाग्रतदग्रभागात्मन्यन्तद्वये द्वावुच्चरत इत्यर्थः ॥ ३५३ ॥

अत ऊर्ध्वम्

नादः षोडशकांशस्तु
मूर्धान्तं यावदुच्चरेत् ।

नादस्य नादान्तः पल्लवप्राय इति पृथङ्नोक्तः ॥

अत ऊर्ध्वम्

द्वात्रिंशदंशा शक्तिस्तु
षट्त्रिंशान्ते समुच्चरेत् ॥३५४॥

प्राणचारस्य यत्षट्त्रिंशदङ्गुलं तल्लक्षणान्ते सम्यक् शान्तभेदस्पर्शमात्रानुभवात्मतया उच्चरेत् । इह एकत्रैव षट्त्रिंशदङ्गुलरन्ध्रान्ते शक्तिः, त्वक्शेषे व्यापिनी, केशदेशे समनेति स्थितिः ॥ ३५४ ॥

तत्र शक्तेर्मानमुक्तं व्यापिनीसमनयोराह

व्यापिनी चतुःषष्ट्यंशा
शक्तेस्तु परतःस्थिता ।
समना च

चतुष्षष्ट्यंशैव, एवं चेमौ चतुष्षष्ट्यंशावेकी-

कृतौ द्वात्रिंशांशः सोऽपि शक्त्यात्मद्वात्रिंशांशेन सह मिलितः षोडशांशो जायते, सोऽपि नादीयश्च षोडशांशोऽष्टांशो जातः सोऽपि निरोध्यष्टांशेन सह चतुर्थांशः स्थितोऽर्धचन्द्रः, अपरश्चतुर्थांशो बिन्दुरर्धमात्रेत्येष मात्रा मकारान्ताश्च षण्मात्रा इति समनान्तमात्रासप्तकक्रोडीकृताशेषाक्षेपिभात्रिदेवीसप्तकोऽयममात्रोन्मनापरतत्त्वसतत्त्वः श्रीनिष्कलनाथः । यत्तु

'.............परार्धः परतः स्थितः ।
सोऽष्टादशस्तु तं देवि समनान्ते परित्यजेत् ॥'

इत्युक्तं तद्वाच्यदेवतावधिभूतबाह्यस्थूलकालप्रशमनपरमिदं तु मन्त्रावयवगतातिसूक्ष्मोच्चारकालप्रतिपादनपरमिति न काचिद्धानिः । अतश्च सूक्ष्ममन्त्रकलोच्चारकालेनैव बाह्यतत्त्वगतसंभाव्यमानविततविततमपि कलाध्वानं वटधानिकादलनेन वटदलनवद्योगीन्द्रः प्रशमयेदिति निरूपितं भवति । अत्र च मन्त्रावयवविमर्शकाले तत्तद्वाच्यदेवतानुभवोऽधराधरानुभावस्य चोर्ध्वोर्ध्वपदानुभावात्मसान्द्रावो भवतीति मन्तव्यम् ॥

समनाया अपि

उन्मना चोर्ध्व-
ममात्रः परमोऽव्ययः ॥ ३५५ ॥

उन्मनया सह परमशक्तिमान् व्ययहीनत्वादमात्रो मात्रार्धमात्रादिकालस्पर्शरहित इत्यर्थः ॥ ३५५ ॥

एतदुपसंहरति

मात्रासंख्या च योगश्च
प्रमाणं परिकीर्तितम् ।

तदेतत्सर्वम्

एवं ज्ञात्वा वरारोहे
पदार्थान् भेदयेत्ततः ॥ ३५६ ॥

वरारोहे इति प्राग्वत् ॥ ३५६ ॥

कथम्

भेदयेन्मन्त्रशूलेन
मुद्राभावयुतेन च ।

प्राङ्निर्णीतज्ञानशूलसतत्त्वेन मन्त्रशूलेन मु-

द्रया वक्ष्यमाणकरणरूपया भावेन जिज्ञासाजिज्ञासितानुभवात्मना युक्तेन ।

अयमेतत् ज्ञानक्रियेच्छाशक्तिस्फारसारमत एतच्छक्तिमयमहेश्वरैकात्मा गुरुर्भेदनं कुर्यादिति प्रकाशयति[1]

मन्त्रो वै[2] ज्ञानशक्तिश्च
मुद्रा चैव क्रियात्मिका ॥३५७॥
भावश्च मन इत्युक्तं
तन्मनो बुद्धिपूर्वकम् ।

मनः सततं मननमनुभवो बुद्धिपूर्वकमिति निश्चित्य प्रवृत्तस्य तत्तदनुभवलाभात् भेदनं चैतत्परतत्त्वव्याप्त्यर्थम् ॥

परतत्त्वव्याप्तिश्च जिज्ञासाप्रमुखकरणबन्धे मन्त्रोच्चारोन्मिषत्पूर्णस्वसंवेदनत इत्याह

परश्च मनसा गम्य
इच्छाशक्त्या त्वधिष्ठितः ३५८

मनसा स्वसंवेदनेनेच्छाशक्त्या तत्परमार्थ-

१ ख० पु० प्रकटयति इति पाठः । २ ख० ग० विज्ञानेति पाठः ।

तया जिज्ञासयाधिष्ठितः प्रथमं विषयीकृत इत्यर्थः ॥ ३५८ ॥

युक्तं चैतत् यतः

यत्र यत्र भवेदिच्छा
ज्ञानं तत्र प्रवर्तते ।
क्रियाकरणसंबन्धात्

योगात् क्रियाया व्यापारस्य करणस्य च तद्व्यापारोचितशरीरसंनिवेशस्य सम्यक् बन्धात् जिज्ञासितेऽर्थे ज्ञानं भवतीत्यर्थः ॥

तदित्थं शक्तित्रयात्मशिवावेशज्ञस्य गुरोः

तत्त्वस्योच्चारणं भवेत् ॥३५९॥

तत्त्वं वीर्यसारो मन्त्रः ॥ ३५९ ॥

अत्रैव भरं दर्शयितुमपि अर्थलब्धं व्यतिरेकमाह

क्रियाकरणहीनस्य
न चैवोच्चारणं भवेत् ।

करणभेदेन क्रियाभेदं सम्यक् मन्त्रोच्चारसिद्ध्यर्थं दर्शयितुमुपक्रमते

क्रिया करणभेदेन
सा चैव त्रिविधा स्मृता ॥३६०॥

तत्र

एकेनोच्चारयेत्तत्त्वं
करणेन विचक्षणः ।

ऊर्ध्वरेचकेन

नाडीश्चाथ द्वितीयेन
द्वाराणि च निरोधयेत् ॥३६१॥

कुम्भकेन

तृतीयं करणं दिव्यं
कृत्वा वै तत्त्वमुच्चरेत् ।

तत्त्वं निष्कलं तेन कुम्भकेन द्वाराणि निरोध्य दिव्यं करणं बद्ध्वा ऊर्ध्वरेचकेन मन्त्रमुच्चारयेत् इत्ययमत्र क्रमः ॥

तमेव स्फुटयितुमुपक्रमते

पूरकं कुम्भकं कृत्वा
सर्वद्वाराणि रोधयेत् ॥ ३६२ ॥

कुम्भकावसर एव ॥ ३६२ ॥

तानि

गुदद्वारेण रुद्धेन
 रुद्धान्यत्र भवन्ति हि ।

रोधश्चास्य संकोचविकासाभ्यामावेशवशेन कार्यः ।

एवं कृत्वा

द्वारमेकं ततश्चोर्ध्वे
 प्रवहत्तद्विचिन्तयेत् ॥ ३६३ ॥

मध्यनाडिरूपं विचिन्तयेत् नतु संप्रत्येव वाहयेत् ॥ ३६३ ॥

तथा सति हि

नाड्यो ग्रन्थिपद्माश्च
 येऽधोमुखगताः प्रिये ।
ते कुम्भकेन संरुद्धा
 विकसन्ति समन्ततः ॥ ३६४ ॥

प्राणशक्तिकौटिल्यधामानि हृदयादीनि ग्रन्थयः । संकोचविकासधर्मत्वात् पद्मानि तानि चापानशक्तिप्रवाहवशादधोमुखानि विकसन्तीत्यूर्ध्ववाहोन्मुखीभवन्ति ॥ ३६४ ॥

इत्थं कुम्भकादनन्तरम्

करणं तु ततः कृत्वा

अत्र च 'तत्त्वस्योच्चारणं कुरु' इति दूरेण संगतिः । मध्ये तु करणलक्षणम् ॥

तदाह

लक्षणं तस्य वै शृणु ।
जिह्वा तु तालुके योज्या
किंचिदूर्ध्वं न संस्पृशेत् ॥३६५॥
ईषत्प्रसार्य वक्त्रं तु
किंचिदोष्ठौ न संस्पृशेत् ।
दन्तपङ्क्ती तथैवेह
दृष्टिश्चाधोर्ध्ववर्जिता ॥ ३६६ ॥
कायं समुन्नतं कृत्वा
करणं दिव्यमुच्यते ।

अत्र जिह्वायास्तालुयोजने कुञ्चितत्वमर्थलब्धं किंचिदोष्ठौ नेति न किंचिदपि स्पृशेदिति योज्यम्, तथैवेति प्रसार्य न संस्पृशेदित्यर्थः ।

दृष्टेरध ऊर्ध्वं वर्जनं निश्चलतारकत्वेन विकल्पहानये समुन्नतमिति सम्यगविकृततयोन्नतं दिवि परसंविल्लाभे उपायतया भवं दिव्यम् ॥

तदित्थम्

दिव्यं च करणं कृत्वा
तत्त्वस्योच्चारणं कुरु ॥ ३६७ ॥

चकारात् कुम्भकमूर्ध्वरेचकं च तत्त्वं मूलमन्त्रः ॥ ३६७ ॥

अत्र दिव्यकरणावसरे ऊर्ध्वरेचकमपि कुर्वीतेत्याह

कुम्भितश्चैव यः प्राणो
रेचयेत्तं शनैः शनैः ।

ऊर्ध्वमित्यर्थात् ॥

तथा सति हि

नाड्यो ग्रन्थिपद्माश्च
देहे याः संव्यवस्थिताः ॥३६८॥

रेचकेन समाक्षिप्ता
ऊर्ध्वस्रोतो भवन्ति ते ।

मध्यवाहरूपतां यान्तीत्यर्थः । अत्र च रोमाञ्चोद्गमोऽभिज्ञानम् ।

एवं करणत्रयबन्धावहितः

ततो वै ज्ञानशूलेन

ग्रन्थीन्भिन्दन् समुच्चरेत् ३६९

ज्ञानशूलं पूर्वं निर्णीतं ग्रन्थीनां भेदो हृदयादिपदेषु प्राणशक्तेः स्पष्टीभावेन तत्तदनुभवलाभः सम्यगविकल्पमुच्चरेत् स्वयमेवमूर्ध्वं प्रसरेत् ॥ ३६९ ॥

मन्त्र इति अर्थादत्र भेदेन घटमानस्य योगिनः भावप्राप्तिवशादिति यः पूर्वं हेतुरुक्तः तन्निर्णयानुभवभेदान्निरूपयति

भित्त्वा हृत्पद्मग्रन्थिं तु

ततः शब्दः प्रजायते ।

यदाकाशसमायोगात्

सम्यगासमन्ताद्योगात् मन्त्राद्यकलोच्चारैकाग्रतारूपात् । शब्द इति उपांशुरूपतयान्तरकारादिकलात्मा स्फुटं श्रूयमाणः ॥

स च

घोषशब्दोपमो भवेत् ॥३७०॥

'श्रवणाङ्गुलिसंयोगाद्यः शब्दः संप्रवर्तते ।
दीप्तवह्निस्वनाभोगः स नादो घोष उच्यते ॥'

इति लक्षितो घोषो दीप्ताग्नेः यो धकधकाकृतिशब्दतुल्याकारश्रुतिरुच्चरतीत्यर्थः ॥ ३७० ॥

कण्ठस्थो विरमेच्छब्दः
कंण्ठं प्राप्य वरानने ।

मन्त्रो विमर्शः कण्ठं प्राप्य यदा तत्स्थो भवति तदा घोषः शाम्येदित्यर्थः ॥

तत्र तु

भिन्दतः कण्ठदेशं तु
शब्दो धुगधुगायते ॥ ३७१ ॥

तद्रूपाकार उच्चरतीत्यर्थः ॥ ३७१ ॥

अत ऊर्ध्वम्

तालुमध्यगतः प्राणो
यदा भवति सुव्रते ।
भिन्दतस्तालुग्रन्थिं तु
शब्दो घुमघुमायते ॥ ३७२ ॥

शोभनं व्रतं मध्यधामनिभालननियमरूपं यस्याः सा सुव्रता तत्संबोधनं, घुमघुमायते

इति तदनुक्तिर्मकारकलोच्चरतीत्यर्थः ॥३७२॥

तदत्र ग्रन्थित्रयभेदेन

एवं तेऽनुभवाः प्रोक्ताः
प्राणे चरति सुव्रते ।

प्रोक्तशब्दविषयाः

त्रयस्तेऽष्टकलाः प्रोक्ता
उपर्युपरितः क्रमात् ॥ ३७३ ॥

इह एकादशे पटले

'अष्टधा तु स देवेशि व्यक्तः शब्दः प्रकीर्तितः[1] ।
घोषो रावः स्वनः शब्दः स्फोटाख्यो ध्वनिरेव च
झांकारो ध्वंकृतश्चैव अष्टौ शब्दाः प्रकीर्तिताः ॥'

(ख० ११ । ७)

इत्युक्त्या व्यक्तस्य शब्दस्याष्टविधत्वं व-क्ष्यति । अकारोकारमकाराश्च त्रयो व्यक्ता इति तदुच्चारस्थानेषु ग्रन्थिभेदानुभवविषयाणां शब्दानां घोषाद्यष्टकलत्वं, यत्तु घोषोपम इत्युक्तं तन्न घोषैकरूपत्वमपितु घोषसमान-त्वमिति, तत्रापि रावादिशब्दाः[2] सन्त्येव॥३७३॥

---

१ ख० पु० शब्दप्रभेदत इति पाठः । २ ग० पु० शकय इति पाठः ।

तदित्थम्

तिष्ठेत्स यत्र वै प्राण

आत्मा तद्गतिमाप्नुयात् ।

प्राणाश्रया संवित् तद्द्वारेणैव तत्तत्स्थानमाप्नोति ॥.

तत्र

तत्तद्रूपं भवेत्तस्य

स्थानभावानुरूपतः ॥ ३७४ ॥

स्थाने हृदादौ भावस्तत्तत्कारणान्तर्भावः ।

एवं हृत्कण्ठतालुषु ब्रह्मविष्णुरुद्राधिष्ठितेषु सृष्टिस्थितिसंहाररूपतां प्राणावस्थितिक्रमेणात्मा भजते

भ्रुवोर्मध्यं यदा गच्छे-

त्स्फोटशब्दस्तु जायते ।

अनभिव्यक्तवर्णरूपस्फुटत्वा[1]दशब्दकल्पः स्फोटः ।

एष च

---

१ ख० पु० स्फुटद्वंशशब्देति पाठः ।

बिन्दुं भेदयतो देवि
शब्दो धुमधुमायते ॥ ३७५ ॥

बिन्दुमिति बिन्दुग्रन्थिं भिन्दतो बिन्दुकलाख्य एव मन्त्रावयवबोधो धुमधुमानुकृति[1]रुच्चरति बिन्दुग्रन्थिभेदश्चायमपवर्गपदाधिरोहे प्रथमसोपानकल्प इत्यत्र भरः कर्तव्यो योगिभिः तद्भेदे[2] हि उल्लङ्घित एव भेदमयः संसारः ॥ ३७५ ॥

अन्यथा तु

कपिर्वै नारिकीलेन
आचार्यः सह बिन्दुना ।
अभिन्नेन कुतो मोक्षं
सबाह्याभ्यन्तरं प्रिये ॥ ३७६ ॥

भजते इति वाक्यशेषः । दृष्टान्तदार्ष्टान्तिकभावोऽत्रार्थलभ्यः, तेन यथा कपिर्नारिकेलेनाभिन्नेन कुतो मोक्षं भजते न भजते नारिकीलं[3] रसास्वादायाभङ्क्त्वा न मुञ्चति, तथैवाचार्यो

---

१ क० ग० कृतिमिति पाठः । २ ख० पु० एतदिति पाठः ।
३ ख० ग० आन्तरमास्वादायेति पाठः ।

बिन्दुग्रन्थिना अभिन्नेन सहेति साकं दीक्ष्येण शिष्येणेत्यर्थात् कृतः सबाह्याभ्यन्तरं कृत्वा मोक्षं भजते बाह्यात् स्थूलात् भावभूतशरीरा- दाभ्यन्तराच्च सूक्ष्मात् पुर्यष्टकशून्यशरीराच्च मुच्यते बिन्दुभेदात्तु मुच्यते एवेत्यर्थः। 'कपेवं नारिकेलेन' तथाचार्यस्य बिन्दुना'इति स्पष्टः पाठः ॥ ३७६ ॥

अतश्च

भित्त्वा बिन्दुं ततो देवि
अर्धचन्द्रं विभेदयेत्।
भिद्यतश्चार्धचन्द्रस्य
ललाटे झिमिझिमायते ॥३७७॥

अर्धचन्द्रग्रन्थिं भिन्दतस्तत्स्थान एवार्ध- चन्द्राख्यो मन्त्रावयवो झिमिझिमानुकारो जायते इत्यर्थः। इत्थमुत्तरत्रापि योजना कार्या ॥ ३७७ ॥

अथ

अर्धचन्द्रं तु भित्त्वा वै
भेदयेत्तु निरोधिनीम्।

तस्यास्तु भिद्यमानायाः
शब्दः सिमिसिमायते ॥३७८॥

विन्द्वादौ प्राग्वत्कलाव्याप्तिमाह

स्थानत्रयमिदं देवि
पञ्चपञ्चकलान्वितम् ।

तत्र बिन्दोः

'निवृत्तिश्च प्रतिष्ठा च विद्या शान्तिस्तथैव च ।'
(स्व० १० । १२१५)

इत्युपक्रम्य

'एतस्य वामदिग्भागे शान्त्यतीता ।'(स्व० १० । १२१६)

इति कलापञ्चकं वक्ष्यति । एवमर्धचन्द्रस्य

'ज्योत्स्ना ज्योत्स्नावती कान्तिः सुप्रभा विमला शिवा ॥'
(स्व० १० । १२१८)

इति निरोधिन्या अपि

'रुन्धनी रोधिनी रौद्री ज्ञानबोधा तमोऽपहा ।'
(स्व० १० । १२१९)

इति कलापञ्चकं स्थानत्रयमिति त्र्गीकरण-माद्यग्रन्थिभेदादेवापरग्रन्थिभेद इत्याशयात् । एवमुत्तरत्र ॥

तदित्थम्

---

१ ख० ग० पु० ज्ञातेति पाठः ।

प्राणस्य चरतस्तत्र

यस्मिन्स्थाने स तिष्ठति ॥३७९॥

तत्तद्रूपो भवेदात्मा

तां तां गतिमवाप्नुयात्।

तत्रेति तेषु त्रिषु ईश्वरतत्त्वाधिष्ठितेषु स्थानेषु चरतः प्राणस्येति चरन्तं प्राणमनादृत्य संवित्प्रधानतया प्राणभूमिकां गुणीकृत्य यस्मिन्यस्मिन् स्थाने स योग्यात्मा तिष्ठति तत्तद्रूपतामनुभूय तत्तन्मयत्वमाप्नोतीत्यर्थः ॥

अथ

निरोधिनीं भेदयित्वा

ततो नादं व्रजेद्बुधः ॥ ३८० ॥

वंशशब्दसमः शब्द-

स्तत्र सूक्ष्मः प्रजायते।

सूक्ष्मत्वं पूर्वापेक्षमीश्वरतत्त्वम् ॥

ततोऽपि

भेदयेन्नादसंस्थानं

ब्रह्मरन्ध्रं सुदुर्भिदम् ॥ ३८१ ॥

भिद्यतो ब्रह्मरन्ध्रस्य
शब्दः शुमशुमायते ।

नादस्य सम्यक् स्थानं विश्रान्तिर्यत्र तन्नादसंस्थानं ब्रह्मरन्ध्रं सुदुर्भिदं नादान्तपदं तदेव च ब्रह्मरन्ध्रमूर्ध्वकवाटछिद्रं सुदुर्भिदं [1]सातिशयावधानैरेव भेत्तुं शक्यम् ॥

एवं नादनादान्तस्थानं सदाशिवाधिष्ठितं भित्त्वा

शक्तिमध्यगतः प्राणो
वंशनादान्तसंनिभः ॥ ३८२ ॥

शक्तिभेदस्पर्शाद्वंशनादान्ततुल्यो भवति नतु शक्तिस्थानभेदाद्वंशनादस्य मधुरध्वनिरूपस्यान्तोऽनुरणनरूपः [2]सूक्ष्मस्तत्तुल्यो भवति ॥ ३८२ ॥

अथ

तां वै तु भेदयेच्छक्तिं
दुर्भेद्यां सर्वयोगिनाम् ।

---

१ ख० पु० चातिशयेति पाठः । २ ख० ग० पु० सूक्ष्मतुल्य इति पाठः ।

भिद्यते च यदा शक्तिः
शान्तः शुभशुभस्ततः ॥३८३॥

दुर्भेदत्वं चास्याः तदनुभवाह्लादस्य स्पृहणीयतमत्वेन त्यक्तुमशक्यत्वात् शान्त इति प्रवृत्तिस्थानकरणाभिघातादेव शब्दवृत्तिः शाम्यति, इह तु शमित्वा आनन्दस्पर्शात्मतामेतीत्यर्थः ॥ ३८३ ॥

किंच

शक्तिं भित्त्वा ततो देवि
यच्छेषं व्यापिनी भवेत्।
अनुभावो भवेत्तत्र
स्पर्शो यद्वत्पिपीलिका ॥३८४॥

शक्तिभेदानन्तरं यन्मन्त्रावयवरूपं वस्तु शेषमिति शिष्यमाणं तद्व्यापिनी भवेत् शक्त्यन्तसर्वाध्वव्यापनात् व्यापिन्याख्यो मन्त्रावयवः सः। 'तच्छेषे व्यापिनी भवेत्' इति तु स्पष्टः पाठः। तत्र चानुभवः प्रशान्तशब्दव्याप्तिकत्वात् स्पर्शप्रथारूपः यद्वत्पिपीलिकेति संचर-

न्तीनां पिपीलिकानामिवेत्यर्थः । पिपीलिका इत्यत्र नांशब्दस्य लोप ऐश्वरः ॥ ३८४ ॥

अत्रापि कलाविभागमाह

स्थानत्रयमिदं देवि
पञ्चपञ्चकलान्वितम् ।

तत्र नादस्थाने श्रीसदाशिवाधिष्ठिते

'इन्धिका दीपिका चैव रोचिका मोचिका तथा ।
ऊर्ध्वगा........................... ॥' (स्व० १० । १२२६)

इति वक्ष्यमाणाः पञ्च कलाः, शक्तितत्त्वे व्यापिनीपदे च श्रीशिवनाथाधिष्ठिते, क्रमेण

'सूक्ष्मा चैव सुसूक्ष्मा च तथा चैवामृतामिता ।
व्यापिनी.................... ॥' (स्व० १० । २१३९)

इति पञ्च कलाः

'व्यापिनी व्योमरूपा चानन्तानाथा त्वनाश्रिता ।'
(स्व० १० । १२५०)

इति पञ्चैताश्च सर्वाः स्वावसरे निर्वक्ष्यामः ॥

यत एवं ततः

यत्र यत्र चरेत्प्राण-
स्तत्तद्रूपमवाप्नुयात् ॥ ३८५ ॥

प्राणो जीवस्तत्तदनुभवं प्राप्नोतीत्यर्थः ।

तदनुभवाभ्यासप्रकर्षात् तु

यत्र यत्रावतिष्ठेत
तां तां गतिमवाप्नुयात् ।

तत्तदात्मैव भवतीत्यर्थः ।

एवं च

'समनान्तं वरारोहे पाशजालमनन्तकम् ।'(स्व० ४।४३०)

इति वक्ष्यमाणमेतत्सर्वम्

तस्माद्वै सुप्रयत्नेन
भित्त्वा याति परां गतिम्॥३८६

शोभनः प्रयत्नो दिव्यकरणधाराधिरोहरूपः ॥ ३८६ ॥

अत्र क्रममाह

भित्त्वा वै व्यापिनीं देवि
समनायां मनस्त्यजेत् ।
मनसा तु मनस्त्यक्त्वा
जीवः केवलतां व्रजेत् ॥३८७॥

मन इत्यविकल्पं चेतः । मनसेति स्पर्शपर्यन्तस्य मन्तव्यस्य क्षीणत्वात् अविकल्पमन-

नमात्ररूपेण चिंत्तेनैव तादृशमेव च मन एकाग्रताप्रकर्षात् त्यक्त्वा वेद्याभासजिघृक्षा-संकोचरूपं स्वं वेदनं प्रशमय्य जीव आत्मा केवलत्वमेति शुद्धो वेदितृमात्ररूपो भवती-त्यर्थः ॥ ३८७ ॥

एवं भेदनं च पदार्थानां भावप्राप्तिवशादि-त्युपक्रान्तं निर्वाह्य क्रमप्राप्तामात्मव्याप्तिमाह

जीवो वै केवलस्तत्र
आत्मज्ञानक्रियान्वितः ।
बन्धनाशेषनिर्मुक्तः
सत्तामात्रस्वरूपकः ॥ ३८८ ॥
समस्ताध्वपदातीतः
शुद्धविज्ञानकेवलः ।
गृह्णाति नापरं भावं
न परं च शिवात्मकम् ॥ ३८९ ॥
परापरविनिर्मुक्तः
स्वात्मन्यात्मा व्यवस्थितः ।

---

१ ख० पु० चिन्तनेनेति पाठः ।

योजीवः प्राणनात्मा स तत्र समनोर्ध्वे यतः समस्तमध्वपदमतीतोऽत एवाशेषेण मलत्रयरूपेण बन्धेन निःशेषेण वासनापर्यन्तेन मुक्तस्ततश्च सत्तामात्रस्वरूपो भावाप्रतियोगिप्रकाशमात्रतत्त्वो य आत्मा आत्मीयाभ्यां स्वोचिताभ्यां ज्ञानक्रियाभ्यां नतु परमशिवसंबन्धिनीभ्यां सामरस्यावस्थितिसतत्त्वाभ्यामन्वितो व्याप्तो न तु सांख्यादिमुक्तरूपः। एष च मायोर्ध्ववर्त्याणवमलयुक्तविज्ञानकेवलवैलक्षण्यात् शुद्धो विशिष्टेन चाशेषाध्ववेद्यीकरणात्मना नतु मायापुंविषयकरूपेण[1] ज्ञानेन तेनैव च केवलो नतु मन्त्रमन्त्रेश्वरवद्विज्ञेयेनापि संपृक्तः अत एवापरं शिवं सदाशिवरूपं स्वभावं न गृह्णाति नच परं परमशिवरूपं स्वच्छस्वच्छन्दचिदानन्दघनम् अतश्च अयं व्याख्यातपरापररूपात् त्रिनिर्मुक्तस्त्यक्ता[2]पररूपोऽपि अप्राप्तपरस्वभावः स्वात्मन्येव वोद्धृतामात्ररूपे व्यवस्थितः॥

१ ग० पु० प्रविवेकरूपेति पाठः। २ ख० पु० व्यक्तेति पाठः।

न चैवात्र संतोषः कार्य इत्युपसंहारदिशा दिशन्नन्यदवतितारयिषुराह

आत्मव्याप्तिर्भवेदेषा
शिवव्याप्तिरतः परम् ॥ ३९०॥
बन्धनाशेषभावेन
सर्वाध्वोपाधिवर्जिता ।

एषेति समनान्तस्थिता नतु[1] सांख्यपातञ्जलाद्युक्ता अस्यैव त्वात्मन उन्मनापदारोहेण चिदानन्दघनपरतत्त्वव्याप्तिरूपा शिवव्याप्तिर्यतः सा बन्धनानामाणवादीनां मलानामशेषभावेन

'समनावधिपर्यन्तः कलङ्काधार उच्यते ।' (स्व० ७।२२७)

इति भाविनीत्या समनान्तेन प्रसरेण ये पूर्वोक्ताः सर्वेऽध्वरूपा उपाधयोऽवच्छेदकास्तैर्विशेषेण समस्तबन्धनप्रशमसंस्कारात्मनापि वर्जिता शुद्धविज्ञानकेवलतायां समनान्तसमस्तबन्धनप्रशमेऽपि तन्निवृत्तिसंस्कारभावेनावच्छेदकैस्त्वात्[2] सोपाधित्वं परमशिवता तु

---

१ ख०पु० न त्वनन्तसांख्येति पाठः । २ ख० पु० च्छेदकत्वादिति पाठः ।

विश्वोत्तीर्णविश्वमयस्वतन्त्रचिदानन्दघनानव-
च्छिन्नैव ॥

यत ईदृशी शिवव्याप्तिस्ततः

अविदित्वा परं तत्त्वं
शिवत्वं कल्पितं तु यैः॥३९१॥
त आत्मोपासकाः शैवे
न गच्छन्ति परं शिवम् ।

यैरिति शैवपाशुपतलाकुलादिभिर्नानात्मवादिभिः शिवत्वं कल्पितमात्मनां व्यापकत्वनित्यत्वामूर्तत्वचित्त्वस्रष्टृत्वाद्यनन्तधर्मसाम्येन शिवैकरूपाणामपि केनचित्कल्पना¹मात्रेण निर्युक्तिकेन भिन्नशिवरूपत्वमुच्यते ते सर्वे व्याख्यातव्याप्तिकात्मोपासकाः शैवेऽस्मिन्नद्वयनये परं शिवं व्याख्यातस्वरूपं न गच्छन्ति न तन्मयीभवन्ति सांख्ययोगवेदान्तवाद्यादयस्तु अपरपदस्था एवेति केन तेषामियत्पदप्राप्तिसंभावनापि । अथ च सर्वे एवात्मोपासकाः शैवेन पारमेश्वराद्वयदर्शनोक्तेन ज्ञानेन परं

१ म० पु० मात्ररूपेणेति पाठः ।

शिवं गच्छन्तीति तन्त्रेण सप्तमीतृतीये योज्ये ।
उक्तं च श्रीमृत्युजिति

'ये वदन्ति न चैवान्यं विन्दन्ति परमं शिवम् ।
त आत्मोपसकाः शैवे न गच्छन्ति परं पदम् ॥'
(ने० त० ८।३०)

इति अत्र हि परमशिवमन्यं वदन्ति केवलं न चैव विन्दन्ति न पुनः केनापि प्रमाणेन लभन्ते साधयितुं शक्नुवन्तीत्यर्थः ॥

ते तु सर्वे

आत्मतत्त्वगतिं यान्ति
आत्मतत्त्वानुरञ्जिताः ॥ ३९२ ॥

आत्मतत्त्वरूपतायां तत्त्वं परमशिवाभेदाख्यात्यात्मा संकोचः तेन येऽनुरञ्जितास्तदाश्रस्ताः पाशुपताद्याः त आत्मनो यत्तत्त्वं शुद्धविज्ञानकेवलतारूपं तद्गतिं लभन्ते नतु तात्त्विकीं मुक्तिं भेदस्यापरित्यागादिति ॥ ३९२ ॥

मुक्तशिवसंसारं परिजिहीर्षुणा

तस्मादात्मा परित्याज्यो
यदीच्छेच्छिवमात्मनः ।

---

१ ख० पु० नचैतन्यमिति पाठः ।

आत्मेति मुक्ताणुरूपता, शिवमिति मुक्त-
विकसितपरमशिवैकताम् ॥

तदित्थम्

आत्मतत्त्वं ततस्त्याज्यं
विद्यातत्त्वे नियोजयेत् ॥३९३॥

आत्मानमिति शेषः ॥ ३९३ ॥

कात्र विद्येत्याह

उन्मना सा तु विज्ञेया

तां व्याचष्टे

मनः संकल्प उच्यते ।
संकल्पः क्रमतो ज्ञान-
मुन्मनं युगपत्स्थितम् ॥ ३९४॥

संकल्प इच्छा सा चेशितव्यविश्वक्रमासूत्रणात्मत्वात् क्रमतो ज्ञानमित्युक्तम् । उन्मनमुत्क्रान्तमुत्कर्षं च मनः प्राप्तं यत्र तदुन्मनं, युगपदिति विश्वस्यासूत्रणावभासननिर्माणाद्यनन्तशाखाशतभिन्नस्यापि अत्र नित्योदितानन्दघनस्वातन्त्र्यशक्त्याभासात्मत्वेनावस्थानात् ३९४

यत ईदृगुन्मनं ज्ञानमेवोन्मनाशक्तिः

तस्मात् सा तु परा विद्या

मायान्तावधिकात्मतत्त्वोर्ध्वस्थशुद्धविद्यादिशक्त्यन्ताध्वव्यापकात् विद्यातत्त्वादियमन्यैव विद्या ॥

यस्मादन्या न विद्यते ।

ईदृशीत्यर्थात् एतयैव अशेषविश्वक्रोडीकारात् ॥

तदाह

विन्दते ह्यत्र युगप-

त्सार्वज्ञ्यादिगुणान् परान् ३९५

परानित्यभेदरूपान् सर्वज्ञत्वादीन् यतो युगपदत्रोन्मनायां योगिवरो लभते तत इयं परा विद्या 'विद्ऌ लाभे' इति धात्वर्थानुगमात् ॥ ३९५ ॥

किंच

वेदनानादिधर्मस्य

परमात्मत्वबोधना ।

वर्जना परमात्मत्वे
तस्माद्विद्येति सोच्यते ॥३९६॥

अनादिधर्मः स्वातन्त्र्यशक्त्यात्मा स्वभाव तस्य वेदना विचारणा, आत्मनश्च यत्परमात्मत्वं शिवरूपत्वमस्ति तस्य बोधना अवगमहेतुः, अत एवापरमात्मत्वेऽतद्विषये इयं वर्जना संपद्यते । तस्मात् 'विद विचारणे' 'विद ज्ञाने' इति धात्वर्थानुगमादियं विद्योच्यते ॥ ३९६ ॥

एवं च

तत्रस्थो व्यञ्जयेत्तेजः
परं परमकारणम् ।
परस्मिंस्तेजसि व्यक्ते
तत्रस्थः शिवतां व्रजेत् ॥३९७॥

तत्रेति उन्मनाख्यायां विद्यायां व्यञ्जयेदात्मीयमेवोन्मीलयेत् प्रत्यभिजानीयात् तेजः चिज्ज्योतिः परमसंकुचितं परमकारणं परमशिवरूपम् अतश्च शिवतां व्रजेत् तदैकात्म्यमियात् ॥ ३९७ ॥

एतद्दृष्टान्तेनोपपादयति

सुप्रदीप्ते यथा वह्नौ
शिखा दृश्येत चाम्बरे ।
देहप्राणस्थितो ह्यात्मा
तद्वल्लीयेत तत्पदे ॥ ३९८ ॥

देहमन्त्रप्राणात्मशिवपदानामौचित्यात् काष्ठारणिवह्नितच्छिखाम्बराणि दृष्टान्तः । तेनारणिमन्थनयुक्त्या सुप्रदीप्ते प्रज्वलिते वह्नौ सति यथा शिखा ज्वाला दाह्यं दग्ध्वाम्बरे दृश्यते तत्र लयात् तदात्मभावं प्राप्तावलोक्यते, तद्वद्दिव्यकरणमन्त्रारणिसमुत्तेजनेन देहे यः प्राणस्तस्मिन् सुप्रदीप्ते मध्योर्ध्ववाह्युदानाग्नितामायाति देहे स्थितो य आत्मा प्रोक्तशुद्धविज्ञानकेवलरूपो वह्निशिखातुल्यः समनान्तं समस्तं देहदारुं दग्ध्वा तस्मिन्पदे लीयते निरुपाधिपरमशिवैकात्म्यमेत्येवेत्यर्थः ॥ ३९८ ॥

इत्थमुक्तयुक्त्या परतत्त्वलीने

तद्वद्देवाभिमानस्तु
कर्तव्यो दैशिकोत्तमैः ।

तद्वत्परमपदवदभिमानः पूर्णाहंविमर्शः कर्तव्यः स्वीकार्यो नतु पाशवे शरीराद्यहंभात्रे वर्तितव्यमेतदर्थमेवोत्तमपदम् ॥

तमभिमानं स्फुटयति

अहमेव परो हंसः
शिवः परमकारणम् ॥ ३९९ ॥

एतत्पूर्वव्याख्याभिर्गतार्थम् ॥ ३९९ ॥

अतश्च

मत्प्राणे स तु पश्वात्मा
लीनः समरसीगतः ।

एवंविधस्य मम प्राणे प्रोक्तषडध्वव्याप्तिमये ॥

तं पूर्वोक्तयुक्त्या समरसीकृतम्

मन्त्रकरणक्रियायोगा-
द्योजयामि परे शिवे ॥४००

मन्त्रो निष्कलः, करणं दिव्यं, क्रिया योगो द्वाररोधोर्ध्ववाहाधरपदत्यागग्रन्थिभेदनाद्यात्मा ॥ ४०० ॥

नचैतद्वचनमात्रेण घटते, अपितु

एवं यो वेत्ति तत्त्वेन
अग्निवद्देहमध्यतः ।
यद्वद्वह्निशिखातीता
तद्वद्योजयते परे ॥ ४०१ ॥

तत्त्वेनानुभवरूढ्या[1] य एवमिति शिवा-
दं वेत्ति स इन्धनकल्पस्य देहस्य मध्येऽ-
नत्पाशानुत्प्लोषयति दीप्तभास्वज्ज्योतिर्मात्र-
पतया[2] स्थितः शिष्यात्मानं परे शिवे
जयते तदैकात्म्यमासादयति । कथम् वह्नि-
खा अतिशयेन इता व्योम्नि लीना तदैक्य-
माप्ता यद्वत्[3] ॥ ४०१ ॥

अतश्च

तस्मिन्[4]युक्तः परे तत्त्वे
सार्वज्ञ्यादिगुणान्वितः ।
शिव एको भवेद्देवि
अविभागेन सर्वतः ॥ ४०२ ॥

१ ख० ग० पु० निरूढ्येति पाठः । २ ख० पु० तायामिति पाठः ।
३ ख० पु० तद्वदिति पाठः । ४ ख० पु० अस्मिन्निति पाठः ।

युक्त इति योग ऐक्यम् । यथोक्तम्

'योगमेकत्वमिच्छन्ति.........।' (मा० वि० ४।४)

इति । एक इत्यविभागेन, सर्वत इत्यनेन चाभिन्नशिवत्वादस्य वास्तवत्वं ध्वनति । सर्वज्ञत्वादिकमिहाभेदसारं मन्तव्यं[1] नतु मन्त्रादिवद्भेदविषयम् ॥ ४०२ ॥

भाविविविक्तदीक्षायां

'ज्ञात्वा तत्त्वे नियोजयेत् ।' (स्व० ४ । ४०४)

इति यद्वक्ष्यति तत्राप्येतदेव मन्तव्यमित्याह

तत्त्वत्रयं परं ख्यात-
मपरं चाध्वमध्यगम् ।
भेदनं तु पदार्थानां
त्यागानुभवयोजनम् ॥ ४०३ ॥
पूर्वोक्तं च इदं सर्वं
ज्ञात्वा तत्त्वे नियोजयेत् ।

परं शुद्धात्मोन्मनापरशिवरूपं[2] यत्तत्त्वत्रयं प्रकाशितं, यच्चापरं स्थूलम् अध्वमध्यगमिति

---

१ ख० पु० अनुमन्तव्यमिति पाठः । २ ख० ग० पु० त्वोन्मेति पाठः ।

पञ्चमपटलभावितत्त्वभुवनाध्वदीक्षामध्ये मायासदाशिवशिवान्तव्याप्त्या आत्मविद्याशिवाख्यं तत्त्वत्रयं पूर्वं प्रायश्चित्तशुद्धावपि निर्णीतमेतत् त्रितत्त्वदीक्षायां प्रधानरूपं, तथा पूर्वोक्तं भेदनादि चकाराच्चारं प्रमाणादिकं च ज्ञात्वा एतज्ज्ञानप्राधान्येनैव तत्त्वे परस्मिन् योजयेत् शिष्यमित्यर्थः । एतच्च दीक्षान्तरविषयमपीति मन्तव्यम् ॥ ४०३ ॥

अथेह परतत्त्वस्वरूपं निश्चिन्वन् भाविचतुर्भेदतत्त्वदीक्षामध्ये असंगृहीतामपि एकतत्त्वदीक्षां प्रसङ्गेन सूचयितुमाह

संक्षेपेण तु तत्त्वस्य
व्याप्तिं शृणु सुरेश्वरि ॥४०४॥

सुराणां ब्रह्मादिशिवान्तानां कारणानामीश्वरि परस्वातन्त्र्यशक्तिरूपे ॥ ४०४ ॥

विद्यातत्त्वास्पदं बद्ध्वा
बिन्दुतत्त्वासने स्थितः ।

---

१ ग० पु० भुवनाद्यीति पाठः ।

नादशक्तितनुश्चैव

व्यापिनीकरणान्वितः ॥४०५॥

विद्यातत्त्वे शुद्धविद्यायां प्रोक्तकरणावष्टम्भलभ्यमध्यविकासेनास्पदमत्रस्थितिं बद्ध्वा; अथ च विद्याया मातृकायास्तत्त्वे मूलमन्त्रे वा स्थितिं बद्ध्वा तदुच्चारावहितो भूत्वा, मान्त्रे बिन्दुतत्त्वे अभिन्नवेद्यज्योतीरूपेऽशेषविश्वविश्रान्तिस्थानत्वादासने स्थितोऽधिरूढः, नादो विमर्शमात्ररूपो ह्लादानुभवात्मकः शक्त्यन्तस्तनुः शरीरं यस्य, व्यापिनी शक्त्यन्ताध्वव्यापिका करणमान्तरमुपलब्धिसाधनं यस्य गुरोः स सर्वं ज्ञात्वा तत्त्वे नियोजयेदिति पूर्वोक्तेन संबन्धः ॥ ४०५ ॥

अस्य करणरूपा या व्यापिनी

सर्वज्ञत्वावबोधेन

समना

सैवेत्यर्थः ॥

अन्तश्चरा तु सा ।

---

१ ख० पु० आश्रित इति पाठः ।

सैवास्यान्तःकरणमित्यर्थः ॥

एवमीदृशे. तत्त्वासने शरीरान्तर्बहिष्करणस्यास्य

त्रितत्त्वं यत्परं प्रोक्तं
तेन चापूरिता तनुः ॥४०६॥

परादिशक्तित्रयमयेन[1] आत्मकल्पेनेत्यर्थः ॥४०६

एतच्च त्रितत्त्वं[2] यस्मादध्वातीतं समनान्तमतिक्रम्य स्थितं तस्मात्परं तत्त्वं, यत्तु मायासदाशिवशिवव्याप्त्या तदपरं यस्मादध्वमध्यगम्, अत एवापरेणात्मादितत्त्वत्रयेण धरादेः शिवान्तस्यान्तःकृतत्वात् तदारब्धा

अपरा सा तनुः स्थूला
षट्त्रिंशत्तत्त्वकल्पिता ।

इयं पुनः

तत्त्वत्रयं परं यच्च
सर्वतत्त्वाध्ववर्जितम् ॥ ४०७ ॥
तेन चापूरिताशेषं
सा तत्त्वाध्वपरा तनुः ।

१ ख० पु० कल्पेनेति पाठः । २ ख० पु० त्रितयमिति पाठः ।

समस्ताध्वातिक्रान्तं यत् शुद्धात्मादितत्त्वत्रयं तेनोक्तसतत्त्वेनाशेषं कृत्वा आपूरिता सर्वात्मताभासनेन व्याप्ता या प्रक्रान्ता नादशक्त्यात्मा तनुः सा तत्त्वाध्वनः सकाशात्परा प्रकृष्टा ॥ ४०७ ॥

एवमीदृक्शिवाभेदविमर्शमय एव यथार्थ आचार्यो भवतीत्याह

एवमाचरते यस्तु
आचारं तु शिवात्मकम्॥४०८॥
शिवेन सहचारित्वा-
दाचार्यस्तेन चोच्यते।

आचारः प्रोक्तस्फारानुप्रवेशः। सहचारित्वं तदभेदविमर्शपरमार्थम् ॥ ४०८ ॥

अस्य माहात्म्यमाह

तस्य दर्शनसंभाषा-
स्पर्शनात्स्मरणादपि ॥४०९॥
भवत्येवैश्वरी व्याप्ति-
र्न भवेत्तदधोगतिः।

---

१ ख० पु० शुद्धविद्यादीति पाठः।

यतोऽस्य करणानि प्रोक्तव्यापिनीसमनाव्याप्तिमयानि ततस्तत्सङ्गादीश्वरस्य शिवतत्त्वस्य व्याप्तिर्भवत्येव देहान्ते नतु शिवादधः प्रवृत्तिः कदाचिदपि, योऽपि तं तथारूपं भक्त्या पश्यति सोऽप्येवं, तेन तस्येति कर्तरि कर्मणि च षष्ठी ॥ ४०९ ॥

यस्तु अनुत्तरशक्तिपातवशात्

तेन संयोजितो जन्तुः

स

ब्रह्महापि शिवो भवेत् ॥४१०॥

परमशिव एव ॥ ४१० ॥

तदेवं भवति

ततस्तेन समो नास्ति
जगत्यस्मिंश्चराचरे ।

तेन शिवैकात्मनाचार्येण कः समः तस्यैकत्वात् ॥

अतश्च

---

१ ख० पु० शिष्यस्यैकत्वादिति पाठः ।

शिव आचार्यरूपेण

लोकानुग्रहकारकः ॥ ४११ ॥

अनुजिघृक्षापरो हि परमशिव आचार्यदेह-
मास्थाय पशूनां पाशान्निकृन्तति ॥ ४११ ॥

यत एवम्

तस्मान्न मानवीं बुद्धिं

कारयेद्देशकं प्रति ।

दिशत्युपदेशमिति देशकः उपदेष्टा, तस्मिन् दौरात्म्यान्मानवीं बुद्धिं कुर्वन्तं निवर्तयेदित्यर्थः ॥

यतो येऽप्येते मायोर्ध्ववर्तिनोऽनन्तभट्टारकाद्यास्तेऽपि

आचार्यस्य च मन्त्रस्य

शिवज्ञाने शिवस्य च ॥४१२॥

नानात्वं नैव कुर्वन्ति

विद्येशाश्चक्रनायकाः ।

चक्रस्य विद्याग्रामस्य नायकाः प्रभवः स्वस्वरूपज्ञापकाश्च, शिवज्ञाने पारमेशे शास्त्रे

---

१ ख० पु० ज्ञाने इति पाठः ।

आचार्यस्योपदेष्टुर्मन्त्रस्य शिववाचिनो निष्कला-
देस्तद्वाच्यस्य च शिवस्य भेदं न कुर्वन्ति
नैतद्भिन्नं पश्यन्तीत्यर्थः, आचार्यादेव शिव-
शास्त्रमन्त्रशिवानामवगमात्। यत्र च विद्येश्वरा
अप्येवमभेदं मन्यन्ते तत्र तदनुगृहीतैः कथं
भेदधीः कार्या ॥ एवं च ये आचार्यशिवमन्त्रानै-
क्येन जानन्ति ते विद्येश्वरा इति मन्त्रेश्वर-
स्फारमेव विशन्ति ॥ ४१२ ॥

युक्तं चैतत्, यतः

ब्राह्मणाः क्षत्रिया वैश्याः

शूद्रा वै वीरवन्दिते ॥ ४१३ ॥

आचार्यत्वे नियुक्ता ये

ते सर्वे तु शिवाः स्मृताः।

शिवाचार्य एव हि आचार्यो युक्तः॥ ४१३ ॥

ये तु आचार्यमित्थं न मन्यन्ते ते प्रत्य-
वायिन इत्याह

अन्यथा प्राक्स्वरूपेण

ये पश्यन्ति नराधमाः ॥४१४॥

नरके ते प्रपच्यन्ते[1]
सादाख्यं वत्सरत्रयम् ।

अधमत्वं गृहीतदीक्षाणामपि गुरुद्वेषेण विलयशक्त्याघ्रातत्वात् । सादाख्यवत्सरमानमेकादशे पटले भविष्यति ॥ ४१५ ॥

पातकिसंगतिरपि पापयेत्याह

न तेन सह संभाषा
कर्तव्या तु शिवार्थिना ॥४१५॥
कृत्वा संभाषणं तेन
नरकं सोऽपि गच्छति ।

यत एवम्

तस्माच्छिवसमाः सर्वे
द्रष्टव्या मुक्तिमिच्छता ॥४१६॥

यस्मात्

भुक्तिमुक्तिफलावाप्ति-
र्भवत्येव तदाज्ञया ।

अस्य चेयान् प्रभावो यदयम्

१ क० पु० प्रपद्यन्ते इति पाठः ।

आचार्यः स्वजनानां च
कुलकोटि[टीः]सहस्रशः ४१७
ज्ञानज्ञेयपरिज्ञानात्
समस्तांस्तारयिष्यति ।

स्वे आत्मीया विद्यासंबन्धिनो जनाः शिष्याः तेषां चकारादात्मनश्च सहस्रशः कुलकोटि[टीः]ज्ञानस्य तावदनुग्राह्यानुग्रहाभिसंधिपूर्वं परशाक्तस्फारानुप्रवेशस्योपायरूपस्य, ज्ञेयस्य चोपादेयस्य परतत्त्वस्य, परितः समन्तादविकल्पसविकल्पसमापत्तिभ्यां परतत्त्वविश्रान्त्यात्मकात् शिष्यप्रशिष्यादिक्रमेणानन्तकालव्यापिनश्च ज्ञानात्तारयिष्यति संसाराब्धेरुद्धरिष्यति। ज्ञानज्ञेयपरिज्ञानमेव गुरोर्मुख्यं रूपम् । यथोक्तं प्राक्

'ज्ञानज्ञेयविशारदम् ।' (१।१६)

इति ॥ ४१७ ॥

एतदुपसंहरन् प्रकृतमाह

एवमुक्तविधानज्ञो
भावज्ञश्चापि दैशिकः ॥ ४१८॥

---

१ ख० पु० समस्तानिति क० पु० सर्वांस्तानिति पाठः ।

पूर्णाहुत्यैकयैवासौ
पशून्योजयते परे ।

उक्तं प्राणचारादिविधानं, भावः परतत्त्वभावनात्मा ॥

पूर्णाहुतौ प्रयोगं जिज्ञासुं देवीं प्रति आह

पूर्णाहुतिप्रयोगं तु
कथयाम्यधुना तव ॥ ४१९ ॥

पूर्णत्वार्थमाहुतिप्रयोगमाह

ऊर्ध्वकाय ऋजुग्रीवः
समपादो व्यवस्थितः ।
नाभिस्थाने स्रुचो मूल-
मुत्तानाग्रमुखं समम् ॥ ४२० ॥
स्रुच्युपरि स्रुवं देवि
कृत्वा चैवमधोमुखम् ।
पुष्पं दत्त्वा स्रुगग्रे तु
दर्भेण सहितौ करौ ॥ ४२१ ॥
मुष्टिना चैव हस्ताभ्यां
गृहीत्वा यत्नतोऽपि च ।

---

१ ग० पु० प्रयत इति पाठः ।

अग्रतो दक्षिणं हस्तं
वामं वै पृष्ठतः प्रिये ॥४२२॥
मुष्टिभ्यां संगृहीत्वा वै
उत्तानकरयोगतः ।
ततो घृतेन संप्लाव्य
अभिमानं तु कारयेत् ॥४२३॥
अहमेव परं तत्त्वं
परापरविभागतः ।

ऊर्ध्वकाय उत्थितः, उत्तानमग्रस्थितवेदिकापुष्करादिरूपं मुखं यत्र, सममृजुतया स्थितं, स्रुच्युपरि स्रुवमिति शिवशक्तिव्यापकौ स्रुक्स्रुवौ परस्परोन्मुखौ कृत्वा, अत एव च पुष्पदानम् अतश्च शिष्यस्य शक्तिस्त्यक्ताधः-प्रसरा शिवोन्मुखा शिवेन संमुखेन श्लिष्टेति भावनीयम् । करावित्यत्र कृत्वेति शेषः, हस्ताभ्यामूर्ध्वाधःस्थिताभ्यां दक्षवामाभ्यां कृतो यः प्रत्येकं मुष्टिस्तेन अत एव मुष्टिभ्यामित्युक्तिः । यन्नत इत्यनवलिप्ततया, अग्रत इति स्रुङ्-

१ ख० पु० ऊर्ध्वं तिष्ठेति पाठः ।

मूलगतवामापेक्षया, दक्षिणमिति स्रुववदधोमुखं शिवव्याप्त्या, वाममिति स्रुग्वदुत्तानं च शक्तिव्याप्त्या, यदाह उत्तानेन करेण यो योग इत्यर्थादधोमुखस्य दक्षिणस्य वामेन । संप्लाव्येति संपूरितां स्रुचं कारयित्वा, अहमेव परं तत्त्वं[1] परापरेति प्राग्वत्परसूक्ष्मस्थूलरूपतया स्थितमित्यभिमानं निश्चितां प्रतिपत्तिं कारयेत् कुर्यात् ॥ ४२३ ॥

नचैतदभिमानमात्रं यतः

तत्त्वमेकं हि सर्वत्र

सर्वं हि चेत्यमानत्वात्[2] चिन्मात्रपरमार्थमेव ॥

अतश्च

नान्यं भावं तु कारयेत् ॥ ४२४ ॥

कारयेदिति प्राग्वत् मायाप्रमातृतासुलभं भेदाभिमानं त्यजेदित्यर्थः ॥ ४२४ ॥

किंच

यत्कुम्भेऽध्वात्र विन्यस्तः
षट्प्रकारो वरानने ।

---

१ क० पु० शिवतत्त्वमिति पाठः । २ क० पु० वेद्येति पाठः ।

मण्डलेऽग्नौ शिशोरन्तः
साधारणविकल्पितः ॥ ४२५ ॥
स्रुच्यध्वानं तमारोप्य
प्राणस्थं नाडिमध्यगम् ।
प्राणधारे समीकृत्य
स्रुचा धारां विनिक्षिपेत् ४२६

कुम्भमण्डलाग्निशिशुगतं षड्विधमध्वानमाज्यरूपतया स्रुचि मध्यनाडिप्रतिच्छन्दकरूपायामारोप्य पूर्वोक्तयुक्त्या प्राणस्थितं च तं मध्यनाडिगतं कृत्वा अत एव मध्यमं प्राणं धारां चाज्यसंबन्धिनीं स्रुग्गतां समीकृत्येति मान्त्रवह्निद्रावितषडध्वरसमयतया भावयित्वा तां धारां क्षिपेत् ॥ ४२६ ॥

कथं क्व चेत्याह

वसुधाराप्रयोगेण
प्रक्षिपेज्जातवेदसि ।

अविच्छिन्नसंतत्या शिवाग्नौ द्वादशान्तस्थे बाह्ये च प्राणमाज्यधारां चाविभागभावनया

---

१ पु० नाडीति पाठः । २ क० पु० भावभावनेति ग० पु० भागभावनेति पाठः ।

जुहुयादित्यर्थः वसवेऽभीष्टफलायात्युच्चैर्धारा-प्रयोगेन ॥

अत्रेतिकर्तव्यतामाह

नाभिस्थाने स्रुचो मूलं
नयेन्नासान्तगोचरम् ॥ ४२७ ॥
यथा यथा त्यजेद्धारां
तथा प्राणं समुच्चरेत् ।

नाभिस्थाने यत्स्रुङ्मूलं स्थितं तन्नासाग्रं प्रापयेत् धारापातानुसाराय मध्यप्राणं सम्यगभ्यस्तवाहचारेण ऊर्ध्वं चरेत् द्वादशान्तविश्रान्तं कुर्यात् ॥ ४२७ ॥

एवं सति न केवलं द्रुतषडध्वरसमयी धारा यावत्

प्राणोऽपि वर्णतां याति
षड्विधाध्वमयस्तु सः ॥ ४२८ ॥

यः षडध्वमयः प्राणः सोऽपि वर्णतां मात्र-परामर्शतां याति ॥ ४२८ ॥

एवं च सति

षड्विधेऽध्वनि नातोऽन्यः
प्रमेयो विद्यते क्वचित् ।

षड्विधेऽध्वनि यः कश्चित्प्रमेयः सोऽस्मिन्नवसरे अत इति मान्त्रात्परामर्शात् नान्यः क्वचिदपि जागरादौ विश्वत्र सर्वस्य मान्त्रपरामर्शशेषीकृतत्वात् ॥

यत एवं

तस्मान्मान्त्रे परामर्शे
हेयोपादेयतः स्थिताः ॥४२९॥

ये हेयतया स्थिताः समनान्ताः पदार्थाः ये चोपादेयतया शुद्धात्मोन्मनापरमशिवाः स्थितास्ते मन्त्र एव वाचकेऽन्तरभिन्नवाच्यात्मतया स्थिताः ॥ ४२९ ॥

[1]यस्मान्मन्त्रैरकारादिध्वनिरूपैः

वर्णैः कारणषट्कं तु

पूर्वोक्तं तत्तत्त्वाधिष्ठातृरूपं व्याप्तम्, अतस्तद्व्या[2]प्त्यैव विश्वं स्वीकृतमेभिः ॥

---

१ ख० पु० तस्मादिति पाठः । २ क० ग० पु० तद्व्याप्त्येति पाठः ।

अतश्च

षट्त्यागात्सप्तमे लयः ।

कार्य इति शेषः ॥

यदवधिकं कारणषट्कं यावद्भिर्मात्रैर्ध्वनि-भिर्व्याप्तं तद्धेयत्वेन दर्शयति

अकारश्च उकारश्च
मकारो बिन्दुरेव च ॥ ४३० ॥
अर्धचन्द्रो निरोधी च
नादश्चैवोर्ध्वगामिनी ।
शक्तिश्च व्यापिनी ह्येताः
समना च ततः परम् ॥ ४३१ ॥
समनान्तं वरारोहे
पाशजालमनन्तकम् ।
कारणैः षड्भिराक्रान्तं
मन्त्रस्थं हेयलक्षणम् ॥ ४३२ ॥

पूर्वमेव व्याख्यातमेतत् । ऊर्ध्वगामिनी नादान्तदशा । अस्य मात्रस्य प्रमेयैकादशकस्य भेदकल्पनामयत्वेन हेयत्वमभेदविमर्शात्मत्वे तु उपादेयतेति प्राग्विभक्तमेव ॥ ४३२ ॥

मन्त्रस्थं हेयमुक्त्वा उपादेयं प्रस्तौति

अत्र पाशोपरि ह्यात्मा
व्योमवद्विन्दु[च्चित्सु]निर्मलः ।
शिवतत्त्वगुणामोदा-
च्छिवधर्मावलोककः ॥ ४३३ ॥

समनान्तपाशातिक्रमादेव चिता सुष्ठु निर्मलः शिवतत्त्वस्य सदाशिवस्य संबन्धिभिरभेदसर्वज्ञत्वादिभिर्गुणैरभिलष्यमाणैर्जनितादामोदात् प्रहर्षादेव शिवस्य धर्मं पूर्णपञ्चविधकृत्यस्वातन्त्र्यं प्राप्यत्वेनावलोकयति नत्वद्यापि प्राप्ततद्रूपः ॥ ४३३ ॥

यतः

पाशावलोकनं त्यक्त्वा
स्वरूपालोकनं हि यत् ।
आत्मव्याप्तिर्भवेदेषा

पाशानां समनान्तानामवलोकनमात्मत्वेनाभिमननं स्वरूपं पाशोत्तीर्णचिन्मात्रत्वं यदेतावत्पर्यन्तात्मव्याप्तिः ॥

शिवव्याप्तिस्ततोऽन्यथा ॥४३४

तां प्रतिपादयति

सार्वज्ञ्यादिगुणा येऽर्था
व्यापकान्भावयेद्यदा ।
शिवव्याप्तिर्भवेदेषा
चैतन्ये हेतुरूपिणी ॥ ४३५ ॥

ये वक्ष्यमाणाः सर्वज्ञत्वसर्वकर्तृत्वादिगुणा धर्माः परमोपादेयत्वेनार्थ्यमानत्वादर्थाः तान्व्यापकानिति अशेषमन्तरभेदेन क्रोडीकुर्वतो यदा स्वात्मनि[3] भावयेत् तदा तद्भावनापरिनिष्पत्तिरात्मनः शिवव्याप्तिः, सा च भावके चैतन्ये हेतुरूपिणी प्रयोजिका, तत्प्रसादादेव शुद्धात्मनः तद्भावनाप्ररूढेः ॥ ४३५ ॥

यतोऽयमेवं सर्वज्ञत्वादिगुणयुक्तः

अतो धर्मिस्वभावो हि
शिवः शान्तश्च पठ्यते ।

विश्वस्य भित्तिलग्नत्वेनैव स्फुरणाद्धर्मकल्पस्यासौ धर्मिकल्पो, निःशेषभेदोपशमात् शान्तः,

१ ग० पु० परमशिवस्येति पाठः । २ ग० पु० दिरूपा इति पाठः ।
३ ख० ग० स्वात्मन इति पाठः । ४ ख० पु० मयत्वेनेति पाठः ।

अभेदसार्वज्ञ्यादियोगेन श्रेयोरूपतया शिवः, पठ्यते इत्यागमेषु ॥

एवं पठ्यमानोऽप्यसौ वस्तुतो न शब्दगोचर इत्याह

उन्मनाश्च मनोग्राह्यः

उन्मनाः शक्त्यभेदात्मनो विषयत्वाभावात् वस्तुतो न शब्दवाच्य इत्यर्थः ।

न केवलमीदृक् शिवो यावत्

आत्मबोधे स्थितोन्मनाः ४३६

शिववदात्मापि मन उत्क्रम्य मनोभूमिमुज्झित्वा बोधे संविन्मात्रे पूर्णत्वसर्वज्ञत्वसर्वकर्तृत्वाद्यात्मनि स्थितः । स्थितश्चासौ उन्मनाश्चेति समासः ॥ ४३६ ॥

यतश्चात्मा शिवश्च न मनोगोचरस्ततः

व्यापारं मानसं त्यक्त्वा
बोधरूपेण योजयेत् ।
तदा शिवत्वमायाति
पशुर्मुक्तो भवार्णवात् ॥४३७॥

'तत्संवेदनरूपेण तादात्म्यप्रतिपत्तितः।' (स्प० ३।१)
इति स्पन्ददृशा[1] आदौ शिष्यात्मानं स्वात्मनि समरसीकृत्य समनान्तमतिक्रम्य शुद्धात्मनि स्थितिं बद्ध्वा बोधरूपेणेति अविकल्पसंवित्स्पर्शेनैव उन्मनाशक्त्यनुप्रवेशप्रमुखं शिवे योजयेत् ॥ ४३७ ॥

अत्र चावसरे

परे चैव नियुक्तस्य
स्रुवमापूरयेत्पुनः ।
स्रुचो रन्ध्रेण तद्द्रव्यं
यावद्वह्नौ प्रयुज्यते ॥ ४३८ ॥
बहिःस्थं कुम्भकं ताव-
त्परे तत्त्वे तु भावयेत् ।

बहिरिति ऊर्ध्वरेचकान्ते द्वादशान्ते ॥

एवं च यत्

बहिर्निरोधभावेन
सामरस्यं शिवेन च ॥ ४३९ ॥

चशब्दाच्च तच्छक्त्यापि ॥ ४३९ ॥

---

1 ख० पु० दिशेति पाठः ।

तत्

अन्यथा न भवेद्देवि

न कदाचिदेतस्याशिवीभावहेतुरित्यर्थः ॥

अत्र दृष्टान्तः

नदीवेग इवार्णवे ।

एतत्स्फुटयति

स्थितः स सागरेऽद्भिस्तु
सिन्धुः समरसीभवेत् ॥४४०॥

पुनर्विभागं नाप्नोति
तथात्मा तु शिवार्णवे ।

अद्भिरिति सागर[1]संगताभिः । सिन्धुर्नदी ॥

बहिःस्थकुम्भकभावनाया अवधिमाह

स्रुचस्तु पूरणं याव-
त्तावत्कालं समादिशेत् ॥४४१॥

स्रुचः सकाशादाज्येन यावत्पूरणमिति वह्नौ पूर्णाहुतिर्यावद्भवति तावद्बहिः कुम्भकं सम्यगा समन्तात् दिशेत्प्रापयेत् ॥ ४४१ ॥

---

१ ख० पु० सागरसत्कामिरिति पाठः ।

तदित्थं पूर्णाहुतौ

अनेनैव तु कालेन

बहिः कुम्भकवृत्तिना ।

आत्मा समरसत्वेन

शिवीभवति सर्वगः ॥ ४४२ ॥

एवं शिष्यशिवीकरणानन्तरम्

गुणानापादयेत्पश्चात्

षट्

वक्ष्यमाणान् सर्वज्ञत्वादीन् गुणान् ॥

कीदृशान्

अङ्गपरिमाहुतीन् ।

अङ्गैर्नैष्कलैरङ्गमन्त्रैरेव अङ्गपरिमा अङ्गसंख्याकाः षडेवाहुतयो येषां तान् ॥

शिवत्वे प्राप्ते यद्यपि तदभिन्ना गुणा अपि प्राप्ताः तथापि तेऽस्य स्पष्टमात्रप्रत्यवमर्शपूर्वकस्वनादोदीरणेनापि [1]स्पष्टीकार्या एवेति दृष्टान्तपूर्वं निर्दिशति

---

१ ख० ग० स्फुटीकाया इति पाठः ।

यथा नृपत्वे संप्राप्ते
कलशैश्चाभिषिच्यते ॥ ४४३ ॥
वन्दिभिश्च गुणास्तेऽपि
ख्याप्यन्ते वसुधातले ।
तथा शिवत्वे संप्राप्ते
गुणानापादयेद्बुधः ॥ ४४४ ॥

दार्ष्टान्तिके कलशाभिषेकं
'दद्यात् ततोऽभिषेकं तु ……………। (।४४८)
इत्यत्र वक्ष्यति । वन्दितुल्या अङ्गमन्त्राः ॥
गुणापादने प्रयोगमाह

सर्वज्ञो वै भव स्वाहा
परितृप्तस्तथैव च ।
अनादिबोधो भव च
ततः स्वातन्त्र्यशक्तिकः॥४४५॥
तथा त्वलुप्तशक्तिश्चा-
नन्तशक्तिस्ततः पुनः ।

अत्र च प्रणवपूर्वा हृदादिमन्त्राः षट् क्रमेण पूर्वं योज्याः। सर्वज्ञा अपि कपिलादयो निर्विमर्शचिन्मात्रत्वेनानन्दशक्तिरूपतृप्तिरहिताः ।

केचित्तु आनन्दशक्तियुक्तत्वेऽपि भावनया तद्रूपतां प्राप्ताः नतु अनादिबोधाः। दीक्ष्यस्य तु अनादिबोधत्वं स्थितमेव सदभिव्यज्यते नतु अपूर्वं जन्यते । केचित्तु सदा सर्वज्ञतया अनादिबोधा अपि निर्माणशक्तिविकलत्वात् स्वातन्त्र्यहीनाः सृष्ट्यादिकर्माणि स्वतन्त्रा अपि ब्रह्मादयो न नित्यमलुप्तशक्तिकाः निजासु रात्रिषु व्यामूढत्वात्। मन्त्रमन्त्रेश्वरादयस्तु अव्यामूढत्वेऽपि नानन्तशक्तिकाः तदपेक्षया विश्वस्य भिन्नत्वेन शक्तिरूपत्वाभावादित्येकस्यापि शिवनाथस्येत्थं व्यावृत्तिभेदेन सर्वज्ञत्वादयः षट् गुणा व्याख्येयाः ॥

गुणानां गुणविश्रान्तिसारतां स्फुटयितुं मूलविश्रान्तिपूर्वं मूलेनैव षडाहुतीर्दद्यादित्याह

गुणानापाद्य सर्वांस्ता-
न्मूलमन्त्रमनुस्मरेत् ॥ ४४६ ॥
ओंह्रूंसात्मपदोपेतं
सर्वज्ञायेत्यपश्चिमम् ।

स्वाहाकारप्रयोगेण

आहुतीः प्रतिपादयेत् ॥४४७॥

आत्मपदं दीक्ष्यनामपूर्वं चतुर्थ्यन्तं यतः

अनिर्दिष्टसमाख्यं च यत्कृतं तत्तथा भवेत्।

तदुद्दिश्य कृतं कर्म.................संशयः।'

इत्युक्तमन्यत्र। सर्वज्ञायेत्युपलक्षणं तेन तृप्तायेत्याद्यपि। तच्च अपश्चिमामिति एतावदन्तं पूर्वमुच्चार्य स्वाहाकारेणाहुतीर्दद्यात् ॥ ४४७ ॥

ताश्च संभवव्यवसायानुसारम्

तिस्रः पञ्च दशैका वा

अत्यन्तमसंभवे चैकाहुतावपि न क्षतिः ॥

द्रव्यविषयेऽपि अत्र विकल्प एवेत्याह

तिलैर्वाथ घृतेन वा।

दीक्षान्ते शिष्यस्यावभृथस्नानमाह

दद्यात् ततोऽभिषेकं तु

मूलमन्त्रेण सुव्रते ॥ ४४८ ॥

मूलमन्त्रमन्त्रितेन शिवकुम्भेन मूलमन्त्रोच्चारेण वा इत्यर्थः ॥ ४४८ ॥

---

१ ग० पु० मोक्षं चतुरेति पाठः।

कथम्

परं शक्त्यमृतं क्षोभ्य
शिष्यमूर्ध्नि निपातयेत् ।
तुर्यद्वारं विशेत्तद्धि
सबाह्याभ्यन्तरं स्मरेत् ॥ ४४९ ॥

द्वादशान्ते विश्रम्य तत्स्थानमानन्दस्पर्शात्मकं परं शक्त्यमृतं क्षोभयित्वा विमृश्य शिष्यस्य द्वादशान्तान्मूर्ध्नि पतितं भावयन् कलशाद्धारां पातयेदित्यर्थः । तुर्यद्वारं तुर्यानुभवप्रधानं ब्रह्मरन्ध्रम् ॥ ४४९ ॥

अभिषेके प्रयोजनमाह

मन्त्रशक्तिभिरुग्राभिः
शोषनिर्दहनादिभिः ।
शरीरं शोष्यते ताभि-
स्तदर्थमभिषेचनम् ॥ ४५० ॥

ताभिः पूर्वोक्ताभिर्मन्त्रशक्तिभिः । शोषनिर्दहनादिभिरिति करणे तृतीया । तदर्थमिति शोषनिवृत्तये ॥ ४५० ॥

अथ

दीक्षानिर्वर्तनात्पूर्वं
पुष्पं पाणौ प्रदापयेत् ।
दर्भं विमोचयित्वा च

पूर्वं ········· कल्पनाय दत्तं दर्भं विमुञ्चेति शिष्यं प्रयुज्य पारितोषिकं पुष्पमस्य हस्ते दद्यात् । यद्वा णिच् विवक्षितस्तेन गुरुरात्मनः पाणौ प्रदापयेत् देहीति शिष्यं प्रयुञ्जीत विधिर्दक्षिणाहीनो मा भूदित्यभिप्रायात् । एवं च वदन् गुरोः निःस्पृहत्वं सूचयति । शिष्यस्तत्कालं वित्तशाठ्यहीनो यद्ददाति ददातु तत्, गुरुणा तु निःस्पृहेणैव भाव्यमित्यर्थः ॥

अथ शिष्यः

शिवाग्नौ कलशे गुरौ ॥४५१॥

प्रत्येकम्

प्रदक्षिणत्रयं कृत्वा
दण्डवन्निपतेद्भुवि ।

---

१ क० ग० पु० पश्चादिति पाठः ।

चतुरधिकरणः शिवो मम प्रकर्षेण दक्षिणोऽनुकूलः सर्वदशासु आदिमध्यान्तपदेष्वस्त्वित्याशयेन त्रिः प्रदक्षिणीकरणं, दण्डवन्निपतनं शरीरादिगुणीकरणेन शिवसमावेशाय ॥

अत एव

कृतकृत्यः प्रहृष्टात्मा
भवोत्तीर्णः सुनिर्मलः ॥ ४५२ ॥
प्रोत्फुल्लनयनः शान्त-
स्तृप्तात्मानं तु भावयेत्।

कृतं पाशक्षपणशिवत्वव्यक्तिरूपं कृत्यं यस्य, अत एव प्रहृष्टात्मा पूर्णचिदानन्दानुभवोऽतश्च भवादुत्तीर्णः परमशिवत्वव्यक्त्या सुष्ठु निर्मलः तथाभूतः सन् अपि व्युत्थानाद्यवसरेषु तृप्तात्मानमिति गुरूपदेशादिसमये पूर्णानन्दघनमात्मानमनुभूतचरं भावयेत् येन सदैव तन्मयीभवति। अत्रोपायप्रकटनाय विशेषणद्वारकं हेतुमाह प्रोत्फुल्लनयनः शान्त इति

'कैवल्यं जायते सद्यो नेत्रयोः स्तब्धमात्रयोः।'
(वि० भै० श्लो० ११३)

इति रहस्यदृष्ट्यनुसारेण निर्लक्ष्यस्तब्धदृष्टिबन्धः शान्तो विगलिताभिलाषप्रक्षीणसकलविकल्पजालश्च ॥

उपसंहरति

इयं नैर्वाणिकी दीक्षा
निर्बीजा वा सबीजिका॥४५३॥

'अथ दीक्षाध्वशुद्ध्यर्थं..................' (स्व० ४।७९)

इत्युपक्रम्य

'पाशसूत्रं समादाय शिष्यदेहेऽवलम्बयेत् ।' (स्व०४।९१)

इत्यतः प्रभृति

'..................दण्डवन्निपतेद्भुवि ।' (स्व० ४।४५२)

इत्यन्तं या निर्बीजा वा सबीजा वा दीक्षोक्ता सा उभय्यपि निर्वाणप्रयोजना । वाग्रहणेनेदमाह द्वयोरपि दीक्षयोः प्रोक्तो यः पाशक्षपणशिवयोजनात्मा विधिः स तुल्यः, केवलं निर्बीजायां मायीयपाशशुद्धिभावनावसरे समयपाशमपि अन्तःशुद्धं भावयेत् नतु तेषां शुद्धौ विध्यन्तरमस्ति । पूर्वं हि

'समयाचारपाशं तु निर्बीजायां विशोधयेत् ।'(स्व० ४।१४७)

इत्येतावन्मात्रमुक्त्वा

'एवं भावानुसारेण शिष्याणां गुरुणा सदा।
फलं तु विविधाकारं निष्पादयेत सुदीक्षया' (स्व०४।१५०)

इत्युक्तम्। तथा

'............मुख्याः पाशा इमे स्मृताः।
सूक्ष्मपाशाननेकांश्च तदन्तर्भावयेत्........॥'

इत्यप्युक्तम्। अतो निर्बीजायां समयपाशा मायीयपाशान्तर्भूता एव शोध्यत्वेन भाव्याः तेषां क्रव्याद्भोगप्रदत्वश्रुतेः मायीयपाशान्तर्भावस्यैवोदितत्वात्। अत एव श्रीपूर्वशास्त्रे कण्ठगतमायीयपाशशुद्ध्यन्ते समयपाशशुद्धि-रुक्तेत्येतावतैव तत्र[1] भेदः। एवं दीक्षाद्वय-विधेरेकरूपत्वेनोपसंहृतत्वात् यत् पूर्वं[2] पुर्य-ष्टकांशार्पणं निर्बीजैकविषयमुक्तं तदयुक्तमेव मन्तव्यम्॥ ४५३॥

एवं समयपुत्रकयोर्दीक्षामुक्त्वा आचार्य-साधकयोः प्रक्रमते ताम्

येषां सबीजिका दीक्षा
कुर्यात्तेष्वभिषेचनम्।

विद्वद्वन्द्वसहानां तु सबीजेत्युक्तत्वात्

१ ख० पु० तत्रेति पाठः। २ ख० ग० घ० ङ० पु० पूर्वपुर्यष्टकानां तर्पणमिति पाठः।

तानेवाचार्यत्वे साधकत्वे वाभिषिञ्चेदित्यर्थः ॥

तत्र

श्रुतशीलसमाचारा-
न्देशकत्वे नियोजयेत् ॥ ४५४ ॥

श्रुतं पारमेश्वरसंहितायां गुरुतस्तात्त्विकार्थपरिज्ञानं, शीलं वाङ्मनःकायत्रिषया यमनियमाः, सम्यगाचारः शास्त्रानुष्ठानात्मा, एते विद्यन्ते येषां तान्; दिशतीति देशकः उपदेष्टा आचार्यः; तद्रूपत्वे नियुञ्जीतेत्यर्थः ॥

अथाभिषेक आचार्ये
शिवयोगादनन्तरम्।

शिवयोगो योजनान्तो दीक्षाविधिस्तस्य पश्चात् ॥

केन कार्य इत्याह

पञ्चभिः कलशैर्भद्रे
सितचन्दनलेपितैः ॥ ४५५ ॥

शिवकुम्भवदभ्यर्च्य
रत्नगर्भाम्बुपूरितैः।

१ ख० ग० पु० त्वेनेति पाठः। २ ख० पु० रत्नगन्धेति पाठः।

ऋद्धिवृद्ध्यादिभिः पूतै-
रोषध्यक्षतपूरितैः ॥ ४५६ ॥
सितपद्ममुखोद्गारै-
श्चूतपल्लवसंयुतैः ।

ऋद्धिवृद्धी आयुर्वेदप्रसिद्धे ओषध्यौ । पृथगोषधीशब्दः सहदेव्यादौ । सितपद्मान्येव मुखानि तैरुद्गार उल्लासो भोगमोक्षलक्ष्मीपरामर्शश्च विद्यते येषां । चूतपल्लवादीनि सच्छायपत्रान्तराद्युपलक्षणाय ॥

अथैतेषु

पृथिव्यादीनि तत्त्वानि
पञ्च पञ्चसु विन्यसेत् ॥४५७॥
कलशेषु महादेवि
पुनश्चैव कला न्यसेत् ।

ताश्च

निवृत्त्याद्याः कलाः पञ्च
तेषु चैवात्र विन्यसेत् ॥४५८॥

तेष्विति पृथिव्यादिषु व्यापकत्वेन चकारः

सहक्रमं सूचयति ॥ ४५८ ॥

तेष्वेवासनपक्षे

ऐकैककलशे व्याप्यो

ह्यनन्तादिशिवान्तकः ।

भुवनेशपुञ्जः ॥

तत्र च

पूजयेद्भैरवं देवं

सर्वसंभारकैः क्रमात् ॥ ४५९ ॥

षडङ्गावरणोपेतं

मन्त्रसंधानसंयुतम् ।

क्रमो निवृत्तिकलशः पूर्वमित्यादिरूपः, आवरणानि श्मशानवर्जानि इति केचित् ॥

एवं संपूज्य

भैरवेणाभिमन्त्रेत

एकैकं कलशं प्रिये ॥ ४६० ॥

अष्टोत्तरशतेनैव

परतत्त्वमनुस्मरन् ।

---

१ क० पु० चकार एव सहेति पाठः । २ ख० पु० तेष्वेकेति पाठः ।

एषां कलानुसारां दिक्स्थितिमाह

वारुण्यां सौम्ययाम्यांया-
मैन्द्र्यामैश्यां तथैव च ॥४६१॥
संपूज्यैवं विधानेन[1]
अभिषेकं समाचरेत्[2] ।

तत्र

यागहर्म्यस्य ऐशान्यां
पीठं संकल्पयेद्बुधः ॥ ४६२ ॥

पीठमासनम् ॥ ४६२ ॥

कथं

तत्र मण्डलकं कृत्वा
स्वस्तिकादिविभूषितम् ।
वितानोपरिसंछन्नं
ध्वजैश्च परिशोभितम् ॥४६३॥
तत्रासनं न्यसेद्देवि
श्रीपर्णीचन्दनोद्भवम् ।

१ ख० पु० विधिनानेनेति पाठः । २ क० पु० समारभेदिति पाठः ।

श्रीपर्णीचन्दने प्रशस्तपदत्वोपलक्षणे ॥

तत्रानन्तासनं न्यस्य
मूर्तिभूतं शिशुं न्यसेत् ॥४६४॥
पूर्ववत्सकलीकृत्य
ऐशान्यभिमुखं स्थितम् ।

तत्रेति श्रीपर्ण्याद्यासने शिशुमाचार्यो चिकीर्षितम् ॥

अथ

गन्धपुष्पादिनाभ्यर्च्य
निर्भर्त्स्यः काञ्जिकौदनैः॥४६५॥
मृद्भस्मगोमयैः पिण्डै-
र्दूर्वाङ्कुरसमाश्रितैः ।
सिद्धार्थदधितोयैश्च
नीराजनसमन्वितैः ॥ ४६६ ॥

काञ्जिकादिद्रव्यपूर्णेन कुम्भेनोपरि निःशेषराजनात्मतया नीराजनादिदीपयुक्तेन निर्भर्त्स्यः प्रशान्तविघ्नः शिशुः कार्य इत्यर्थः ॥

---

१ ग० पु० प्रशस्ततारूपलक्षणे इति पाठः । २ ख० पु० समन्वितैरिति पाठः ।

अथ

निर्भत्स्यैवं विधानेन
अभिषेकं प्रदापयेत्।
पृथिव्यादिघटास्यैर्वा
धामानुस्मृत्य सेचयेत् ॥४६७॥

ईशानान्तैः पृथिव्यादिकलशानामास्यैर्वक्त्रैः सिञ्चेत्। णिजविवक्षितोऽत्रैवमन्यत्र। घटाद्यै-रिति त्वपपाठः ॥ ४६७ ॥

किंच

क्रमाद्ध्यात्वा कलशेषु

निवृत्त्यादिव्याप्तिक्रमेण चिन्तयित्वा—इत्यर्थः ॥

कः

आचार्यः सुसमाहितः।

शिवावेशशालीत्यर्थः ॥

अथायं यथायथम्

अभिषिक्तोऽन्यवासस्तु
परिधाप्याचमेत्ततः ॥ ४६८ ॥

---

१ ख० पु० ईशान्तैरिति पाठः।

मायीयकञ्चुकप्रक्षेपव्याख्यया पूर्ववस्त्रत्यागः । परमशिवप्रकाशपरीतताव्याख्या अन्यद्वासः परिदधीत ॥ ४६८ ॥

आचान्तजलं शिष्यं
प्रविश्य दक्षिणां मूर्त्तिं
तत्रास्य व्याख्यातव्याख्यानन्तासनरूपं
योगपीठं प्रकल्पयेत् ।
तत्रैवं
संस्थाप्य सकलीकृत्य
अस्मै
अधिकारं प्रकल्पयेत् ॥ ४६९ ॥

कथमित्याह

उष्णीषं मुकुटाद्यांश्च
छत्रं पादुकमासनम् ।
हस्त्यश्वशिविकाद्यांश्च
राजाङ्गानि ह्यशेषतः ॥ ४७० ॥
करणीं कर्तरीं खटिकां
स्रुक्स्रुवौ दर्भपुस्तकम् ।

अक्षसूत्रादिकं दत्त्वा

उष्णीषश्च शिरसि बन्धनार्थं पटः, मुकुटादिकमाभरणजातं भूषणार्थं, शिविका युग्यं, राजाङ्गानि तूर्यभेर्यादीनि, करण्याद्याचार्यतोपयोगि आदिग्रहणात् दूर्त्यर्घपात्रादिकम् ॥

अधिकारं व्याचष्टे

चतुराश्रमसंस्थिताः ॥ ४७१ ॥

दीक्ष्यानुग्रहमार्गेण

दीक्षा व्याख्या त्वया सदा ।

अद्यप्रभृति कर्तव्ये-

त्यधिकारः शिवाज्ञया ॥४७२॥

चतुर्ष्वपि आश्रमेषु ये स्थिताः तेषां त्वया दीक्षा व्याख्या च कार्या, कथं दीक्ष्याणामायातशक्तिपातत्वात् दीक्षार्हाणामनुग्रहमार्गेणानुजिघृक्षया नतु स्नेहलोभादिना, सदेति न कदाचिदपि परानुग्राहितां विना स्थेयमित्यर्थः । इत्ययमसौ शिवाज्ञयैव तवाधिकार आयातो नत्वत्रान्यस्य कस्यापि शक्तिरित्याज्ञा देयेत्यर्थः ॥ ४७२ ॥

अथ तं

उत्थाप्य हस्तौ संगृह्य
मण्डले तु प्रवेशयेत् ।

किंच

जानुभ्यां धरणीं गत्वा
संपूज्य भैरवं ततः ॥ ४७३ ॥

विज्ञाप्य

किम्

भगवन्नेवम-
भिषिक्तस्त्वदाज्ञया ।
आचार्यपदसंस्थेन
तवानुज्ञाविधायिना ॥ ४७४ ॥

त्वदाज्ञयैवमाचार्यपथे स्थितः ॥ ४७४ ॥
तवाज्ञयैव चायमभिषिक्त इति विज्ञाप्य

कर्तव्यं यत्तदायात-
मधिकारं तु देशके ।

---

१ ग० पु० तवाज्ञयेति पाठः ।

शिवतत्त्वार्थकथनं

शिवस्य पुरतः स्थितः ॥४७५॥

यत् गुरुपारम्पर्येणायातं शिवतत्त्वार्थकथन-
मवश्यकर्तव्यं तदहं तवैव शिवस्य पुरतः
स्थितोऽस्य करोमीति विशेषकथनं; कीदृग-
धिक्रियतेऽनुगृहीतस्त्वद्रूपः संपद्यते येन
तादृक ॥ ४७५॥

अथ

निर्गत्य भवनादग्नौ

कलाध्वानं तु होमयेत्।

तत्रादौ मूलमन्त्रक्रमेण

मन्त्रतर्पणकं कृत्वा

प्रत्येकम्

कलानां पञ्च चाहुतीः ॥४७६॥

दद्यात् ॥ ४७६ ॥

तदित्थम्

पञ्च पञ्चसु सर्वासु

हुत्वा पूर्णाहुतिं गुरुः।

---

१ क० पु० अनुगृहीतृरूप इति पाठः।

अर्थान्मूलेन दद्यात् ॥

अथ

अर्घपूजादिकं कृत्वा
प्रणम्य ख्यापयेत्प्रभोः ॥४७७॥

किम्

अभिषिक्तो मयाचार्य-
स्तदर्थं मन्त्रतर्पणम् ।

वह्नौ कृतमित्येतद्वस्तु ख्याप्यमित्यर्थः ॥

अथास्य

हृदाद्यैः पञ्चभिश्चाङ्गै-
र्दक्षिणं लाञ्छयेत्करम् ॥४७८॥

नेत्रस्य मूलाभिन्नव्याप्तिकत्वात्तद्वर्जितैः ॥

कथम्

दम्भोलिमुक्तं शिवाग्नौ तु

कृत्वा ॥

तेनैव

कनीयस्यादि लाञ्छयेत् ।

कनीयस्याद्यङ्गुलीः हृदादिमन्त्रैः क्रमेण

दर्भोल्मुकेन स्पृशेत्; येनास्य मन्त्रा दीप्ताः करणरूपा झटिति तत्तत्कार्यशक्ता भवन्ति एतत्करस्पर्शात्पाशा दग्धबीजकल्पा यान्तीत्यर्थः ॥

इत्थं समुत्पन्नाभिषेकस्य विधिरयं फलत्विति धिया पारितोषिकम्

पुष्पं पाणौ प्रदद्यात्तु

तं च

मण्डलाग्नौ प्रपातयेत् ॥४७९॥

शिष्यं दण्डवत्प्रणामार्थम्।

स च

भैरवं कलशं चाग्निं
नमस्कृत्य तु दण्डवत्।
लब्धाधिकारो हृष्टात्मा
दृष्टादृष्टफलान्वितः ॥ ४८० ॥

स गुरुः शिवतुल्यस्तु
शिवधामफलप्रदः।

दण्डवदित्यादावभिप्राय उक्त एव; दृष्टं

फलं जीवन्मुक्तिः, अदृष्टं तु परमशिवतत्त्वम् ॥

एवं पुत्रकाचार्यविषयं विधिं निर्वाह्य साधकविषयं तमुपक्रमते

शान्त्यन्ते भूतिदीक्षा च
सदाशिवपदात्मिका ॥ ४८१ ॥

भूतिदीक्षा सदाशिवान्ताणिमादिभोगदीक्षा, शान्त्यन्ते शान्त्यन्तपदे योजनान्ते इत्यर्थः; चकारात् शिवयोजनिकारूपापि यतो

'येषां सबीजिका दीक्षा कुर्यात्तेष्वभिषेचनम् ।' (४।४५४)

इत्युपक्रान्तं । सबीजिका च शिवयोजनिकारमैवोक्ता । अत एवोक्तमन्यत्र

'अप्रसादाद्भवेत्सिद्धिः प्रसादाच्छांकरं पदम् ।'

इति, यदि सिद्धिविषयेषु माद्यति तदस्य शांकरे पदे विघ्नो मा भूदित्येवमर्थं साधकस्य शिवयोजनिकां कृत्वा सदाशिवे योजना कार्या ॥ ४८१ ॥

तदित्थम्

शिवधर्मिण्यसौ ज्ञेया

साधकदीक्षेति शेषः; यत्र सदाशिवतत्त्वे योजनमस्ति ॥

सा च

लोकधर्मिण्यतोऽन्यथा ।

अशुभैकक्षपणात् तत्तद्भुवनेशादिपदयोजनात्मिका ॥

अतश्च

शिवधर्मिण्यसौ येषां
साधकानां प्रकीर्तिता ॥ ४८२ ॥
तेषां कृत्वाभिषेकं तु

वक्ष्यमाणरूपम् ॥

तानेव

साधकत्वे नियोजयेत् ।

तत्र

साधकस्याभिषेकोऽयं
विद्यादीक्षात उत्तरः ॥ ४८३ ॥

विद्या सकलमन्त्रस्तत्कृता विद्यात्मकसदाशिवपदयोजनात्मा शिवपदयोजनादनन्तरभा-

विनी या दीक्षा तत्त उत्तरः साधकस्याय-
मितीदानीमेव कथ्यमानप्रकारोऽभिषेकः
कार्यः ॥ ४८३ ॥

यद्यपि सकलमन्त्रस्यापि परपदप्राप्तिहेतुत्व-
मस्ति तथापि

विद्यादीक्षा भवेत्सा तु
वासनाभेदतः स्थिता ।

उक्तं हि 'मन्त्रमुद्राद्रव्याणां होमः साधा-
रणः' इत्यादि ॥

अत एव

कर्मभेदो न विद्येत
सर्वत्राध्वनि संस्थितः ॥४८४॥

कर्म पाशक्षपणम् ॥ ४८४ ॥

अतश्च

कृतानि यानि कर्माणि
सर्वाण्यध्वगतानि तु ।
तानि संशोध्य विधिव-
त्कलापञ्चस्थितानि तु ॥४८५॥

योऽजन्यवसरे भेदो
विमर्शः साधकस्य तु।

पूर्वं च कलात्रये कार्ममलस्थितिः स्थूलतयोक्ता इह तु सूक्ष्मतया कलापञ्चकेपि—इति न कश्चिद्व्याघातः; प्रथमस्तुशब्दश्चार्थे भावीन्यपि कर्माणि समुच्छिनोति ॥

अत्र पूर्वोक्तं विधिं स्मारयति

प्रारब्धं कर्म पाश्चात्यं
नचैकस्थं तु भावयेत् ॥४८६॥

वर्तमानदेहे मन्त्राराधनादि यत्प्रारब्धं कर्म पाश्चात्यं च यत्तदेकत्र क्षपणीयत्वे स्थितं न भावयेत्, नास्य मन्त्राराधनादि कर्मापि क्षपये-दित्यर्थः ॥ ४८६ ॥

निर्णीतं चैतत्

साधकस्य तु भूत्यर्थं
प्राक् कर्मैकं तु शोधयेत्।

प्राक् कर्म आगामि चैकस्थं भावयित्वे-त्यर्थः ॥

१ क० ख० पु० मन्त्रसंधानादीति पाठः।

अतश्च

धाम प्रोच्चार्य सकलं
सदाशिवतनौ न्यसेत् ॥४८७॥

सकलं द्वात्रिंशदक्षरम् ॥

कथं

विद्यादेहस्वरूपेण
ध्यात्वा देवं सदाशिवम् ।
पूर्णाहुतिप्रयोगेन
अणिमादिगुणैर्युतम् ॥४८८॥

विद्यादेहोऽष्टादशभुजः सकलभट्टारकः ॥

अथ

अणिमादिगुणावासौ
मूलमन्त्रस्वसंज्ञया ।
अष्टावेवाहुतीर्दत्त्वा
अभिषिञ्चेत्तु साधकम् ॥४८९॥

यथा निष्कलयोजनानन्तरं तद्गुणापादनं कृतमेवं सकलयोजनानन्तरमस्याणिमादि-

---

१ ख० पु० गुणान्वितमिति पाठः ।

गुणात्मतापत्तिः कार्या । अत्र सकलमन्त्रपूर्वं साधकनामाणिमा भवेत्त्वचार्य पुनः सकलोच्चारपूर्वमणिमादिगुणाय दीक्षात्मने स्वाहेत्यादिप्रयोगः। अणिमादिगुणाधासाविति तन्निमित्तम् ॥ ४८९ ॥

तदभिषेकं प्राग्वत्

कलशैः पञ्चभिः कुर्यात्

कथमित्याह

निवृत्त्याद्यास्त्रिषु न्यसेत् ।

शान्त्यतीतां पञ्चमे च

शान्तिं पश्चाच्चतुर्थके ॥ ४९० ॥

त्रिष्विति दक्षिणोत्तरवारुणदिग्गतेषु[1] प्राग्वक्त्रादिपूर्णेषु पञ्चसु, पञ्चम इति चेशाने, पश्चादिति शान्त्यतीतान्यासादनन्तरं, चतुर्थक इति प्राच्यकलशे, अत्र चाभिप्रायो यत्साधकस्य शिवदशाविश्रान्तिपूर्वमविघ्नं सादाशिवी सिद्धिरस्त्वित्येवं[2] भुक्त्वा भोगानयं शिवो भवत्विति ॥ ४९० ॥

---

१ ख० पु० वारुणोत्तरदक्षिणादिग्गतेष्विति पाठः । २ क० पु० रित्येवमिति पाठः ।

तदित्थम्

शान्त्या तु संपुटीकृत्य

शान्त्यतीताकलशानन्तरं शान्ताकलशान्यासात् शान्त्या संपुटीकारो भवति शान्त्यतीतायाः कलात्रयेण शान्त्या च गर्भीकृतत्वात् ॥

किंच

पृथिव्याद्यैश्च पञ्चभिः ।

कलाक्रमेणैव कलशेषु न्यासं कुर्यादिति शेषः । पृथिव्यादयोऽत्र क्रोडीकृताशेषतत्त्वतत्त्वेश्वरस्फारा ब्रह्मपञ्चकपर[2]मार्था न[1]तु स्थूलभूतमात्रात्मकाः ॥

अथ

एकैककलशे पश्चा-
त्साध्यमन्त्रं तु विन्यसेत् ४९१
विद्याङ्गैः सकलीकृत्य

साध्यमन्त्रः सकलभट्टारक इह मुख्यः, अन्योऽपि वा पुष्पपातानुसारं, विद्याङ्गैरिति सक-

१ ख० पु० स्तु इति पाठः । २ ख० पु० पदार्था इति पाठः ।

लाङ्गैः सर्वज्ञत्वादिरूपैस्तत्तत्साध्यमन्त्राङ्गैर्वा ॥

पश्चात्तत्र

विद्याङ्गावरणं न्यसेत् ।

विद्याङ्गानां सर्वज्ञत्वादिरूपाणामेव सिद्धिसाधनानुगुण्याद्गावरणान्तरन्यास उक्तः ॥

अथ साध्यमन्त्रेणैव

संमन्त्र्याष्टशतेनैव
एकैकं कलशं ततः ॥ ४९२ ॥
बहिर्मण्डलके न्यस्य
आसनं प्रणवेन तु ।
साधकं तत्र संस्थाप्य
सकलीकरणं ततः ॥ ४९३ ॥
निर्भर्त्स्य पूर्ववत्सर्वैः
साध्यमन्त्रेण सेचयेत् ।

निवृत्त्याद्यैकैककलशस्य साध्यमन्त्रेण मन्त्रणं सर्वभूमयोऽस्य मन्त्रप्रसादात् सिद्धिप्रदा भवन्त्विति, बहिरिति यागात् मण्डले स्वस्ति-

कादिरूपे, आसनं श्रीपर्ण्यादिरूपं, सकलीकरणमिति तस्य कुर्यादिति शेषः । सर्वैरिति पूर्वोक्तैः काञ्चिकादिद्रव्यैः ॥

तत्र

निवृत्त्यादित्रिभिः कुम्भैः
स्नापयेत्पूर्वदिङ्मुखम् ॥ ४९४ ॥
शान्त्यतीतं घटं पश्चा-
द्गृहीत्वा सेचयेच्छिशुम् ।
शान्तिं पश्चात्तु गृह्णीयात्

शान्तिमिति शान्तिघटम् ।

तदित्थम्

संपुटेनाभिषेचयेत् ॥ ४९५ ॥

संपुटार्थस्तदभिप्रायश्च व्याकृत एव ॥

तदेवम्

साधकस्याभिषेकोऽय-
मनुलोमविलोमतः ।

आनुलोम्यं निवृत्त्यादित्रये, शान्तिशान्त्यतीतयोस्तु प्रातिलोम्यम् ॥

किंच

अभिषिच्य प्रवेश्यैनं
दक्षिणां मूर्तिमास्थितम् ॥४९६

परिवर्तितवक्त्र इत्यर्थात्, दक्षिणमूर्त्याश्रयणं विघ्नप्रशमाय ॥ ४९६ ॥

तत्रास्य च

प्रणवेनासनं दत्त्वा
सकलीकरणं भवेत् ।

अथास्य सिद्ध्युपकरणम्

साधकस्याधिकारार्थ-
मक्षमालादि कल्पयेत् ॥४९७॥

समुचितं ढौकयेत् ॥ ४९७ ॥

कल्पयित्वैतत्

मन्त्रकल्पाक्षसूत्रं च
खेटिकां छत्रपादुके ।
उष्णीषरहितं दत्त्वा

कल्पः साध्यमन्त्रपुस्तिका, उष्णीष आचार्यायैव देयः ॥

1 ग० पु० पेटिकामिति पाठः ।

अथ

प्रविश्य शिवसंनिधौ ॥ ४९८ ॥
विज्ञाप्य परमेशानं
साधकोऽयं मया कृतः ।
भूयात्सिद्धिस्त्वदाज्ञात-
स्त्रिप्रकारास्य भक्तितः ॥४९९॥
साध्यमन्त्रं ददेत्पश्चा-
त्पुष्पोदकसमन्वितम् ।

शिवसंनिधाननिमित्तं प्रविश्यान्तर्मुखीभूय[1] तदवष्टम्भेनैव देवं विज्ञाप्य साध्यमन्त्रं दद्यात्, साधकोऽयमित्यादि विज्ञप्तेः स्वरूपं, विज्ञप्तेः पश्चात् पूर्ववल्लब्धानुज्ञत्वं भाव्यं शिवसंनिधावेव च पुष्पं फलोत्पादनधिया, उदकं सिद्ध्याप्यायनाय ॥

तदाह

तस्य हस्ते समर्प्येत
सिद्ध्यर्थं साधकस्य तु ॥५००॥

---

१ ख० पु० इति संमुखीभूयेति पाठः ।

परशक्तित उद्भूतं तच्छक्तिसंमुखीभूतमेतदित्यभिप्रायात् हस्तेन हस्ते समर्पणम् ॥

साधकस्तु

प्रणम्योभौ गृहीत्वा तु
मन्त्रं हृदि निवेशयेत् ।

उभौ गुरुमन्त्रौ, हृदीति स्वात्मानं तत्तद्विमर्शमयं कुर्वीतेत्यर्थः ॥

तदेवमुभयोर्योग्यसंबन्धलाभात्

प्रहृष्टवदनः शिष्यो
गुरुश्चापि प्रहर्षवान् ॥ ५०१ ॥

उभौ निर्गत्य च

अग्न्यागारे सावधानौ

स्यातामिति शेषः ॥

ततो गुरुरग्नौ तु

तर्पयेन्मन्त्रसंहिताम् ।

ततोऽपि यथासंभवम्

सहस्रं वा शतं वापि
साध्यमन्त्रस्य तर्पणम् ॥५०२॥

---

१ ख० पु० निःसृत्येति पाठः ।

कुर्यात् ॥

एवं संतर्पयित्वा तु
पुष्पं पाणौ प्रदापयेत् ।

प्राग्वत् गुरुः साधकाय, तेन वात्मन इत्यर्थः ॥

ततः साधकः

त्रिस्थं संपूज्य देवं तु

स्थण्डिलवह्निगुरुमूर्तिषु दण्डवन्निपतेत् ॥

ततोऽपि त्रिःप्रदक्षिणम् ॥५०३॥

कृत्वा ॥

प्रणम्य भक्तियुक्तात्मा
अणिमादिफलं लभेत् ।

तद्योग्यतामेति ॥

गुरुस्तु

उत्थाप्य साधकं ब्रूया-
त्समयान्पाहि यत्नतः ॥५०४॥

तेऽग्रे भविष्यन्ति ॥

किंच निर्बीजदीक्षादीक्षितवर्जं सर्वे शिष्याः समयान् श्राव्या इत्यादिशति

१ क० पु० योगात्समतामिति पाठः ।

दीक्षावसाने ते देवि
श्रावणीया विपश्चिता ।

समयज्ञेन ॥

उपसंहरन्नन्यदवतारयति

एवं दीक्षां तु निर्वर्त्य
सर्वदैव वरानने ॥ ५०५ ॥
आत्मयागः प्रकर्तव्यो
यथा भवति तच्छृणु ।

दीक्षां समय्यादीनाम् । आत्मनो यागः परतत्त्वयोजनात्मा समुच्छेद्यपाशसंस्पर्शविधिन्यूनतादिसंभावनाशङ्काशान्तये कर्तव्यः ॥

तदित्थम्

वैज्ञानिकी प्राकृती वा
आचार्यस्य यदृच्छया ॥५०६॥

दीक्षा भवति । विज्ञानहेतुका वैज्ञानिकी । तिलाज्याहुतिहेतुका प्राकृती ॥ ५०६ ॥

तत्र

वैज्ञानिकीं सुसूक्ष्मां तु
विधिनानेन कारयेत् ।

सुसूक्ष्मां पूर्णज्ञानसंपाद्याम् । अनेन वक्ष्यमाणेन ॥

तत्र प्राकृतीं तावत्पूर्वोक्तप्रकारात् किंचिद्वैलक्षण्येनाह

तिलाज्यादिसमायुक्ता
अध्ववागीशिकल्पना ॥५०७॥

प्राकृत्यां कार्येति शेषः ॥ ५०७ ॥

तत्र च

कलाभिः पञ्चभिर्व्याप्त-
मध्वानं युगपन्न्यसेत् ।

नतु प्राग्वत् ॥

क्रमेण च तद्व्यनक्ति

पूजाहोमोपचाराद्यान्
कृत्वात्मानं नियोजयेत्॥५०८॥

शिष्यचैतन्यवत्

वागीश्यां युगपदशेषकलाव्याप्तिकायामाह्वानार्चादिपूर्वं पुर्यष्टकरूपमात्मानं योजयेत्

१ ख० पु० प्राकृतेति पाठः । २ ख० पु० व्यापिकेति पाठः ।

ततोऽपि

योगादध्वानं युगपन्न्यसेत् ।

गर्भयोजनादनन्तरं दीक्ष्यमध्वानं युगपन्न्यसेत् ॥

न्यस्तं च

पुष्पाद्यैः पूजयित्वा तं

तत्रैव

योगार्थमाहुतित्रयम् ॥ ५०९ ॥

प्रणवमूलहंसबीजपूर्वमात्मानं सर्वाध्वव्यापकं वागीशीगर्भे युगपद्योजयामि स्वाहा इत्यत्र प्रयोगः ॥ ५०९ ॥

अथ

गर्भधारित्वजनने

अर्जने भोगतत्क्षये ।

युगपद्धोमयेद्देवि

मूलमन्त्रेण सुव्रतः ॥ ५१० ॥

प्रत्येकं युगपदिति सर्वाध्वव्याप्तिभावनया त्रिर्होमः ॥ ५१० ॥

तदाह

आहुतीनां त्रयं होम्यं
प्रतिकर्म वरानने ।

निष्कृतेः प्राधान्यात् पृथग्घोममाह

होतव्या निष्कृतिर्भिन्ना
पञ्चस्थानकलात्मसु ॥ ५११ ॥

शतमेकं तदर्धं वा

पञ्च पृथिव्यादीनि स्थानानि यासां कलानां तदात्मसु तद्विषये, तेन निवृत्तौ मन्त्रैतन्यस्य गर्भाधानादिकर्मपञ्चके निष्कृतिरस्तु स्वाहा इति प्रयोगः । एवमन्यत्र ॥

एषा च

निष्कृतिः परिकीर्तिता ।

पूर्वमेव निर्णीता

अथ

विश्लेषपाशच्छेदाद्ये
धाम्नैव युगपद्धुतिः ॥ ५१२ ॥

उद्धारे चात्मतत्त्वस्थे

आविपदाह्निपिपूरणे पाशदाहे च युगपदेव पूर्णाहोमः । अत्र च ताडनच्छेदनग्रहणैक-चैतन्यभावनकारणाद्वानपुर्यष्टकांशार्पणं पूर्वत उपजीव्यम् । पुर्यष्टकांशार्पणं सबीजायामपि भवतीति निर्णीतत्वात् ॥

अथ .

पूर्णाहुतिं तु पातयेत् ।

तयैव च

आत्मानं योजयेत्तत्त्वे

शिवे परमकारणे ॥ ५१३ ॥

ततोऽपि

गुणान् पूर्ववदापाद्य

अवभृथस्नानेन ॥

तानेव

अमृतान्पूर्ववत् कुरु ।

अमृतान् अविनश्वरान् ॥

सेयं प्राकृती

आत्मदीक्षा

पुत्रकादिदीक्ष्याणाम्

समासौ तु

प्रायश्चित्तनिवृत्तये ॥ ५१४ ॥

पशुसंसर्गन्यूनातिरिक्तविधिसंभावनाशङ्का-शान्त्यर्थमित्यर्थः ॥ ५१४ ॥

नन्वात्मनोऽशुद्धस्य यो दीक्षया शुद्धिमादत्ते सोऽपि यद्यशुद्धस्तदन्धेनान्धस्य हस्तग्रहणम्, अथ प्राणादिविलक्षणतया प्रत्यभिज्ञातोऽसौ शुद्धः तर्हि तत्परामर्शादेव सर्वं संपन्नमिति किं प्राकृत्या दीक्षया । सत्यमेतत्, यदि शक्तिपातवशादेव रूढिः स्यात् तदा प्राकृती नैव कार्या । तदा तु कुशलैकसंपाद्यां विज्ञान-दीक्षामाह

अथ विज्ञानरूपेण

सकृदुच्चारलक्षणा ।

दीक्षा भवति । मध्यधामसमनुप्रवेशेन यः स्वपूर्णाहंपरामर्शमयस्य मूलमन्त्रस्य सकृदुच्चारः स एव लक्षणं यस्याः ॥

यतः

हेयोपादेयपाशानां

युगपद्भैरवेण तु ॥ ५१५ ॥

भैरवेण निष्कलेन सकृदुच्चारितेन माया-न्तानां भेदैकरसत्वेन हेयानां, समनान्तानां भेदाभेदरूपतयोपादेयानां तथापि भेदांशसंब-न्धात् पाशव्यपदेश्यानां[2] युगपत् शुद्धिर्भवतीति शेषः । उक्तं च प्राक्

'सकृदुच्चारितो देवि नाशयेत्सर्वकिल्बिषम् ।' (१।४४)

इति ॥ ५१५ ॥

न केवलं युगपत्पाशक्षपणं मन्त्रेण क्रियते यावत्परमशिवपदे

शाश्वती संस्थितिः पश्चात्

एषा च

सूक्ष्मदीक्षा प्रकीर्तिता ।

इत्थमात्मदीक्षान्ते

विशेषपूजनं होमं

यथाशक्ति[3] प्रकल्पयेत् ॥५१६॥

---

१ क० पु० सम्यगिति पाठः । २ क० ग० पु० देशानामिति पाठः ।
३ ख० पु० यावदिति पाठः ।

वाद्यगीतसुनृत्याद्यैः
स्तुतिभिः पूजयेद्धरम् ।
त्रिः प्रदक्षिणमावर्त्य
कलशाग्निसमण्डलम् ॥५१७॥
अष्टाङ्गपतनं कृत्वा
विज्ञपेत्परमेश्वरम् ।

त्र्यधिकरणं देवं प्रदक्षिणीकृत्य ॥

किं विज्ञापयेदित्याह

भगवन्पशुहेत्वर्थं
येन्मयावाहितो भवान् ॥ ५१८ ॥
तत्क्षन्तव्यं सदा देव
विधिस्थस्य मम प्रभो ।

विधिर्दीक्षाकर्म, ममेति त्वयैव दत्ताधिकारस्य ॥

यदपि

विधिन्यूनमकामस्य

प्रामादिकं विधिन्यूनत्वमपि क्षन्तव्यमित्यर्थः ॥

यस्मात्

पूजा शास्त्रोदिता यथा ॥५१९॥

न भवेदतिभूयिष्ठा

प्राकृतैर्द्रव्यसंचयैः ।

यथा शास्त्रे पूजा भूयिष्ठा विततपरिपाटीकोदिता तथा प्रकृतिपरिणामरूपैर्मितैर्द्रव्यैर्न भवेदिति विनयपरा उक्तिः, अन्यथार्घपात्रविप्रुट्संस्कृतानां द्रव्याणां शिवीकृतत्वात् कथं प्राकृतत्वं वित्तशाठ्यविवर्जनाच्च मितत्वमस्य प्रयोजकम् ॥

यत एवं ततः

अवलम्ब्य भक्तिमात्रं

विधानं यत्कृतं मया ॥ ५२० ॥

तत्सर्वं सफलं मेऽस्तु

सुप्रसन्ने विभो त्वयि ।

सुष्ठु प्रसादो मायाकालुष्यप्रशमनेन पूर्णचिद्रसमयत्वेन स्फुरणम् ॥

१ ख० पु० इतिभूयिष्ठेति पाठः ।

एवं विज्ञप्तिसमनन्तरम्

प्रसन्नवदनो हृष्टो
वरं दत्तं विभावयेत् ॥ ५२१ ॥

अथ

उपविश्य ततो यागं
संहरेत क्रमात् प्रिये ।

तत्रादौ

अग्रं संप्रार्थ्य गृह्णीया-
त्स्थापयेच्चास्त्ररक्षितम् ॥५२२॥

अग्रवर्ति चर्वादि अग्रं

'देवदेवस्य नैवेद्यं चान्द्रायणशतादिकम् ।'

इति अन्यत्रोक्तत्वात् परं पवित्रमेतन्मा कश्चिद्भ्रू-
तादिरदीक्षित आहार्षीदित्यस्त्रेणास्य रक्षणम् ॥

एवं कृत्वा

विशेषपूजनं चार्घं
प्रणिपातं ततः पुनः ।
निरोधार्घं ततो गृह्य
अर्घं सव्यापसव्यतः ॥५२३॥

दत्त्वा विसर्जयेद्देवं
धाममन्त्रमनुस्मरन् ।

अर्घमिति

'पश्चादर्घः प्रदातव्यः सुरया ……।' (२।१३६)

इत्युक्तपूर्वं दत्त्वा प्रणिपातं कृत्वा निरोधप्रयोजनोऽर्घः प्रस्तुतस्तं परिसमाप्ते विधौ स्वरूपविश्रान्त्यर्थं सव्यापसव्यत इति ज्ञानक्रियाशक्तिव्याप्तिभ्यां दक्षवामकराभ्यां दत्त्वा विसर्जयेत् ॥

विसर्जनविधिमेव प्रदर्शयति

आत्मनो रेचकं कृत्वा
पुष्पं देवाय निक्षिपेत् ॥५२४॥

निष्कलेनेत्यर्थात् ॥ ५२४ ॥

संहारिण्या च संगृह्य
मन्त्रान् पार्श्वव्यवस्थितान् ।
विद्युद्वच्चलितान्ध्यात्वा
धामदेहे तु विन्यसेत् ॥५२५॥

कनिष्ठादिक्रमेण दक्षकरशाखासंवर्तनात्मा संहारिणी मुद्रा । धामदेहे सकलभट्टारके । विन्यसेत्तदेकलीनान् भावयेत् ॥ ५२५ ॥

तमपि

विद्यादेहं भैरवस्य

निष्कलस्य उपलीनं चिन्तयेत् ॥

तल्लीनं बिन्दुविग्रहे ।

तन्निष्कलरूपमकारादिप्रशमयुक्त्या ज्योतिर्मात्रात्मनि बिन्दौ लीनम् ॥

तमपि

बिन्दुं तु नादशक्तिस्थं

शक्तिरूपं तु ग्राहयेत् ॥५२६॥

अर्धचन्द्रनिरोधिकाप्रशमयुक्त्या विमर्शप्रधाननादनादान्तरूपतां गमितमानन्दस्पर्शप्रधानशक्तिरूपं संपादयेत् ॥ ५२६ ॥

तदपि

शक्तिरूपं व्यापकेन

स्वरूपेण स्थितं सत् ॥

प्रणवोभयसंपुटम् ।

प्रकर्षेण नूयते स्तूयते सर्वैरिति प्रणवः परं तत्त्वं, तेन उभयतः संपुटितमित्यन्तःकृतं सर्वतो व्याप्तमित्यर्थः ॥

तथा भावितम्

संहारिण्या तु संगृह्य

द्वादशान्ते तु योजयेत् ॥५२७

ततोऽपि

पूरकेण हृदि न्यस्य

स्वस्थानस्थं तु भावयेत् ।

स्वस्थानं निरुपाधिप्रकाशानन्दघनमेव तत् ॥

सकलं निष्कलं रूपं

तथा सकलनिष्कलम् ॥५२८॥

भिन्नावस्थं तु मन्त्रेषु

हृत्स्थं तत्संस्मरेत्प्रिये ।

सकलं द्वात्रिंशद्वर्णं, निष्कलं च मन्त्रविरामे प्रकाशविमर्शमात्रतत्त्वं, सकलनिष्कलं तु चतुष्कलनाथात्मकं यदेकमपि अनुजिघृक्षया त्रिधैव भूत्वा पुनर्वक्त्राङ्गादिभूमिषु भिन्नावस्थं तदेवंव्यास्तिकमेतदेकमेव मान्त्रं रूपं हृत्स्थं स्मरेत् ॥

१ ख० पु० द्वात्रिंशदक्षरमिति पाठः । पं. २४ ग० घ० ङ० पु० अभिमेवमिति पाठः ।

उपसंहरति

विसर्जनविधिर्ह्येवं

यथा मण्डले तथान्यत्राप्याह

अग्नावेवं

तत्रादावग्निं

प्रपूजयेत् ॥ ५२९ ॥

ततोऽपि मूलेन

अष्टोत्तरशतं हुत्वा

पूर्णाहुतिं प्रपातयेत् ।

तं च

अर्घमाचमनं दत्त्वा

प्रणिपत्य क्षमापयेत् ॥ ५३० ॥

क्षमयेदित्यत्रार्थेऽयमैशः पाठः ॥ ५३० ॥

कथं क्षमयेदित्याह

मण्डलस्थप्रयोगेन

रेचकापूरकेण तु ।

संगृह्य मन्त्रसंघातं

यथास्थानं प्रकल्पयेत् ॥५३१॥

स्वात्मनो मन्त्रोच्चारानन्तरं नासिक्यरेचकेन निर्गत्य लोकपालादिक्रमेण धामान्तमापूर्य रेचयित्वा स्वात्मानमेव पूरयेत् । तत्र लोकपालमन्त्राणां भैरवाः, तेषामङ्गवक्त्राणि, तेषां सकलः, तस्यापि सकलनिष्कलः, तस्यापि व्याख्यातरूपनिष्कलनाथः स्थानमित्ययमेवात्र क्रमः ॥ ५३१ ॥

इत्थमग्निस्थं देवं विसृज्य
जागरयेत्तदाग्निं तु
नित्यकर्मनिमित्ततः ।

मा भूत् प्रतिदिनं संस्करणमित्याशयः ॥

अथ

निर्माल्यनयनं कुर्या-
द्रजांस्यपहरेत्प्रिये ॥ ५३२ ॥
ततः प्रविश्य वसुधां
प्रोक्षयेत्तां शिवाम्भसा ।

निर्गतं माल्यं निर्माल्यं ननु चण्डेशकल्पनया तस्या इह विशेषनयेष्वचोदितत्वात्[2] ॥

1 ख० पु० अपनयेदिति पाठः । 2 क० ग० पु० चोदितेति पाठः ।

अथ

बहिर्निर्गत्य भूतानां
बलिकर्म तु पूर्ववत् ॥५३३॥

प्रागुक्तेनैव मन्त्रेण कार्यम् ॥ ५३३ ॥

अथ

आचम्य सकलीकृत्य
लिङ्गिनस्तर्पयेत्ततः ।

लिङ्गिनो जटाभस्मादियुक्तान् । उक्तं च

'शिवस्य परिपूर्णस्य किं नाम क्रियते नरैः ।
यत्कृतं शिवभक्तेषु तत्कृतं तु शिवे भवेत् ॥'

इति शिवधर्मेषु ॥

अनन्तरम्

गुरुं संपूजयेच्छिष्यो
यथाविभवविस्तरैः ॥ ५३४ ॥

अथास्मै स्वात्मानमनृणीकर्तुम्

देशाध्यक्षो ग्रामशतं
मण्डलेशस्तदर्धकम् ।
शतभुक्पञ्च वै दद्या-
द्ग्रामं विंशतिभुक्तथा ॥५३५॥

दद्यात्तु ग्रामभुक् क्षेत्रं
क्षेत्रभोक्ता तु विंशतिम् ।

विंशतितमं भागमित्यर्थः । एतच्चोपलक्षणम् ॥

वस्तुतस्तु

येन येन गुरुस्तुष्ये-
त्तत्सर्वं विनिवेदयेत् ॥ ५३६ ॥
ततस्त्वनृणतां याति
वित्तशाठ्यविवर्जितः ।

वित्तशाठ्ये सति लोभादियुक्तस्य शरीरादि-प्रमातृत्वानुग[त्वं न]मनाद[ग]पि मि[ग]लि-तमिति दीक्षासंस्कारोऽस्य न सम्यग्वृत्त इत्यनु-मीयते । यत्र च शिष्यस्येदृग्वृत्तं तत्र गुरुर्दण्डा-पूपिकयैव निर्लोभः सिद्धः । अत एव प्राक्

'पुष्पं पाणौ प्रदापयेत् ।' (४।५०१)

इत्युक्तम् ॥

एवं विदितयोग्यभावः शिष्यः

ततस्तु समयाञ्श्राव्य-
स्तन्त्रे भैरवनिर्गते ॥ ५३७ ॥

ते चाग्रे भविष्यन्ति ॥

अथ च

चरुकं प्राशयेत्पश्चा-
च्चुम्बकः साधकैः सह ।
वाङ्निरुद्धः प्रसन्नात्मा
पृथक् पात्रव्यवस्थितः ॥५३८॥

चरुकमिति प्रार्थितनैवेद्यं । साधकैरित्युपलक्षणम् । चुम्बति परम्परायातेन गुरुवक्त्रेण संयोज्यते संयोजयति च शिष्यमिति निरुक्त्या चुम्बको गुरुः । परमपवित्रचरुभोजने वाङ्निरुद्धत्वं चित्तैकाग्र्याय, अत एव प्रसन्नात्मा ॥

स च चरुः साधकादीनां ज्येष्ठादिक्रमेण देय इत्याह

अनुक्रमेण दातव्यः

एवं हि सति स स चरुभोजी

ततः सिद्धिमवाप्नुयात् ।

एष च दीक्षाविधिरसामान्यरूप इत्याह

अनेनैव विधानेन
दीक्षिता ये वरानने ॥ ५३९ ॥

ब्राह्मणाः क्षत्रिया वैश्याः
शूद्राश्चान्येऽथवा प्रिये ।
सर्वे ते समधर्माणः
शिवधर्मे नियोजिताः ॥५४०॥
सर्वे जटाधराः प्रोक्ता
भस्मोद्धूलितविग्रहाः ।

नात्र अन्यतन्त्र इव दीक्षितानां प्राग्जातिसंस्कारः कोऽपि, केवलं समयादिभेदादेव भेदः ॥

अत एव

एकपङ्क्तिभुजः सर्वे
समयिनस्तु वरानने ॥ ५४१ ॥

सर्व इति ब्राह्मणाद्याः संकीर्णाश्च ॥ ५४१ ॥

किंच

पुत्रकाणां भवेदेका
साधकानां तथा भवेत् ।

१ ग० पु० सर्वधर्मांश्च इति ।

चुम्बकानां भवेदेका

पङ्क्तिरित्यर्थात् ॥

न प्राग्जातिविभेदतः ॥५४२॥

यतः

एकैव सा स्मृता जाति-

र्भैरवीया शिवाख्यया ।

उक्तं हि प्राक्

'तस्मिन्युक्तः परे तत्त्वे सार्वज्ञ्यादिगुणान्वितः ।
शिव एको भवेद्देवि अविभागेन सर्वतः ॥'(४०२)

इति । यत एषा भैरवसंबन्धिनी जातिस्तत एव श्रेयोरूपा च नित्या च ॥

अत्रायमेवागमः प्रमाणमित्याह

तन्त्रमेतत्समाश्रित्य

प्राग्जातिं न ह्युदीरयेत् ॥५४३॥

पुत्रकाणां साधकानां

तथा समयिनामपि ।

किं पुनराचार्याणामेतत्समाश्रितानामेव

---

१ ख० पु० ह्येवेति पाठः ।

अयं नियमो न लौकिकानां तन्त्रमेतत्समाश्रि-
त्येत्येतदावृत्त्या योज्यम् ॥

अतश्च एतत्तन्त्रदीक्षितः

प्राग्जात्युदीरणाद्देवि
प्रायश्चित्ती भवेन्नरः ॥ ५४४ ॥

नर इत्यात्तदेहादिग्रहः ॥

अतश्च

दिनत्रयं तु रुद्रस्य
पञ्चाहं केशवस्य च ।
पितामहस्य पक्षैकं
नरके पच्यते तु सः ॥ ५४५ ॥

यत एवम्

अविवेकी भवेत्तस्मा-
द्यदीच्छेदुत्तमां गतिम् ।

अविवेकी स्वात्मानमिव दीक्षितान् शिवै-
क्येन पश्यन् ॥

यतः

अविवेकेन देवेशि
सिद्धिर्मुक्तिर्ध्रुवं भवेत् ॥५४६॥

शिवैक्यदार्ढ्यमेव सर्वश्रेयःसाधनमिति शिवम् ॥

तन्त्रार्थप्रतिजागरात्प्रतिपदं सद्व्याप्तिसंदर्शनात्
सम्यक्संकलनाक्रमात्प्रकटितो दीक्षाविधिर्यो मया ।
उद्द्योतेऽत्र तमामृशन्तु गुरवः श्रीशंकराज्ञाधरा
दीक्षां दीक्ष्यजनस्य कर्तुमभितो भोगापवर्गप्रदाम् ॥

इति श्रीमहामाहेश्वराचार्यवर्यविपश्चिच्चक्रचक्रवर्तिश्रीक्षेमराज-
विरचिते श्रीमत्स्वच्छन्दोद्द्योते दीक्षाभिषेकप्रकाशनं नाम
चतुर्थः पटलः संपूर्णः समाप्तः ॥

श्रीमत्प्रतापभूभर्तुराज्ञया प्रीतये सताम् ।
मधुसूदनकौलेन संपाद्यायं प्रकाशितः ॥
